Als wir die Welt retteten

ANJALI SRIRAM

Als wir die Welt retteten

ROMAN

DRAUPADI VERLAG

Anjali Sriram:
Als wir die Welt retteten. Roman

Heidelberg: Draupadi Verlag, 2020
ISBN 978-3-945191-52-1

1. Auflage 2020

Draupadi Verlag
Dossenheimer Landstr. 103
69121 Heidelberg

info@draupadi-verlag.de
www.draupadi-verlag.de

Grafische Gesamtgestaltung: Reinhard Sick
Cover, Backcover und Karte: Clemens Maurer

*„Feuer verändert Holz,
und Waffen verändern den Charakter dessen,
der sie besitzt.“*

Sita zu Rama

Aus dem Ramayana
(circa 2. Jahrtausend vor Christus)

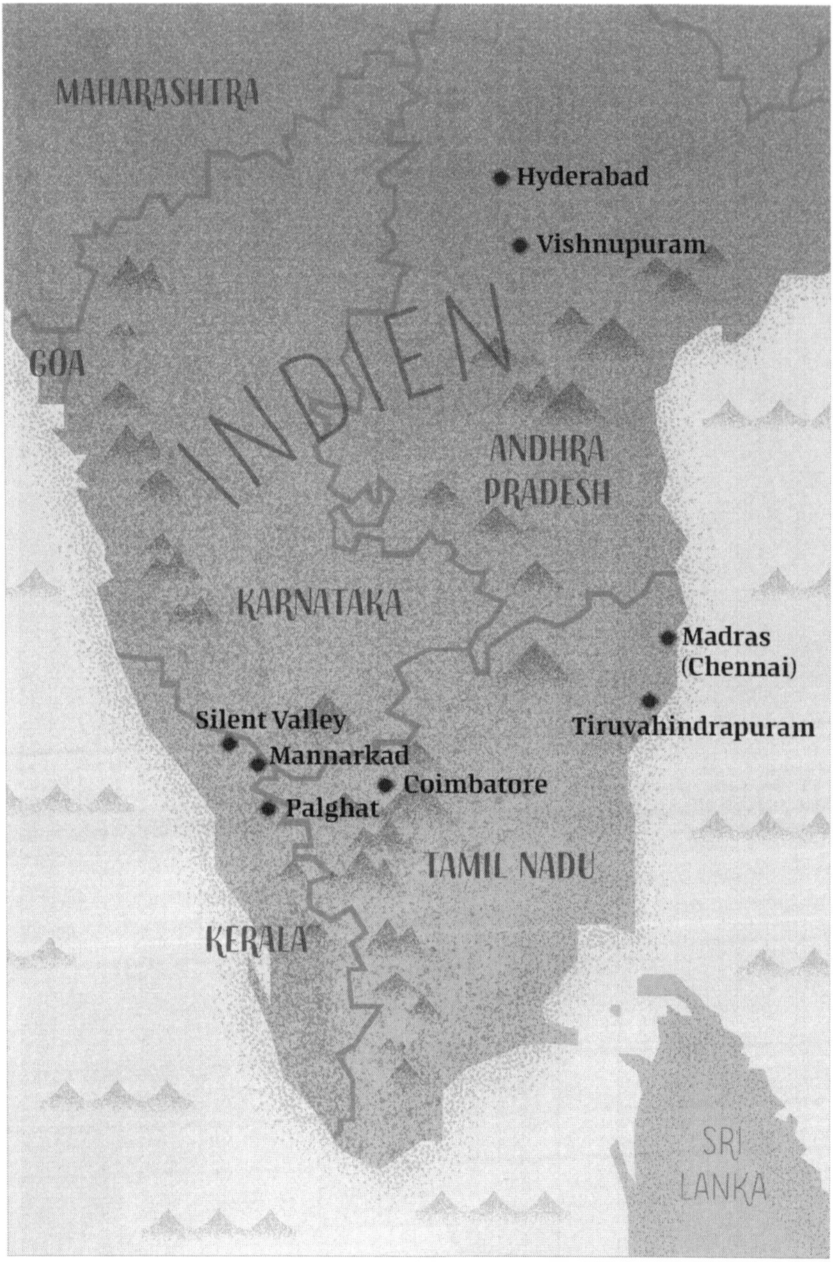
MAHARASHTRA
Hyderabad
Vishnupuram
GOA
INDIEN
ANDHRA
PRADESH
KARNATAKA
Madras
(Chennai)
Tiruvahindrapuram
Silent Valley
Mannarkad
Coimbatore
Palghat
TAMIL NADU
KERALA
SRI
LANKA

Inhalt

Prolog

Leichten Schrittes kletterte sie hinauf. Wie sie waghalsig an der Kante des Felsenvorsprungs saß und hinuntersah, trieb mir den Schweiß auf die Stirn. Nell hatte das stolze, unnahbare Profil einer Spanierin und den archaisch stoischen Ausdruck der Indios. Sie könnte aber auch Nordinderin sein. Eine Urfrau, dachte ich. Ohne Nationalität. Irgendwie ortlos.
„Wie kamst du zu diesem großen Urwald?", fragte sie und drehte den Kopf zu mir nach hinten.
„Mmm...! Ich betrat das Silent Valley und fragte mich, vor was habe ich bloß immer Angst? Hier ist alles weitläufig. Du kannst durchatmen. Es riecht nach Wald. Die Stimmen der Vögel sind herrlich unbekümmert. Sie befreien. Als der weiße Paradiesschnäpper mit seinem langen Schweif vor mir aufflog, rätselte ich: War es eine Elfe?" Nell lachte: „Haha, du hast das Magische gesucht!"
„Nein, das Urwüchsige. ‚Beschütze diesen Regenwald!', pochte es an meine Stirn. Ich schloss mich dann den Aktivisten der *Save Silent Valley*-Bewegung, dem SSV, an und vertraute. Und wir bewirken etwas."
„Verrückt, aber klar, das satte Grün hypnotisiert." Wieder schaute sie ins Tal hinunter und murmelte vor sich hin:
„Trotzdem, eine hart erarbeitete Karriere als Mathematiker hinzuwerfen, um in der Wildnis zu leben ..., das ist ganz schön radikal. Du hast doch immer gesagt, deine Familie in Indien sei dir wichtig; deine Großmutter, der Clan, deine Kaste mit ihren Regeln."
„Das Indien, das sich in meinem Kopf entwickelt hatte in den Jahren im Ausland, habe ich nicht mehr gefunden."
„Und hier? Was hast du hier gefunden?"
„Die Erde."
Wir schwiegen. Sie robbte sich von der Klippe weg und lehnte sich sitzend an mich. Wir blickten von einem Plätzchen im Baumschatten über vibrierende Täler unter uns. Großmutters Stimme spukte plötzlich in meinem Kopf herum: „Tiere sind Götter!", war ihr Motto.
„Wie oft hast du in all den Jahren an mich gedacht?"

„Oft, Nell, ich habe damals besessen nach dir gesucht. Du hast Leere in mir hervorgerufen, ich wusste nicht, warum du so plötzlich weg warst. Kein Wort, kein Brief – das war schlimm!“
Sie sagte nichts und blickte mich an. Die Schwärze ihrer Augen sog mich auf. Sie fragte:
„Wieviel Frauen hast du nach mir gehabt?“
„Drei“, sagte ich. Bevor es zu einem Verhör werden konnte, fragte ich sie:
„Und du?“
Sie lachte kurz auf und sagte:
„Ich war Mutter, da war es nicht so leicht.“ Jetzt überkam mich ein Schuldgefühl und ich fragte vorsichtig:
„Warum bist du einfach gegangen, damals?“
„Oh, bitte nicht jetzt! Erzähl ich dir später mal.“
„Dann soll der Erdgeist antworten! Oder die Elfe! Sie könnte ausschauen wie du“, neckte ich sie. Nell lachte kess, warf ihren Kopf zurück, sank auf den Boden und streckte die Arme an der Erde entlang nach oben aus: „Komm, erzähl schon eine deiner Geschichten!“
„Welche? Wie die Nymphe die Geburt Hanumans, des Affengottes, preisgab?“
„Ja, genau, die“, kicherte sie glücklich und zog mich endlich zu sich. Plötzlich, als ich erzählte und sie lauschte, waren wir eingehüllt in das Rund, den engen Kreis von Einheit und Trennung, von Sterben und Geborenwerden, von den Wiederholungen und vom Glück des Wiederfindens, das den Schmerz der Verlassenheit schon in sich trägt.

1

Punjikasthala, die Ur-Tänzerin, glitt wie ein sanftes Gewässer im Klang der Sphären über den Wolken dahin. Eines Morgens kam sie vor einer Höhle im Gebirge der Welt zum Stillstand. Ein Einsiedler saß im Eingang zwischen Licht und Dunkel. Er schien alle neun Tore zu seinem Leibesinneren verschlossen zu haben: durch die Nasenlöcher strömte kaum Luft, der Blick war nach innen gerichtet und die Lippen waren verschlossen. Mit schmeichelnder Stimme grüßte Punjikasthala:
„Die Schmetterlinge, die Libellen, die Würmer und die Käfer, ja, die gesamte Tierwelt will sich in der Frühlingsluft vereinen …“
„Stör nicht mein Ansinnen! Verschwinde!“, meinte sie gehört zu haben. Jedenfalls hatte er sie vernommen. Doch da er weiter wie ein regloser Fels vor ihr saß, tänzelte sie davon und entdeckte ein Menschenpaar beim ausgelassenen Liebesspiel am Ufer eines Teiches. Ein Kitzeln in der Klitoris regte das Verlangen mächtig in ihr an. Sie eilte zum Yogi zurück – denn kein anderer Mann stand zur Verfügung –, umschlang ihn unbeherrscht mit den Armen, umwickelte ihn mit den Beinen und bedeckte ihn mit Küssen.
„Unsinn! Was soll das? Ich ergründe den Sinn des Seins“, murmelte der Meister der Askese. Und weil er seinen Lebenssaft, sein Prana, ganz in seine Gedanken gesammelt hatte, wurde alles, was er dachte, Realität. Und er dachte: „Ein animalisches Weib – soll sie doch als Äffin unter Affen leben!“
Im selben Moment noch saß Punjikasthala verwandelt zur Äffin auf einem Baum. Neugierig wie sie war, starrte sie, wenn auch verdeckt vom Laub, auf ein sich paarendes Affenpaar. Sie konnte nicht ahnen, dass diese beiden Gott Rama und Göttin Sita waren, die gerade das Tiersein ausprobierten und sich amüsierten. Sie bekamen nicht genug, sich gegenseitig zu bespringen (Ihre Lustschreie sollen ohrenbetäubend gewesen sein).
Als die Göttin, noch immer in Gestalt der Äffin, spürte, dass sie empfangen hatte, befahl sie dem Windgott: „Leg den Embryo in die da drüben hinter den Ästen! Sie soll die Konsequenzen tragen! Damit sei ihr

vorwitziges Gaffen befriedigt!“

Der Windgott saugte, blies, stürmte und wirbelte, bis die winzige Manifestation aus dem Göttlichen in den Bauch der verzauberten Äffin übertragen war.

Das hatte die naseweise Nymphe nun von ihrem Eifer: Liebe genau betrachten zu wollen, führt in widersinnige Verwicklung. Aber, was wahrhaft gefährlich ist, sind die Flüche eines Yogis. Sie können die Welt auf den Kopf stellen und nichts bleibt, wie es ist.

Vishnupuram, 1955

„Sitaaraamaa!“, begann Paati, meine Großmutter, mit leicht rauer Stimme ihre Erzählungen, wenn sie bei uns im Dorf Vishnupuram zu Besuch war. Wir Kinder hockten um sie herum auf dem nackten Steinboden unseres Hauses. Staub lag auf den Gassen. Ihre Mythen verweben sich in meiner Erinnerung mit dem weißen, transparenten Licht, das es nur in Südindien gibt, das seinem erdigen Boden Intensität verleiht und der Sonne, die sich auf Ammas, meiner Mutters, goldenem Bronzekessel widerspiegelt. Wie sie ihn mit ihrer leicht vorwärts gebogenen zierlichen Gestalt auf der Hüfte trug und dabei dem roten Sari fließenden Schwung verlieh. Ich rieche den Duft aus Sambrani, der vom Hausaltar zu den Geschichten von Hanuman, dem fliegenden Affengott, herüberzog, denen ich als Kind staunend lauschte und die mich mein Asthma vergessen ließen. Höre ihr Murmeln: „Diese Augen! Er ist zu Höherem berufen, dieser Lausejunge!“ Sehe die dicht aneinandergeschmiegten kleinen Ziegelsteinhäuser unserer Agraharam-Siedlung, diese altertümliche Würde einer damals noch vom Konsum weit entrückten Welt.

Die Gasse aus rotem festgestampften Erdstaub, dem die Trockenheit Risse verlieh und die Geschichten aus dem Ramayana trage ich in mir, Hanumans Affenleib, wie er mit weit auseinandergespreizten Beinen über mir durch die Lüfte saust, die Freiheit verkündend.

Ich wuchs in den fünfziger Jahren des letzten Jahrhunderts unter Iyengar-Brahmanen auf, in einer Welt, in der man keine Entscheidungen fällte, ohne vorher die Sterne befragt zu haben, in der Paati mit unsichtbaren Wesen kommunizierte und wir auf unsere Intuition vertrauten. Leben nach dem *dharma*, den Regeln unserer Kaste, war das Gebot. Wir lernten tausend und acht Namen Vishnus auswendig, waren vertieft ins Studium der Sanskritgrammatik, während draußen im weiten Land Bauern ihre Reis-, Hirse- und Erdnussfelder beackerten und im nächsten größeren Dorf die Händler ihre Geschäfte abwickelten. Wir sprachen Ammas Sprache Tamil und die unseres Bundesstaates

Andhra, Telugu. Mein Vater, der als Rechtsanwalt in der nächsten Kleinstadt tätig war, übte mit uns Kindern Englisch. Auswendiglernen, Beten und an vorbestimmten Tagen Fasten war der Alltag unserer Tradition. Doch sobald Paati auf Besuch bei uns war, tauchte ich ab in ihre Erzählungen über Hanuman, den fliegenden Gott. Er trug mich davon.

2

Punjikasthala wurde Mutter von einem Äffchen, das vor unbändiger Kraft strotzte. Aus Angst, das Kind könne sie aussaugen und das Tanzen wäre vorbei, flüsterte sie ihm ins Ohr:
„Wenn die Früchte rot sind, sind sie reif und schmecken köstlich! Saug an ihnen anstatt an meiner Brust!“
Das Neugeborene, aus dem göttlichen Samen Ramas gezeugt und dazu noch vom Windgott gewiegt, also von zwei göttlichen Vätern gesegnet, schwang sich sofort in die Lüfte. Dort sah es die untergehende Sonne, verwechselte sie mit einer roten Frucht und spielte mit ihr so ausgelassen, als wäre sie ein Ball, so dass sich das Licht der Welt verbarg. Alles begann zu welken.
Indra, Herr und Verwalter des Himmels, stieß das wildgewordene Äffchen zu Boden. Als der Windgott Vayu sah, wie das Gesicht seines Sohnes entstellt war, rief er: „Hanuman!“, was verletzte Kinnlade bedeutet, und brauste auf: „Indra, du alter Lüstling, bleib bei deinen Nymphen und lass mein Kind in Ruhe!“ Er nahm mit einer Böe Hanuman hoch und entschwand mit ihm aus Indras Welt.
Augenblicklich standen Atem und Wind still. Alles erstickte. Der Herr des Himmels erkannte sein Dilemma und befahl: „Vayu, komm sofort in die Welt zurück! Du bist mächtiger!“, gab er kleinmütig zu. „Verlasse nie wieder meinen Kosmos! Du bist der wahre Herrscher über Leben und Tod! Hanuman, werde zum Überbringer!“
Der Atem wird seitdem von den Weisen als die Essenz des Lebens gesehen. Der Kluge ehrt den Wind in seinem Atem und verlängert ihn.

Als Kind beunruhigte mich die obskure Welt des Ramayana. Könnte ich auch in einen Affen verwandelt werden? Ich fürchtete mich davor, Fehler zu machen, ein schlechter Schüler zu sein, oder Appa, meinem strengen Vater, nicht zu gehorchen. Bei uns kletterten Affenbanden durch den Garten und stahlen die reifen Früchte. Ich starrte einmal auf den Anführer und hatte schreckliche Angst, er könnte mich mitnehmen. Wie Paati dieselben Geschichten jedes Mal ein bisschen anders erzählte: „*Neti neti*, weder dies noch das ist die Wahrheit", sagte sie, wenn mein älterer Bruder Srini nachfragte, wie es nun richtig wäre. „Blickt auf die breitgetretene Gasse aus Lehm: Frühmorgens ist sie golden, mittags weiß und abends liegt sie rötlich da."
Schaute Paati von unserer Veranda dreimal täglich zum Tempel am Ende des Weges, murmelte sie ein Mantra und kommunizierte mit dem, was ihr heilig war: dem yogischen Schlaf Vishnus, der im Weltenmeer ruht und fortwährend das Universum in Balance hält! Auch aus dem Innern der Nachbarhäuser, die Wand an Wand standen und die sich wie unser Haus lang nach hinten streckten und in Gärten endeten, erklang dann der Sprechgesang von Sanskritversen. Wir Kinder glaubten stets, von vielen Göttern gesehen zu werden, wenn Paati unbeirrt zum Osttor des Tempels blickte.

Paatis Besuche waren die Höhepunkte in meiner Kindheit. Sie lebte fünfhundert Meilen entfernt in einem abgelegenen Dorf in der Nähe von Pondicherry im südlichen Indien und hatte wieder einmal mit Bus und Bahn, zuletzt mit dem Zweispänner, eine beschwerliche Reise hinter sich gebracht, um uns zu sehen. Ich liebte ihr aufmüpfiges Lächeln, ihren kahl rasierten Schädel, der mit dem *Pallu*, dem Ende ihres Saris, bedeckt war, wenn sie uns über den sauber gefegten Lehmboden vor unserem alten Ziegelsteingebäude mit ihrer ansteckenden Heiterkeit entgegenkam.
„Mein Kind, mein Kleiner!", grüßte Paati. Auch aus den Nachbarhäusern blickten sie herüber und standen andächtig still vor dem weit gereisten Gast.
„Paati, es gibt Reiskuchen!", rief ich und hüpfte vor Freude von einem

Bein aufs andere, durchbrach die wortlose Anspannung von Mutter und ihrem Schwiegervater, die ehrfürchtig warteten, bis Paati sich den roten Staub aus dem einfachen, erdfarbenen Sari geklopft hatte. „Nicht zappeln!“, mahnte leise Amma. Ihre Hand legte sich sanft auf meinen Rücken. Paati schritt herbei und die Frauen, beide von kleiner, zartgewachsener Statur, schauten einander mit einer Innigkeit in die Augen, die keine weitere Berührung duldete.

Als der Kutscher draußen vor der Tür Paatis Gepäck ablegte und um Wasser bat, sah ich seine zahnlose Mundhöhle. Er hielt meiner Mutter seine beiden Hände wie eine Schale zum Empfang hin, und Amma, den runden Kessel auf der Hüfte, goss Wasser hinein. Eine Berührung mit dem bronzenen Kübel war tabu für den Kutscher, denn er gehörte zur Kaste der *Thevar*. Nie würde es ihm in den Sinn kommen, Gegenstände, die im Gebrauch für komplexe Rituale sind, zu berühren oder seinen Fuß über die Schwelle eines Brahmanen-Hauses zu setzen. Die Gebräuche, die darin gepflegt wurden, waren ihm fremd und erschienen ihm bizarr. Wie oft musste ich später in Amerika das Kastensystem erklären: Alle Seiten respektierten ihre Unterschiedlichkeit und hielten einvernehmlich Abstand zueinander. Sie beugten sich dem uralten Gesetz der Kastentrennung.

Wie selig ich meiner Paati hinterher hopste. War sie anwesend, gab es nichts zu fürchten von unserem Vater für uns Kinder, denn er hegte eine heimliche Bewunderung für seine ungewöhnliche Schwiegermutter, über deren Berichte dieser sonst so ernste Mann gern lachte. Paati erzählte, sie sei auf dem Weg hierher doch gefragt worden, warum sie als Frau, Witwe dazu, allein reise. „Sehen sie nicht: Ich sitze auf Hanumans Schoß! Schauen sie mich doch mal genau an“, habe sie geantwortet.

Meiner Amma, die stets um uns Kinder besorgt war, ob es uns gut ginge und wir den richtigen Weg einschlugen, spendete Paati oft Trost. Einmal hörte ich sie leise zu ihr sagen: „Wir haben den Namen Lakshmi passend für dich ausgewählt. Deine stille Art verbreitet Würde. Dein langes schwarzes Haar und die hohe Stirn mit dem klaren

Haaransatz und vor allem deine stoische Art erweisen unserer Göttin Ehre. Sie wird dich segnen, und die Dämonen haben keine Chance, über dich zu herrschen."

Paatis Worte zeigten mir, dass es das Böse gibt. Etwas Unheimliches hinter den Dingen drohte. Wann würde der zehnköpfige Dämon Ravana in meinem Leben auftauchen? Als ich Hanumans verrückte Episoden wieder und wieder hörte, wenn Paatis lange Besuche den strengen Alltag in unserer Agraharam-Siedlung aufmischten, verlor ich allmählich die Furcht, mein Körper könne gestohlen werden. Bald wünschte ich mir sogar heimlich, in einen Affen verzaubert zu werden, um Hanuman näher zu sein. Ich glaubte an seine Wunder und wollte selbst welche vollbringen. Bald glaubte auch meine Familie daran, dass ich die *Gabe* hätte, wie Paati immer von mir behauptete.

Wenn mein älterer Bruder Srini zum Beispiel seinen Stift verlegte, verlangte er von mir, dass ich ihn finde. Ich betete dann zu Hanuman und fand den Stift. Manchmal winkte mir der Affengott mitten im Unterricht zu. „Trag' mich weg!", flehte ich heimlich. Und schon schwebten wir aus dem Klassenzimmer davon und ließen langweilige Lehrer zurück, die Begriffsstutzigen Zahlen beibringen mussten, wie meinen Klassenkameraden, die mich aus Neid wegen meines blitzschnellen Rechnens oft hänselten.

Ich konnte rechnen, seit ich denken kann. Oft wünschte ich mir, im Rund der Null zu entschwinden. Ich sah sie als Tor zu einer anderen Welt, in der es keine Bedrängnis von „Tu dies!" oder „Lass jenes!" gab. Die Null wurde mein Freiraum. Ich erkannte, was meine Klassenkameraden nicht wussten: Hanuman steht hinter der Null! Er dominiert das Nichts und bewacht die Achse, das Zentrum eines sinnlosen Kreislaufes aus Wiederholungen. Die Null ist das Rad, in dem wir gefangen sind. Mit Hanuman träumte ich vom Aussteigen aus diesem Rad oder der alltäglichen Welt.

Wir mussten uns vielen Bräuchen unterwerfen, um Neid, Falschheit und Hass abzuwenden. Appa kam spät am Nachmittag aus seiner Kanzlei zurück, wusch sich sogleich Gesicht, Hände und Füße, um anschließend vor dem großen Hausalter zahlreiche Statuen und Bildnisse zu würdigen. Er zündete die Öllampe an und schwenkte sie um die Heiligenfiguren. Er verbrannte damit üble Gedanken. „Reinheit ist oberstes Gebot. Wir müssen das Geheimnis Vishnus hüten. Es ist seit Urzeiten das *dharma* unserer Kaste", ermahnte er uns. War Paati auf Besuch, mischten sich Gesänge und Erzählungen in die Worte Appas. Auch auf Ammas Lippen lag dann ein Lächeln. Amma, die über den komplexen Ritualen in der Küche wachte, die man morgens nicht ungewaschen und nur in frischen Kleidern betreten durfte – ihr Diamant im Nasenring funkelte in der Morgensonne –, kochte im Einklang mit ihrer Mutter, und uns allen war klar: Hier waren sie die unbeirrten Herrinnen, die man niemals stören durfte. Mit unsichtbaren Schwingen legten sich Hanumans, Sitas und Ramas Legenden über unser Haus.

3

Vor einer Ewigkeit, noch bevor Rama, Sita und Hanuman waren, lag der mächtige Vishnu auf der Urschlange im Weltenmeer. Seine Nabelschnur endete in einer Lotusblüte, in welcher der Schöpfergott Brahma saß und fröhlich das Sein erdichtete. In dieser unvermessenen Zeit, die weder Anfang noch Ende kannte, betrachtete Shivas drittes Auge, wie Vielfalt entstand. Dann löste sich allmählich die Trinität Vishnu, Brahma und Shiva in Devas, Dämonen, Pflanzen, Tiere und Menschen auf.

Die Menschen, kaum waren sie erschaffen, suchten nach fester Ordnung und geregelten Zeiten. Das zeitlose Götterchaos zwängte sie in religiöse Praktiken. Das Böse, die Dämonen, planten sie durch Forschung auszurotten. Das Vieh bezähmten sie und wollten es sich unterwerfen. Die Pflanzen züchtigten sie durch Beschneidung und neue Züchtungen. Als obendrein dann die Devas mit den Dämonen um die Macht stritten, war es mit dem Gleichgewicht von Brahmas Schöpfung dahin. Kriege entbrannten.

Bei der Eroberung des Dämonenvolkes, der Rakshasas, verliebte sich aber der Deva Vishravas, der göttliche Enkel des Schöpfers, in Kaikasi,

eine überirdisch schöne Rakshasi, die ihm nacheinander vier Kinder gebar: Ravana, das fürchterliche Genie, Kumbakarna, den ruhebedürftigen Riesen, Vibishana, den Klugen, und die temperamentvolle Surpanaka. Das Weib wurde zum Auslöser des Krieges, den Ravana längst geplant hatte. Durch seine Eltern göttlich und dämonisch zugleich trumpfte Ravana mit seinen außergewöhnlichen Talenten auf, so dass er selbst für den eigenen Vater bedrohlich wurde. Der verbannte seinen Sohn auf die einsame Insel Lanka. Dort, meinte er wohlgesonnen, könne sein unkontrollierbarer Spross sich austoben.
Inmitten der unbewohnten Wälder praktizierte Ravana die schwierigste Meditation, die es gab. Alle seine Sinne waren einzig auf Shiva gerichtet. Auch wenn er den ganzen Tag über Holz sammelte und es abends anzündete, immerzu betete er zu Shiva. „Göttliches Auge, sieh mich an!" Er sang das Mantra „Om Shivaya". Bei Nacht hing er mit dem Kopf nach unten über dem Feuer. „Erhöre mich, Shiva! Wasser, Luft, Erde und die Unterwelt will ich beherrschen!", jammerte er unermüdlich in seiner Selbstkasteiung und brüllte: „Und mach, dass ich unsterblich bin!", während seine Haut gegrillt wurde. Irgendwann hat jeder Gott genug von den Bittstellungen seiner Anhänger. Shiva rief: „Hanuman, erscheine vor dem Selbstpeiniger und gewähre ihm seine Bitten. Sage ihm aber, mit der Gewohnheit der Rakshasas, Frauen anderer Männer zu stehlen, müsse es vorbei sein, wenn er dann gottgegebene Macht besäße." Hanuman zog umgehend vor Ravana, vergaß aber beim Anblick des Geschundenen, das mit den Frauen auszurichten. Er sagte nur: „Dein Wunsch, Luft, Wasser, die Erde und die Unterwelt zu regieren, sei genehmigt. Ebenso sei dein Wunsch erfüllt, nicht von einem Menschen getötet zu werden!"

Paati war schon Witwe, als ich am vierundzwanzigsten Februar 1949 geboren wurde. Zwei Jahre zuvor, am fünfzehnten August 1947, genau an dem Tag, als Indiens Unabhängigkeit ausgerufen wurde und ihr ganzes Heimatdorf die Freiheit bejubelte, saß Paati klagend neben dem Leichnam ihres Mannes. Großvater Srinivasan war mit seinem Ochsenwagen umgekippt und heruntergefallen. Ein auf dem Pferd entge-

genkommender britischer Soldat, dem das indische Gefährt im Weg stand, hatte, die Reitpeitsche schwingend, die Tiere des schräg liegenden Gespanns zur Seite gescheucht und einen Warnschuss abgegeben. Erschreckt waren die friedfertigen Ochsen daraufhin mit dem Fahrzeug losgeprescht und hatten Großvater unter den Rädern seines eigenen Fahrzeugs zermalmt. „Einer der euren liegt unter seinem Wagen“, hatte der Brite den Vorfall unserer Familie gemeldet, nichts aber über seine Beteiligung gesagt. Ein Zeuge, der vor den Behörden geschwiegen hatte, teilte uns diese Wahrheit erst viel später mit. Auf Paati, wie auf jeder Witwe, lastete fortan das Stigma, ohne Mann zu sein.
Amma erzählte uns Kindern abends, wenn die Sonne in der weiten Ebene blutrot unterging und wir in unserem Dorf Vishnupuram um Amma herum vor dem Haus saßen, oftmals vom plötzlichen Tod ihres Vaters in Tiruvahindrapuram. Ich erinnere mich, wie traurig sie dann war. Großvater war Tempelsänger gewesen und hatte täglich bei den *Pujas* vor den großen Götterstatuen im Tempel gesungen und seine Lieder mit der Zimbel begleitet. Amma erzählte eindringlich von den Totenritualen um ihren Vater, erzählte, mit welchen feierlichen Worten Paati damals die Göttin Lakshmi angesprochen habe: „Unsterbliche, fortwährend mit Vishnu in der ewigen Zeitlosigkeit des Weltenmeeres Vereinigte, du, oh Göttin Lakshmi, wirst nie ein Witwenschicksal erfahren. Du bist *nityasumangali*, bleibst im unbezwingbaren Glück der Vereinten!“
Als der Tote längst auf der Reise in andere Welten war, habe sich das Mysterium vollzogen: Die Priester entnahmen die in purpurne Seide gekleidete Statue der Göttin Lakshmi dem Schrein und trugen sie auf einer Sänfte zum Schrein Vishnus, stellten sie mit Sorgfalt neben die dort liegende Skulptur des schlafenden Gottes und zogen den Vorhang zu. In jenem Moment müssen in Paatis Andacht Endlichkeit und Unendlichkeit auf geheimnisvolle Weise zueinander gefunden haben. Die Götter vereinigen sich! Auch die Dualität zwischen Mann und Frau, zwischen Tod und Leben, zwischen Erde und Himmel, ist im Gebet aufgehoben!
Die Haare zur Glatze rasiert, so wie es Brauch war für Witwen nach der

öffentlichen Verbrennung ihres Ehemannes und teilweise noch ist, muss sie damals mit geschlossenen Augen jene geheimnisvollen Urtänzerinnen, Nymphen und Apsaras, die Indras Himmel bevölkerten, gesehen und ihre ausgelassene Erotik fast geschmeckt haben. „Wir bleiben unzertrennbar", wird sie der fortwandernden Seele ihres verstorbenen Mannes zugeflüstert haben. „Du ruhst in Vishnu, dem ewigen Schläfer. Wenn ich zu Vishnu bete, bist du bei mir."
Denke ich an Paati, klingen leise die Lieder unserer Tempelsänger über das Miteinander, über die wonnige Verschmelzung aller Gegensätze in mir. Nur so, begriff ich später, dank ihrer tiefen mystischen Erlebnisse, konnte meine Großmutter immer so zuversichtlich sein. „Die Göttin Lakshmi steht für irdisches Glück und Energie", erzählte meine Mutter, „während Gott Vishnu den luftigen Raum und die geistige Sphäre repräsentiert. Sie sind einander in ewiger Liebe verbunden."

Paati glaubte fest an das untrennbare Ganze der indischen Philosophie, die den Tod nicht als Endlichkeit sieht und das Leben als Illusion darstellt. Beide haben ihr wahres Zuhause in der Ewigkeit Vishnus. Sie erbat sicher damals für ihre drei Töchter, Tante Sundari, meine Amma Lakshmi und Tante Saras, auf ungewöhnliche Weise den Segen: „Lasst Mann und Frau zusammenliegen. Und, oh Vishnu und Lakshmi, lasst auch sie ihre Einheit genießen! Glückliche Paare bringen Frieden in die Welt. Fruchtbarkeit sei heilig. Sie allein bringt Beständigkeit in unsere vergängliche Erscheinung!"
Auf Mutters Gesicht lag stets ein Zug tiefer Trauer, wenn sie das Schicksal ihres Vaters schilderte, was sich früh in mein Gedächtnis einprägte. Oft las ich auch Furcht vor dem Tod darin, dass überall Feinde lauern könnten, die ihn herbeiführen. Paati hingegen habe ich nie betrübt erlebt, sondern meistens voller Schalk, verrückter Ideen und ansteckender Zuversicht. Sie liebte es zu fabulieren. Oft murmelte sie Vorhersagen in Bezug auf mich wie: „Gowinda, ich sehe Besonderes auf dich zukommen! Du wirst einmal das Wunder erleben!"
Ich wusste nicht, was sie damit meinte. Einmal, als meine Großmutter in der Mittagshitze nach dem Erzählen einer ihrer Geschichten vor sich

hindöste, wollte ich es genauer wissen. „Paati, was ist ein Wunder?“, rüttelte ich sie am Arm, der unter dem hingebetteten Kopf steckte. Langsam öffnete sie ihre Augen, und ihr Blick bohrte sich in meine Seele. „Du hast die Gabe. Das *dharma* unserer Iyengar-Kaste wird sich durch dich erfüllen!“ Ich verstand nichts von dem, was sie da sagte. Weder wusste ich, was *dharma* bedeutet, noch ahnte ich, wie wichtig für meine weit verzweigte Familie ein Leben im Einklang damit ist. Der Begriff Pflicht war mir noch unbekannt.
„Wunder lassen sich nicht erklären“, fuhr Paati, ohne meine Frage zu beantworten, fort, „du erfährst sie.“ Versonnen fügte sie hinzu: „Nur wer die *Gabe* hat, kann seine Feinde erkennen und wie Rama den wilden Rakshasa Ravana besiegen.“

4

Ravana eroberte das Wasser und heiratete die Prinzessin der Meere. Er kontrollierte den Luftraum und heiratete die Prinzessin der Lüfte. Er drang tief in die Erde ein und entführte die Prinzessin der Unterwelt in seine mächtige Königstadt, die er im Handumdrehen erbaut hatte. Seinem kraftstrotzenden Aussehen und seiner Macht verfielen die Frauen. Er sah sie an, und sie fühlten sich bis in ihre geheimsten Wünsche erkannt. Und weil Ravana diese erfüllen konnte, blieb er der beste Liebhaber aller Zeiten. Es wurde nie langweilig mit ihm. Manchmal sah man hinter seinem Kopf einen anderen Kopf, und es gab Frauen, die sahen alle seine zehn Köpfe auf einmal, wenn er sie verführte und ihnen außerordentliche Ekstasen schenkte.
Noch aber hatte Ravana keine Frau vom Erdreich gefunden.

Meinen ersten schweren Asthmaanfall hatte ich mit neun Jahren im Sommer 1958. Wieder einmal war ein Besuch meiner Paati zu Ende gegangen, und sie kehrte in ihr Dorf Tiruvahindrapuram nach Südindien zurück. Soweit ich konnte, lief ich neben dem rollenden Ochsenwagen her und schluchzte immer noch hemmungslos, als der Wagen längst in einer Staubwolke verschwunden war. Ich ließ mich an den Straßenrand fallen und fühlte mich von aller Welt verlassen. Mit Paati waren nicht nur ihre Zuversicht, ihr Schalk, sondern auch ihre Geschichten von Hanuman fortgezogen, die mich immer wegtrugen in die Welt des Imaginären. Und niemand fand Zeit, mich zu trösten. Meine Mutter hatte außer mir meine drei kleineren Brüder und drei ältere Geschwister zu betreuen und war außerdem wieder schwanger. Da drückte eine unsichtbare Hand meine Kehle zu, und ich bekam keine Luft mehr. Als Amma mich röchelnd am Boden liegend fand, trug sie mich ins Haus, und Vater holte einen Arzt. Er diagnostizierte Asthma. Ich bekam Medizin, doch die unsichtbare Hand drückte weiter auf meine Kehle. Erst an dem Tag, als Paatis Brief ankam, hörte die Atemnot auf. Paati hatte rötliche Kumkumapaste geschickt und geschrieben, das sei ein Gruß von Hanuman. Ich dachte damals, Paati habe Hanuman getroffen, und spürte seinen göttlichen Atem.

Während meiner Kindheit verging die Zeit unmerklich, heute weiß ich aber, dass Indien sich rasant veränderte, und es immer noch sein Gesicht verändert wie kein zweites Land. Auf einmal war ich ein hochaufgeschossener Teenager. In unserem Haus herrschte Aufbruchstimmung. Meine älteren Geschwister packten ihre Sachen, um sich in Madras im College zu bewerben. Immer mehr Brahmanen zogen fort. Häuser waren unbewohnt und begannen zu zerfallen. In den Gärten hinter ihren Häusern fraßen sich Luftwurzelbäume ins Mauerwerk, was den märchenhaften Charakter unserer untergehenden kleinen Siedlung noch verstärkte, so als wollten sich Geister ansiedeln.

„Auch wir ziehen um“, sagte mein Vater eines Tages. Es klang wie ein Befehl. „Und zwar hinunter in die Landeshauptstadt von Tamil Nadu, nach Madras. Dort weht abends eine kühle Brise vom Meer herüber, vor allem aber gibt es dort genug Universitäten und Hochschulen für euch, die hier fehlen!“ Dass er seine Stelle für den Sohn eines lokalen Politikers räumen musste, erzählte er uns damals nicht. Amma sah erschrocken auf ihre mittlerweile acht Kinder. Es war eine Flucht nach vorn. Eine Stelle beim Gericht in Madras wartete auf ihn, und alle seine

Kinder sollten dort künftig ein College ihrer Wahl besuchen können.
Als Appa unser Haus in der Agraharam-Siedlung 1963 endgültig abschloss, war ich vierzehn Jahre alt. Ich fürchtete, dass unser traditionelles Brahmanenleben mit dem Wegzug enden könnte. Der Untergang eines Lebensstils, in dem Iyengar-Brahmanen in einer Siedlung ausschließlich unter sich weilten, in der keine anderen Kasten eine Rolle spielten und die den Tempel fest in ihrer Hand hatten, schien besiegelt. Unsere Rituale waren mit unserem Tempel am Ende der Gasse eng verbunden. Die Agraharam-Siedlung inmitten einer weitläufigen bäuerlichen Landschaft aus Feldern, Wasserkanälen, Bäumen und Seen würde zerfallen. Auch Beten konnte ich mir nirgends anders vorstellen als hier.
Der Umzug bedeutete das Ende meiner Kindheit. Als unsere Pferdewagen mit Gepäck voll beladen losrollten, empfand ich einen Stich in der Brust und fürchtete wieder einen Asthmaanfall zu bekommen. Abschiede bringen mich eines Tages noch um, dachte ich schon damals.
„Unsichtbare Kräfte werden sich in unserem alten Haus ausbreiten", sagte mein Großvater, der mit uns ging, obwohl er schon sehr gebrechlich war. Dabei stand er stocksteif neben dem Wagen, ohne auf irgendetwas Bestimmtes hinzuschauen. Meine Cousine Meitli, die mit uns mitzog, weinte. Ihr Vater, mein Onkel Mukhu, der in unserem Tempel als Priester diente, stand mit steinernen Gesichtszügen am Wagen, ihre Mutter weinte. Meine Tante litt, dass sie ihr einziges Kind der modernen Bildung wegen nun weggeben musste.
Onkel Mukhu, wie ich ihn zärtlich nannte, war Großvaters jüngerer Sohn und ein altmodischer Sanskritgelehrter. Er hatte mir einmal zugeflüstert: „Mathematik kommt aus Indien. Studiere Aryabhatta, der die Null einführte und seine Werke in Versen schrieb!" Den Mathematiker aus dem fünften Jahrhundert entdeckte ich erst in Amerika. In Onkel Mukhu sah ich einst einen Spinner, der magische Zeichnungen aus Kreisen und Dreiecken anbetete und darin Vishnu sah. Er wohnte in einem kleinen Haus am Ende der Gasse direkt am Tempel. Großvater war froh, dass sein Sohn in der Siedlung blieb. Er selbst aber wollte lieber mit seinem ältesten Sohn, meinem Vater, in die Stadt mitziehen, auch

wenn er sich davor fürchtete. Er mochte Amma, seine Schwiegertochter Lakshmi, mehr als meine Tante. Außerdem hatte ihn wohl auch trotz seines Alters Neugierde ins Unbekannte getrieben.

5

„Hört zu, wir müssen hier weg!“, sagte Stammesfürst Nemi zu seinen Getreuen. Ein wandernder Barde hatte ihm nämlich berichtet, dass Ravana ständig fremde Gebiete und Stämme eroberte. Künftige Gefahren voraussehend wollte Nemi ihm durch rechtzeitiges Handeln aus dem Weg gehen.

„Lasst uns neunzig Tagesmärsche ins Inland weiterziehen, damit wir Ruhe vor Ravana haben. Er wird uns erspähen und keine Ruhe geben, bevor er nicht auch unser Reich einkassiert hat!“

Nemis Getreue nickten. Sie wussten, dass jeder Abschied, so schmerzlich er ist, auch ein Gewinn sein kann. Als sie neunzig Tage marschiert waren, erreichten sie einen grünen Bambushain. „Hier soll unsere neue Wohnstätte sein!“, rief Nemi aus.

„Lasst uns aus den Bambusstäben unsere Hütten bauen!“ Also schlugen seine Leute den Bambus ab. Doch wie staunten sie, als am nächsten Morgen dieser Bambushain stand, als wäre er nie abgeholzt worden.

„Außergewöhnlich!“, sagte Nemi und befahl, ihn noch einmal abzuschlagen. In der Nacht jedoch wachte er und entdeckte im erneut wachsenden Hain eine Jungfrau, fein und zierlich wie ein junges Blatt.

„Wieso lässt du uns keinen Platz für unsere Hütten schlagen?“, fragte Nemi das erschrockene Mädchen. Sie wisperte: „Ich habe keine Eltern, nur die Erde, sie ist mir Mutter und Vater zugleich.“ Nemi fühlte sich zu der wundersamen Jungfrau hingezogen, nahm sie zärtlich an der Hand und führte sie aus dem Bambusgestrüpp heraus.

„Sie gehört nun zu uns“, sagte er zu den Seinen. „Seht ihre Schönheit. Ist sie nicht wie ein immergrüner blühender Busch? Lasst sie unsere Königin sein, denn sie ist ein Geschenk der Erde. Wir wollen ihr einen Palast aus Bambus mit einem hohen Aussichtsturm bauen. Sie kann

Wälder neu erstehen lassen, und sicher hat sie auch die Gabe, Feinde schon von weitem zu erkennen.“

Die ihm schon versprochene Braut schmollte. Aber was sollte sie angesichts dieses wundervollen Geschöpfes, das Dinge im Nu wachsen lassen konnte, denn tun? Also akzeptierte sie ihr Schicksal und wurde zur zweiten Königin von Nemi gekrönt.

Ravana, dessen zwanzig Augen durch die Spährohre, die er erfunden hatte, alles entdeckten, hatte gesehen, wie Nemi sich nun das Lager mit dem zarten weichen Blättchen teilte, und wurde lüstern. Als er hörte, dass Nemis Stamm die junge Schönheit fast wie eine Erdgöttin verehrte, denn sie hatte dem Stamm mit ihrer Klugheit geholfen, den hohen Turm, der schief geraten war, gerade zu biegen, sagte er sich: Das ist genau die Erdfrau, die mir noch fehlt. Mit ihr zusammen werde ich den gesamten Kosmos beherrschen. Sofort entwickelte Ravana eine gefährliche Leidenschaft für die junge Bambuskönigin und ersann einen listigen Plan.

Aber die Natur ist voller Wunder! So leicht erobert man sie nicht.

Unser Priester in Vishnupuram, Onkel Mukhu, hatte uns nach einer astrologischen Befragung gesagt, wir sollten zwischen zehn Uhr früh und zwölf Uhr dreißig mittags aufbrechen, sonst kämen wir in eine vom Planeten Rahu beeinflusste Phase, die ungünstig für einen Neubeginn wäre. Unsere Heimat wird zu einer Geisterwelt, dachte ich wehmütig, als beim Losfahren der rote Staub der Lehmstraße aufwirbelte. Mein Blick schweifte noch einmal zurück, die Sackgasse hinunter zum pyramidenförmigen Tempelturm hin, der im flirrenden Licht der Vormittagshitze und der Staubwolke verschwamm. Er gab der schläfrig wirkenden Gasse den Anschein, sich vor den Toren des Tempels zu verlieren, so wie sich alles einmal auflöst in der Unendlichkeit.

Die Hinwendung der Anwohner zu dem mächtigen, aus viereckig geschliffenen Granitsteinbrocken gebauten Tempel hatte Anfang und Ende eines Tages bestimmt und sich um das Geheimnis von Vishnus Schlummern gedreht. Die auf eine steinerne Urschlange hingestreckte Skulptur war uns allen vertraut. Die Ruhe, mit der Vishnu dort lag, sei-

ne leicht geschlossenen Lider, wirkten beruhigend. Paati hatte mit ihrer tiefen Altstimme gesungen: *„Vishnu, anmutig Liegender, dein Arm berührt zärtlich die Erde!“*, wenn sie vor ihm gestanden hatte, um sich anschließend niederzuwerfen. Das war jetzt vorbei! Wir verließen eine in sich geschlossene Welt mit vielen Geboten. Doch wie geborgen wir unter unserem von ziselierten Rosenholzsäulen getragenen, mit Moos bewachsenen Ziegeldach gewesen waren.
Bevor die Sonne verschwand, hatte Amma täglich die Öllampe angezündet und mehrmals *„Sitaramaa“* wie ein Mantra ausgerufen, während Sambranidüfte durchs Haus zogen. Frauen unserer Kaste hatten viele Regeln zu befolgen. Seit ein paar Jahren wusste ich, dass sie während ihrer Periode nicht das Haus betreten durften, sondern weit hinten in einer Kammer hausten. Das Essen wurde ihnen auf speziellem Geschirr gereicht.
„Warum ist Amma denn da hinten und ich darf nicht zu ihr?“, hatte ich naiv gefragt, als meine Mutter wieder einmal ihre Regel hatte und nicht bei uns sein durfte. Mein älterer Bruder, der allwissende Srini, hatte mir nur derb erklärt: „Mutter ist weg, weil sie blutet.“
Doch das reichte mir nicht. Als ich Paati danach befragte, hatte sie mir mit einem Märchen, das mir den Unterschied der Geschlechter bewusst machte, geantwortet.
„Höre jetzt genau zu“, hatte sie gesagt: *„Hanumans Mutter lebte in den Wäldern, als Feen und Faune Teiche und Quellen bevölkerten. Der Windgott legte ein Kind in ihren Leib. Und weil Frauen wie die Erde fruchtbar sind und Lebewesen hervorbringen, brauchen sie Ruhe vor den Winden der Männer.“*
Ah, dachte ich an jenem Tag und spürte Aufwind, als erstmals mein Penis sich von selbst erhob. Seither wusste ich, dass Frauen eine mächtige Rolle in meinem Leben spielen würden. Ob der rote *Kumkuma*-Staub, mit dem wir uns vor der Göttin die Stirn betupfen, in Verbindung zum Blut und somit zur Fruchtbarkeit der Frauen steht, wagte ich sie nie zu fragen.
Von Paati hatte ich früh gelernt, dass es Unterschiede zwischen einem Gott und einer Göttin gab, obwohl sie beide vom gleichen Sternenstaub

umgeben waren. Hanuman sei der Bote zwischen beiden, und Gebete mit Niederwerfungen vor der bronzenen Figur Hanumans waren tägliches Gebot. Doch wo genau konnte ich ihn finden? Paatis Antwort auf meine Frage klang nun, als der Wagen über die Straße holperte, noch einmal in mir nach: „Hanuman kann überall und alles sein. Er ist aus dem Staub des Windes und der Erde entstanden."
Ich blickte auf Großvater, der Mantren murmelnd Hanumans Geist als Schutz heraufbeschwor. „Der letzte echte Brahmane!" dachte ich. Appa blickte starr geradeaus. Meine Mutter weinte.
„Vater schaute in unsere Zukunft, Amma!", tröstete ich sie. Sie nahm meine Hand, während ich mich nach vorn lehnte und mit der Stirn sanft Großvaters Rücken berührte.
Das Brahmanische hat auch dunkle Seiten und gibt Aberglauben Raum, dachte ich trotzig. Soll es doch ruhig untergehen. Das Schicksal meiner Paati in ihrem Dorf in Tiruvahindrapuram stand mir vor Augen. Als sie nach dem umfangreichen Todesritual für ihren verunglückten Mann ihr Haus betreten wollte, hatte sie ihren Besitz, den man ihr gelassen hatte – ein paar einfache Baumwollsaris, ein paar Handtücher und Laken, eine wollene Decke, einen wertvoll bestickten Schal – zu einem Bündel geschnürt, vor die Tür gelegt vorgefunden. Sie hatte verstanden: Fortan musste sie im Hinterhof wohnen. Ihr Haus war in die Hände des Schwagers übergegangen. Ihren Schmuck und die wertvollen Saris verteilte er als neuer Besitzer des Hauses, das er zuvor mit seinem Bruder geteilt hatte, an Paatis Töchter. Witwen dürfen nichts besitzen, tragen keinen Schmuck und auch keine wertvollen Saris mehr. Wie sehr Paati gelitten haben muss, erkannte ich in dem Moment, als unser Haus aus meinen Augen entschwand. Genau dieser Schwager, mit dem sie bisher friedlich zusammenlebte, hatte sie vor die Tür gesetzt, weil er fürchtete, dass ihr Witwenzustand ansteckend sein könnte für die anderen Frauen der Familie und Unglück auf sie zöge. Als unsere Gasse dem Blick entschwand, war ich wütend auf das Brahmanentum, das meiner Paati solches Leid antat. Und spürte, das große Unbekannte lag vor mir.
Während grüne Felder an uns vorbeizogen, hörte ich noch einmal die Klassenkameraden anderer Kasten mich hänseln: „Pferdeschwanzträ-

ger!" Nur Brahmanen trugen das Haar hinten lang und am Schädel geschoren; ich sah mich entschlossen über die stacheligen Büsche, die die Erdnussfelder umgaben, hüpfen und dachte an jenen Tag, als einer der Jungen mich grob am Haar zog und ich vor Schmerz Hanuman anflehte: „Nimm ihn mit in die Lüfte!" Als der Junge am nächsten Tag Fieber hatte, war ich fortan von den Hänseleien der Mitschüler befreit. Sie ließen mich in Ruhe, denn sie glaubten, ich wäre von einer magischen Kraft besessen, durch die ich mit den Göttern kommunizieren könnte.

Als wir in Hyderabad, der nächsten größeren Stadt, ankamen, stiegen wir mit all unserem Hab und Gut von unserem Pferdewagen in einen Nachtzug nach Madras um. Wir fuhren die ganze Nacht hindurch. Ich konnte nicht schlafen. Auch Großvater nicht. Aufrecht saß er auf seiner heruntergekippten Pritsche aus Holz und schaute wie ich in den Mond. Ich dachte daran, dass er einst unser Haus in der Agraharam-Siedlung gebaut hatte. Und allmählich übertrug sich seine Stimmung auch auf mich. Wie unwürdig für ihn, in diesem schäbigen Zugabteil auf einer harten Holzbank sitzen zu müssen. Würden denn unsere Gebräuche in der Stadt überhaupt Gültigkeit haben? Würden wir nicht zu Aussiedlern, für die es keinen Sinn mehr in der Fremde gibt, die heimatlos geworden sind und alle ihre Bindungen verloren haben?

Der Mond strahlte durch das offene Zugfenster, und der Wind kühlte die die stickige Luft im Abteil. Wie klein der Mond in der Weite des Himmels war. „Oh Mond! Du wirst auch in der neuen Heimat dabei sein!", seufzte ich. Seitdem habe ich eine besondere Beziehung zum Mond.

6

Ravana plante die Entführung der Bambuskönigin, doch da sie schwanger war, musste er warten. „Es wird ein Krieger, Gegner von Ravana, nennt ihn Rama!“, hatte der Schamane des Stammes prophezeit, der in einer Trance das Bild eines Jungen mit Pfeil und Bogen gesehen hatte. Als Ravana die Bambuskönigin endlich entführen wollte, war sie schon wieder schwanger: Diesmal visualisierte der Schamane einen zweiten Jungen mit einem Schwert und prophezeite: „Er wird ein treuer Kampfgefährte von Rama, nennt ihn Lakshmana!“
Auch die andere Königin von Nemi gebar gleichzeitig einen Sohn, der Bharata genannt wurde. Dieser würde einst, so sah es der Schamane, den Thron verwalten. Der Stamm war erfreut über so viel Nachwuchs.

Plötzlich stand Ravana vor Nemi. „Ich brenne dein Reich nieder mit dem Ausstoß meines Atems“, schrie der Dämonenfürst Nemi an. „Doch du kannst alles retten, wenn du sofort die Erdprinzessin rausrückst!“
Nemi zitterte am ganzen Leib und antwortete: „Sie hat mir schon zwei Söhne geboren.“
„Auch wenn sie dir zwanzig geboren hätte, würde ich sie mir nehmen, denn sie fehlt in meiner Sammlung“, erwiderte Ravana ungerührt. „Ich wurde von Gott befähigt, auch das Erdreich zu beherrschen, und nicht du!“
Nemi fürchtete das Orakel. Er ging in die Hütte seiner Bambuskönigin, nahm sie in die Arme und erklärte ihr: „Ravana würde unser Reich zerstören und alle töten, wenn ich dich ihm nicht gäbe. Wir müssen uns trennen.“
Die Bambuskönigin erbleichte und dachte nach. „Gib mir noch ein wenig Zeit“, flüsterte sie nach einer Weile ihrem Gemahl listig ins Ohr. „Vielleicht hilft uns der Geist der Erde.“
Als Nemi daraufhin vor Ravana trat, sagte er eingeschüchtert von dessen magischer Ausstrahlung leise: „Sie ist noch bei den Kindern und braucht etwas Zeit.“
Ravana lachte laut auf und sagte: „Gut, aber dann bleibst du, mein

Kerlchen, hier bei mir, denn sie ist jetzt meine Frau, und du kannst dich nicht mehr zu ihr legen und weiter Sprösslinge zeugen."

Als die Bambuskönigin nach drei Tagen heraustrat, war Nemi außer sich vor Schmerz und Wut auf die Götter. „Das ist sie, die Mutter meiner Kinder!" sagte er unter Tränen und übergab sie Ravana. Der zog die Grüngewandete mit der schimmernden Haut in ein Gefährt, erhob sich damit hoch in die Luft und flog mit ihr davon. Sprachlos vor Staunen über solch ein wundersames Luftgefährt blickten die Zurückbleibenden Ravana hinterher.

Madras, 1964

Der Zug fuhr früh morgens in Madras ein. Die Hitze mit der Feuchtigkeit des Meeres trieb Schweiß in die Kleider. Wir verluden alles auf mehrere Taxis und suchten im Gewirr aus schmalen Gassen unsere neue Bleibe. Unscheinbar, klein und dunkel lag sie hinter einem anderen Haus. Ich bekam sofort einen Raum mit meinen beiden älteren Brüdern, die Mädchen einen anderen. Meine jüngeren Geschwister zogen zusammen in das kleinste Zimmer des Hauses. Entsetzt schaute Amma in die winzige, vom Ruß rabenschwarz gefärbte Küche. Ich erinnere mich an ihr trauriges Gesicht. Durch das Fenster sah man auf eine Mauer. Menschen aus anderen Kasten, auch Muslime, liefen vorbei. Abfall stapelte sich hinter der Mauer auf einem leeren Grundstück. Auch wir warfen nun unseren dazu. Mal wühlten Ratten darin, mal streunte ein Hund herum. Obwohl es schwer erträglich für Amma war, meisterte sie die Situation mit der ihr angeborenen Gelassenheit und Ruhe.

Ich hingegen war aufgeregt. An der Kreuzung gab es eine Chai-Verkäuferin, die aus einem großen Behälter Chai in kleinen, aus Lehm gebrannten, wegwerfbaren Tassen verkaufte. An ihr orientierte ich mich bei meinen Ausflügen in die für mich damals riesige, quirlige Stadt. Diese Teeverkäuferin wurde mein Orientierungspunkt für unsere neue Straße. Durch sie fand ich in den vielen verwinkelten Gassen die richtige Einbiegung nach Hause zurück. Nie zuvor hatte ich solch aufreizend blickende Frauen wie sie gesehen. Sie sprach das Tamil breit und vulgär aus und scheute sich nicht, mich direkt anzusehen. Ihr Busen zog mich so sehr an, dass es mir nicht gelang, ihre Blicke zu erwidern. Täglich bettelte ich Vater um ein paar Münzen für ihren Chai an. Einmal stahl ich einen Schein aus Ammas Geldbeutel. Die Chai-Frau, voluminös und göttlich, war nicht aus unserer Kaste, aber ihre Gläser waren blitzblank und ihr Chai schmeckte köstlich.

Eines Morgens 1963 wachte Großvater nicht mehr auf. „Meine Zeit ist vorbei“, hatte er schon ein paar Wochen zuvor gesagt und immer weniger gegessen, bis er gestorben war. Totenrituale begannen. Wir weinten. Einzeln, zusammen und wieder einzeln. Ich saß lange neben seinem aufgebahrten Leichnam. Wohin war er gegangen? Ein Jahr lang würde es keine Feste geben. Das kleine Stadthaus wirkte noch düsterer und schrecklich eng. Zwar hatte Vater auf Grund seiner Aufrichtigkeit und Unbeugsamkeit in der neuen Arbeitsstelle Erfolg, aber uns allen fehlte etwas im Vergleich zur Agraharam-Siedlung. Es gab weder Veranda und Innenhof noch einen Garten in unserem neuen Haus. Amma und Appa hatten ihre Bastmatten im Wohnzimmer zum Schlafen ausgerollt. Doch in den wochenlang andauernden Trauerritualen, bei denen sieben Priester im Wohnzimmer hockten und ein Feuerstelle errichtet hatten, wurde ihr Wohn- und Schlafraum zum Andachtsraum umfunktioniert, und sie lagen nachts nun direkt vor der geschlossenen Eingangstür im engen Flur.

In der höheren Schule für Jungen, die ich mit dem Bus erreichte, war ich schnell der Beste in der Klasse. Das erzeugte Neid, und ich hatte keine Freunde. Mein ältester Bruder Srini studierte Jura an der Universität. Um all die verschiedenen Gebühren für die vielen unterschiedlichen Ausbildungsstätten der Kinder zu bezahlen, hatte Amma ihren Brautschmuck verkaufen müssen.

Eines Tages entdeckte ich die Dachterrasse für mich, die zum beliebten Rückzugsort für mich wurde. Von hier aus konnte ich über die vielen anderen Dächer der Stadt blicken. Ein aufregendes Reich lag vor mir. So sah ich oft die schöne Tochter unserer Nachbarn, Shayla, auf der gegenüberliegenden Dachterrasse Wäsche aufhängen. Die enganliegende Hose, an den schlanken Fesseln gerafft, zeigte die Form ihre Beine. Auch die schwarze *Kurta* war so geschnitten, dass ihre schlanke Figur zur Wirkung kam. Ihr geschmeidiger Körper tänzelte herum. Sie schnippte die Finger, schnalzte mit der Zunge und wiegte dabei die Hüften. Frei und unbeschwert verschwand sie im Haus, und ich konnte sie im unteren Stockwerk erblicken. Ich verliebte mich sofort in Shayla. Sie wurde zum Inbegriff all meiner Sehnsüchte. Die so anderen Sitten und Gebräuche ihres muslimischen Elternhauses beschäftigten meine Phantasie. Jeden Abend um fünf Uhr stieg ich hoch aufs

Dach und wartete auf sie. Sie musste es bemerkt haben. Denn als Ramadan, die Fastenzeit, vorbei war, wurden wir von ihrer Familie zum Festessen eingeladen.
Zu meiner großen Enttäuschung lehnte mein Vater die Einladung ab: „Wir bedauern, als strenge Vegetarier dürfen wir nicht teilnehmen“, hörte ich ihn zu Shaylas Vater an der Tür sagen. Er hatte ihn nicht einmal ins Haus gebeten.
Wie sehr ich ihn damals dafür hasste. „Warum bist du so streng, Appa! Dann hättest du auch in unserer Agraharam-Siedlung bleiben können, und dein Vater wäre jetzt wahrscheinlich noch am Leben!“
Das hatte meinen Vater getroffen. „Gowinda, versuch doch zu verstehen. Es ist unser *dharma,* so zu sein und uns von denen, die anderes essen, abzugrenzen“, versuchte er mir seine Haltung zu erklären.
„*Dharma* ist dieses blöde Gebot, das mir egal ist“, hatte ich wütend zurückgeschrien und die Tür hinter mir zugeschlagen.
Meine Auflehnung zeigte Wirkung. Appa ging zu den Nachbarn hinüber, brachte ihnen eine kleine Speise und nahm ihre Einladung doch noch an. Er sagte uns, sie hätten ihm versichert, dass speziell für uns gekocht würde.
Als wir bei ihnen waren, beschämte mich die Großzügigkeit der Familie uns Hindus gegenüber. Zur Begrüßung hatte uns Shayla in einem rosenroten Sari auf Geheiß ihrer Mutter Rosenmilch gebracht. Sie trug einen Schal um ihr Haar. Als sie mir das Glas mit der rosafarbenen Milch reichte, sog ich ihren Duft nach Rosen ein. Unsere kleinen Finger berührten sich. Ein Stromschlag erfasste mich, und ich hatte die Vision, dass ich sie eines Tages heiraten würde. Shayla war zwei Jahre älter als ich und erzählte, sie wolle Ingenieurin werden. Das beeindruckte mich. Ich fand, dass muslimische Frauen fortschrittlicher waren als die Frauen unserer Kaste. Damals riss ich mir meine Brahmanenschnur vom Leib. Ich gab sie Amma und sagte: „Ich hasse das Kastendenken!“ Sie antwortete: „Sei nicht so aufgeregt. Aufbrausen ändert nichts. Und mein Sohn, Hanuman beschützt dich trotzdem!“
„Für Muslime ist es einfacher, mit dem Göttlichen in Kontakt zu treten. Sie erkennen es in der Abstraktion und nicht in den Götterfiguren“,

provozierte ich eines Abends Appa. Er antwortete nicht und sah mich nur herablassend an. Seit wir in der Stadt lebten, trug ich die Haare kurz geschnitten und wählte meine Hosen und Hemden vorsichtig nach Farbe und Textur aus. Alle meine Brüder, außer unserem Jüngsten, Vinu, der sehr religiös war und die Brahmanentracht Großvaters beibehielt, taten es mir nach.

Am Tag, als ein Gaszylinder mit Gasherd installiert wurde, zerplatzte mein Traum mit Shayla wie ein Luftballon. Es herrschte große Aufregung in unserem Haus, denn keiner unserer Bekannten oder Verwandten hatte einen Gasherd. So etwas Modernes besaßen nur Reiche. Wir hatten ihn in Shaylas Haus entdeckt, und Amma war außer sich vor Freude, auch einen zu erhalten. Ich stand wieder einmal auf der Dachterrasse und schaute zu Shayla hinüber, die beim Wäscheabnehmen war, als ich meine Mutter neben mir spürte. Sie winkte Shayla zu und fragte mich beiläufig: „Du bewunderst sie, stimmt's?"
Ich hörte die Krähen krächzen und antwortete nicht.
„Sie wird bald heiraten, ich hatte einen kleinen Plausch mit ihren Eltern, und sie erzählten mir, sie hätten für Shayla einen aussichtsreichen Kandidaten gefunden. Er heißt Abdul und ist wie ihr Vater ein sehr erfolgreicher Geschäftsmann."
Mir wurde schwindelig. „Wie alt ist er?"
„Ungefähr zehn Jahre älter als du. Er wird ihr Wohlstand bieten", fügte Amma bestimmt hinzu. Es hörte sich an wie „Schluss jetzt mit deiner sinnlosen Schwärmerei!"
Mit einem Schlag erkannte ich die Aussichtslosigkeit meiner ersten Liebe. „Eines Tages wird sie Flugzeuge bauen und selbst damit wegfliegen!", sagte ich trotzig. Ich fühlte mich von Shayla verlassen. So eine Frau kriege ich niemals, dachte ich verzweifelt.
Kurz darauf bekam ich erstmals wieder einen Asthmaanfall und glaubte zu ersticken.
Wieder kam Paati und brachte ihre rötliche Paste aus Kurkuma und Erde, die sie mir auf die Stirn tupfte. Aber diesmal trösteten mich weder ihre Kräuter noch ihre Geschichten. Heimlich plante ich, Shayla zu ent-

führen. Dann würden wir beide Wissenschaftler werden, und ich würde zum Islam übertreten. Aus Wut gegenüber Amma. Wie sehr hasste ich damals Ammas pragmatische Art und ihre Vorhersagen!

7

Ein hellsichtiger Yogi, der auch ein Mathematiker war, sagte: „Wissenschaften sollten zum Wohl und Glück der Menschen eingesetzt werden.“ Als er gerade die Stellungen der Himmelskörper berechnete, störte ihn bei der Betrachtung des Weltenraums ein künstlich gesteuertes, fliegendes Etwas, in dem er eine entführte Frau erblickte. „Du hast den Willen Gottes gebrochen und das Weib eines anderen Mannes gestohlen. Deine Herrschaft sei hiermit begrenzt und bald zu Ende!“, verwünschte er daraufhin den Lenker des Flugkörpers.
„Ha, ha, ha“, lachte der Entführer Ravana. „Ich bin unbesiegbar. Kein Mensch kann mich töten, und auch ein Yogi kann mir nicht schaden!“, rief er, sich seiner selbst vollkommen sicher.
Da traf ihn der Fluch des mächtigen Yogis: „Deine Herrschaft sei begrenzt! Niemand kann je die Erde besitzen!“

Bevor es mit dem College losging, begleitete ich Amma erstmals 1966 zu Paatis Dorf nach Tiruvahindrapuram. Sie wohnte dort nun bei meiner Tante Saras und nicht mehr im Hinterhof ihres Schwagers. Ich war inzwischen siebzehn und hatte gerade die Schule abgeschlossen. Im ländlichen Indien schien die Zeit stehen geblieben zu sein.
Als ich das Zimmer meiner Großmutter betrat, fiel das Licht durch die Eingangstür auf sie. In ihrem einfachen erdfarbenen Baumwollsari gehüllt saß sie auf dem hohen Mahagonibett wie auf einem Thron. Der durch vieles Waschen weich gewordene Stoff schmiegte sich an ihren Körper und schmeichelte ihren feinen Gesichtszügen. Paati gab dem großen Eingangsbereich Würde, obwohl dort Blechkanister mit Öl und Stapel aus alten Zeitungen an der Wand standen. Sie hatte ein kleines Bild von Ramanuja, dem Heiligen der Iyengars, an der Wand aufge-

hängt. Ohne viele Worte darum zu machen, lebte sie nach wie vor nach den Regeln unserer Kaste und war vielen ein Vorbild. Ich erinnere mich, dass sie mit dem Essen sehr strikt war und nie Lebensmittel verschwendete. Kaum waren wir angekommen, prüfte sie in der Küche, was gekocht werden musste. Damals gab es keinen Kühlschrank, doch jeder wusste, bei Paati würde keine Tomate je faul werden.
„Denk daran, den Kindern neben ihrer College-Ausbildung auch die Werte unseres Iyengar-Clans einzutrichtern“, hörte ich sie Amma mahnen.
„Natürlich sind wir darauf bedacht“, hatte Amma geantwortet. „Auch wenn wir keine Kuh als Haustier mehr halten können, um das Tier als Göttin zu verehren.“
Amma war zu der Zeit fast vierzig Jahre alt und durch das Stadtleben ein wenig resoluter geworden. Sowohl Paati als auch Amma hatten Grübchen in den Wangen. Und manchmal verrieten die Züge meiner Mutter den gleichen jugendlichen Schalk, den Paati hatte.
Tante Sara, Mutters jüngere Schwester, kam mit Tee herein. Sie war sehr klein, fast eine Zwergin, und hellhäutig, so dass ihre schwarzen Mandelaugen leuchtend hervortraten. Alle drei Töchter Paatis hatten die markanten Nasen vieler Frauen des Iyengar-Clans. Es sind selbstbewusste Frauen. Zwar drängen sich in unserer Kaste die Männer mit ihrem patriarchalischen Gehabe meist in den Vordergrund, aber die Frauen führten im Inneren des Hauses ihr eigenes Regiment. Bildung hatte auch bei den Frauen einen großen Wert. Mutter sprach Tamil, dazu Telugu. Seit wir in der Stadt wohnten, lernte sie Englisch. Und sie hatte Sanskritkenntnisse.
Da ich inzwischen Hindi und Urdu, die Sprache unserer islamischen Nachbarn, lernte, neckte sie mich. „Ich glaube, Gowinda möchte mit unserer Nachbarin in Urdu sprechen und sie beeindrucken!“ Ich ärgerte mich darüber. Warum verriet sie meine Gefühle für Shayla, die doch längst verlobt war und inzwischen Maschinenbau studierte?
Paati sah mein Erröten und fing die Situation auf. „Alles ändert sich, wir sprechen verschiedene Sprachen, bewegen uns fort und kommen doch immer wieder dahin zurück, wo wir herkamen. Wir leben im Ganzen. Alle Sprachen sind ein Ausdruck des Ganzen.“ Dann zitierte sie in

Sanskrit aus den Upanishaden, einer Sammlung philosophischer Schriften des Hinduismus: „*‚Purnam ada purnam idam purnat purnam udacyate purnasya purnamadaya purnam evavasishyate'* – Nimmst du vom Ganzen, hast du Ganzes und es bleibt Ganzes übrig!" Ich war Paati dankbar für diese Wendung ins Höhere.
Doch Amma holte Paati in den Alltag zurück: „Das Neueste ist, dass Srini ein Stipendium bekommen hat, um ein Jura-Diplom in den USA zu machen. Er wird uns bald verlassen." Paati hatte zunächst nichts darauf geantwortet.
„Ich finde es unmöglich, dass er dahin geht. Das wird ihn verderben. Brahmanen sollen den Ozean nicht überqueren!", platzte es aus mir heraus. In Wirklichkeit war ich neidisch auf Srinivasan und benutzte das konservative Denken, um die Frauen damit zu treffen. Srini konnte aus der Enge des Brahmanenhauses wegfliegen, in der ich mich gefangen fühlte. Und ich war wütend auf meine Familie, die meine Leidenschaft für Shayla nicht verstand. Großmutter aber sah mich mit ihrem durchdringenden Blick an und fragte: „Und was ist mit Hanuman? Er baute eine Brücke über den Ozean nach Lanka. Was sagt uns das, du Oberschlaumeier?" Ich war in die abstrakte Welt des Koran eingetaucht, die keine Abbildung Gottes duldete, und doch antwortete ich als beflissener Hindu: „Es kommt auf die Situation an und auf die Aufgaben, die Hanuman für sich erkannt hat."
„Gowinda, du bist ein großer Geist. Seit wann denkst du kleinkariert? Wir alle können fliegen, wenn wir uns einer Sache verpflichten. Dein Bruder will Jurist werden, und er macht das, was ihm hilft, dieses Ziel zu erreichen." Ich schwieg betreten.
„Sei jetzt nicht neidisch auf deinen Bruder, Gowind. Auch du wirst hinüberfliegen, wart nur ab!", prophezeite Paati. Niemand konnte ihren Vorhersagen etwas entgegensetzen. „Auch auf dich wartet das richtige Mädchen irgendwo!" Weitsichtig hatte sie meinen Liebeskummer erkannt und mich trösten wollen. Die Frauen in unserer Familie durchschauten die Anliegen der Männer.

Zwei Jahre, nachdem ich meinen Bruder angemahnt hatte, „ein Brahmane überquert den großen Ozean nicht!“, riss ich atemlos einen Umschlag auf und las die deutliche, nüchterne Schrift: „N. K. Gowinda Iyengar erhält ein Stipendium für Mathematik in Berkeley, Kalifornien“. Der Inhalt des Briefes der Universität, bei der ich mich – ehrlich gesagt glaubte ich nicht an Erfolg –, beworben hatte, war ein Schock. Es war Vaters Vorschlag gewesen. Ich musste mich setzen, mir war schwindelig geworden bei der Aussicht, so weit weg zu müssen.
„Du musst nicht gehen!“, sagte Amma. Spürte sie meinen Zweifel? Ich war der beste Schüler in Mathematik und hatte meine ersten zwei College-Jahre in diesem Fach mit Bravour absolviert. Jetzt war ich privilegiert wie Srini, der längst in Philadelphia Jura studierte. Aber ich hatte Angst, das Vertraute zu verlassen. Hanuman und Paatis Erzählkunst könnten mir abhandenkommen, wenn ich Indien verlassen würde.
Vater lächelte mir jedoch ermutigend zu. Mit Mutter saß ich danach noch bis spät in die Nacht auf dem Küchenboden, um zu reden. „Das mit deinen Asthmaanfällen kommt nicht wieder“, sagte sie irgendwann. „Du bist längst geheilt und musst dich nicht sorgen.“ Ich war sehr erleichtert, denn tief im Innern fürchtete ich mich davor, allein und ohne Familie in Amerika einem Anfall ausgeliefert zu sein.
„Hanuman fliegt doch auch mit Beinen weit auseinander gespreizt über das Meer“, sagte sie. Ich fragte: „Amma, kommst du mit mir morgen zum Hanumantempel?“

Der Tempel lag auf einem Berg, und steile Stufen führten zum Heiligtum. Auf dem Weg rang ich bei jeder Stufe nach Atem und hatte Todesangst. Ist das Asthma etwa wieder da? Ich war mutlos und betete, während Amma und meine kleine Schwester Radha die hundert Stufen zu Hanumans Heiligtum mühelos hinaufgeklettert waren. Doch kaum war auch ich oben angekommen, hatte ich Heilung in meiner Brust gespürt. Das Röcheln nach Luft war verflogen. Erlöst stand ich vor Hanumans Statue. Vor uns im Tal lagen die Reisfelder und in der Ferne erkannten wir Madras. Die Sonne stand blutrot am Abendhimmel. Ich erinnerte mich an Hanumans ausgelassenes Ballspiel in Paatis Ge-

schichten und wollte wie einst er nach der Sonne greifen und mit ihr spielen, spürte wie er diese Lust, und meine Ängste verschwanden. „Ich werde fliegen!“, flüsterte ich.
Der Priester hatte anschließend meine Stirn mit gelber Paste betupft und ein Mantra gemurmelt. Als wir uns danach zum Westen hinwandten, war der inzwischen orangerote Ball in die langausgestreckte flache Erde, die sich zum Meer hin dehnte, gesunken. Indien zeigte sich transparent und ruhig. Ich blickte heimlich auf das schöne Profil meiner Mutter und das hübsche Gesicht Radhas. Ich wusste, dass ich sie vermissen würde.
„Amma, ich werde fliegen, in den USA das Diplom in Mathematik erwerben und auch promovieren“, hatte ich damals Mutter versprochen. „Ich werde Vater nicht enttäuschen.“ Mutter hatte sicher Hanuman in Stille gedankt.
Dieser Entschluss hallte in meinen Ohren, als ich später erstmals den Campus von Berkeley betrat.
Aber zunächst, am dreißigsten Januar 1968, hatte die gesamte Familie, außer Srini, der in Amerika war, mich zum Flughafen gebracht. Sogar Paati war angereist.
„Ich habe es gewusst, du kannst es. Du wirst ein ganz Großer. Flieg, mein Junge, und vergiss Hanuman nicht!“ Da war dieser raue, vertrauensspendende Klang in Paatis Stimme.
„Nie, Paati!“, hatte ich ihr zum Abschied versprochen. Eine kleine Hanumanstatue, die sie mir geschenkt hatte, lag in meinem Koffer.
An Shayla dachte ich längst nicht mehr. Meine Jugendliebe, das Muslim-Mädchen mit den engen Beinkleidern, hatte sich in Wolken aufgelöst. Wie Hanuman hatte ich abgehoben und war durch den Himmel geflogen.

8

Nemi stürmte in die Gemächer der entführten Bambuskönigin, um seine Söhne zu trösten, und fand sie fröhlich auf dem Schoß ihrer Mutter sitzend. „Ja, wie das denn? Bin ich verrückt geworden? Halluziniere ich?“, rief er aus und hielt sich den Oberarm vor die Augen.
„Nein!“, antwortete die Bambuskönigin.
„Staub meines Körpers
werde Zelle!
Blut meines Leibes
Stoße ab!
Kreiere!
Das ist die Formel, mit der ich mein Abbild schuf und es hinaus zu euch Männern schickte.“

Es war Nemi nicht geheuer: „Der Zauber der Bambuskönigin weist auf Verschwörung hin. Ich habe Ravana mein Wort gegeben und gesagt: ‚Hier ist die Mutter meiner Kinder!‘ Wenn dieser Schwindel mit einer Doppelgängerin auffliegt, ist es um unser Reich geschehen!“, warnte er.
„Sei doch keine Zauderer. Ravana ist ein Zauberer, und nur mit Zauberei kann man ihm beikommen!“ Ihre Worte weckten Ehrfurcht bei den Stammesleuten.
„Auch ich kann zaubern“, sagte Nemi daraufhin trotzig und ging fort. Er verwandelte sich mit Hilfe einer Droge in einen kleinen Jungen und reiste mit einer Händlergruppe auf dem Schiff nach Lanka. Er drängte, sich verloren und unbedarft gebend, an die Blumenverkäuferin, die in den Palast der duplizierten Bambuskönigin ging, um dieser Kränze zu bringen. Als die Königin das Kind sah und hörte, es sei eine Waise, ließ sie es bei sich in den Gemächern schlafen.
In derselben Nacht nahm Nemi seine wahre Gestalt an und schlief mit der Königin. Daraufhin wurde sie schwanger und gebar ein Mädchen.
„Unheil! Der Geist dieses Mädchen wird dein Reich zerstören!“, riefen die Wahrsager. Ravana, abergläubisch, legte das kleine Wesen in eine

Schachtel und befahl, sie ins Meer zu werfen. Ein Fischer fand die Schachtel, hatte Mitleid und wollte das Kind retten. Doch es war längst erstickt. Er verbrannte es und legte die Asche in eine winzige Holzschatulle und warf sie ins Meer zurück. Sie wurde an das Festland gespült, wo sie auf einer Erdscholle liegen blieb.

König Janaka fand die Schatulle und brach sie auf. Kaum berührte die Asche den Boden, wuchs ein kleines Mädchen daraus. Nackt und unbekümmert lag es vor ihm, sein Leib schien mit dem Rot der Erde verwurzelt. Der kinderlose König war entzückt und brachte das Wesen seiner Königin. Beide zogen es als ihr Kind auf und nannten es Janiki, Tochter des Janaka. Sie riefen es Sita.
Die in der Erde gefundene Prinzessin wuchs zu einer begabten Bogenschützin heran und konnte selbst die Blüten von den Bäumen herunterschießen, ohne sie zu beschädigen. Dann flochte sie daraus aparte Blütenkränze, dekorierte damit ihr Haupt und wandelte durch die Haine. Liebevoll nannte das Volk sie Sita, das Blumenkind. Sie erkannten damals nicht, dass sich hinter ihr die Göttin verbarg.

Kalifornien, 1968

Wie neugeboren, als wäre ich an einen fremden Strand gespült worden, betrat ich gutgelaunt den Boden von Kalifornien. Die Flugzeuglandebahn signalisierte Fortkommen, Weiterkommen und Aufstieg. Für einen Neunzehnjährigen pures Glück. Die Sonne schien mild, warm und nicht bedrückend heiß. Ich konnte meinen Blick nicht vom Fenster des Busses nehmen, der mich zu meiner Unterkunft im Studentenwohnheim in Berkeley brachte. Diese breiten Straßen, diese großen Autos und überall nackte Frauenbeine. Aufgeregt sah ich, wie locker die Leute sich gaben. Mann und Frau gingen Hand in Hand. Mädchen trugen ihr Haar offen und küssten sich mit Jungen, dabei waren sie fast noch Kinder. Sie strahlten Übermut aus, waren bunt gemischt. Schwarz- und Weißhäutige gingen zusammen. Keine steifen Anzüge, Krawatten oder Frauen in einfarbigen Kostümen – so wie ich mir Menschen im Westen vorgestellt hatte –, nein, hier trugen Leute geringelt mit getupft, Karos mit Streifen- und Blumenmustern, sogar Kleider aus indischen Stoffen. „Weg von der Norm!“ las ich als buntes Graffiti auf einer Wand. Daneben hing übermächtige Werbung, die suggerierte: Trag unser Produkt mit jenem von uns passend dazu gemachtem Produkt. Doch das auf Stufen zu Gebäuden hinauf oder im Café am Straßenrand diskutierende Völkchen hielt eher nichts von Kleiderdiktaten.

Mich empfing die Achtundsechziger Subkultur. Damals waren es die Blumenkinder, die Kalifornien weltweit berühmt machten. Beschwingt und locker schien ihr Dasein. Auch ich ging in der ersten Zeit umher, als wäre zwischen meinen Sohlen und dem Boden ein Hohlraum.
Manchmal jedoch war es fast unheimlich, wie perfekt mechanisch alles funktionierte. Unwirklich. Für mich war der Wohlstand ungreifbar. Irgendwie künstlich, jedenfalls war er nicht über Jahrtausende gewachsen. Ich fragte mich: An was glauben die Leute hier? Wo kommt das Geld her? Gibt es noch Rituale in dieser neuen Welt? Dennoch lag für mich ein Geheimnis über der San Francisco Bay. Es war die schönste

Landschaft, die ich je gesehen hatte. Blau das Meer, das vergnüglich das Land angebissen und überall kleine Buchten und Inseln geformt hatte. Luftig und leicht. Ein fremder Geist schwebte über den Felsen. Irgendetwas wartete hier auf mich. Kann ein Gott wie Hanuman irgendwo ein Fremder sein? Jedenfalls war sein Geist nicht hier, oder lag das an mir, dass ich ihn hier nicht wollte?

Das erste Jahr verfloss in Windeseile. An den Wochenenden lief ich um die Häuserblocks von San Francisco, und manchmal blies ein kalter Sturm. Über die Woche hinweg saß ich täglich in den Vorlesungen und abends in meiner kleinen Bude im Studentenwohnheim. Ich lebte Tür an Tür mit anderen Studenten. Viele waren Chinesen, einige Südamerikaner, eine Menge Indonesier, ein paar Europäer, aber ich sah keine weiteren Inder. Wir grüßten uns freundlich mit „Hi" in der gemeinsamen Küche, aber ich kam niemandem wirklich nah. Zu viele verschiedene Sprachen. Allmählich nagte Einsamkeit an mir, obwohl ich mich sorgfältig auf das erste Examen vorbereitete und ausgefüllt war. Die Pracht von San Francisco wurde zur Kulisse, die jederzeit zusammenbrechen konnte. Was für wichtige Gespräche finden dort statt? Wer besitzt die Hochhäuser in Downtown, die Villen in Berkeley mit ihren weitläufigen Gärten, fragte ich mich. Die Fröhlichkeit der Menschen, die ihr Dasein nicht hinterfragten, wirkte dann aufgesetzt. Sachen, die man in Indien verwerten könnte, wurden Müll. Wen immer ich kennenlernte, fuhr sein eigenes Auto. Wer Schüler, wer Lehrer war, ließ sich nicht ausmachen. Gebildet oder ungebildet und ohne Interesse am Lernen – alle gaben sich den Anschein, gleich reich zu sein. Keine Hierarchien waren sichtbar. Unter der nächtlichen Leuchtreklame, die exzessiv entblößte Körper ein Produkt feiernd zeigte, zogen echte Frauen sich vor mir mit dem Lippenstift die Lippen nach, ohne meine Gefühle wahrzunehmen oder an Erotisches zu denken, so wie ich es andauernd tat. Die Abwesenheit von Scham beschämte mich. Also blieb ich in dem Luxus, der mich umgab, ständig hungrig, träumte von der widersprüchlichen Fülle Indiens und Ammas *Idlis* und *Dosais* und den würzigen *Chutneys*. Das Pancake House

servierte ein süßes Einerlei.
„Das legt sich, kleiner Bruder, fang an selbst zu kochen!“, schrieb mir mein Bruder Srini aus Philadelphia. Zuhause in Indien erhob sich jeder, wenn Vater den Raum betrat. In der großzügigen Aula der Berkeley Universität lümmelten alle in den Bänken herum, legten die Füße hoch auf die Brüstung und grinsten lakonisch, wenn Fred oder Ed, wie sie die Professoren mit Vornamen nannten, den Raum betraten. Paati hatte ihre Füße immer weg von den Göttern gehalten. „Das nimmt ihnen den Zauber“, hatte sie einst uns Enkeln zugeflüstert.
Meine Gedanken kehrten oft in das geordnete Chaos Indiens zurück. Ich flüchtete gedanklich in den Hanuman-Tempel und sah die Gläubigen sich hingebungsvoll niederwerfen. Obwohl ich mich, seit ich angefangen hatte im College zu studieren, unwohl bei Gebeten fühlte. Das Religiöse war mir suspekt geworden und erschien als Getue um Dinge statt um Inhalte. Als ich Shayla imponieren wollte, war unsere Kastendoktrin viel zu dominant gewesen. Von hier aus dachte ich jedoch gern an das umtriebige Geschehen in Indien, das zahlreiche religiöse Pilger in Tempeln veranstalteten. Es war wild und magisch.
„Ach, Indien ist so anders!“, stöhnte ich. Am Abend tönte meistens Radiomusik durch die Gänge des Studentenwohnheims. Die europäischen Studenten spielten laut Rock- und Bluesmusik:

„Sittin' in the morning sun
I'll be sitting when the evening comes
Watching the ships roll in,
then I watch them roll away, yeah
I'll be sitting on the dock of the bay
Watching the tide roll away, ooh
I am sitting on the dock of the bay
Wasting time ...“

Zeitverschwenden, das wäre gegen Vaters Prinzipien gewesen. Also schloss ich meine Tür zu, stopfe mir Watte in die Ohren und lernte. Ich verbrachte die Abende allein. Manchmal fürchtete ich mich eines Nachts zu sterben und keiner würde es merken. Ich war bitter einsam.

Nach Hause zu fliegen für ein Wochenende ging nicht. Meine wilden Träume trösteten mich und ich erlaubte beim Einschlafen bizarren Frauen von mir Besitz zu ergreifen.

9

Ravanas Schwester Surpanaka war im Gegensatz zu ihrem Bruder ein Einfaltspinsel. Sie wollte nichts besitzen und niemanden beherrschen. Sind es nicht die unbedarften Frauen, mit denen das Drama unter den Männern oft seinen Lauf zu nehmen beginnt?
Surpanaka streifte schwungvollen Schrittes durch die Dschungel und wiegte ihre ausufernden Hüften. Kunst und Kultur und auch die Wissenschaften waren ihr fremd. Ihre großen Augen glichen schwarzen Wagenrädern, die die gleiche dämonische Tiefe und Attraktivität ausstrahlten wie die Augen ihres Bruders. Ihr flächiges Gesicht war schön mit weichen Wangen und wollüstigen Lippen, ihr Busen ein wogendes Reich. Sie überragte ihren Bruder Ravana und war von starkem Knochenbau. Sie trug nur ein kleines Baströckchen aus Fransen, das kurz über ihrem Schamhaar ansetzte und gleich nach ihrer großen Klitoris endete. Ihr Bauch glich einer Kugel, aber ihre Pobacken ragten wie zwei Vulkane hinten den Bastfransen aus ihrem Leib hervor. Ihre Nägel waren stark und lang, sie glichen kleinen Körben, deshalb hieß sie Surpanaka, was „Nägel wie Körbe“ bedeutet.
Auf die „Möchtegern“-Yogis hatten es ihre dämonischen Triebe abgesehen. In Wälder zurückzogen, probierten sie sich in verschlungenen asketischen Haltungen aus. „Kerlchen, ihr wollt euch geheime Kräfte aneignen!“, rief Surpanaka „Aber mangels der Belehrung eines Gurus werdet ihr nirgends hinkommen!“ Dann lachte sie die von den Bäumen herabhängenden oder sich im Kopfstand Übenden aus und verschlang sie als Morgenmahl. Da die sich Kasteienden wenig aßen, waren sie recht dürftig und mager. Surpanaka war aber zufrieden mit den spindeldürren Gaben der Natur, fand sie knusprig, und es konnte sein, dass sie zwei auf einmal verzehrte, denn es gab ja genügend Verrückte.

Surpanaka, immer frohgemut, mit strahlendem Antlitz, suchte nichts weiter als diese Leckerbissen, hatte keine anderen Sehnsüchte als mit vollem Bauch ein Nickerchen unter einem Palmendach zu halten, denn sie kannte die Liebe nicht. Noch nicht.

Ob Shayla jetzt als Bauleiterin große Projekte mitentwarf oder Hausfrau war, fragte ich mich manchmal, wenn ich die sich zwanglos unter Männern bewegenden Frauen in meiner Fakultät sah. Shayla würde hier aufblühen. Ich träumte ständig von Frauen. War aber zu schüchtern, eine dieser schönen jungen Frauen, die mich anlächelten, anzusprechen. Fast autistisch ging ich morgens zu den Vorlesungen. Bis ich eines Tages Dave begegnete.

Er fiel mir durch seine langen Haare, die er mit einem Stirnband zusammengehalten trug, auf. Lässig stand er neben dem Eingang zum Campus. Ohne Hektik, die Augen schwärmerisch gen Himmel gerichtet schien er unberührt von den zielstrebig an ihm Vorbeieilenden. Irgendwie in sich gekehrt. Ich streifte um ihn herum, während er verwurzelt schien mit dem, womit ich mich verwurzeln wollte, ohne zu wissen, was das war.

„Hey, Mann, suchst du was?“, fragte er mich mit dem rauen Singsang des Südstaatenamerikaners. Ich schätzte ihn gleichaltrig ein, obwohl die Laute aus seiner Kehle reifer klangen, fast alt.

„Ich ... äh, ich bin nicht von hier!“

„Ich bin Dave, bin zwar von hier, aber fremd wie du. Niemand von denen, die hier rumlaufen, ist wirklich von hier. Aber das ist eine lange Geschichte, Mann.“

Geschichten mochte ich und blieb vor ihm stehen. Wir sagten beide nichts, starrten eine Weile in die Luft und vertraten uns die Beine.

„Studierst du hier?“, fragte ich.

„Ja, aber es bringt nichts! Ich bin für Geschichte eingeschrieben. Es ist zu abstrakt und Wichtiges wird ausgelassen.“

„Ich studiere Mathematik, und das ist erst abstrakt! Gerade deshalb gefällt es mir, aber meine Kommilitonen tauschen nichts von Bedeutung untereinander aus. Sie reden kaum.“

„Ach, das ist schade für dich. Ich rede gern. Komm doch heute Abend zu unserem Treffen“, lud Dave mich ein. „Wir quasseln da mit Gleichgesinnten endlos unterm Nachthimmel oben am Ende vom Oakdrive.“ Dave gefiel mir. Ich wollte mehr über ihn wissen und sagte zu.

In der Dämmerung glitzerten die Lichter von Downtown San Francisco wie ein Fremdkörper am gegenüberliegenden Ufer des schwarzen bleischwer wirkenden Meeresbeckens. Spitze Türme zeigten in den Himmel und schienen den Göttern und Geistern zu drohen: „Wir erobern eure Unendlichkeit!“
Ich stand auf dem Felsplateau und sah Dave, umringt von zwei ungewöhnlich aussehenden jungen Männern. Sie hockten im Kreis.
„Wo liegt das Golden Gate?“, fragte ich Dave, der mich herbeiwinkte. Die beiden anderen waren sicher keine Studenten. Ein kleiner dicklicher Kerl trug zum schmuddeligen roten Kopftuch Tierknochen als Ohrringe, der andere war sehr schmal und hochgewachsen mit Gesichtszügen, ebenmäßig ohne Makel, mit nach unten gebogener Adlernase, die an manche Mitglieder meiner Iyengarsippe in Indien erinnerte, dazu hüftlanges schwarzes Haar, das er offen trug. Ich trat näher.
Dave klopfte mir auf die Schulter und zeigte dann mit der Hand hinüber: „Da ungefähr liegt die gefeierte Brücke, die in unser Land führt. Du kannst sie von hier aus nicht sehen. Die Geister sind seit langem in ihrem Frieden gestört durch Eindringlinge mit seltsamen Wünschen. Unsere Vorväter hießen die Fremden von weither willkommen. Doch deren Gier war schamlos, Landbesitz und die Verwaltung jeden Fleckchens Erde ihr Motto. Die Gräber unserer Ahnen drüben in Marine-County, einst heiliges Land, respektieren sie auch heute noch nicht. Tote können Flüche auslösen. Wart’s ab. Du wirst noch erleben, wie ihre höchsten Türme inmitten ihrer Städte einmal fallen werden. Wie Erdbeben und Überschwemmungen und Feuerbrünste kommen“, sagte Dave. Sein Freund mit dem roten Stirnband machte die Geste eines drohenden Affen nach und wisperte: „Der Indianergeist wird sich rächen! Noch wissen wir nicht, in welcher Gestalt er kommt!“ Mir wurde es ein wenig unheimlich.

„Bist du Indianer?“ Die Frage hätte ich mir sparen können, denn man sah es Dave an, dass er, wie seine Begleiter, Eingeborene waren. Das Archaische um ihn hatte mich schon auf dem Campus angezogen.
„Ja, Bruder, wir alle hier.“ Er zeigte kumpelhaft auf die zwei, ohne deren Namen zu nennen.
Ich musste an meine Busfahrten in Madras zum College denken. Manchmal waren *Adivasis* eingestiegen. Männer mit einem Pfeil und Bogen, die außer einem Lendenschurz unbekleidet waren, und Frauen in bunten Röcken, schillernden Blusen und viel nackter brauner Haut, die Haare verfilzt, mit wildem Ausdruck, selbstbewusst und attraktiv. Manchmal trugen sie abgeschossene Vögel auf ihren Pfeilspitzen oder erlegte Streifenhörnchen an ihren langen Schwänzen. Nie hätte ich in Indien mit ihnen Kontakt gefunden. Und hier war ich inmitten von „Wilden“. Wie aufregend! Wir setzten uns im Kreis auf den Boden nieder. Dave redete, wie er angekündigt hatte, in einem Schwall. Er sprach von seinen Vorfahren, Indianern, und wie sie um ihre Rechte betrogen worden waren. Mit jedem seiner Sätze wuchs mein Vertrauen. „Leute, die USA feiern sich als größte Demokratie und spielen Weltpolizei. Welch Ironie!“
„Nein“, unterbrach ich, „Indien bezeichnet sich als die größte Demokratie der Welt.“
Dave hörte das nicht und fuhr fort: „Seit ein paar Jahren verbreitet sich Unruhe unter unseren Häuptlingen. Sie treffen sich. Mein Vater sieht danach besorgt aus. Wir wurden betrogen, aber wir werden um unsere Rechte kämpfen. Pass auf, Amerikas neue Jugend wird uns helfen, sie bricht jetzt zu einem Leben ohne Grenzzäune in den Köpfen auf.“
Ich bewunderte Dave. Er hatte Visionen für seine Leute. Ach, könnte ich doch auch Visionen für Indien entwerfen! Dann fiel mir ein, es gab keine Inder, nur eine Ansammlung höchst unterschiedlicher Gesellschaften, Kasten und Volksstämme. Allein die vielen Religionen, die in Indien praktiziert wurden. Für wen würde ich Visionen entwerfen? Ich verabscheute das Kastenwesen Indiens und es war mir peinlich, wenn ich in Amerika darauf angesprochen wurde. Die Brahmanenschnur, eine Kordel, mit der wir geweiht wurden und die jeder männ-

liche Brahmane über die Brust trug, hatte ich ja, als ich mich in meine Nachbarin Shayla verliebte, vor Ammas weinenden Augen entfernt. Sie befürchtete Schlimmes für mich. Gebannt betrachtete ich Daves scharfes Profil. Es ähnelte dem meines Großvaters. Hohe Wangenknochen! Zielgerichtete Blicke! Daves lange geschickte Finger zogen eine Pfeife aus seiner befransten Lederjacke. „Ist das ist die berühmte Friedenspfeife?“, fragte ich.

„Nein, wir rauchen Gras, aber es verbindet uns auch mit den Ritualen der Vergangenheit.“ Ich rauchte das erste Mal Marihuana. Unsere heiligen Männer rauchen Bhang aus der Marijuanapflanze.

Hinter einer Wolke aus süßlichem Geruch erzählte Dave, seine Mutter und sein Vater seien aus dem Stamm der Hopi. „Meine Großmutter Spotted Deer geht auf Reisen in die Himmel und fliegt im Geist wie die Adler, die sie anbetet.“

Ich fühlte allmählich die Wirkung der Droge und sagte kichernd: „Meine Großmutter Janiki betet Hanuman, den Sohn des Windgottes, in Affengestalt an. Sie glaubt, er bewirke Wunder.“

„Ach so, deshalb heißt du Go-wind!“, sagte Dave. Er saß wie ein Fels auf dem Boden und wirkte stimmig auf diesem Plateau unter ausladenden Redwood Trees. Erstmals konnte ich in dem fremden Land über Paati erzählen, ohne belächelt zu werden, denn Daves Großmutter schien ein genauso verrücktes Unikum zu sein wie Paati Janiki. In der sich ausbreitenden Dunkelheit fühlte ich mich neben ihm zuhause.

„Der Name, den unser Medizinmann mir gab, ist Little Rock!“

„Passt gut zu dir.“ Ich spürte instinktiv, dass Dave alias Little Rock besser auf die amerikanische Erde passte als die artifiziell hochgezogenen Hochhäuser von Downtown San Francisco.

„Die Städte der Weißen sind verpestet vom Smog. Nicht die Abgase der Autos oder der Industrien haben sie vergiftet, es ist der Geist des weißen Mannes, der die Welt vergiftet! Es ist seine Besitzgier!”

Daves Sätze flossen direkt in mein Herz. Ich gab den Engländern insgeheim Schuld, dass Indien sich zu seinen Ungunsten verändert hatte und weiterhin veränderte, und dass die *Agraharam*-Siedlung meiner Kindheit eine Geisterstadt geworden war. Die Freunde Daves sprachen

einen Dialekt, den ich nicht verstand. Trotzdem waren sie mir alle nah. Sie seien aus Arizona, erzählten sie.
Ich legte mich zurück auf den Boden und sah in den dunkel werdenden Himmel. Neben uns standen Yucca-Kakteen mit großen langen Stängeln, die rispenartige weiße Blüten trugen.
„Die gleichen hatte es in unserer Agraharam-Siedlung gegeben. Denselben Mond sieht man in Indien!“, flüsterte ich vor mich hin und dachte an Paati, wie ich ihren abstrusen Geschichten gelauscht und dabei in den Himmel geschaut hatte. Die Erinnerung machte mich jetzt glücklich. Ich hatte ihr nicht ein einziges Mal geschrieben. Hatte sie aus meiner Welt verbannt. Jetzt schaute ich zu den Sternen, wie einst mit ihr. Plötzlich spürte ich Paati, wie sie im Schatten des krumm gewachsenen Mangobaumes auf dem Boden saß und mit geschlossenen Lidern sang. Wie sie einem Kästchen Kreide entnahm und Zeichen aus Kreisen und Dreiecken aufmalte, die sie Mandalas nannte. Hatte nicht sie meine Liebe zur Geometrie und zum Abstrakten erst geweckt? „Götter sind geheimnisvolle Zeichen aus Linien und Würfeln“, hatte sie die Welt beschworen. Auch wie sie das Ritual mit den kleinen brennenden Lämpchen begann. Jetzt sah ich das und hörte noch einmal, als würde es gerade geschehen, wie sie mit sich selbst redete. Oder vielleicht doch mit ihren Gottheiten? „Lakshmi, Göttin, schau nach Osten! Durga, Geheimnisvolle, sieh nach Norden! Hanuman, du sieh gen Westen, und Garuda, blicke gen Süden!“ Paati war oft in einen rostroten Sari gewickelt, mit Bändern aus gelben, roten und schwarzen Fäden um das Handgelenk, den Oberkörper nackt unter dem losen Sari, der ein wenig von ihrem Busen zeigte – ihre Brust war nicht so flach wie die Großvaters. Wie sehr liebte ich den Anblick ihrer hängenden Brüste, wie Mangofrüchte, die vom Ast baumelten. Ihre feinen Linien im Gesicht glichen den Mandalas, die sie zeichnete. Ich hörte ihre kleine Glocke und gab mich ihrem Singsang hin, sah wie sie ihren Körper mit komplizierten Fingerstellungen berührte. So wie ich mich einst als Kind in Paati verloren hatte, verlor ich mich nun wieder in sie.
Dave weckte mich aus meiner Träumerei. „Bist du stoned? Du sagst ja gar nichts.“

Ich setzte mich hin. Über der Skyline San Franciscos in der Ferne flog Hanuman mit heilenden Pflanzen davon. Er hielt sie in der rechten, hocherhobenen Hand und winkte mir zu: „Nein, in der Umweltsünderin Downtown lande ich nicht!"
„Hey Go, Wind … Wind, Mann – Manitu, der großer Geist trägt alles in sich, auch uns. Sei locker!"
„Wir nennen das die Allseele, Manitu ist Narayana!", erwiderte ich.
Dave machte das neugierig. Während seine Freunde aufbrachen, blieben wir beide sitzen. Wir rauchten noch eine Runde, streckten uns aus und starrten in die Sterne.
„Als ich in die Pubertät kam", begann Dave liegend zu erzählen, „zog ich allein hinaus in die Wildnis und fastete viele Tage. Ich verwundete mich mit Pfeilen, aber blutete kaum. Langsam verlor ich das Bewusstsein. Das Letzte, was ich wahrnahm, war der Adler, der herbeiflog und sich auf meine Brust setzte und mir in die Augen starrte. Adlerauge war Adlergeist. Er betrat meine Seele. Als ich wieder zu mir kam, saß der Medizinmann unseres Stammes neben mir und flößte mir tröpfchenweise einen heißen Sud ein und band dann diesen Beutel hier um meine Brust." Dave zeigte auf den Beutel unter seinem Hemd. „Darin ist mein Schutztotem. Meines wurde vom Adler gebracht. Hier drin ist auch die Medizin, die ich brauche, wenn ich in Nöte gerate. Sie bleibt geheim."
„Mein Heiler ist Hanuman. Ich trage ihn im Herz und vergesse ihn. Er ist unsichtbar, kommt jedoch hervor, wenn ich ihn brauche", sagte ich.
„Großmutter, meine Paati, ist mein Medizinmann. Bei uns sind es meistens die Frauen, die sich mit Kräutern auskennen." In meinem Kopf verband sich auf einmal strenge vedische Rezitation mit Daves Silhouette zu einem Urgesang. Goldener Atem floss aus Little Rocks Nase. „Hörst du mein Mantra?", fragte ich. Dave nickte. Ich summte immer wieder *Om.* Klang wurde Licht und stieg hinauf in den Äther. Indra, der göttliche Chauvinist, griff nach dem Äther und bekam ihn nicht zu fassen. Hanuman schubste ihn fort und befreite *Om.* Adlerherz mit Schlangengeist? Inder mit Indianern? Gleichen sie sich? Verbindet sie das Tiertotem? Liebe zur Erde? Das Schamanische? Das Edle?

Oder das Kolonisierte? Das Wir – das sich auf wir, die Unterdrückten, bezog? Dave hockte sich hin, geschmeidig und leicht wie ein Tier, ja wie ein Affe – und ich sah Hanuman in Dave. „Go-wind! Fliege mit dem Wind, du fliegender Affe, sei Go-vii!“ rief Dave bekifft.
Wir dösten ein wenig ein, bis das Firmament allmählich hell wurde. Wir waren verbunden, Feinde der westlichen Zivilisation. Halluzinierten über die Sonne, die ihren baldigen Aufgang mit rotem Morgenlicht ankündigte. Wir spürten die Welt friedvoller, als sie war, und sahen im Geist eine andere Gesellschaft entstehen.
Ich flüsterte: „Go-vii klingt witzig. Aber Little Rock is my home now“, und Dave flüsterte: „My home lies in the wind.“

Im Hanumanasana, einer spektakulären Yogapose, die ich auf einer Fotografie im Buch meines Onkels Muthu gesehen hatte, müsste man über's Meer fliegen, träumte ich vor mich hin, als ich frühmorgens auf dem Weg zum Studentenwohnheim war. Indien war eigentlich gar nicht so fern. In meiner Bude angekommen schrieb ich eine Postkarte an Paati mit einem Bild der Golden Gate Brücke:

„Om. Hier alles gut! Meine Aufgabe, mein dharma, hier das Diplom zu erwerben, Paati – da bin ich voll dabei.
Dein Enkel Gowinda.“

„Du musst nur mit ganzem Herzen einer Sache dienen, dann verleiht es dir Flügel“, hatte sie einst gesagt.

Eine Zeitlang traf ich mich wöchentlich mit Dave oben am Ende des Oakdrives. Aus Go-vii wurde schnell Gove. Ich nannte aber Dave nicht Little Rock, denn das war ja eingeenglischt, und seinen Indianernamen konnte ich nicht aussprechen. Dave war immer entspannt. Er trug meistens schwarze T-Shirts mit einem Vogel drauf und eine dicke silberne Kette mit seinem Talisman baumelte dominant darüber. Seine Jeans waren etwas zerschlissen. Mädchen sahen ihm nach. Mit ihm zusammen entdeckte ich San Francisco. Einmal liefen wir die Haightstreet hinunter, und ich kaufte eine indianische Jacke mit Lederfransen im Secondhandshop. Dazu ein mit indischem Brokat versehenes Hemd. Ich beobachtete mich im Spiegel des Geschäfts und meine lange schlanke Gestalt in neuer Erscheinung gefiel mir. Gitarrenklänge von Hendrix kamen aus den Boxen der Cafés.

Hey Joe
Where are you going with that gun of yours?
Hey Joe
Where are you going with that gun in your hand?
I said
Hey Joe
Where are you going with that gun in your hand?
Alright. I am going down to shoot my old lady,
you know, I caught her messin' round with another man ...

Jedes Wochenende gingen wir in einen Club in Hafennähe. Grateful Dead hielt hier oft Jam-Sessions. Der Eintritt war frei. Manchmal sprang Dave auf die Bühne, schnappte eine Trommel und spielte mit.
„Farbige Kleidung steht dir“, meinte Dave einmal. „Das Exotische deiner Figur kommt so zur Wirkung.“
Unrasiert – ich trug stolz das Anzeichen eines Bartes, für einen Brahmanen in Indien undenkbar – genoss ich meine neue Erscheinung.
„Lasst uns das Besitzdenken aufgeben, dann gibt es genug für alle“, predigte Dave und überraschte mich eines samstags mit: „Heute probieren wir Yellow Sunshine aus!“ Es war zwar eine Droge der Weißen, trotzdem, deren Trance wollte ich erfahren.
„Gove, wir passen gegenseitig auf uns auf!“ Er halbierte die kleine weiße Pille, und wir schluckten jeweils eine der Hälften mit Wasser hinunter. Schon im Bus von Berkeley hinüber nach Frisco begann die Droge zu wirken. Ich war im alten Indien.

10

Wenn das Böse sich nicht mehr des Bösen bewusst ist, verliert es an Macht.
Ravana, der Meister der Illusion, scheiterte an seiner eigenen Wahrnehmung. War die Frau, die er Nemi gestohlen hatte, wirklich die Prinzessin der Erde, oder täuschte er, der alle täuschen konnte, doch eher sich selbst? Er grübelte, und der Zweifel nagte an ihm. Allmählich hing der eine oder andere Kopf vorn auf seiner Brust, bis bald alle seine zehn Köpfe auf seinen Leib herabgesenkt waren. Die Kopie der Bambuskönigin begegnete einem Bild des Grauens.

„Warum bin ich mit ihm? Warum bin ich hier?", fragte sie sich, wie alle sich fragen, die sich vom Original entfernt haben.
Kein Mensch weiß je, ob die Welt echt ist oder eine Illusion, sagen die Weisen.

Es war spätnachmittags, als wir den Club Ecke Haight/Ashbury betraten. Wie frei die Frauen sich hier bewegten. Ungezwungen und lasziv. Wir gesellten uns zu ein paar Leuten, die an einem hohen Tisch standen. Dave war extrem gesprächig: „Die Kriege müssen aufhören. Menschen müssen sich weiterentwickeln können und eine Form des Gemeinsamen entwerfen, das die Kriege sinnlos macht. Leute, schaut euch Vietnam an. Die Weißen schicken die Schwarzen in den Krieg gegen die Gelben, um ein Land zu verteidigen, das sie den Roten gestohlen haben. Das ist doch Wahnsinn!" Dann wandte er sich ausschließlich mir zu: „Du bist Inder, ein Kaffee-Brauner, ihr seid doch alle gegen Gewalt. Ihr seid die Noblen. Ihr esst nicht mal Fleisch. Entwickle doch lieber ein Lebensmodell, um die Welt zu verbessern, anstatt dich mit Mathematik rumzuschlagen!" Dann wandte er sich ruckartig ab, begrüßte hereinkommende Freunde und stellte sich mit ihnen an einen anderen Tisch. Endlich konnte ich mich ungestört dem ungewohnten Sound und der Wirkungen von Yellow Sunshine widmen. Umtriebig und schrankenlos, als wären sie Wilde jenseits der Zivilisation, tanzten

die Leute, vorwiegend Hippies. Erkenntnisse durch den Körper statt durch den Kopf suchend.
Spontane Musik als beständig neue Klangschöpfung. Kreativität ist heilig. Diese improvisierte Musik stand der indischen Musik näher als die Klassische Musik der Symphonieorchester, die ich zuvor einmal gehört hatte. Klassische Musik hatte mich zwar beeindruckt. Verblüfft, mit welcher Disziplin die vielen Orchestermusiker einem Dirigentenstab folgten, wie diszipliniert sie zusammen einen Ton erzeugten, wie diese Musiker jede Viertelsekunde ins Stille lauschten und sich einer zuvor organisierten Melodie beugten. Hingegen schien die Stille beim Free Jazz von konstantem exzessivem Schwingen gefüllt zu sein, erschien mir undiszipliniert, erinnerte mich an indische Musik. Sie brodelte. Musik tobte sich aus. Schwarze Musiker kamen auf die Bühne und bliesen hier mit Trompeten einen Blues. Schauerlich schön. Sie forderten Mitmachen: Aufstehen! Leben! Barrieren überwinden!
„Freeeee! We are born free!", sang eine attraktive schwarze Frau. Mein nagendes Heimweh nach Indien war weggeblasen. Ich floss in die Blues Musik ein.
Ein Mädchen trat allein durch die Tür. Etwas Köstliches lag in der Luft. Salz, Pfeffer und andere Gewürze schmeckte ich auf meiner Zunge. So jung und so frei unterwegs, dachte ich. Mit langen schwarzen Haaren, in Hotpants, dazu bewegt sie ihre schlanken Arme wie eine Liane. Sie sah mich an, kam direkt auf mich zu und fragte unverblümt: „Hey! Who are you?“ Lächelte einladend und fügte hinzu: „I am Nell. I am Mexican.“
Noch bevor ich sagen konnte „I am Indian“, fing ich an zu lachen. Was bedeutet das hier schon? Es besaß nur Gültigkeit mit einer Hautfarbe dazu wie „Red“ oder „Brown“, oder sollte ich mich als Indian Indian vorstellen? Der eckige Raum wurde auf einmal rund. Die Platte des rustikalen Holztischs bekam ein Gesicht, lebte. Ich war mir immer bewusst, nicht weiß zu sein, aber was, wenn in dieser Ansammlung sich keiner mehr für die Hautfarbe eines anderen interessierte? Sollte ich antworten mit „Hindu?“ Der Professor an der Uni hatte auf meine Vorstellung als „Hindu“ geantwortet: „Oh, you do not eat cows“, dabei wollte dieser Professor eigentlich sagen: „Oh, you are not white like

me?“ Es hatte mich wütend gemacht. Aber was war ein Hindu eigentlich? Ich konnte es plötzlich nicht mehr definieren. Also sagte ich zu der unbekannten Schönen: „Ich habe keine Flügel und kann nicht fliegen, folglich bin ich ein Mensch. 1008 Götter haben mich in dieses Land geflogen, um eine Göttin wie dich zu treffen.“ Sie sah mich aufreizend an. Dabei wirkte sie unschuldig. Wie langsam sich ihre Lippen zu einem Schmunzeln öffneten! Was für ein weicher Mund! Auf jedem ihrer vollendet weißen Zähne sah ich einen Landeplatz für Hanuman. Jeder ihrer Zähne wirkte wie ein Berg, den ich mit meiner Zunge erklimmen wollte. Meine veränderte Wahrnehmung fesselte mich an ihren Mund, und ich spürte sofort das Verlangen, ihre Zähne mit meinen Fingern zu berühren und hinaufzugleiten. „I am gone!“, murmelte ich und sagte laut: „I am gone with the wind, called Go-wii - nd.“ Ihre Haut war weiß wie Milch, aber ihre Augen wirkten schwärzer als alle Augen, die ich je bisher gesehen hatte, zogen an, waren Abgrund, an dessen Kante ich weilen wollte, um erhaben hinunter zu schauen. Ich hörte in meinem Inneren eine Stimme, die heftig dozierte: In Indien haben wir Tausende von unterschiedlichen Kasten und religiösen Gebräuchen. Niemand kann sagen, wie viele Götter es gibt. Es gibt so viele, wie es Menschen gibt. Aber diese Frau ist ein Reich für sich, sie ruft mich, wie der Erdball nach Vishnu rief: „Ich ertrinke, die Sintflut ergreift mich“, schrie die Erde einst, und natürlich erwachte Vishnu, erhob sich von der Ur-Schlange und nahm die Erdgöttin auf seine Arme. Hatte sie „Danke, Vishnu“, geflüstert? Und nannte sie ihn, wie es ihr gefiel, nämlich Narayana, und nannte er sie, die Erde, „meine geliebte Bhu-Devi, sei meine Zweitfrau neben Lakshmi!“
Diese steht leibhaftig jetzt vor mir: Bhu-Devi, Erdgöttin! Ich spürte ihr Verlangen nach Halt, in der Welle dieses lauten Hier und Jetzt, dem Wirrwarr der Klänge würde sie ertrinken. Nell musste auch eine Stimme in sich gehört haben, die sagte: „Er passt in kein Schema, er ist offen. Es fühlt sich gut an, von ihm als Göttin anerkannt zu werden. Ich wollte schon längst mit einem Gottgeborenen, einem indischen Prinzen wie ihm auf Augenhöhe stehen.“ Ich war bereit, sie aufzufangen, vor den Fluten der Musik zu retten, streckte mich ihr zu, meine Hände be-

wegten sich langsam nach oben, als wollte ich sie tragen. Ich schloss die Augen und wir rochen uns beide zugleich.
„Let's dance!“, forderte sie mich auf. Ich hatte noch nie getanzt und öffnete entsetzt die Augen. Im Inneren von Nells Pupille kreiste etwas. Ich begann mich vor ihr zu drehen, wollte zum Kreisel werden. Sie zog mich am Arm auf die Tanzfläche. Beim Gezogenwerden erhaschte ich Daves Blick. Er hob zwei rechte Hände oder waren es vier, die meine Liebelei absegneten. Ich sah die wichtigen Zeichen doppelt.
Wir tanzten, die Stimmung riss mich mit. Irgendwann später landeten wir auf einer Couch, und ich umschlang sie mit meinen Armen. Es war der einundzwanzigste Juli 1969. Auf der großen Leinwand hinter den Musikern sahen wir die Landung der ersten Menschen auf dem Mond. Ich flüsterte Nell ins Ohr: „Lass uns nie zum Mond fliegen. Ich will fest auf der Erde bleiben, klein bleiben, um zu Frauen wie dir aufzuschauen. Du bist Erde.“
„Come down to earth, you are so high!“ Nell zog mich hinunter auf den Boden. Wir robbten, rollten, wälzten uns langsam hinter die Couch. Alles schrumpfte in mir zusammen und plötzlich dehnten sich meine Glieder, suchten dem Magnetismus zu folgen. Mein Selbst streckte sich zur Erdgöttin hin, suchte Zuflucht vor der Explosion. Das ist das Wunder, dachte ich. Die Droge wirkte. Grateful Dead spielte: *„Meet me on the bottom, bring me my running shoes. When I come out of the window, we ain't got time to lose.“*
„Ich komme ... ich komme … an!“, stammelte ich und landete auf dem Mond. Nell war der Mond, sie war das Schwebende, mit dem ich durch Räume driftete und seufzte: „Anhalten!“
„Zu was Schuhe? Aahaha. Und zu was Rennen?“ Ich kicherte weiter: „Hahaha. Schweben ist das Ding, das wahre Sein, das alle Probleme lösen kann. Haha. Auch die Kriege beenden. Könnten sie nur alle schweben! Hui. Wie ich! Verfüttert Yellow Sunshine an die Armee, und kein Soldat schießt mehr auf einen anderen Soldaten, keiner zündet mehr Bomben, das Feste gibt es nicht mehr. Denn das Schweben lässt Gewalt aus den Köpfen verschwinden.”
We are golden, we are rainbows...

Später, als wir den Club verlassen hatten und fröstelnd auf der nächtlichen Straße standen, die Leuchtreklame sich auf dem Asphalt spiegelte, denn es hatte geregnet, fragte Nell unbedarft: „Die ersten Menschen sind auf dem Mond gelandet. Wird sich damit etwas ändern in der Welt?"
Ich war immer noch völlig weggetreten und lächelte sie an, ohne zu antworten. Ich hätte in dem Moment die Welt aus den Angeln heben können. Sie winkte mir zu: „Bis dann, ich wohne gleich hier um die Ecke." In diesem Moment hörte ich Daves Stimme hinter mir fragen: „Geht's gut, Mann? Komm, wir gehen hier lang zur Bushaltestelle!"

11

König Janaka rief das Svayamvaram – die Gattenwahl – für Sita aus: „Meine Tochter hat das Gesicht einer vollkommenen Landschaft, sie geht wie eine Gazelle über die Erde, ihre Körperformen sind Kurven wilder Bäche, die Klippen umwinden. Vor allem aber hat sie das feurige Herz einer Kämpferin! Diese Jungfrau soll nur den Mann bekommen, der den göttlichen Bogen des allmächtigen Shivas, des Zerstörers allen Unheils, hochheben kann!" Es wurde überall im Land verkündet.
„Du weißt doch, kein Mensch kann je diesen Bogen heben!", mahnte die Königin.
„Ein Mensch nicht, aber ein Gott schon", gab Janaka lächelnd zur Antwort.
Ravana wusste sofort Bescheid: „Allein sie ist es! Dieses Mädchen Sita ist die wahre Erdprinzessin, die mir noch fehlt!" Seinen Auftritt bereitete er mit goldenen Brokatgewändern vor.
„Ha, ha ha, was für ein albernes Spiel mit einem Bogen!", lachte er wie so mancher, den die Selbstüberschätzung im Griff hat.

Nell hatte mir ihre Adresse auf den Arm gemalt, und ich wollte mich nicht waschen, um weiterhin ihre magisch anmutende Hand auf meiner Haut zu spüren. Längst hatte ich mir ihre Adresse abgeschrieben. Eine

Woche später, wieder an einem Samstag, fuhr ich ohne Dave los und fand eine große alte Stadtvilla an der angegebenen Adresse. Die Tür stand offen. Leute kamen heraus und beachteten mich nicht. Ich ging hinein. Im weitläufigen Foyer stand ein freundlicher Hippie-Typ, etwa so alt wie ich, mit hüftlangen Haaren zu einem Zopf gebunden, der meine Unsicherheit bemerkte und sich als Rodney vorstellte. Ich fragte ihn nach Nell. „Oben im ersten Stock rechte Tür", sagte er. Ich fand auch diese Tür offen. Nell saß auf einem breiten Bett mit einem jungen Mann, den sie als „Jim, unser Pantomime" vorstellte. Sie lächelte mich an. „Du hast mich also gefunden!"
Ihr gesamtes Zimmer war mit Madonnengemälden ausgehängt, und das große Doppelbett mit einer roten Samtdecke darauf wurde von einem golddurchwirkten türkisblauen Sari als Baldachin gekrönt. Der Mann verließ das Zimmer und Nell erklärte: „Wir leben hier in einer Kommune mit dreiundzwanzig Mitgliedern. Wir tauschen und teilen: Hosen gegen Blusen oder Massage gegen Haschisch." Sie sah mich sehr kokett an. „Wir haben einen Arzt, er behandelt uns für frisch gebackenes Brot. Wir sind die 'Angels of light', eine gefeierte Szenentheatergruppe aus der 'Bread and Puppet'-Theatertradition hervorgegangen. Der Arts Council unterstützt unsere Aufführungen. Unsere Regel ist: Keine Eintrittskarten, Unterhaltung umsonst für alle." Nell sagte das mit gewissem Stolz. Ich war beeindruckt. Sie war also Künstlerin. Im Treppenhaus wäre ich beinah über eine Maske gestolpert. „Unsere Besucher bezahlen mit frischem Gemüse und anderen Dingen." Mir gefiel das etwas baufällige, aber doch herrschaftliche Haus. Chaos dominierte zwar, es war derart unaufgeräumt, überall lagen sperrige Gegenstände und Klamotten herum, aber es verbreitete Lebendigkeit, war ganz anders als die Universität. Nell führte mich umher. Neben ihrem Zimmer in einem ehemaligen Ballsaal war der Proberaum der Theatertruppe. Wir sahen uns in der Spiegelwand und beobachteten, wie ich meinen Arm um ihren Leib legte. Sie nahm meine Hand und führte mich zurück in ihr Zimmer.
„Das solltest du tragen und nicht aufhängen, es ist ein indischer Sari", sagte ich und zog an dem Baldachin, bis es herabfiel und die Stoffbahnen mich bedeckten. Sie lachte:

„Weiß nicht, wie man so einen Sari trägt, zieh es mir doch an!"
„Oh!" stöhnte ich, denn noch nie hatte ich eine Frau aus- oder angezogen. Nell streifte sich in atemberaubender Geschwindigkeit ihr Kleid über den Kopf.
„Ist das hier ein Striptease Club", neckte ich sie.
Sie sagte: „Bei den ‚Angels' ist alles ständig in Wandlung." Sie zog betont langsam ihr Unterhemd aus, und ihre knospenartigen Brüste wippten mir entgegen. Zwischen ihren Beinen trug sie ein rotes Etwas. Sie sah mich dabei an. Sie war unglaublich schön, alles an ihr schien perfekt. Ihre rotbraunen, dichten Haare, ihre schlanke Taille, ihre langen Schenkel.
„Komm, wie geht's mit dem Sari?", lockte sie mich zu sich. Ich legte ihn ihr zärtlich auf die Schulter, dann wickelte ich ihn um sie, bald darauf verwickelten wir uns gemeinsam in den Stoffbahnen. Haut und Stoff, Fließendes und Festbleibendes gerieten ineinander. Eine Strömung trieb durch mich hindurch. Ich küsste sie wild und sie küsste mich wild zurück, bis wir auf dem Bett landeten und in den Bahnen schwammen. Sie entkleidete mich von meinen Hüllen, und unter ihrer Hand fühlten sich meine Glieder einen Moment wie gelähmt an. Ihre Klitoris lag in einem feuchten Tal, in das es mich hineinzog. Ein Tümpel im roten Staub der indischen Erde. Sie ist das Findelkind Sita, imaginierte ich, und drang in sie ein, um das Ur-Blumenkind zu finden. Es war wie Ankommen zuhause in den magischen Geschichten. *„Drischtaham sihta"*, stöhnte ich. Sie bebte unter mir. Dann wurde es ruhig. Still blieben wir ineinander verschlungen, bis sie fragte:
„Was hast du da gemurmelt. Was bedeutet *„Drischtaham sihta?"*
„Ach, das ist Sanskrit. Der Affengott Hanuman sagt es, wenn er die göttliche Sita umrundet."
„Kennst du aber verrückte Geschichten. Erzähl!"
„Viel zu lang", sagte ich und erhob mich.

Später, es dämmerte bereits, gingen wir hinunter in die große Küche. Am langen breiten Holztisch schnitten zwei Männer Gemüse. Jener, mit dem langen Zopf, der mir schon am Eingang begegnet war, sah mich

interessiert an. „Das ist Rodney, der beste Balletttänzer unserer Stadt. Er ist ein Gründungsmitglied der ‚Angels' und unserer Kommune. Er ist unser Star und macht auch bei unseren Produktionen mit und zeichnet zudem unsere Plakate."
Ich sagte „Hi" und bewunderte, wie geschmeidig und selbstsicher er sich bewegte. Nell stellte mich als „Govi, ein Mathematikbesessener aus Berkeley" vor. „Und das ist Brian, unser Soundman der ‚Angels'. Er lebt mit Rodney zusammen." Sie zeigte auf den zweiten Mann. Er hatte kurzes blondes Haar und sah sehr attraktiv und männlich aus. „Sie haben das größte und schönste Zimmer im Haus und teilen sich die gleiche Frau darin, mit der sie einen kleinen Sohn zusammen haben." Nell lächelte.
Für mich war das alles ganz schön viel. Junge Leute, die als Familie leben, dabei schräge Verhältnisse in ihrer Gruppe tolerierten, war exotisch und neu für mein bisheriges Weltbild. Für mich als Mathematiker war es, als würde ich ein Land betreten, das einem Zauberwald glich, in dem das Unerwartete nicht abzuschätzen war. Mein Ziel aber war klar, ich wollte Nell.

12

Guru Vishvamitra befahl Rama, seinem überaus begabten Schützling: „Nimm am Wettbewerb um Sita teil. Viele junge Männer werden kommen und um die Prinzessin kämpfen. Eine Gelegenheit, dein Können zu messen!"
„Wird mein Bruder Lakshmana mit mir gehen können?", fragte Rama. Guru Vishvamitra nickte und sagte: „Der direkte Weg zu Janakas Königreich führt durch einen finsteren Wald, in dem die allerschrecklichste Dämonin Tataka haust. Auch ich werde dich begleiten."
Wer in das Antlitz der Dämonin blickte, wurde wahnsinnig, war allgemein verbreitet. Niemand betrat diesen Wald. Menschen und Tiere mieden ihn, und nicht einmal die Sonne wollte dort hinunter scheinen, noch wollten Wolken darüber ziehen.
„Gut. Ich werde geradewegs durch diesen Zauberwald hindurchge-

hen!", sagte Rama übermütig.
„Solch ein Abenteuer kann dich teuer zu stehen kommen!", warnte ihn sein Bruder Lakshmana, folgte aber dem Draufgänger bald zusammen mit Guru Vishvamitra. Kurz vor dem verhexten Wald wartete Rama, bis sein Guru ihn einholte und dieser, wie könnte er anders – das Dharma des Gurus ist zu belehren – ihm eine historische Abhandlung vortrug:
Die Dämonin Tataka sei ein Wunschkind gewesen. Ihre Eltern hätten lange Opfer gebracht, um Nachwuchs zu bekommen. Endlich wäre ihnen Tataka geboren worden, die schon als kleines Mädchen eine überaus große Begabung für Magie und Zauberei gezeigt hätte und nach Strich und Faden verwöhnt worden sei.
Als sie zur schönen jungen Frau herangereift war, verliebte sich der größte Hexer der Gegend in sie, und sie unterlag seinem Werben. Das Paar bekam zwei Söhne, die sich auch in der Zauberei verausgabten. Ohne nachzudenken, beleidigte Tatakas Geliebter den Uryogi: „Meditation ist zu nichts nützlich, du alter Yogi bist ein Nichtsnutz! Wir erlangen die geheimen Kräfte unmittelbar dank der Zauberei!" Daraufhin hat es nur einen Gedanken des Yogis gebraucht, um Tatakas Gefährten auszulöschen. Tataka, der bis dahin alles zugefallen war und die noch nie einen Verlust erlitten hatte, war außer sich. Sie verlangte nach Vergeltung. Die Rachegötter hatten sie bald fest im Griff, als sie mit ihren Söhnen in einen Krieg gegen den Yogi zog. Es schien, als würde Gewalt gegen Gewaltlosigkeit zu Felde ziehen. Jedoch hatte Tataka die yogischen Kräfte unterschätzt, denn der Yogi verwandelte das wütende Weib umgehend in eine grauenhafte Dämonin. Sie wurde so hässlich, dass sich ihre Söhne bei ihrem Anblick auf der Stelle in Schauergestalten verwandelten. Alle drei waren vom Anblick des andern erschreckt und trollten davon. Nirgends wollten sie mehr gesehen werden. Tag und Nacht jaulten sie im finsteren Wald, durch den sich bald kein Lebewesen mehr traute.

Beim nächsten Besuch brachte ich Nell ein buntes Bild mit. Es zeigte Gott Narayana, wie Vishnu auch genannt wird, auf der Schlange liegend. Ich wollte ihr unsere verrückte Götterwelt, die in unserer Vorstellung in krassen polygamen Beziehungen lebt, nahebringen. „Vishnu hat zwei Frauen, Lakshmi und Bhu-Devi“, erklärte ich, als ich es ihr gab. Sie hatte sich schön gemacht.
„Oh, danke“, murmelte sie. Der junge Pantomime, der mir beim ersten Mal schon in Nells Zimmer begegnet war und mit in der Kommune wohnte, lag auch diesmal lässig ausgestreckt auf ihrem Bett. Er irritierte mich.
„Aber Bhu-devi und Lakshmi sind wiederum auch ein und dieselbe Frau, wenn's drauf ankommt.“ Sie kräuselte die Stirn. „Und wann kommt es darauf an?“, fragte Jim und rekelte sich langsam. Ich dachte sofort, er hat auch etwas mit Nell, verdrängte aber den Gedanken wieder und grüßte ihn freundlich. Er hob nur kurz die Hand und blieb liegen.
„Ein Gott aus dem fernen Indien für die Madonnen“, sagte er, es klang sarkastisch in meinen Ohren, und fügte lässig hinzu: „Da bin ich überflüssig!“ Nell hingegen sagte: „Bleib doch liegen, ich muss gleich los!“, sie wandte sich mir zu und schenkte mir ein Madonnen-Gemälde. Es war ein Abdruck eines berühmten Da-Vinci-Bildes. Das war Kunst. Nicht wie der Hindukitsch meines Bildes, das ich bei den Hare-Krishna-Jüngern auf der Straße erstanden hatte. Die Mischung der Dinge aber machten ihr Zimmer lebendig. Neben den Kitschmadonnen aus Plastik auf der kleinen Kommode stand eine wertvolle schwere Dose aus Silber. Jim setzte sich auf und zog einen Joint aus dem Hemd und bot in mir an. Ich lehnte ab. Nell sagte: „Jungens, ich muss los, kommt ihr mit?“
„Komm, wir begleiteten sie. Sie bedient in einem vegetarischen Café. Da gibt es leckere Sachen“, sagte Jim. Er stand auf und erklärte: „Alle Angels sind Vegetarier hier.“ Dass Nell Vegetarierin war, weckte mein Vertrauen, und auch Jim wurde mir sympathisch.
Wir gingen zu dritt die Haightstreet hinunter und bogen in eine Seitenstraße ein. Am nächsten Eck lag das glashausartige Restaurant. Die Fenster waren blau gestrichen, und im Inneren waren überall Pflanzen

aufgestellt. Jim und ich setzten uns an einen kleinen Tisch. Jim erklärte mir, was Makrobiotik sei. „Auch in der indischen Küche gibt es viel Getreide und Reis“, sagte ich. „Der Mensch und nicht das Vieh sollte von Getreide leben“, sagte Jim. Ich verstand mich bald gut mit ihm, während Nell herumflitzte und uns mit schmackhaften Körnerspeisen bediente.

Nell und ich wurden in den nächsten Monaten zu leidenschaftlichen Liebenden und auch engen Freunden. Ich hielt mich von den Beziehungen, die sie untereinander in der Kommune pflegten, fern und richtete meine Augen nur auf Nell. Sie brachte kunterbunt Planloses in mein bisher geordnetes Denken. Nell war impulsiv und zu Unvorhersehbarem fähig. Fragte ich sie: „Wann sehen wir uns wieder?“, schüttelte sie den Kopf, ihre langen Haare flogen wild umher; dann legte sie ihre langen Finger an ihren schlanken Hals, fixierte mich mit undurchdringlichem Blick aus schwarzen Augen und sagte: „Ich weiß nicht, mal sehen!“ Ich musste sie auf gut Glück aufsuchen. Aber ich spürte, sie war von mir und meinen Göttergeschichten fasziniert. Ich war anders als die anderen Männer, die sie umgaben.

13

„Sieh Tataka nicht an! Lass dich nicht ablenken! Ziel blind mit deinen Pfeilen auf ihr Herz! Dein klarer Instinkt kann treffen“, lehrte Ramas Guru an der Grenze zum gefährlichen Dschungel.

Rama fokussierte sich, um das Wahre in der Wesenstiefe der Dämonin freizulegen. Als Tataka spürte, er blickt in mein Herz und hat Mitleid mit mir, blieb sie gebannt stehen. In diesem Moment traf der Pfeil aus Ramas Bogen ihre Brust. Sie fiel krachend auf den Boden nieder. Ihre Seele muss aus dem Leib gefahren sein, als Rama eine Tänzerin wahrnahm, die sich in Spiralen kreisend hinauf ins Lichte wirbelte und dabei jubelte: „Ewiger Weltengeist! Gestaltgewordener Gott in Rama, du hast mich gerettet und vom Unwirklichen befreit.“

Mitgefühl bewirkt mehr als jeder Hokuspokus.

Ich erinnere mich genau an diesen denkwürdigen Tag in Marine County, am vierundzwanzigsten Februar 1971. Es war mein Geburtstag, und wir lagen am Strand. Es war ein vollendeter Tag gewesen. Zunächst. Ich wurde zweiundzwanzig Jahre alt. Ich trug weiße Jeans und ein Hemd mit Blumenmuster. Ich dachte nicht an morgen. Und genoss das Jetzt. Das Sorglose.

Am frühen Morgen hatte ich mir den Truck von Dave geliehen und war mit Nell beschwingt über die Golden Gate Brücke hinüber nach Marine County gefahren. Dave hatte mir das Fahren beigebracht. Meinen Führerschein hatte ich noch in Indien gekauft. „*Change the world now*", war in Großbuchstaben auf ein Banner hingepinselt, das rechts und links an Pfosten befestigt war und quer über die Fahrstraße der Brücke wehte. Wie soll das gehen, dieses *Change now*?, fragte ich mich. Brauchen Veränderungen nicht Zeit? Alles soll hier immer sofort geschehen. Ich hatte da meine Zweifel.

Wir plantschten im Meer, und als der Abendstern schon sanft am späten Nachmittag leuchtete und der Vollmond blass, fast schüchtern am weiten Firmament stand, bereiteten wir eine Decke im warmen Sand aus.

„Deine Augen!", flüsterte Nell. Wir lagen auf der wollenen Decke, und ich hatte den Kopf auf den Arm gebettet. Ich erzählte ihr von meiner Liebe als Kind für Hanuman. Doch sie hörte mir nicht wirklich zu. „Du siehst das Mysteriöse hinter den Dingen, wieso studierst du so was Nüchternes wie Mathematik?", fragte sie.

„Mathematik ist magisch. Hinter den Zahlen sind Bedeutungen. In meiner Fakultät begreifen sie das aber nicht." Ich tauchte in ihre Augen ein und fürchtete gleichzeitig: Im Schwarz dieser Pupillen werde ich mich verlieren, ohne je Halt zu finden!

„Go, du bist so anders, aber was willst du im Leben erreichen?", fragte sie und kniff mich in den Oberarm.

„Eines Tages wirst du ja doch wieder nach Indien entschwinden!" Ich sah einen traurigen Schimmer in ihren Augen. „Du hast lange schlanke Glieder, eine markante Nase, hohe Wangenknochen. Da liegst du so in dich gekehrt auf dieser öden grauen Decke und träumst von Affengöttern, wo du doch eigentlich wie deine Götter auf einem grünen Blumen-

teppich auf dem Wasser treiben könntest. Was willst du in Amerika erreichen? Ich kann mir dich hier in Zukunft nicht wirklich vorstellen."
Ich fühlte plötzlich eine tiefe bedrückende Trauer in mir aufsteigen, obwohl der Tag so perfekt begonnen hatte. Sie hatte Recht. Ich unterdrückte mein Heimweh zu sehr.
„Und weißt du überhaupt, was in mir vorgeht?", flüsterte sie.
„Nein. Vielleicht bist du eine Katzenfrau. Aber ich freue mich so sehr, wie natürlich du bist. Dazu fesselt mich dein eher plattes Gesicht mit dieser Nase, die so winzig ist, dass sie schon wieder markant ist." Ich stupfte sie liebevoll mit dem Finger auf die Nasenspitze, was sie zum Lächeln brachte. „Deine großen Augen und die langen Wimpern erinnern mich an das Bild, das ich von der Göttin in meiner Kindheit hatte."
„Du bist erobert worden!", flüsterte sie als Antwort. Nells lose Haare schimmerten kastanienbraun und waren wirr um den Körper verteilt. Sie trug nur ein winziges T-Shirt und Jeans. Ihr Bauchnabel war frei. Jeder würde sie attraktiv finden, aber am einsamen Strand im Sand ist an diesem Spätnachmittag niemand hier, außer uns Verliebten. Hier war unser Freiraum.
„Erzähle jetzt eine deiner Geschichten aus Indien", flüsterte Nell im warmen Sand und drängte sich in meine Arme.
„Ach, meine Großmutter, meine Paati, die konnte Geschichten erzählen", sagte ich.
„Lebt sie noch?"
„Und wie sie lebt", antwortete ich.
„Bei indischen Geschichten geht es um unzeitige Wesen, um Gestalten, die groß und klein, die fliegen und unsichtbar werden können, und es geht um *dharma.* Es geht darum, den in dir veranlagten Weg zu gehen in Einklang mit deiner Herkunft, Begabung und den Umständen, in die du hineingeboren wurdest."
„Ach, sie erzählen also vom Sinn des Seins?"
„Ja, genau so. Die Religion nannten wir *dharma,* bevor die Kolonialisten uns Hindus nannten, ‚die vom Indus'. Dharma ist das, was dir Sinn gibt. Aber die Fremden aus Europa hatten keine Ahnung von unserer Kultur. Der Indus-Fluss im hohen Norden war einem Südinder unbekannt."

Wir schauten über den menschenleeren Strand. Der Spätnachmittag verleiht dem Meer türkisgrüne Farbe. Das Licht Kaliforniens schmeichelt. Es ist weich. Leichtigkeit verbreitend. Lust machend. Das befreiende Licht, das ein wonniges Gefühl auslöst, das Empfinden hervorruft, wie einst das warme Sonnenfunkeln in der Gasse meiner Kindheit. Es verbreitete sich in meinen Adern und verlangsamte meinen Atem.
„Deine Erklärungen klingen kompliziert. Erzähl lieber eine Geschichte!"
„Eine Liebesgeschichte?", fragte ich. Sie antworte: „Egal, einfach was Exotisches." Warum sie so leicht über das Angebot einer Liebesgeschichte hinwegsah, störte mich an jenem Tag. Ob Nell je mit nach Indien käme? Plötzlich dachte ich, dass sie den Pantomimen besser findet als mich. Es waren störende Gedanken in unserem Paradies, in dem sie mit ihrer hellen und ich mit meiner dunklen Haut ein ausgesprochen attraktives Paar bildeten. Zweifel kamen erstmals in mir auf.
Nell murmelte: „Go, deine indischen Legenden sind krass anders als das, was ich kenne."
„Dann erzähl doch du eine mexikanische Geschichte!"
„Ich kenne keine, meine beiden Großmütter waren tot, bevor ich sie kennenlernen konnte." Ich wusste längst, dass Nell allein von ihrer Mutter aufgezogen worden war. Nell hat nie über ihren Vater gesprochen. „Mein Vater kam bei einer Studentendemonstration um", sagte sie unvermittelt.
Plötzlich spürte ich Verantwortung für sie. Und das belastete mich. Mitempfinden verwickelt, fürchtete ich auf einmal und wurde befangen.
„Mein Vater war ein Kämpfer, er mischte sich politisch ein!", fuhr Nell fort. Ihr stolzes hartes Lächeln dabei erschreckte mich. Es zeigte ihre Selbstständigkeit.
„Ich hasse es zu kämpfen. Ich bin Pazifist und möchte einfach nur durch die Welt wandern", sagte ich.
„Du präsentierst dich bewusst als Luftikus. Kann ich dir überhaupt vertrauen? Und Kämpfen ist wichtig!", wisperte sie verspielt in mein Ohr.
„Ich will in deinem Rund verschwinden!", antwortete ich. Sie rüttelte an meinem Arm und sagte: „Küss mich!" Ich küsste sie sanft und träumte laut:

„Wie es wohl ist, durch die Lüfte zu fliegen und das Nichts zu ergründen! Hanuman, unser Affengott kann es. Er ist ein Bote zwischen Liebenden!“
„Auch so ein Weltenwanderer wie du?“, fragte sie und verzog spöttisch ihre Lippen.
Wir schwiegen und blickten in die Weite des Himmels. Nur noch das dem Getöse des Meeres, sonst nichts.

14

Gibt es die Verbindung über eine Lebenszeit hinaus zwischen Liebenden? Ist alles, was sie fühlen, einmalig und unwiederholbar? Oder ist es eingebunden in eine Kette von Verknüpfungen, deren Anfang im endlosen Brahma liegt? Liebende jedoch, so scheint es, müssen immer wieder Prüfungen bestehen.

Sitas Vater, König Janaka, hörte von seinen Spähern, der blutjunge Rama habe den spukhaften Gruselwald von der monströsen Dämonin befreit. Als er Sita davon erzählte, wurde sie von einer glücklichen Vorahnung erfasst. Noch bevor sie ihn gesehen hatte, war ihr Rama vertraut. Aber nicht nur seinem Mut und seiner Kraft fühlte sie sich verbunden, es war eher nicht aussprechbar, was sie empfand, daher kann es nicht erzählt werden.
Sita sah durch die Fensterluken der Frauengemächer die vielen Bewerber für das Svayamvaram herbeiziehen. Eine ganze Heerschar schien sie durch das Heben des schwergewichtigen Bogens gewinnen zu wollen. Als Ravana mit Pomp anrückte und prahlte: „Ha, so ein Shivabogen wird mir, dem Shivabhakta, ein Leichtes zu heben sein“, ereilte sie aber eine Vorahnung, die ihr Herz verdunkelte.

Sie rannte aufgebracht die Korridore entlang in den Blumengarten und hetzte weiter hinaus in den Hain. Rama stand allein unter einem Baum. Mit Blicken verschlangen sie sich gegenseitig. Ihr Schauen löschte je-

des Denken auf und fraß Zeit; nur ein Gefühl war: Ich bin in Einheit.
In der Nacht schickte Sita ihre beste Freundin vor Ramas Tür. Sie sollte sich setzen und auf der Veranda ein Lied an den Mond singen. In den Strophen war die geheime Botschaft enthalten, wie Rama den magischen Bogen zu heben hatte. Er lauschte und wusste die geheimen Zeichen der Liebenden zu entschlüsseln.
Bei der Gattenwahl glänzte unter all den Prinzen und Herrschern Ravana. Er gab sich siegesgewiss. Aber er brach vor versammelter Menge unter dem Bogen zusammen. Als alle lachten, sah er Sita mit furchterregendem Blick an. „Woher kenne ich sie, und warum kann ich, der nie verliert, diese eine Frau nicht gewinnen?"
Rama jedoch hob den Bogen, als wäre es nichts. Sita schaute schüchtern zu Boden.
Aus Angst vor den abgewiesenen Prinzen und vor allem vor Ravanas Zorn sagte Janaka zu Rama: „Warte noch, bis der ganze Rummel hier verflogen ist und die Männer ihre Niederlage vergessen haben. Dann erst hol Sita in dein Reich."

Rama zog ohne Sita davon, aber trug sie in seinem Herzen mit sich. Sita aber weinte vor Liebeskummer jeden Abend in ihr Kissen. Sie dachte an Ramas Schönheit. Wenn sie aber an seine Tapferkeit dachte, schwanden ihr die Sinne, denn nichts kann eine Frau mehr gewinnen, als dem Mut des Mannes zu begegnen.

Als ich am Sonntagmittag den Truck vor Daves kleinem Häuschen abstellte und hineinging, fragte mich Dave, der mit einer indianischen Familie hier wohnte und gemeinsam mit ihr am Tisch saß: „Na, und wie war euer Ausflug?"
„Naja, Nell und ich kommen aus völlig anderen Welten, haben ein anderes *dharma*."
„Was ist das denn?"
„Vergiss es. Ist sehr kompliziert zu erklären. Es muss zu dir passen! Das ist *dharma*. Ich bin als Brahmane in der Priesterkaste geboren. Sie macht nur ein paar Prozent der Bevölkerung Indiens aus. Wir nehmen

uns aber selbst sehr wichtig. Weil wir lernbegabt waren, konnten wir schnell die Sprache der englischen Besatzer lernen und wurden zu deren Sekretären. Sie entlohnten uns gut. Das war gegen unser *dharma.*"
Dave warf mir einen irritierten Blick zu. Er hatte mir, dem Verliebten, mit seinem Truck aushelfen wollen, um ein Paar zusammenzuschmieden. Ruckartig stand er auf und ging hinaus zum Truck. Ich lief ihm hinterher: „Versteh doch. Irgendwie muss ich mein *dharma* leben. Das wurde mir gestern am Strand auf einmal klar!"
„Sag bloß, du wirst plötzlich zum Rassisten?" Dave schien genervt. „Mann, du bist jetzt in Amerika. Vergiss dich selbst ein wenig und sei locker. Ich möchte dich eh zu meinem Stamm mitnehmen. Lass Nell aus deinen indischen Kastenproblemen raus." Ich kaute auf meinen Lippen.
„Was ging dir gegen den Strich auf eurem Ausflug?", fragte er.
„Nichts", log ich. „Vielleicht hast du Recht, Dave. Ich muss locker werden." Ich verschwieg, dass ich Nell verdächtigte, mit dem Pantomimen Jim zu schlafen, und hatte plötzlich ein großes Bedürfnis, über Indien zu reden.
„Dave, ich musste gestern auf einmal an meine Großmutter denken. Ich vermisse sie und unser Leben."
Dave klopfte mir auf die Schulter. „Ich fahr dich zu deiner Studentenbude", sagte er wieder freundlich. Ich war ihm dankbar. Auf der Fahrt erzählte ich ihm mehr von unserer Kaste: „Brahmanen nahmen für das Deuten des Horoskops oder für die vielen priesterlichen Dienste kein Geld. Sie lebten dafür in den Häusern des Tempels und wurden mit Reis und Waren entlohnt. Die Zusammenarbeit mit den fremden englischen Herren hat ihnen einen extrem schlechten Ruf eingebracht. Einst als Kenner der Veden geachtet, haftet an uns nach der Unabhängigkeit Indiens nun der Makel, mit den Ausbeutern gemeinsame Sache gemacht zu haben."
„Das kenne ich von einigen unserer Häuptlinge. Auch sie haben unser Volk betrogen! Und das für ein paar Flaschen Brandy", warf Dave ein.
„Zur Zeit meiner Kindheit trugen alle Brahmanen die Haare hinten lang und zum Knoten aufgetürmt. Großvater hatte einen straff gebundenen

Haarknoten, rasierte sich aber den Stirnansatz. Dass ich in der Schule gemobbt wurde, sitzt mir noch in den Knochen. ‚Pferdeschwanz!', haben sie mir hinterhergerufen. Ich durfte ja damals meine Haare nicht schneiden. Jetzt tragen die meisten unserer Sippe die Haare kurz und passen sich wieder den neuen Gegebenheiten an. Es hat etwas Belastendes, in eine solche Kaste hineingeboren zu sein!"
Dave nickte. Er stammte von ehemals stolzen Ureinwohnern Amerikas ab und verstand mich. Waren Indianer jetzt nicht die Underdogs? Ich war in Fahrt gekommen: „Es gibt die Dravidische Bewegung der DMK. Draviden sind die Ureinwohner Südindiens, das Volk der Tamilen. DMKler sind gegen die Brahmanen, die, so behaupten sie, seien einst aus Persien eingefallen. Diese rechtspolitische Partei – Dravidian Munnetra Kazhagam – gewinnt derzeit Wahlen. Rechtsfaschistisch definiert die DMK den Begriff Heimat für die vielen, vom Bildungswesen ausgeschlossenen Urtamilen und erklärt die Elite der gebildeten Brahmanen zum Feindbild. Leute der DMK ächten uns als Privilegierte und wollen das Kasten-System mit Gewalt abschaffen, sogar die Religionen. Sie sind Atheisten. Es ändert sich derzeit viel und, Dave, ich war lange nicht mehr zu Hause!"
„Ach so, du hast Heimweh und fühlst, Nell kann nie mit dir in dein brahmanisches Haus. Oder wo ist jetzt das Problem?"
„Wer weiß", sagte ich. Wir waren inzwischen angekommen. Ich winkte ihm zu und ging in meine Studentenbude. Es gab einiges zu lernen, Prüfungen standen an. Ich wollte mich auf die Realität der Zahlen konzentrieren und mich nicht von den Gefahren, die die Liebe mit sich bringt, ablenken lassen.

15

Wenige genau überlegte – oder auch völlig unüberlegte – Worte können verletzen und somit das Böse in jedem wecken.
Als Rama klein war, hänselte er Kunti, die Magd der älteren Königin, Bharatas Mutter, weil sie einen Buckel hatte. Rama dachte sich nichts dabei. Seitdem aber hasste die Magd Rama, während der übrige Stamm ihn vergötterte.

Endlich war der ersehnte Tag für die Liebenden gekommen: König Janaka brachte feierlich Sita auf dem Blumenwagen in Ramas Heimat. Es war offensichtlich, dass diese beiden das ideale Thronfolgerpaar waren. Die Stammesleute stießen Jubellaute aus. Nur die Magd Kunti schaute mit bösem Blick auf das sich in tiefer Liebe begegnende Paar. Kunti sah die Stunde ihrer Rache gekommen. Sie entfachte Neid in ihrer Herrin und beeinflusste deren Denken: „Dein Sohn Bharata muss den Thron besteigen, oder – das sehe ich voraus – er wird verjagt und wir mit ihm." Die Königin, die Rama wie einen eigenen Sohn liebte, wurde durch die täglich wiederholt ausgesprochenen Warnungen der Magd letztlich vom Zweifel ergriffen. Und weil alle an Nemis Hof der Voraussicht viel Bedeutung beimaßen, glaubte sie bald den Vorhersagen der Magd. So wurde ihr Herz durch die Worte der Magd vergiftet.

Noch hatte der Mond nicht zwölfmal gewechselt, als König Nemi seinen Sohn Rama zum Thronfolger ausrief. „Ja!", rief der ganze Stamm glücklich und sah der Inthronisierung freudig entgegen.
Am gleichen Abend lockte die Stiefmutter Ramas den König in ihr Gemach und verlangte: „Bharata, mein Sohn muss den Thron besteigen, und Rama muss für vierzehn Jahre in den Dschungel verbannt werden!"
Dem König zog es vor Entsetzen den Boden unter den Füßen weg. Die Königin hatte dem König einst in der Schlacht das Leben gerettet – sie war eine beherzte Kriegerin und führte das Schwert besser als die meisten Krieger –, und damals hatte Nemi ihr versprochen, dass er, wenn

sie jemals einen Wunsch hätte, er ihr diesen erfüllen würde. Das zwang den König jetzt, ihr Ansinnen zu erfüllen – auch wenn es ihm grauenvoll erschien.

Dann kam der Knall. Ich hatte an Nell gezweifelt – und weg war sie! Nachdem ich alle Prüfungen mit Bravour bestanden hatte, musste ich mir eingestehen, als Liebhaber kläglich gescheitert zu sein. Ihr Entschwinden rüttelte mich wach.
Ich habe Nell falsch eingeschätzt, dämmerte mir. Sie hatte mir angedeutet, sie mache, was sie wolle, und dass Freiheit ihr das Wichtigste im Leben sei. Also hatte ich gedacht, es sei ganz in ihrem Sinne, wenn ich sie eine Weile in Ruhe lasse. Sollte sie doch erst einmal mit dem Pantomimen klarkommen. Sechs Wochen lang hatte ich mich nicht bei ihr gemeldet und mich gut gefühlt dabei. Dadurch war mir genügend Zeit gegeben, mich auf meine Prüfungen vorzubereiten. Die Aktivitäten des Pantomimen spielten jedoch eine große Rolle in meinem Kopf. Mit Nell hatte ich bis dahin über Telepathie kommuniziert. Wir hatten uns zur gleichen Zeit in den gleichen Clubs ohne vorherige Verabredung getroffen. Dass ich nicht mehr auftauchte, muss sie irritiert haben.

Nell blieb unauffindbar. Sie sei ausgezogen. Jim, der Pantomime sei auch aus der Kommune ausgezogen, aber nicht mit Nell zusammen. Er hätte eine Freundin, mit der er allein leben wolle. Mehr konnte ich nicht aus Rodney herausbekommen. Er war kurzangebunden, als ich in der Küche ihrer alten Wohngemeinschaft stand. „Willst du ihr etwa nachspionieren?“, fragte er verärgert. „So etwas geht hier nicht!“ Sein Freund spürte meine Einsamkeit und erklärte: „Mitglieder unserer Kommune kommen und gehen, wie es ihnen gefällt. Niemand hat einen Mietvertrag, wir haben für freie Lebensräume zur kreativen Entfaltung gekämpft. Die Stadt hat uns diese lange leerstehende Villa nach einem bürokratischen Prozess überlassen.“
Nell hörte ich fluchen: „Fuck bureaucracy!“ Ich hatte Zweifel an ihrem Lebenskonzept gehabt. Unsere Telepathie hatte tatsächlich funktioniert, denn sie muss diese Zweifel gespürt haben. Das bereute ich auf einmal.

Wochenlang suchte ich wie verrückt nach Nell. Und ich begann abends im Bett zu husten. Ich fürchtete, dass das Asthma zurückkehrte. Ich hatte Angst, allein in diesem Land sterben zu müssen.
Im Café, in dem sie immer gejobbt hatte, bekam ich endlich eine Antwort. „Nells Visum war abgelaufen. Sie hat gerade noch den letzten Bus hinunter über die Grenze nach Mexiko geschafft", sagte das Mädchen, das jetzt dort bediente.
„Wann kommt sie zurück?"
„Das weiß ich nicht. Das weiß nur der Wind!", sagte sie lächelnd und beachtete mich nicht mehr.
Dieser erbarmungslose Wind pfiff um die Häuser von San Francisco. Im Sorglosen können urplötzlich Orkane hereinbrechen. Auch gab es keinen Halt, da ständig Erdbeben drohten. Verlassen von Nell fühlte ich die Unsicherheit dieser Stadt doppelt. Das Glück war dahin und ich fühlte mich krank. Kein Brief, kein Wort, nichts von ihr. Natürlich war ich es gewesen, der sie versetzt hatte. Aber ich hatte nicht damit gerechnet, dass sie verschwinden würde. Hatte ich die Liebe nicht in einem größeren Zeitmaß gesehen?
Ihre stark geschminkten Augen blickten abends auf mich, wenn ich im Bett lag. Ob Nell etwas zu verdecken gehabt hatte unter ihrer Bemalung? Etwas, das sie mir verschweigen wollte? Nein, sie war einfach unbeständig, aber vielleicht fehlte sie mir gerade deshalb. Meine Familie war so schrecklich beständig und so intensiv verlässlich. Sie hingegen war eine Suchende, und ich hatte es nicht begriffen. Sie war wie ein Blatt im Wind, und ich hatte es vermasselt, indem ich sie nicht fest an mich gebunden hatte.

16

Die Bambuskönigin flüsterte Rama ins Ohr:
„Sei geduldig mein Sohn. Alles wird gut enden. Lerne von den Tieren in der Wildnis!" Ihr zuversichtliches Lächeln spendete ihm Trost. Ohne eine Träne zu vergießen winkte sie ihm nach. Nemi aber war auf einen Hügel geklettert, und als er sah, wie Rama fortzog, bereute er, den Wünschen einer Frau gehorchen zu müssen. Als er sah, dass sein Sohn Lakshmana sich dem Bruder angeschlossen und sie ihren gesamten Besitz zurückgelassen hatten, weinte er. Aber dann, als auch noch die noble Prinzessin Sita, ohne Schmuck oder Prunkgewänder, im einfachen Tuch den Brüdern beherzt folgte, als er sah, wie die drei mit nichts als dem, was sie am Leib trugen, im Horizont in eine ungewisse Zukunft und ein unbekanntes Land als Flüchtlinge aus seinem Reich entschwanden, brach ihm das Herz.
Wie war die Königin auf die Idee gekommen, seine Kinder fortzuschicken? Er konnte nicht ahnen, dass eine simple Magd durch wiederholte Worte und niederträchtige Gedanken der Rache die stolze Königin gegen Rama aufgehetzt hatte. Sie, die nie etwas gegen Rama, den Sohn der Bambuskönigin, einzuwenden gehabt hatte, zerstörte jetzt das Leben des Königs, den sie liebte.
Das hat ein Reich davon, wenn es den Gemeinen im Volk das Sagen überlässt. Das bringt Unheil.

„Nell hat mich abserviert. Dazu zweifle ich an diesem Studium? Ich muss zurück nach Indien, sonst drehe ich durch", sagte ich zu Dave. Er lehnte an einer alten Betonwand vor unserem Club: „Hey, es ist gut mal zu spüren, wie man am Rad dreht. Du hast es doch immer mit der Null. Mach deinen Doktortitel darüber." Der Pragmatiker redete auf mich ein. „Dein Vater erwartet es von dir. Vergiss Nell, sie wird sich schon noch melden oder auch nicht. Sagtest du nicht, dass eure Welten eh nicht zusammenpassen? Hast du nicht irgendwann über eure unterschiedliche *dharmas* doziert? Du glaubst doch an den Windgott, schick ihr eine mediale Botschaft durch die Lüfte. Nenn ihr deinen Weg, den

du unbeirrbar gehen wirst. Mehr kannst du nicht tun."
Wir schwiegen. Dann überraschte er mich: „Und Go, du bist ab jetzt wieder Go-Wind, es klingt indianisch. Es wird Zeit, dich meiner Familie vorzustellen. Damit du weißt, wohin ich irgendwann verschwinden werde, weg vom künstlich erzeugten Schatten der Hochhäuser in die tröstenden Schatten unter den Bergen. Ich will dich in mein Dorf mitnehmen!"
Während ich weiter über die Unberechenbarkeit von Frauen lästerte, „man versteht sie nicht, sie wollen frei sein und dann doch gehalten werden, kommt da einer mit?", sagte Dave: „Wird schon. Mein Stamm wird dich auf andere Gedanken bringen. Am Samstagabend treffen wir uns mal wieder oben am Ende vom Oakdrive auf unserem Plateau. Bis dann!" Er klopfte mir auf die Schulter. Ich schlenderte betrübt die lange öde Autostraße zum Studentenwohnheim. Meine Schultern sackten ein. Passanten übersah ich, sah nur Asphalt. Ich schloss meine Tür auf und Schwindel überkam mich. Ich nahm das immer noch geschlossene Päckchen von Paati aus dem Schrank und packte endlich die Hanumanstatue aus. Ich hatte sie all die Zeit über nicht angeschaut. Und nun konnte ich ohnehin nicht mehr an Hanuman glauben. „Leben besteht aus Enttäuschungen", sagte ich zu Hanuman, der nur ein Stück Metall in meiner Hand war. Er hatte keinen Wert mehr für mich.
Am nächsten Wochenende traf ich Dave wieder. Er saß oben auf dem Plateau mit vielen anderen Indianern, und sie unterhielten sich aufgeregt. Ich hielt mich aus den Gesprächen heraus, aber sah zum ersten Mal Russel Means. Er saß kerzengerade neben Dave und trug dicken Indianerschmuck aus türkisfarbigem Lapislazuli, gefasst in Silber. Sein langes Haar fiel auf seine starke Brust. Er wirkte erhaben, dazu ungeheuer gutaussehend. Es ging um eine ernste Sache, begriff ich, und zog an der Pfeife, die Dave mir reichte. Dann wandte ich mich dem nächtlichen Himmel zu.
„Ich finde Muslime Indiens viel klüger im Umgang mit der Realität als Hindus!", sagte ich zu Dave völlig bekifft.
„Was soll das?" Dave war sichtlich erstaunt.
„Es gab eine Shayla in meinem früheren Leben. Ich habe den Kontakt

zu ihr verloren, sie ist eine wissenschaftlich begabte Frau und beherrscht auch noch Mathematik.“
„Was für eine Shayla?“, fragte mein Freund, der sein Liebesleben vor mir versteckte. Ich sah ihn zwar ungeniert lange mit Frauen quasseln, sah ihn jedoch nie mit einer Freundin. Sicher hatte er eine Geliebte in seinem Dorf, vermutete ich, und auch, dass er sie geheim hält.
„Lass dich nicht so sehr von Frauen dominieren! Nell wollte dir nichts Böses antun. Sie pflegt nur das Frisco-Hippiesein. Mal hier hin, mal dahin und nie eine Spur auslegen. Oh je, das sind die Blumenkinder!“
Dave legte seinen Arm auf meine Schulter. „Hier geht es heute um politische Themen der Indianer. Geh nach Hause, hör dir Musik an und vergiss die Frauen.“
Ich musste wieder husten. Als ich spürte, wie sich meine Kehle bedrohlich verengte, stammelte ich nervös: „Nein, irgendjemand hat Nell beeinflusst, nur so konnte sie mich ohne ein Wort des Abschieds verlassen. Nur, wer hatte sie dazu bewegt? Der Pantomime Jim war es nicht gewesen. War ich verblendet von ihrem Aussehen, habe ich zu wenig auf ihre Gefühle geachtet? Hat Eifersucht mich blind gemacht?“
„Komm schon, was soll diese Sentimentalität. Im Leben gibt es andere Dinge als Frauen nachzuweinen.“
Dave war hier zuhause, und er kämpfte um seine Rechte in seinem Land. Ich gehörte hier überhaupt nicht hin. Mir wurde bewusst, wie sehr mir Indien fehlte. Dann sagte Dave: „Wir haben Feinde!“ Er sah ernst aus, als er sich den versammelten Freunden zuwandte. Sie sprachen einen Dialekt, den ich nicht verstand.

17

Die Zauberei hat Macht, auch über den, der sie ausübt.
„Experimentiere mit mir", becircte sie Ravana. „Lass mich die Erde verunsichern und aus dem Gleichgewicht bringen!", antwortete er auf das Drängen der Zauberkraft. Und weil seine Schwester Surpanaka in Sitas Nähe ihr Unwesen trieb, fügten sich die unterschiedlichen Ansinnen der Dämonengeschwister wie Fäden zu einem gefährlichen Teppich zusammen.

Surpanaka stürzte sich gerade auf einen Kerl, der mit den Beinen auseinandergerissen im Hanumanasana sich die Kräfte von Hanuman erhoffte. Nachdem die Schwere ihres Leibes ihn erdrückt hätte, wollte sie ihn genüsslich auffressen. In genau diesem Moment stachen ihr plötzlich mysteriöse Spuren auf der Erde in die Augen: Fünf runde Punkte und eine Mondsichel darunter. Sogleich ließ sie von dem Kerl ab, der so gern ein Yogi geworden wäre, befreite ihn von seiner Selbstkasteiung und seinem verbissenen Ansinnen, woraufhin dieser halb erdrückt und außer Atem um sein Leben rannte. Sie folgte unterdessen hechelnd den Spuren, die in gleichmäßigen Abständen Rhythmus und Harmonie erzeugten, die zu etwas Bedeutendem führen mussten. Surpanaka gelangte bald auf eine Lichtung.
Rama und Lakshmana saßen unter dem ausladenden Baum. Sie ahnten keineswegs, dass eine Menschenfresserin in ihrer Nähe war. Gelassen blickten sie auf Surpanaka und lächelten sich an. „Sieh nur das Urweib da!", stieß Lakshmana Rama mit dem Ellbogen in die Rippen. Als aber Surpanaka Ramas muskulösen, wohlgestalten Körper und seine ebenmäßigen Züge sah, wurde sie vom Pfeil der Liebe getroffen. „Er wirkt erfüllt wie der volle Mond, mit sich im Reinen, und sein langes schwarze Haar spielt im Wind über seiner Brust; diese klare Linie der geraden Nase, diese bronzenen schimmernde Haut!", rief sie fasziniert aus. „Oh, diese hohen Wangenknochen, zum Fressen süß!", stöhnte sie und ihr wurde klar, dass man so etwas Seltenes nicht fressen darf, sondern irgendwie anders genießen sollte. „Wahrer Yogi und Erleuchteter, wie heißt du?",

brüllte sie mit einer Stimme, die das Dämonische widerhallte.
„Rama", war die schlichte Antwort.
„Hey du, komm rüber zu mir, wir wollen uns zusammen vergnügen. Ich will dich liebkosen und meine Zunge in deinen Rachen schieben und deinen Nektar saufen!"
„Weib, wer immer du bist, ich bin leider schon vergeben." Weil sie ihn so witzig angesprochen hatte, flachste Rama: „Aber hier neben mir sitzt mein Abbild, mein jüngerer Bruder, der ist noch frei und hat sicher Lust auf solche Spiele."
Surpanaka sah den ebenfalls schönen Lakshmana an, watschelte auf platten Füßen mit ihrem nackten voluminösen Busen und den ausladenden Hüften auf ihn zu und sagte: „Bürschchen, lass es uns treiben, wir wollen uns hier verlustigen."
Lakshmana lachte: „Haha, nimm meinen älteren Bruder, er ist der erfahrenere Liebhaber."
Die Brüder trieben eine Weile ihren Schabernack mit der einfältigen Rakshasa-Prinzessin, bis diese Sita kommen sah und rief: „Hält euch etwa dieses mickrige Ding davon ab, meine gerade erst erwachte jungfräuliche Lust zu befriedigen? Ihr müsst ja nicht ganz bei Sinnen sein!"
„Beleidige nicht die Göttin der Erde, sie ist meine Geliebte!" Rama war ernst geworden.
„Sieh her, du eingebildeter Pinkel, wie ich deine magere Spinne aufreiße!" Und schon stürzte Surpanaka sich auf Sita. Lakshmana sprang schnell hervor und schnitt mit einem treffsicheren Schlag Surpanakas Nase ab. Damit war das herannahende Unglück besiegelt. Als sie davonstürzte, erschütterten ihre Schreie den Wald. Ihr Echo brachte die Natur zum Erzittern und lehrte Sita das Fürchten.

Surpanaka brüllte so lange, bis ihr mächtiger Bruder Ravana ihre Klagen vernahm. Als er die Blutüberströmte mit seinen Späheraugen entdeckte, fluchte er: „Jetzt ist es genug! Ich werde mir Sita schnappen und damit die Erde beherrschen!" Er verwandelte umgehend seinen Zauberlehrling Marici in ein goldenes Reh, das sogleich durch Sitas Wald hüpfte.

Damit nahm die Geschichte einen schrecklichen Lauf, denn wer sich über die Liebeserklärung und die Liebeswerbung einer wie vom Blitz getroffenen Verliebten lustig macht, dem zürnen die Götter. Wenngleich Rama eine Inkarnation des Göttlichen war, gab es zum Glück noch andere Götter, die solches Geschehen nicht gleichgültig ließ.

Hopi Land, Januar 1971

Mit dem alten blauen Pick-up Truck starteten wir frühmorgens um vier Uhr ins Indianer-Reservat nach Arizona. „Zurück zur Natur! Die Zivilisation hinter uns lassen! Die besteht aus abgeschnittenen Fingernägeln! Mann, Go-Wind, hey, das ist es! Wildnis!“ Dave war euphorisch, als er auf die Küstenstraße von Big Sur einbog. Sie war atemberaubend mit den zu Skulpturen gebogenen Kiefern, den dichten Wäldern am Berghang und den Buchten und Felsen am blauen Meer. Wir kampierten unter freiem Himmel. Am nächsten Morgen ging's in Serpentinen hinauf in die steile Bergwelt der Rocky Mountains. Wir fuhren ohne anzuhalten. Spät am Nachmittag erreichten wir eine wüstenartige Weite. Rote Erde, bizarre Kakteen, die anders aussahen als in Andhra Pradesh: ein unbewohntes Amerika, in dessen Ferne ein Felsplateau aufragte. So muss Mexiko aussehen! Ich dachte immerzu an Nell, dachte, wie ihr Körper sich in diese Landschaft hier einfügte. Dave zeigte auf das Felsplateau: „Dort hinten am Horizont bin ich geboren.“ Er wirkte glücklich.

Wir durchquerten Sedona und fuhren eine einsame Straße auf das bergige Plateau hinauf. Weit und breit kein anderes Auto. Plötzlich waren wir in einer verlassenen Ortschaft, Holzblockhäuser lagen an der Straße. „Das hier ist eine echte Geisterstadt“, verkündete Dave. „Der Wilde Westen?“, fragte ich fasziniert. Dave stoppte vor dem Schild *Saloon,* das sicher an einer ehemaligen Bar hing. Wie eine Filmkulisse, dachte ich und sah junge Leute lässig auf der Holzbrüstung der Veranda sitzen. Sie machten nichts und warteten auf niemanden. Das Gebäude neben dem Saloon war etwas verfallen, aber die meisten Häuser waren bunt angemalt und intakt.

„Hi!“, grüßte Dave. Sie schienen sich vertraut zu sein. Ein blonder Langhaariger mit Stirnband, nacktem Oberkörper und Lederfransen an der Hose kam durch die Schwingtür und reichte Dave wortlos ein winziges Päckchen. Dave gab ihm Dollarscheine. „Hier wurde einst geschossen, jetzt leben hier wilde Hippies. Denen macht die Einsamkeit nichts aus, sie sind meistens high und gut gelaunt! Was, Leute?", warf Dave spöttisch der Gruppe zu. Sie nickten alle. Es klang, als würde Dave sagen wollen: „Weiße, die sich als Indianer ausprobieren und mit unserem Meskalin handeln. Hahaha!" Es tröstete mich ein wenig über das abrupte Verschwinden von Nell hinweg, und ich dachte amüsiert: Ob sich in der verlassenen Agraharam-Siedlung Indiens auch irgendwann solche westlichen Aussteiger ansiedeln werden, um sich als Brahmanen auszuprobieren, Mantren zu rezitieren und den yogischen Sonnengruß zu üben? Drogen hätten wir aber nur, wenn ein Sadhu vorbeikäme.

„Schräg, die Lage der Welt. Wir wollen da hin, die von dort hierhin", sagte ich nachdenklich.

„Hockenbleiben ist verbreitet und macht Menschen bequem. Aus Langeweile werden sie dann destruktiv! So geht es unseren Stämmen. Wir waren Nomaden und folgten den Büffeln. Jetzt leben wir eingepfercht in Reservaten und unsere Leute werden dumpf. Es hat etwas Trauriges", sagte Dave.

Wir setzten unsere Fahrt fort. „Noch eine Stunde weiter durch die Felsen und wir sind da!", sagte Dave. Die Sonne ging hinter uns über der Ebene unter. Auf einmal, wie aus dem Nichts, kam uns ein Streifenwagen entgegen. Ein Polizist winkte aus dem Fenster und machte ein Zeichen, dass wir anhalten sollen. Dave fuhr an die Seite und stieg aus. Besorgt dachte ich an das silberne Päckchen. Wo hatte Dave es hingesteckt? Dave grüßte die Männer: „Ich bin Standing Rock vom Reservat. Ich fahre nach Hause. Das ist mein Kumpel. Wir studieren beide in Frisco."

„Ausweise", sagte der Beamte grimmig. Wir mussten uns mit erhobenen Armen an unseren Truck lehnen. Sie tasteten uns nach Waffen ab und fassten Dave obszön zwischen die Beine. Er blieb völlig ruhig. Mich ignorierten sie, nachdem sie meinen Pass studiert hatten. Dave musste den Kofferraum öffnen. Es kam mir vor, als seien sie gewohnt, Indianer zu kontrollieren und zu gängeln. Zu mir sagten sie freundlich: „Pass auf, wo du hingehst und mit wem du dich einlässt!" Blasiert stiegen sie in ihr Auto und brausten in die verkehrsleere Weite davon.

„Wo hast du den Stoff hingetan?“, fragte ich Dave. „Er steckt in meinem Totembeutel und hängt an meinem Hals. Vor dem haben sie Angst. Sie wollen nicht an Geschichten über unsere Kultur erinnert werden. Da ist was dunkel und sie fürchten unsere Magie. Sie wollen ihre Geschichte optimistisch sehen, um sich am Nationalen zu berauschen: Unser sauberes Amerika! Da stören unsere Gesichter und Gewohnheiten. Sie blicken dann weg. Plötzlich existiert etwas nicht.“

„Hi, Hi, Ey!“, wurden wir fröhlich in der Dunkelheit empfangen. Unser Pick-up war von einer Meute von Kindern umringt, als wir anhielten. Wie armselig es hier aussah. Die Blechhütten waren von hohem Unkraut umgeben, überall Staub vom roten Sand und Vernachlässigung. Kaum elektrisches Licht. Wenig Wasser. Rohre waren abgebrochen und Fensterscheiben eingeschlagen. Unordnung. Slums, dachte ich entzaubert, und sah im Geist die Slums, die in der Nähe des Hafens von Madras lagen. Ich folgte Dave und der Kinderschar zu einer größeren Holzhütte mit Blechdach, zu der ein paar Stufen hinaufführten. Ein wackeliges Schild, auf dem *no guns, no drugs, no alcohol* gepinselt war, bei Alkohol war die Farbe zerlaufen und floss wie eine Träne über das Holzbrett, empfing uns. In roten Schriftzeichen stand *Abraham Dell* darunter. Durch einen Moskitovorhang aus Perlen, der sicher gegen die vielen Fliegen schützte, betraten wir einen kleinen, dunklen Raum. Daves Vater saß in einem Schaukelstuhl. In einem Fernseher lief Coca-Cola-Werbung. Ich hatte erwartet, dass er Federschmuck trug und in Rituale vertieft wäre. Hingegen steckte er in einem blauen Arbeiteranzug.
Dave stellte seinen Vater als „Blowing Wind“ vor, zeigte dann auf mich und sagte: „Go Wind“. Vater Blowing Wind blickte mich ungewöhnlich direkt an.
„Vater arbeitet manchmal bei der Bahnstation an der Linie von Flagstaff“, sagte Dave. Er war, obwohl er meine Erwartungen an das Indianersein nicht erfüllte, erfrischend anders. Seine aufmerksam leuchtenden Augen und seine Blicke teilten mir mit: Ich kenne dich, ich erinnere mich an dich, es gibt gemeinsame Welten. Er sagte: „Eure alten indischen Schriften sprechen vom Wind, dem Wasser und der Erde als

Gottheiten, wie wir Indianer das auch tun.“ Woher wusste er das? Er schien umfangreich gebildet. Ich spürte dazu ein warmes, offenes Herz. Daves Mutter Silent Sun, eine stämmige Frau mit türkisblauem Indianerschmuck über einem einfachen, gelben Baumwollkittel, war mit den Vorbereitungen für das Fest beschäftigt und nahm mich nur nebenbei wahr. Sie nickte nur und knetete weiter mit großen Händen in einem Mehlgemisch und formte kleine Bällchen für die Fladen. Drei junge hübsche Frauen halfen ihr dabei und schnippelten Gemüse. Ein junger Indianer schaute den Frauen zu. Dave schnappte sich ein paar geröstete Maiskolben von der Feuerstelle eines alten Herdes und teilte sie mit mir. Wir aßen im Stehen. „Jetzt, Go-wind, geht es zu unserem komfortablen Gästehaus! Du wirst wie ein Bär schlafen.“ Es war ein erhöhter Schlafplatz auf Holzplanken in der Nische eines großen Tipis. „Waschen kannst du dich am Fluss, die Toiletten sind im Freien in den Büschen dort in der Nähe. Fühl’ dich wie zuhause! Ich muss mithelfen. Morgen geht’s hier ab!“ Er verschwand. Auf meinem Bett lag eine alte Büffelhaut und ein – mein Gott, ich erschrak – es war das abgezogene Fell eines Bären. Der Boden war aus gestampfter Erde. Draußen wie drinnen gleich. Bisher kannte ich nur das moderne Amerika. Ich legte mich müde hin. Die Leute hier wurden wie wir in Indien kolonisiert. Nur wir haben unsere Freiheit zurückbekommen. Noch warten wir zwar darauf, dass die Briten sich entschuldigen. Aber diese Natives wurden in Gettos wie in Zoos gedrängt. Die Wohltätigkeiten ihrer Besatzer lassen sie auf der Buffalo Roadshow ‘Indianer spielen’ und man sieht ihnen wie tanzenden Puppen zu. „Das hier ist sooo bizarr und führt zu einem bösen Ende“, flüsterte ich bedrückt.
Doch beim Einschlafen befahl ich mir: Nur nicht über das Schicksal der Indianer nachdenken, bloß nicht trübsinnig werden!

Am nächsten Morgen war Dave nirgends zu sehen. Die Stammesleute ignorierten mich. Konzentriert brachten sie unterschiedliche Gegenstände wie eine Trommel, einen Teller, einen Topf, ein Beil zu einem zentralen Platz nicht weit von dem Tipi, in dem ich übernachtet hatte. Ein weiteres Tipi war dort aufgestellt. Ich hatte keine Ahnung, wie ich mich verhalten sollte, und irrte ein wenig umher, fand aber den Weg zum See, der Wasch- und Badeplatz zugleich war. Dort begegnete mir eine steinalte Frau. Scharfe Blicke trafen mich aus dem wettergegerbten, verrunzelten Gesicht. Die ist bestimmt schon hundert, dachte ich, und dass es Spotted Deer sein musste, die Großmutter von Dave. Sie trug eine Puppe im Arm und watschelte merkwürdig abwesend an mir vorbei. Ich ging zu dem tiefblauen See hinab und schwamm ein paar Züge im eiskalten Wasser. Auf dem Rückweg sah ich plötzlich aus allen Häusern Menschen strömen. Die Frauen trugen, wie die Alte, Puppen. Dave hatte mir einmal diese Puppen als das Kachina-Ritual erklärt. Die Frauen bildeten einen Kreis. Sie bewegten sich wie auf ein externes Kommando, und erst beim zweiten Blick nahm ich das als Tanzen war. Auch die Männer tanzten bald langsam in einem größeren Kreis um die Frauen. Manche von ihnen trugen Federschmuck, andere Baseballkappen. Niemand scherte sich um mich. Mein Magen knurrte. Urige Kreistänze, ohne Anfang oder Ende. Schon auf der Stufe ihrer Blechhäuser begannen sie mit diesen Tanzschritten. Das ganze Dorf wirkte wie verbunden in einem imaginären Kreis. Drei Schritte federnd vor, dann hüpfend, ein Bein angewinkelt. Und wieder dasselbe. Niemand erklärte mir etwas. Dave entdeckte ich unter den Tänzern. Er trug Federschmuck im Haar und bestickte Mokassin an den Füßen.

Der Mittag wurde heiß. Wann nimmt das ein Ende, fragte ich mich hungrig. Ich suchte nach Essbarem. Ein kleiner Junge, der wie ich nur beobachtete, aß Datteln und ignorierte mich. Alle schienen besetzt von einem Geist. Es wirkte unheimlich. Fast besessen. Mir kam es plötzlich vor, als seien alle Menschen aus der Wirklichkeit in die Welt ihrer Vorstellungen getrieben.

18

Rama, Lakshmana und Sita zogen in die Tiefen des Urwalds. Sie lernten die Sprachen der Tiere. Lakshmana, der aus einem Bambus eine Flöte gebastelt hatte, blies jeden Tag eine neue Melodie. Ein Affe kommentierte vorwitzig, Rama und Sita würden recht leichtfüßig gehen, jedoch sei noch zu viel Schwerkraft und Bodenhaftung in ihren Leibern. „Hebt doch mal ab! Hüpft auf die Bäume! Nicht so sehr das Vertikale betonen!", keifte er. Eine Tigerin knurrte sanft: „Leiser Auftreten und das Gewicht besser auf den Füssen verteilen." Der Pfau schrie gellend: „Mehr um die eigene Achse drehen!"

„Lass uns das Affensein ausprobieren", sagte Sita ausgelassen. Und auch Rama wollte den Tieren gleich sein. Vor Lakshmanas Augen wurden beide zu Affen und tobten über die Äste hinweg.
Sita wusste, welche Beeren essbar und welche giftig waren.
Inmitten der Blumen und wilden Düfte verschlangen sie sich mit Blicken von solcher Intensität, als müssten sie ihre Seele aus dem Körper des jeweils anderen zurückholen, denn die Verbannung in die Askese der Waldeinsamkeit beinhaltete auch das Gebot der Asketen: Keine körperliche Berührung! Doch in Tiergestalt war das Gebot nichtig. Rama hatte in Sita jetzt seine Urheimat erkannt.

Als sie von dem Wasser tranken, das sie wieder entzauberte, sah Sita erstmals das goldene Reh. Der Wunsch, dieses in ihre Obhut zu nehmen, war ungewöhnlich stark. Sie träumte nachts von dem Reh, und tagsüber, wenn es mit leuchtenden Augen zwischen den Zweigen hervorlugte und stumm ihre Fürsorge forderte, verbreitete sich in Sita Unruhe. Wann immer sie das Reh herbeilockte, löste es sich aber in Nichts auf. Sita webte Körbe aus Bast und sammelte Nüsse ein. Schon lockten die Augen des Rehs. Sie fertigte Kleider aus Rinde an und wieder sah sie das Reh. Rama begriff, dass er und sein Bruder ohne Sita nicht überleben würden. Sita verirrte sich nie, war der Erde nah. Wie sie mit Pfeil und Bogen umging, wie sie Beute schoss, wusste, wie man

ihr das Fell abzog und daraus eine köstliche Speise mit entsprechenden Kräutern zubereitete, erstaunte Rama immer wieder. Warum sie danach verlangte, ein Reh als Gefährten zu haben, verstand er nicht.
Es sind immer die Wünsche einer Frau, die so unbegreifbar für den Mann sind. Würde er sie hinterfragen, könnte er hellsehen lernen und manches Schicksal in andere Bahnen lenken.

Spottet Deer kam langsam auf mich zu. Sie musste erkannt haben, wie verloren ich mich fühlte, und prophezeite mit roher Stimme: „Erscheint dir die blaue Kachina, kündigt sie das Ende an. Die rote Kachina aber ist die reinigende Kraft. Sie zerstört das Übel! Tanze und erkenne, Sohn!“
Ich tanzte nicht, fühlte aber so etwas wie elektrische Schwingung, aus dem Spannungsfeld der Leute erzeugt, durch mich fließen. So funktioniert der Strom! Die Atmosphäre war geladen.
Männer trugen im selben wiegenden Tanzschritt ein totes Reh herbei. Es war an den Füßen an eine Bahre gebunden, so dass es rücklings hinunterbaumelte.
„Es wird geopfert. Damit beschwören wir das Böse im Gehirn unserer Feinde und die Dämonen der Habgier!“ Spottet Deer lächelte auf einmal, und ihre Augen erinnerten mich an Paatis strahlende Blicke. Ich dankte ihr heimlich für ihre erklärenden Worte. Mir blieb nichts anders übrig, als auch den Kontakt mit der Erde zu suchen unter diesen Trancetänzern. Allmählich fiel auch ich in einen Traumzustand. Ich sank in die Hocke und stierte auf die rötliche trockene Lehmerde. Vor mir erschien die staubige Gasse unserer alten Agraharam-Siedlung. Ich flüsterte Paatis Namen: „Janiki, du passt hierher!“ Ihr Schicksal lief plötzlich hier in der Fremde wie ein Film vor mir ab: wie sie einst jung beschlossen hatte, tagsüber im Tempel zu dienen, auch wenn sie als Witwe nur die geringeren Aufgaben ausführen durfte. Ihr Lebenssaft, ihre Ojas, die sich nie mehr mit dem lebensspendenden Samen des Mannes vermischen könnten, bekamen Nahrung durch die Andacht, bei der die rituelle Vereinigung des Götterpaares gefeiert wird. Ob Spottet Deer einen Mann hatte? Sie wirkte so selbstständig, vielleicht hatte sie meh-

rere hintereinander gehabt? Ich hatte damals noch keine Ahnung über das soziale Leben der Indianer. Paati hat ihr Schicksal gemeistert, indem sie Böden im Tempel fegte, beim Kochen half – sie sah darin ihre Erleuchtung, und so sorgte sie für den ästhetisch reibungslosen Ablauf bei der Vereinigung der Götter. Jede Tätigkeit im Tempel betrachtete sie als erfüllend. „Rituale stärken deine Seele", hatte sie mir zugeflüstert. „Wenn unsichtbare Dämonen in uns eindringen wollen, flüstere ich ein Mantra. Dämonen werden nämlich sichtbar, wenn ihren Gegenspielern, den Göttern, gehuldigt wird." Hier erschrak ich: Ich huldige keinen Göttern mehr, seit ich in diesem Land bin! Folglich wird das Unheil in mich eindringen können. Bin ich auf dem Weg, ein trockener Mathematiker zu werden und dabei meine indische Herkunft, meine Bestimmung, zu vergessen? Ich bekam Heimweh beim Anblick der tanzenden Indianer.

Welcher Dämon hat mir Nell entrissen, überlegte ich. Oder hat sie einem Verlangen nachgegeben, das ich nicht kannte? Hatte Paati nicht gesagt: Das Fremde musst du einordnen können? Wo ist Hanuman mit seinen Wundern jetzt? Warum flüstert er mir nicht zu: ‚Nell hat sich aus' - ja verdammt, Hanuman, aus welchem Grund - ‚nicht verabschiedet'? Paati hatte mir metaphysische Ebenen eröffnet. Aber wo waren sie alle jetzt? Hier im Indianerland wirken die Naturkräfte, aber meine Realität ist Berkeley, die künstliche Zivilisation. Sie bedient sich, wie Ravana, dämonischer Kräfte und steht der ursprünglichen Natur, wie Sita, doch feindlich gegenüber. Bediene ich als angehender Mathematiker nicht die Kräfte der Dämonen? Ich rechne Werte aus, die ich spalten und teilen kann, um damit etwas zu erfinden oder bauen? In Amerika ist das Leben vom mechanischen Denken geprägt. Die meisten an der Universität finden diese Rituale, wie sie diese Indianer hier praktizieren, doch merkwürdig. Ihnen ist das Indianerthema hierzulande zutiefst peinlich. Und wie würden sie erst Paatis rituelles Verständnis des brahmanischen Lebens einordnen? Es als Humbug und Aberglauben verspotten. Ich war hier fremd, aber schlimmer noch, ich wurde mir selbst immer mehr fremd durch mein Studium in Berkeley. Mathematik

ist zwar eine Matrix, aber kann sie vorhersagen? Sie kann keinesfalls auf Unvorhergesehenes reagieren. Ich bekam großen Zweifel an meinem Weg zum Mathematiker. Plötzlich erinnerte mich, im Staub des Indianerdorfes hockend, an Onkel Muthu, der gesagt hatte: Es gibt die mystische Deutung hinter den Zahlen. Sie wird vernachlässigt.
In diesem Moment sprang ich auf. Ich hatte die Lösung: Für meine Doktorarbeit würde ich ein Thema wählen, das Rituale und Zahlen verbindet. Als ich über die Verbindung von Magie und Zahlen nachdachte, oder darüber, wie durch Zahlen die Verbindung zum Ursprünglichen hergestellt werden könnte, kam Spotted Deer mit schlurfenden Tanzschritten herbei: Sie deutete auf einen Mann in wildem Federschmuck. Es schien, als würde er den Tanz anführen. „Das ist Rolling Thunder, der Medizinmann der Shoshonen aus Nevada. Ihr Reservat ist im gottverlassenen Carlin. Ich kenne seine Frau Spotted Fawn. Er ist angereist, um uns zu unterstützen. Sie wollen unser Leben verbessern. Ich kann ihn nicht einordnen. Dave verehrt ihn. Glaubst du, er hat einen guten Einfluss auf meinen Enkel?“ Ich fühlte mich überfordert, über Rolling Thunder und sein Wirken oder Einfluss auf Dave zu urteilen, hätte aber Spotted Deer gern gefragt, ob sie Witwe sei. Doch da ich mir sicher war, dass mein Freund von seinen Meinungen überzeugt und nicht leicht zu beeinflussen war, sagte ich zu Spottet Deer: „Dave erfüllt sein *dharma*!“, worauf Spottet Deer schallend lachte. Sie fand sicher, ich sei ein Klugschwätzer, der mit Worten jonglierte. Dann sagte sie: „Rolling Thunder ist eine Wucht!“ Sie stöhnte beim Aufstehen und schwankte zu den Tanzenden zurück. Ich glaube, sie war in Rolling Thunder verliebt.

Endlich, es wurde schon bald Abend, gab es gerösteten Mais von einem Grill und das Fleisch des Opfertiers wurde verteilt. Wir saßen in kleinen Gruppen um mehrere Feuerstellen. Zu meiner Freude sah ich Dave mit einer Freundin. Sie saßen zusammen. Er war nicht ansprechbar und wirkte selig. Ich fühlte mich mittlerweile wohl in der Gemeinschaft der fremden Indianer, die mich annahmen und doch in Ruhe ließen. Rolling Thunder unterhielt lautstark eine Männergruppe. Ich trat näher an sie heran. In seinem spöttischen Grinsen und seinem Charisma sah ich den geborenen Anführer. Die Männer hingen an seinen Lippen. Der Mais schmeckte köstlich, und ich aß das erste und letzte Mal ein Stück Fleisch. Ich hatte es Spottet Deer nicht ablehnen können, als sie mir den Spieß hinhielt. Es schmeckte sehr salzig.

Das Fest währte drei Tag lang. Immer der gleiche Ablauf. Mittlerweile wusste ich, wo die Datteln wuchsen und wo die Brotfladen gelagert waren und bediente mich. So war es hier üblich. Spottet Deer schenkte mir immer wieder stumme Blicke. Vielsagende Augenspiele. Ich hörte Spotted Deer leise sagen: „Du wirst kein Wissenschaftler. Deine Begabung liegt woanders!“ Das wühlte mich auf. Wo lag sie dann? Eine Frage, auf die ich nach wie vor keine Antwort hatte.
Rolling Thunder lief mir über den Weg und sagte: „Du bist Inder. Ihr habt die Veden. Sie sagen dasselbe wie unsere indianischen Vorfahren. Die Elemente sind Gottheiten. In allem wohnt Manitu, der große Geist. Trotzdem konnte er weder euch noch uns vor dem schlauen Weißen Mann beschützen. Darüber denke mal nach!“ Doch mit welcher Hingabe er gleich darauf das blutende Reh umtanzte, verblüffte mich. Ich beobachtete ihn lange und wurde nicht schlau aus ihm. War seine schamanische Versenkung etwas, das ich noch nie erfahren hatte? Und unbedingt erfahren wollte?

19

Es ist der weltliche Wunsch, etwas besitzen zu wollen, der dem Unheil die Tür öffnet.
Sita sehnte sich nach dem Anblick des Rehs. Sein Kopf war von einem goldenen Schimmer umflort, seine verspielte hüpfende Art, seine sie lockenden schwarzen Samtaugen; wie es sich versteckte und wieder erschien, zart und feminin, verführerisch allemal, verzauberte Sita, und sie bat Rama: „Dieses liebliche Wesen wird mir das Unwegsame der Wildnis versüßen, bitte fang' es ein!"
Als Rama sie ansah und fragte: „Willst du es anbinden und gefangen halten? Es ist doch ein wildes Tier", bettelte sie: „Ich habe das fürstliche Leben aufgegeben, ich brauche nichts, nur dieses Reh ist so zauberhaft, ich möchte es haben, um unserer kleinen Behausung aus Palmblättern den goldenen Schimmer, den Zauber dieses Tieres zu verleihen."
Rama, der Sita keinen Wunsch abschlagen konnte, sagte zu Lakshmana: „Pass auf sie auf, bewege dich nicht weg von ihr, ich fange das Reh ein!" Leider ahnte er nicht, dass sich hinter dem Reh der Plan eines wissenden Liebhabers verbarg, der die Art und Weise des Weibes bis ins kleinste Detail kannte. Deshalb hat der Ahnungslose oftmals das Nachsehen.

Die Straße auf dem Rückweg führte über einen Pass. Reine, kühle Luft der Rocky Mountains empfing uns. Als wir wieder in Kalifornien waren, hielt Dave an. „Lass uns hinunter zu den heiligen Quellen gehen."
Nach einem kurzen Lauf, bei dem wir um die Wette rannten, passierten wir ein Schild. Es hing schief an einem Pfosten. „*This is Red Indian Land. Keep the rules*", las ich, aber las nicht das viele Kleingedruckte. Umrundet von Felsen badeten wir schweigend in den Becken, in die die heißen Quellen flossen. Es war niemand sonst zu sehen. Ein weites Tal öffnete sich vor unserem Blick.
„Dort unten sind sehr viele Reiche und Berühmte aus Hollywood hingezogen. Sie werden auch dieses Land hier oben vereinnahmen. Sie

werden ein Hotel auf den Quellen errichten, um noch mehr Geld zu verdienen, obwohl hier zu bauen unsere Geister beleidigen wird“, sagte Dave, als er wieder in seine Hose schlüpfte, und fügte bitter hinzu: „Es wird irgendwann zum Spa Hotel!“

„Oder zu einem Yoga-Retreat für wohlhabende Weiße, wenn sie Yoga entschamanisiert haben und es als Ware verkaufen“, ergänzte ich. Wir blickten uns gegenseitig lange in die Augen. Er nickte, ich senkte schamvoll die Lider. „Das Wilde vergeht allmählich, aber stetig“, sagte er. Wir waren irgendwie Brüder.

Durch Haine aus Mandelbäumen, die in Blüte standen, rollte Daves Pick-up die sich windende breite Straße entlang durchs schöne Ojai-Tal.

„Go-vii, da drüben soll ein charismatischer Landsmann von dir wohnen. Los, wir sehen einfach nach, ob er da ist. Ich wollte schon lange nachforschen, was sich hinter dem Anwesen verbirgt.“

Ohne Anmeldung auf ein fremdes Grundstück zu fahren war in Amerika unüblich, aber Dave bog ab, war auf Abenteuer aus, und ich fand das spannend. Langsam rollte sein altes Gefährt durch ein offenstehendes Tor ohne Wächter in eine weitläufige prächtige Landschaft hinein. Wir rollten den Kiesweg entlang, gesäumt von einer Allee aus Orangenbäumen, bis wir eine Ansiedlung mehrerer weiß gestrichener Holzhäuser sichteten. Sie waren von blühenden Oleanderbüschen umgeben.

„Shiva liebt Oleander“, sagte ich.

„Einer deiner Götter“, fragte Dave und meinte: „Groovy, das hier.“ Er parkte auf einem leeren weitläufigen Parkplatz, und wir liefen zu Fuß die breite Auffahrt zu dem ersten der Gebäude hinauf. Keine Hunde, keine Menschenseele verwehrten uns den Zutritt. Beim Näherkommen erblickten wir auf der großen Veranda des weißen Holzhauses einen einsam sitzenden Mann im edlen Korbsessel. Die vielen einladenden, mit Kissen versehenen Sessel um ihn herum wirkten überflüssig. Es schien niemand anderes in dem großen Gebäude zu wohnen. Es wirkte wie ein großer fürstlicher Besitz.

„Wie kommt ein Inder hier zu solchem Reichtum?“, raunte ich.

Dave lächelte, zwinkerte mit den Augen und wisperte zurück: „Ein Gu-

ru, Go-vii, wie sie im modernen Amerika ‚in' sind!"
Der sehr schlanke, feingliedrige Inder blieb unbeweglich sitzen, sagte aber freundlich: „Welcome." Seine Gelassenheit über den unangemeldeten Besuch verwunderte uns. Er deutete an, wir könnten uns setzen, und er läutete eine kleine Glocke. Ein Art Butler erschien, jedenfalls wirkte er eher wie ein Bediensteter als ein Freund oder Sekretär. Der aristokratisch wirkende indische Mann bestellte mit britischem Akzent Tee.
„Ich bin aus Madras", stellte ich mich vor, um unser Eindringen ein wenig zu rechtfertigen.
„*Epdi inge wandinge?*", fragte er in Tamil.
Mich durchströmte ein warmes Gefühl. Nach langer Zeit konnte ich wieder einmal in meiner Muttersprache reden. Während wir uns über die Vorzüge und Unannehmlichkeiten von Madras unterhielten, schlenderte Dave langsam an das andere Ende der langen Veranda, setzte sich am Rand auf den Boden nieder und spielte seine kleine Flöte. Die vornehmen Gebärden meines Landmanns, elegant bewegte er seine Hände, fesselten meine Blicke. Als er hörte, dass ich Mathematik studiere, sagte er: „Das zu studieren ist nur interessant, wenn du es in den Weltzusammenhang setzen kannst."
Ohne zu wissen, dass ich dem weltberühmten Philosophen J. Krishnamurti gegenübersaß, hörte ich zu. Wie unbedarft ich war. Damals hatte ich nämlich nicht die geringste Ahnung über unsere großen indischen Meister und Gurus. Als sein Butler mit dem hauchdünnen Porzellangeschirr kam, stellte mein Landsmann ihn als einen ehemaligen Mathematiker aus Boston vor. Er bediente uns und goss Tee ein, Milch und Zucker wurden aus silbernem Gefäß und mit silbernem Löffel separat in die Tassen gegeben. Wir als Inder lächelten uns dabei wissend an: Das umständliche Servieren mit dem zerbrechlichen Teeservice lässt den Tee kalt werden. Wir in Indien trinken Chai, perfekt gemischt auf der Kochstelle und brühend heiß mit der Kelle in Stahlbecher geschöpft.
„Ach, welch Zufall, du wirst in Boston promovieren. Selbstverständlich kenne ich James Stuart. Toller Mann", sagte der Mathematiker, den ich fälschlich als Butler eingestuft hatte, nachdem ich ihm meine Pläne und den Namen meines neuen Doktorvaters mitgeteilt hatte. „Weißt du ei-

gentlich, dass euer Aryabhatta ein Yogi war und die Grundlagen der Mathematik erforscht hat?“, fuhr er fort. Ich dachte an Onkel Mukhu. Hatte er nicht einst gesagt, ich solle Aryabhatta studieren?
„Aryabhatta lebte fünfhundert Jahre nach Christus. Er hat die Sterne beobachtet und ihre Stellungen berechnet. Er ging damals schon davon aus, dass die Erde sich um die Sonne dreht.“
Es war mir peinlich, nicht wirklich etwas darüber zu wissen. Hätte ich doch damals Onkel Mukhu zugehört.
„Schaut euch die Schulbildung in Indien an“, sagte der mir unbekannte Philosoph. „Es gibt das englische Schulsystem aus der Kolonialzeit. Die Kinder singen ‚Daffodils beneath my toes!‘ ohne je Osterglocken oder ähnliche Blumen gesehen zu haben.“
„Ding dong! The tower of Big Ben!“, sang ich und wir lachten. Kein indisches Kind kennt Big Ben.
„Und deshalb kenne ich indische Größen wie Aryabhatta nicht. Lehrer bringen auch heute den Kindern die Sichtweise des Westens bei!“, sagte ich.
Mein indischer Landsmann ergänzte: „Fast jede Sichtweise ist konditioniert.“
„Deshalb bauen wir gemeinsam mit dem Meister Schulen auf, um den Kindern Bildung unabhängig von religiösen oder politischen Ansichten nahezubringen und ihre Beziehung zur Welt zu sensibilisieren“, sagte der Mathematiker aus Boston beflissen und engagiert. Er war mir nicht mit seinem Namen vorgestellt worden, und ich fragte ihn auch nicht danach. Die Ironie, dass ich durch diesen Amerikaner erstmals ernstlich erwog, den großen indischen Mathematiker Aryabhatta zu erforschen, machte mich verlegen. Als wir uns verabschiedeten, entließ der merkwürdige Philosoph uns, ohne seine Miene zu verziehen, während der Mathematiker mir Glück wünschte.
„Na, was hast du mit dem feinen Herrn in Tamil geredet?“, fragte Dave, als wir wieder im Pick-up Truck saßen und weiterfuhren. „Oh! Er hat revolutionäre Gedanken! Er sagte: ‚*Du kannst dein Wohlbefinden nicht daran ermessen, wie gut du dich einer kranken Gesellschaft angepasst hast.*‘ “

„Wow! Und wie kommt er, ohne sich anzupassen, zu diesem großen Grundstück?“, fragte Dave.
„Sicher gehört ihm das alles gar nicht. Ein echter Guru besitzt nichts. Es gehört bestimmt seinen Anhängern, den Schülern, wie dem verrückten Mathematiker aus Boston.“
„Ich frage mich aber, wenn er ein Guru ist, wie du behauptest, wo sind dann seine Schüler?“, sagte Dave.
„Auf alle Fälle ist der amerikanische Mathematiker aus Boston ein steinreicher und sicher berühmter Schüler.“
„Stimmt. Wenn er reiche und berühmte Schüler hat, braucht er nur wenige“, sagte Dave.
„Hast du gehört, was er zur Null gesagt hat: ‚Die Inder hätten es schon im fünften Jahrhundert gewagt, sich mit ihr zu befassen, während die Christen sie im Mittelalter als gottlos, als Zeichen des Teufels ansahen.’ Und die alten Maya-Indianer, deine Verwandten, Dave, sahen in ihr den Todesgott! Ich jedenfalls befasse mich von Kindheit an mit der Null. Aber am meisten bei dem Gespräch hat mich beeindruckt, als er sagte: *‚Keine organisierte Religion, kein Guru, kein weit fortgeschrittener überlegener Mensch kann dich der Wahrheit näherbringen. Du bist der Spiegel deines Selbst!’* “
„Mit welcher Methodik will er dann seine Schulen gestalten?“, fragte Dave.
„Er sagte, man müsse das Ganzheitliche eines Kindes ins Auge fassen, denn die Zukunft sei die Gegenwart! Und er betonte, sich mit der Frage nach der grundsätzlichen Freiheit des Individuums zu beschäftigen, sei eine Grundvoraussetzung für Lehrende – das ist doch echt ein cooler Gedanke, Dave. Sind wir frei? Aber hey, weißt du was, ich habe plötzlich Ideen für meine Doktorarbeit. Ich hatte bei dir im Dorf eine Eingebung. Ich muss da was zusammenbringen.“
„Na dann.“ Dave schloss das Gespräch damit ab. Wir sagten nichts mehr und hörten Musik aus dem Radio, träumten ein jeder auf seine Art vom Freisein und dem Entdecken neuer Welten. Bis wir in San Francisco waren, hatten wir keinerlei Bedürfnisse, an Frauen zu denken, und genossen die friedliche Leere.

20

Als Rama sich dem Wunsch Sitas nach dem goldenen Reh beugte und ihr Verlangen als eine Kraft respektierte, hatte er sicher gedacht: Weibliche Lust sichert den Fortbestand des Lebens. Es gilt, sie zu befriedigen. Sie gestaltet kreativ ihre Umgebung und beschwört die Zerstörungswut. Verwandelt sich ihre natürliche Lust aber in maßlose Begierde und verfängt sie sich besessen in ihren Sehnsüchten, kann sie Unheil bringen. Das hingegen hatte Rama nicht berücksichtigt, als er sich auf den Weg machte, das Reh zu fangen.

Rama war lange unterwegs auf der Suche nach dem Reh, als ein Mark und Bein erschütternder Schrei, der wie ein Todesschrei klang, durch den dunkel gewordenen Wald drang und in der Umgebung widerhallte: „Eh Sita! Eh Lakshmana!“
„Lakshmana“, befahl die erschrockene Sita „Rama ist in Not! Geh sofort und steh ihm bei!“
Doch Lakshmana weigerte sich: „Nein, Rama hat mir befohlen, dich nicht zu verlassen!“
Sita aber wurde in ihrer Verzweiflung ausfallend und vergaß ihre göttliche und königliche Herkunft: „Oh, du Feigling! Du Heuchler, du möchtest mir nahekommen und die Abwesenheit Ramas ausnutzen!“
Lakshmana war seinem Bruder treu ergeben. Er überlegte hin und her. Doch als Sita nicht aufhörte ihn zu beschimpfen, beugte auch er sich ihrem Willen: „Gut, sei still. Ich gehe. Zuvor aber schließe ich dich in einen magischen Ring ein. Du übertrittst den Kreis nicht, den ich um dich ziehe!“, befahl Lakshmana.
Sita willigte ein. Daraufhin schnitzte ihr Schwager eine kleine Puppe aus Holz. Er tauchte sie in gelben Puder aus der geriebenen Gelbwurzel, die Sita zum Kochen brauchte und in einem trockenen Blatt aufbewahrt hatte. Er sprenkelte Wasser auf die Puppe, woraufhin sich das Kurkuma rot zu Kumkumastaub färbte. Lakshmana tanzte mit der roten Figur im Kreis um Sitas Behausung. Er machte immer wieder dieselben federnden kleinen Schritte und vollendete das Rund neunmal. Dabei

sprach er monoton das Mantra: „Na ra ya na." Er setzte die rote Figur auf die Linie, die er tanzend gezogen hatte, und zog wortlos davon, um Rama zu suchen.

Boston, 1972-76

„Die Null und die Evolution“ war das Thema meiner Doktorarbeit, für die ich ein weiteres Stipendium nach Harvard erhalten hatte.
Dave und ich standen an der Greyhound Busstation.
„Fly with the wind, Gowind.“
„Stay yourself. You are the true Indian, Dave. I am only a jumping monkey.“
Ich hatte Paatis handgroße Statue in eine Zeitung eingewickelt und übergab sie ihm, kurz bevor ich in den Bus einstieg. Ich zwinkerte ihm zu: „Hanuman, the flying god!“
Dave nickte und überreichte mir ernst einen Lederbeutel: „Eagle Spirit“, sagte er.
Wir sahen uns in die Augen. Die Jahre in San Francisco und diese Freundschaft hatten mich geprägt. Wann würde ich Dave wiedersehen?
„Go. Wind, folge deiner Bestimmung. Ich komme dich bald in Boston besuchen!“, rief er, als der Bus losrollte.
Ich lehnte mich weit aus dem offenen Fenster. Als die Bay-Area hinter mir lag, floss mein Atem schwer. Dave war mein erster und engster Freund geworden, und nun ließ ich ihn zurück.
Ich hasste Abschiede. Die fürchterlichen Abschiede von meiner geliebten Paati, wenn sie im Ochsengespann wieder fortfuhr und ich daneben herlief, bis ich nicht mehr Schritt halten konnte und hemmungslos schluchzte, drängten sich mir jetzt auf. Damals hatte ich keine Vorstellung von der Welt außerhalb unserer Siedlung gehabt. Jetzt hatte ich sie, und die Trennung schmerzte noch mehr. Boston sei feucht und kalt im Winter, hatte ich gehört. Würde das Asthma mich wieder einholen in der unbekannten Stadt?

In Boston bewohnte ich mein erstes eigenes Apartment. Es war luxuriös, sehr warm, und ich fühlte mich sofort wohl. Die Stadt hatte große Straßen mit weit ausladenden Bäumen. In einem Buchladen, der auch ein gemütliches Café war, entdeckte ich ein Buch mit der Fotografie

des indischen Landsmannes, bei dem ich mit Dave unangemeldet zu Besuch gewesen war. Ohne es zu wissen, hatte ich einer Kultfigur der siebziger Jahre gegenübergesessen. Ich war von J. Krishnamurtis Schriften angetan und las alles, was es hier von ihm gab.
Jeden Freitagnachmittag verbrachte ich in demselben Café. Ich lernte die Buchhändlerin kennen, und wir gingen ein paar Mal zusammen mit ihrer Clique aus. Ansonsten genoss ich mein Leben ohne die Dominanz der Frauen wie der Mütter, Paatis und Tanten des Iyengar Clans oder verführerischer Frauen wie Nell.
Die meiste Zeit aber stürzte ich mich in meine Forschungen für die Doktorarbeit. Mein Doktorvater Prof. Dr. James Stuart wollte beim Vornamen genannt werden. Er nahm mich an manchen Wochenenden mit zum Segeln nach Cape Cod, wo er mit seiner Familie ein Landhaus an der Küste besaß. Dort diskutierten wir abends genüsslich über die Konkurrenz von Newton und Leibniz. Beide wollten als die Ersten gelten, die die Differenzialrechnung entschlüsselt hatten.
„Alchemie und Mathematik – sind sie nicht eng verbunden?", fragte ich James. Wir blickten zurück auf die Zeit, in der Isaac Newton in „Principia", einem der grundlegenden Werke für die gesamte Naturwissenschaft, einige seiner Erkenntnisse, eben die, die sich auf Alchemie bezogen, nicht veröffentlicht hatte.
„Ahnst du, warum?", fragte James mich.
Ich schüttelte verneinend den Kopf.
„Newton glaubte an größere Zusammenhänge, die ihm zur Entschlüsselung von Formeln verhelfen könnten. Sicher hat er deshalb die Bibel aus dem Hebräischen übersetzt und die Architektur des Tempels von Salomon studiert. Aber damals in der Wissenschaft im englischen Königreich wurden metaphysische Zusammenhänge zur Mathematik nicht anerkannt und sogar geächtet."
„Sehr interessant, was sie damals unterdrückt haben. Wie erklärst du dir so eine Haltung?", fragte ich.
„Stell dir vor, Newton hätte Theorien veröffentlicht, wie man aus einfachen Metallen Gold herstellen könnte. Das hätte die Reichen und Mächtigen verunsichert, den Wert des Goldes gemindert und somit ihr

Staatssystem ins Chaos stürzen können. Deshalb hat Newton sich zurückgehalten. Sie hätten ihn, um ihre Macht zu behalten, der Ketzerei bezichtigt."

„Unser indischer Mathematiker Bhaskara aus dem frühen zwölften Jahrhundert hatte längst, wenn auch auf anderem Wege, die Kalkulationen zur Differenzialrechnung, über deren erste Entschlüsselung Leibniz und Newton stritten, aufgeschrieben. Er hatte den Satz des Pythagoras auf andere Weise entschlüsselt, ohne dabei die Gegnerschaft des Staatsoberhauptes zu fürchten. Der König förderte alle seine Wege."

James reagierte skeptisch. Davon hatte er noch nie gehört.

„Indische Mathematiker? Wie kannst du diese Behauptung beweisen?"

„Weißt du, James, in der Bibliothek kannst du über die Grundlagen der indischen Mathematik nachlesen. Sie war mit der altindischen Kultur verbunden. Wir sahen Zahlen als heilig an. Wir kennen 1008 Namen für jede unserer Gottheiten. Steinmetze, die diese unterschiedlichen Gottheiten in Stein hauten, hatten sich an mathematische Vorgaben zu halten und Maße einzuhalten. Götterstatuen sind keine naturgetreue Nachahmung menschlicher Körper. Eine Götterfigur war aus acht Maßeinheiten zu klopfen. Versmaß sowie auch der Rhythmus der indischen Musik folgen komplexen mathematischen Regeln. Geometrisches Verständnis zeigt sich in den Mandalas oder Kolams, die unsere Mütter vor die Haustür malen. Zahlen bestimmen die magische Welt unserer Ästhetik und eröffnen einen Raum, durch den große Mathematiker direkten Zugang zu den mathematischen Formeln hatten. Kurzum, Poesie, Bildhauerei, Musik, Tanz, Geometrie, Algebra, Architektur, Medizin bilden bei uns eine ganzheitliche Wissenschaft. Ich persönlich zum Beispiel verbinde die Null mit dem indischen Gott Hanuman, der als Affe dargestellt wird. Andere sehen die Null in Shiva, weil er auch im Rad tanzend dargestellt wird. Das Rad ist der Kreislauf, der wiederum auch die Null symbolisiert. Natur, die wir *prakriti* nennen, ist allumfassend und rundet sich."

James schien an meinen Ausführungen interessiert: „Erkläre mehr darüber!"

„Natur nennen wir *prakriti* oder das Materielle. Wenn du den Zusammenhang aller Dinge im Universum sehen könntest, die Einheit oder das Zusammenwirken vom gesamten *prakriti,* kannst du Muster und Formeln hinter den Zusammenhängen entdecken und dadurch Gleichnisse herstellen. Die Idee vom Stein der Weisen, mit der man Gold aus Kupfer gewinnen wollte, an der Newton arbeitete und aus der er ableitete, Gold aus Kupfer herzustellen zu können, ist dem indischen Denken verwandt. Was glaubst du, warum Newton sich für die Architektur der biblischen Tempel interessierte? Was immer die Abwegigkeit solcher Forschungen gewesen sein mag, haben sie Newton doch geholfen, zu seinen rationalen Theorien zu finden. Schauen wir doch, wie es heute in der Wissenschaft und in dieser Zweckverbindung von Universität und Industrie vor sich geht. Da geht es auch um Gewinn. Um Geld. Wenn die Bauern auf den Tau, die Erde und die Sonne und den Regen vertrauten, warum greift der moderne Mensch mit künstlich manipuliertem Saatgut, Dünger und Giften ein, die andere Pflanzen und Lebewesen ausrotten? Weil er sich dadurch mehr Erträge erhofft? Er respektiert die Laune der *prakriti* nicht, nimmt nicht nur das, was sie ihm gewährt. Das bringt ihm nur kurzzeitig Profit, denn er zerstört den natürlichen Mutterboden, weil sein Bestreben nicht in eine allumfassende Denkweise eingebettet ist. Jedenfalls, unsere alten Denker vertrauten, um mathematische Gesetze zu entschlüsseln, auf die Fähigkeit, die zusammenhängende *prakriti* zu erkennen, um in die höhere Mathematik hineinzublicken."

„Lernt ihr das in Indien in der Schule?", fragte James in skeptischem Ton.

„Nein, leider nicht. Wir haben ja das englische Schulsystem aufgebrummt bekommen." James lachte über meine Formulierung. „Gerade hier in Boston in der Bibliothek habe ich vieles gelesen und verstanden."

James stand auf und sah über die Weite des Meeres in die Ferne. „Auch Platon glaubte, dass der Kosmos die Muster für das richtige Leben enthält. Der Monotheismus, der über die westliche Welt kam, hat das kosmologische Denkgebäude erschüttert, weil er einen Gott über die Natur stellte. In der Renaissance kam der Bruch zwischen Kultur und Natur mit den Mathematikern, Ingenieuren, Physikern, Astronomen

und Künstlern, die durch ihre Entdeckungen und Erfolge anfingen, selbstherrlich über die Schöpfung zu triumphieren. Es stimmt, du hast Recht, Natur wurde tote Materie, gottloser Stoff", sagte James. Uns verband von Anfang an eine Wellenlänge.
Die Zeit war unmerklich vergangen durch unseren geistigen Austausch.

Aus heutiger Sicht weiß ich nicht, wie ich diese Jahre ganz ohne Einfluss von Frauen verbringen konnte. Besessen tauchte ich damals in die Welt der Abstraktion und stieß an ihre Grenzen. Für mich war die Zahl Null auch ein philosophisches Thema. Das Nichts als Bewusstsein. Die Null war die Reduzierung, der Friede, war die weiße Leinwand, auf der die Zahlen gestochen scharf hervortraten, und ich sah sie in Verbindung zu alten Ritualen. Die Null war die Leerstelle, aus ihr beginnend war es möglich aufzuzählen, zu erzählen und Welten zu schaffen. Denken und Zählen ist in Sanskrit ein und dasselbe Wort.
Mein Zweifel an der Mathematik begann mit der Befürchtung, dass die moderne Wissenschaft blind gegenüber dem Gesamtzusammenhang aller Dinge ist. Wissen wird zu einer Abrechnung mit der Wirklichkeit benutzt, die sogar eine künstliche Intelligenz hervorbringen kann, eine Intelligenz, die auf Berechnungen bloßer Zahlen beruht, wo doch die Null die eigentliche Wahrheit ist. Will ich da mitwirken und mein Leben als ein Zahlendreher verbringen? Wenn Erfahrungen zu statistisch angeordneten Zahlen reduziert werden können, werden dann Berechnungen künftig dem menschlichen Empfinden gegenüber überlegen sein? Wird am Ende dieser Entwicklung der Mensch in den Sog des Nichts gezogen und Erfahrung wertlos sein? Und werden so auch Spontanität und Empathie allmählich verloren gehen?
Ich riskierte allerdings damals mit dieser Befürchtung zu einem Außenseiter in den Mathematiker-Kreisen zu werden und eben auch als Esoteriker verachtet zu werden. James hingegen war fasziniert, als ich ihm mehr über den Wert der erst im neunzehnten Jahrhundert gefundenen handschriftlich verfassten Manuskripte von Aryabhatta erzählte. Aryabhatta hatte in Versmaß über die Existenz der Zahl Null geschrieben.
„Das beweist doch, dass er Mathematik zu den vierundsechzig Künsten

rechnete, wie es aufgelistet ist in der Natyashastra, einem Sanskrit-Text, der vor Christus geschrieben wurde“, erklärte ich. „Wir müssen Mathematik heute davor schützen, sie nur für marktwirtschaftliche Interessen zu nutzen. Einstein, der die Kernspaltung entdeckte, dachte nicht daran, was daraus erwachsen könnte.“
James verstand meine Gedankenspiele und die Gewissensbisse, wenn ich den Rahmen betrachtete, in dem ich mich mit meinem Mathematik-Studium heute befand. Mein Stipendium war teilweise von einem Konzern gestiftet, der insgeheim Druck auf seine Stipendiaten ausübte: „Liefere etwas, womit wir Geld verdienen können! Wie wir eine bessere Ölbohrstation auf Grund von Berechnungen bauen können!“ Es ging nicht um die Erkenntnis oder Entdeckung von Dingen. Oder um die Forschung an sich.
James lächelte über meine Schlussfolgerungen. Ihm ging es mehr um das Wahrnehmen, das Erkennen und Reflektieren der darin enthaltenen Möglichkeiten. „Alle Potentialität enthält Freiheit, und ihrer gewahr zu werden ist erhöhtes Bewusstsein“, sagte er.
Eines Abends erläuterte ich James die Upanishaden, die sagen, anfangs war das Nichts und daraus entstand die Wirklichkeit. James fragte: „Wie kam aus der Null die Eins?“
„Diese Frage beschäftigt mich seit langem, James. Waren Nichts und Fülle nebeneinander oder kam die Fülle aus dem Nichts? Die altindische Lehre wagte es, ins Nichts zu schauen. Aristoteles hingegen sagte, die Natur schrecke vor dem Nichts – und damit der Null – zurück. Die indische Philosophie aber feiert das Nichts.“
„Gowind, du hast das Zeug, mehr zu ergründen.“ James sagte das lässig wie nebenbei.
„Mein Ziel ist, die moderne indische Philosophie einzubinden. Ich habe J. Krishnamurti getroffen und lese seine Schriften. Er gründet Schulen, die Kindern den Zusammenhang zwischen dem unfassbaren Nichts und der fassbaren Vergänglichkeit lehren möchte. „*The nothingness*“ ist sein Credo. Die Null zu begreifen, zu erkennen, was für eine Philosophie hinter ihr steht, liegt Krishnamurti am Herzen.“ James schmunzelte und klopfte mir auf den Rücken.

„Sehen wir mal, was du machst, wenn du dann nach Indien zurückkehrst!"
Ich träumte damals: Die Gestirne drehen sich in unendlichen periodischen Zyklen, und Unendlichkeit bleibt unfassbar. Respektiert der menschliche Geist das nicht, ist sein nächster Gedanke auf Grund von Berechnungen, Grundstücke auf dem Mond erwerben zu wollen. Dieses Szenario erschreckte mich.

Beim Entspannen im Café fand ich eines Tages auch ein Buch über Rolling Thunder, in dem ihm erstaunliche Heilerfolge nachgesagt wurden. Gleich darauf versuchte ich Dave zu kontaktieren. Es war vergeblich. Als endlich ein Anruf von ihm kam und ich außer mir vor Freude war, blieb er nur kurz angebunden: „Tut mir leid, ich konnte mich nicht melden. Ich bin abgetaucht. Ich mache etwas ganz anderes. Studieren ist vorbei. Ich rufe aus Nevada an. Kann derzeit keinen Kontakt halten, aber melde mich später einmal wieder." Das Gespräch brach ab, bevor ich ihn nach Nell fragen konnte. Also hat er sich diesem Rolling Thunder angeschlossen, dachte ich.
Monate später hörte ich durch Zufall von einem Mathematikstudenten, der Nevada bereist hatte, sich für Indianer interessierte und Dave bei Rolling Thunder getroffen hatte, dass Dave sich auf eine Art Indianer-Aufstand vorbereiten würde, sie hätten Gewehre. Hatte sich mein Freund radikalisiert?
Es brodelte in der amerikanischen Gesellschaft der siebziger Jahre. Der naive ‚Love all'-Geist der Hippies ging mit dem wirtschaftlichen Aufschwung Amerikas allmählich verloren. 1973 las ich in der Zeitung, dass ein Aufstand ausgerechnet in Wounded Knee, dort, wo schon im letzten Jahrhundert die Indianer niedergeschlagen worden und seitdem gezwungen waren, in den Reservaten wie in Gefängnissen zu leben, wieder ein Aufstand des AIM – American Indian Movement – mit Toten stattgefunden hatte. Die Gegenkultur der Hippies wurde durch veränderte politische Verhältnisse allmählich erstickt.
Ich versuchte, Daves Vater anzurufen, was sehr kompliziert war, denn es gab nur ein Telefon im ganzen Reservat.

„Dave ist im Gefängnis“, sagte er. Er lebt wenigstens, dachte ich erleichtert. Die Leitung wurde schlecht. Ich dozierte noch: „Es ist die Bestimmungsmaschinerie der Regierung, die es eng werden lässt für uns Andersdenkende.“ Ich glaube, Blowing Wind, also Daves Vater, hat das nicht mehr gehört. Ich war erschrocken und fürchtete, dass die Veränderung im politischen Leben an mir vorbeigehen würde. Da ich tief im Dschungel der Evolutionsgedanken steckte, beteiligte ich mich an keinen politischen Versammlungen. Gefährliche Drogen, durch das FBI geduldet, vielleicht sogar durch V-Männer und -Frauen in die Szene geschleust, machten viele Aktivisten und ehemalige Blumenkinder, sowie auch Indianer und Love-is-all-Anhänger gewaltbereit, da sie drogenabhängig geworden waren. Ich hörte die eine oder andere Verschwörungstheorie zum Untergang des alternativen Lebensmodels.
Obwohl viele indianische Amerikaner einst Daherkommenden aus dem Westen Raum zum Leben gaben und manche von ihnen auch als Nachbarn duldeten und sogar tolerierten, dass sie das Land immer weiter besetzten und zu dem ihren erklärten, reduzierte nun die Regierung der USA die Freiräume der Indianer. Und sie duldete generell kaum noch Andersdenkende. Plötzlich sah ich etwas Dämonisches in Amerika am Wirken. Ich hoffte, dass Dave die Hanuman-Statue bei sich hatte. Ob er sie im Gefängnis aufstellen durfte? Es überforderte mich, mir das Leid des Freundes vorzustellen. „Hanuman, ich habe dich nicht vergessen. Du bist mehr als eine Statue, du bist die Zuversicht, die Menschen seit Jahrtausenden in das Außergewöhnliche legen“, betete ich erstmals wieder.

Meinen Doktortitel feierte ich mit James. Aber ein lukratives Jobangebot der NASA schlug ich umgehend aus. Mond und Sterne, wie Astrologen und Astronomen in Indien sie sehen, wieder zu erleben oder beleben, war mir jetzt wichtig. Ich packte in Windeseile. ‘Endlich nach Hause fliegen’ war mein einziger Gedanke. Als ich im Flugzeug zurück nach Indien saß und das Land unter mir entschwand, flüsterte ich vor mich hin: „Dave, der letzte Indianer“, wie ich einst Großvater als letzten wahren Brahmanen wahrgenommen hatte. Daves Sippe ist ein untergehendes Reich. Gefangen. Besiegt. Erobert. Missioniert. Die Steppe brannte! Bedrohte Völker würden sich irgendwann radikalisieren. Wie sonst können sie gegen die Übermacht der Weißen kämpfen. Und dann sehnte ich mich nach den brahmanischen Geschichten und den Gesichtern meiner Familie. Sie waren exzentrisch und stark. Sie würden niemals untergehen. Mein Herz schlug wild aus Vorfreude auf das baldige Wiedersehen.

21

Aus weiter Ferne hatte sich Ravana die Kreistänze von Lakshmana, die er ‚ein Gehopse um Sita‘ nannte, angesehen und abfällig „Dilettant, dieser Königssohn! Keine Ahnung von Magie!“ ausgerufen. Er verwandelte sich in einen alten mageren Asketen und stand unvermittelt vor Sitas einfacher Behausung.
Als falscher Asket sang er traurige Lieder an den Mond:

„Der Heiler der Bäume
Sei der
Mond“.

Sita wurde von den melodiösen Gesängen erfasst, und ihre Sinne wurden auf seltsame Weise berauscht. Und da es ein Vergehen ist, einen heiligen Mann nicht zu bewirten, machte sie sich an die Zubereitung einer Speise. Sie war ahnungslos, dass sich das Böse auch hinter der Fassade eines Heiligen verbergen kann!

Madras, 1976

Die Passagiere bildeten morgens um vier Uhr lange Schlangen vor jedem der nur vier Immigrationsschalter des Flughafengebäudes von Madras. Übernächtigt und gleichmütig bewegten sie sich nur langsam vorwärts. In der Nebenreihe vor mir stand ein Mädchen. Ihre langen schwarzen Haare reichten bis zum Po und wippten hin und her. Sie trug weiße Jeans und ein rosarotes T-Shirt mit silberner Aufschrift in wilden Buchstaben, ‚Never mind the bollocks, here‘s the sex pistols‘. Ganz schön provokant, so in Indien einzureisen, dachte ich. Sorgfältig hob sie ihre Reisetasche hoch, ging einen Schritt vorwärts und stellte die Tasche akkurat wieder ab, gerade so, als wären die Bewegungen geprobt. Woher kommt sie? Was will sie in Madras und warum reist sie so jung ganz allein? Dem Schwarz der langen Haare nach zu urteilen, war sie Inderin. Doch diese reisen meistens nicht allein. Ich erhaschte nur manchmal ihr Profil. Sie war keine zwanzig Jahre alt. Wahrscheinlich genauso alt wie ich war, als ich in Amerika einreiste. Trotz westlicher Kleidung schien sie aber in Madras zuhause anzukommen. Ich las immer wieder die Aufschrift auf der Rückseite ihres T-Shirts. Allmählich hier beim Warten – noch völlig schlaftrunken vom langen Flug, in London war ich umgestiegen – entfaltete sich langsam die Schönheit der indischen Frauen in meinem Kopf. Erotik gedeiht in Indien! Das Mädchen erschien mir als Inbegriff dessen, was ich früher begehrt hatte. Anmutig – ein Wort, das nicht nach Amerika passte. Hier war es zuhause. Als ich endlich vor dem Immigrationsbeamten stand, war sie aus meinem Blick entschwunden. Auf der Fahrt im Taxi nach Hause seufzte ich: „Das war mal eine rätselhafte Grazie!“

Der Morgen begann mit vielversprechendem, weichem Licht.

„Gowinda ist da!“, riefen meine Geschwister durcheinander. Wie sie alle zugleich redeten, zeigte ihre ungezähmte Freude. An der Lautstärke ihres Sprechens wurde mir bewusst: Ich bin zurück in Indien. Das Haus wirkte viel kleiner und düsterer, als ich es in Erinnerung hatte. Ich stellte die Koffer ab, berauscht, dass sich alle für meine Ankunft frei genommen

hatten: Srini, der Anwalt, längst aus Amerika zurück und glücklich verheiratet, mit kleinem Sohn; Ram, der Ingenieur, war aus Delhi angeflogen gekommen, seine Verlobte war auch da; Vaishnavi, meine ältere Schwester war hochschwanger, mit ihrem Mann und ihrem zweijährigen Sohn; und meine drei jüngeren Brüder, zwei studierten Medizin in Pondicherry und arbeiteten nebenbei schon in der Klinik dort, dazu mein jüngster Brüder Vinu, der zuhause lebte und Sanskrit und englische Literatur studierte. Er hatte das gegen Appas Willen durchgesetzt.
„Er spielt mit viel Enthusiasmus auf der Vina", sagte Amma, die kaum gealtert war und immer noch mit stoischer Gelassenheit kochte. Es berührte mein Herz, wie sie mich heimlich von der Seite betrachtete. Ihre Züge waren fein, immer ein bisschen nachdenklich, als sie wie nebenbei und doch mit größter Sorgfalt die Utensilien in der Küche bediente. Dabei gab sie meiner jüngsten Schwester Radha, die siebzehn geworden und offensichtlich ihr Liebling war, Anweisungen. Was sie für ein Nervenkostüm hatte! Die Ruhe, mit der sie für so viele Leute kochte und unser kompliziertes Frühstück aus Reiskuchen und verschiedenen Chutneys herstellte. Als ich fortging, war Radha noch ein Kind gewesen. Nun traf ich eine hübsche junge Frau, in Amerika würden die Männer ihr nachsehen und sie zum Ausgehen einladen. Vater sah mager aus. Mit seiner zähen Art hatte er seinen acht Kindern geholfen, sich in Karrieren zu etablieren oder sie mit vielversprechenden Partnern verheiratet. Er saß knochig und mit strenger Miene in seinem alten Liegestuhl inmitten des Getriebes. Wie Amma es schaffte, trotz seiner befehlenden, dann wieder autistischen Art glücklich zu sein, wie sie ihn einfach sich selbst überließ, das bewunderte ich.
Ram, Planungsleiter in Delhi bei einer Zementfabrik, saß auf dem höheren Korbstuhl und beobachtete mich. Langsam begriff ich: In den Augen meiner Familie war ich aufgestiegen, hatte die Welt gesehen, war *foreign returned*. Diesen Begriff hörte ich bald oft, wenn sie über mich sprachen. Hoffentlich kommt nun kein Abstieg. Ich brauchte Raum. Am Abend bereitete ich mein Schlaflager auf der Dachterrasse aus. Von hier aus hatte ich einst zu meinem Jugendschwarm, der Muslimin Shayla, hinüber geäugelt. „Sie hat ihr Ingenieurstudium abge-

schlossen, aber nie gearbeitet, und hat zwei Kinder“, erklärte Radha, die mir gefolgt war. Dazu mahnte sie mich: „Du kannst hier nicht schlafen. Die Moskitos werden dich verjagen! Außerdem ist Winterzeit. Es gibt morgens Tau.“ Sie hatte Recht. Kaum lag ich auf der Matte und blickte in den Mond, schwirrten sie um mich herum. Ich zog schnell in mein altes Zimmer ein, das ich, wie früher, mit Ram und Srini teilte. Die beiden schliefen längst.

Nach nur einer Woche fand ich Indien eng. Die Gassen, die Läden, die Zimmer waren immer mit Menschen gefüllt. In Indien war der Ausnahmezustand, die Emergency Rule, von Indira Gandhi ausgerufen worden. Srini, der an der Ostküste gelebt hatte, war an meinen kritischen Bemerkungen über die USA nicht interessiert. Er hatte nämlich gerade eine Stelle als Anwalt in Washington angeboten bekommen und war auf dem Absprung. Er hatte seine Wohnung schon aufgegeben und lebte vorübergehend bei unseren Eltern, während seine Frau mit ihrem neugeborenen Sohn die Zeit in ihrem Elternhaus verbrachte.
Srini sagte: „Solange die fanatische Herrscherin die Emergency Rule ausgerufen hat und Männer aus der unteren Schicht beliebig zwangssterilisiert werden – die Brutalität, mit der sie vorgehen, ist unglaublich, die Polizei reißt Männer vom Fahrrad und nimmt sie mit –, will ich in diesem Land nicht bleiben! Es ist absurd, geradezu böse.“ Er vermisse Amerika, war sein Credo. „Dieses Chaos, dieser Dreck hier! Dazu sozialistisch alles umzustrukturieren, während die USA versucht, in Vietnam mit dem kommunistischen Pack aufzuräumen!“
Unsere politische Gesinnung war nicht mehr die gleiche. Srini musterte kritisch mein langes, lose hängendes Haar und die zerschlissenen Jeans. Obwohl in Amerika längst der Punk-Look angekommen war, trug ich noch den California-Hippie-Stil.
„Indien braucht eine Gesellschaft ohne konstanten Antrieb zu mehr Konsum! Es sollte sich auf Mahatma Gandhi rückbesinnen!“ belehrte ich ihn. Aber weder er noch sonst jemand in der Familie hörte mir zu.
„Du brauchst zuerst eine Anstellung, bevor du politische Predigten vorträgst. Wir haben hier genügend Probleme. Achte darauf, was du laut

sagst. Wir sind seit Juni 1975 kein freies Land mehr. Die Presse ist zensiert“, mahnte mein Vater. Es interessierte ihn nicht, was ich in Amerika emotional durchgemacht hatte. Das kalte Zurückgelassenwerden von Nell bedrängte immer noch meine Seele, aber Vater interessierte sich nicht für meine Gefühle. Er konnte nicht ahnen, dass ich mit einem Indianer, der sich radikalisiert hatte, verbunden war und Zweifel an einer Zukunft mit der Mathematik hatte, die einem System diente, dem ich immer mehr abschwor.

Ich stritt mit Srini in den ersten Wochen nach meiner Rückkehr ständig über Politik. „Mahatma Gandhis Gesinnung ist am Abklingen. Aber solange Indira Gandhi uns vor dem westlichen Markt schützen kann, macht sie doch irgendwas richtig“, sagte ich zu ihm.

„Nein! Sie hat die Banken verstaatlicht“, rief er aufgebracht. „Polizisten verhaften alle, die zur Regierung in Opposition gehen. Indira Gandhi versucht das Gewirr, das die Briten hinterlassen haben und das ihr Vater Nehru nicht in den Griff bekommen hat, mit übertriebener Kontrolle zu regulieren. Es ist grauenhaft, was in Delhi vor sich geht. Ram könnte dir hierzu etwas ‚erzählen.“ Ram aber war schon wieder in Delhi.

Radha war die Überraschung. Nicht einmal meine feinfühlige Amma erkannte, was in mir vor sich ging. Wie viel ich emotional durchgemacht hatte. Ich hatte Freunde verloren, von denen ich nicht einmal wusste, wo sie waren. Nur Radha, die ich als Baby auf den Armen getragen hatte, war neugierig. „Hattest du dort eine Freundin?“, fragte sie mich kess. Ich nickte und legte dann den Finger auf die Lippen. „Pst.“

Meine kleine Schwester nickte zurück, und wir waren ab sofort ein eingeschworenes Paar. Sie begleitete mich an einem Spätnachmittag zum alten Vishnu-Tempel in Triplicane. Sie war sehr grazil und hatte aufmerksame Augen. Sie wollte alles über Amerika wissen und hörte nicht auf zu fragen. Sie war eine kleine Quasselstrippe und sah in mir einen Hochstapler, wenn ich ihr das amerikanische Leben beschrieb, und lachte mich insgeheim aus. Sie hat den Schalk unserer Paati, stellte ich fest. Sie war kurz vor der Beendigung der Schule und hinterfragte meine Ansichten. Ich empfand das zwar als anstrengend, doch

blickte sie tiefer in mein Gemüt als die anderen meiner Familie.
Die Schönheit der betenden Frauen im Tempel erotisierte mich. Die Saris schmiegten sich um ihre schlanken Körper, während sie sich niederbückten und Öllampen vor den alten Steinen anzündeten. Wie sie mit Hingabe weiße Blumengirlanden ablegten. Wie sie mit anmutigen Fingerstellungen zärtlich die Flügel der schwarzen Adlerstatue Garudas berührten, als würde Garuda sie emporheben und in die Seligkeit führen können. Hanumans Leib wurde von ihren zierlichen Händen mit Butter eingerieben, als würde er ihre geheimsten Wünsche zu erfüllen wissen. Sachte schmückten sie ihn mit bunten Blütengirlanden. Fühlbar, riechbar, genießbar das Göttliche – offensichtlich wurden innerste Gefühle ohne Hemmung nach draußen gekehrt.
Auch Radha wurde hier andächtig und still. Wir fügten uns in den Strom der Verehrenden ein, in diese ungebremste Sinnlichkeit. Ich musste die Fäden zusammenknüpfen. Meine Skepsis dem Glauben gegenüber, meine Entfremdung von Hanuman, der durch das Studium von Krishnamurtis Büchern gewachsenen Skepsis dem Traditionellen gegenüber und die Göttergeschichten Paatis waren wie zwei Seile. In jeder Hand hielt ich eins. Die Lebendigkeit, mit der die Menschen hier Rituale ausführten, hatte ich in Amerika vermisst. Ich wünschte mir heimlich, dass Dave die Hanumanstatue, die ich ihm beim Abschied am Greyhoundbus zugesteckt hatte, im Gefängnis bei sich hatte. Als Talisman. Als Trost. Als Erinnerung. Ich betete im Tempel, dass er bald freikommen wird!

Nach zwei Monaten hatten das pulsierende Leben und die Erwartungen meines Clans mich in den Griff genommen. Ich wurde von allen Seiten als Doktor der Mathematik bewundert und bewarb mich für eine Forschungsstelle in der maroden und rückständigen Autoindustrie. Ich hoffte, meine Ideen dort auszuarbeiten: Ein Rad, das sich ohne Diesel oder Benzin antreiben lässt. Appa hingegen schätzte die Universität. Er sah mich als Akademiker, der eine Professur anstreben sollte. Er ließ seine Beziehungen spielen, kannte jemanden, und dieser kannte wieder jemanden, und der kannte den Dekan der Hochschule IIT, dem Indian Institute of Technology von Madras. Letzterer bot mir eine Dozenten-stelle an.

Ich könne sofort für jemanden einspringen, der nach Singapur in die Industrie gegangen sei, und nach dem Pongalfest im Januar anfangen.
Ich fuhr hin, sprach mit dem Dekan, den mein Hippielook mild lächeln ließ, wobei er stöhnte: „Ach, diese Amerikaner!“ Er mochte mich, und ich unterzeichnete den Vertrag. Es war, als würde ich mich einsperren. Aber es würde ein Einkommen bringen. Ich wollte meiner Familie finanziell nicht zur Last fallen oder ewig lang auf einen interessanten Forschungsauftrag aus der Industrie warten.
„Drüben im Auditorium beginnt in einer kurzen Weile ein Vortrag für unsere Dozenten von einem in England lebenden indischen Wissenschaftler“, sagte mein neuer Dekan, als er das Papier wieder an sich nahm. Ich nickte und dachte, wie gut, dann kann ich die Stimmung erkunden. Hier traf ich erstmals Sai, der zu meinem besten Freund wurde. Ein paar Tage später saß ich beim Frisör. Ich betrachtete mich selbst. Kurzgeschorene Haare standen mir. Neben dem Spiegel hing Hanumans Bild. Götterbilder begleiteten das ganz banal Alltägliche. Dann kaufte ich mir, ohne über den Preis zu handeln, in Adyar, dem Stadtteil, der künftig mit meinem Wirken verbunden sein würde, beige Hosen, ein weißes Hemd, passend für meine erste Anstellung. Und ein Enfield Motorrad. Schwarz, schwer, beeindruckend. Die Fahrt auf Sais Motorrad hatte auch dazu den Anstoß, vor allem den Mut, gegeben.
Bald also saß ich lässig auf diesem fantastischen Gefährt und brauste durch die dichten Baumalleen. Beschwingt pfiff ich vor mich hin und überholte ein Mädchen auf einem Fahrrad. Wie kerzengerade sie saß. Ihr langes schwarzes Haar war zu einem Zopf geflochten, der am Sattel endete. Jasmin-blüten schmückten den zarten Nacken. Ihr Gesicht erhaschte ich nur kurz beim Vorbeifahren. Atemberaubend. „Ach, sie … das reizvolle Mädchen, das am Immigrationsschalter vor mir gestanden hatte!“ sagte ich vor mich hin. Sie schien mit einem Ziel verbunden und nahm mich nicht wahr. „Oh! Tänzerin von der berühmten Tanzakademie Kalakshetra!“, flüsterte ich. Die Uniform aus einem knielangen knallgelben Baumwollsari, dessen Stoffende zu einem festen Gürtel um die Taille gewickelt war, tragen nur Tänzerinnen aus diesem Institut. Glücklicherweise kam mir eine Büffelherde in die Quere, die mich zum Anhal-

ten zwang. Es würde eine Gelegenheit geben, sie anzusprechen. Als das Mädchen mich einholte, standen wir vor den schwerfällig sich fortbewegenden schwarzen Wasserbüffeln. Jeder in Indien verlangsamt sich mit den Büffeln, das Zeitgefühl verändert sich. Die Finger des Mädchens trommelten rhythmisch auf den Lenker. Sie schaute in meine Richtung und lächelte angesichts der behäbigen, dabei riesigen Tiere, die frei umherliefen und alles anhielten. Ihre Zähne leuchteten weiß. Perlen! Kann ein Wesen so vollkommen sein? Im Gesicht war alles harmonisch. Jedes Detail an ihr bewundernswürdig und zusammen betrachtet war ihre Erscheinung süchtig machend. Ich brachte keinen Ton heraus.
Fortan fuhr sie mit dem Fahrrad durch meine Träume. Ihre Rehaugen lockten mich, obwohl ich ihren Blick nur für einen Augenblick erhascht hatte. Sie ist mit der Welt der Künste verbunden, schwor ich mich auf sie ein. Das mit Nell war anfangs so leicht gegangen, und dann ein ungelöstes, bitteres Ende. Dieses Mädchen hingegen wirkte klar und schien genau zu wissen, wohin sie will. Wie kann ich sie wiedersehen? Gibt es nicht die berühmte indische Magie in Madras, die Dinge zusammenführt, die zusammengeführt werden müssen? Rätselhaft, dabei auch noch schwer kennenzulernen, waren die Frauen hier. Da half nur beten. „Göttin Lakshmi, lass dieses Mädchen in mein Leben treten!“, betete ich heimlich und leise.

22

Weil der Asket so gebrechlich und zitterig wirkte, vergaß Sita aus Rührung mit ihm die von Lakshmana gezogene Linie, vergaß den Kreis und trat über den Bann hinaus, um ihn zu bewirten.
Im selben Moment wurde der Asket wieder zu Ravana und packte die erschrockene Sita, und noch bevor sie Luft holen oder sich wehren konnte, riss er sie mit. Sita sah zehn Köpfe und spürte doch nichts als leichte Lüfte. Ravana flog mit ihr davon. Sita roch Jasmin, dann atmete sie den Duft von Geranien ein, bis sie betäubt wurde von einem Blumenduft eines Gewächses, das heute ausgestorben ist und dessen Namen niemand mehr kennt. Er betäubte sie, bis sie ohnmächtig wurde.

Das hatte Sita nun von ihrer Verzauberung durch ein falsches Reh. Dazu stürzte ihr Mitleid mit einem Blender sie in diese Not und Rama in Verzweiflung. Ihr Verlangen nach dem goldenen Reh war Auslöser für kommende Gewalt und Schrecken.

Tiruvahindrapuram, 1977

Amma hatte erkannt, dass mir eine Frau fehlte, und wollte Erkundigungen nach einer Braut einholen, wie sie es für meine beiden älteren Brüder und meine ältere Schwester schon getan hatte. Nun war ich an der Reihe. Als ich abgewinkt und gesagt hatte, dass ich jetzt nicht heiraten wolle, traf mich ihr enttäuschter Blick.

„Amma, ich suche noch. Ich bin noch nicht soweit. Ich bin mir unsicher, ob die Stelle richtig für mich ist. Ich war solange weg, irgendwas zieht zum Hinauswandern!" Amma sah mich irritiert an. „Du bist jetzt ein erwachsener Mann, Gowinda, du brauchst eine Frau, das ist der Lauf der Welt. Und das *dharma* unserer Kaste sagt: Das erste Viertel des Lebens sei dem Studium gewidmet, das nächste einem Leben als Familienmensch, das folgende dem Wandern durch Wälder und das letzte der Meditation und Entsagung. Wollen wir den Hanumantempel aufsuchen?" Ich hatte den Kopf geschüttelt und gesagt:

„Nein, ich will morgen hinaus zu Paati fahren!"

„Ach, die hat dir immer ein Wunder prophezeit!"

„Ich habe sie fast acht Jahre nicht gesehen!" Amma lächelte auf einmal und dachte, vielleicht fährt längst eine bestimmte Frau, eine, die unerreichbar ist, durch den Kopf des Träumers! Wie sonst hätte sie dieses wichtige Thema so schnell fallen lassen können? Und tatsächlich fuhr die grazile Tänzerin auf dem Fahrrad durch meine Gedanken. So wie sie dreinschaute, war abzulesen, dass sie ihre Bestimmung kannte. Während ich unsicher war. Ich haderte mit der nüchternen Universitätskarriere.

Amma packte Süßigkeiten und *Vadais*, kleine Klöße, für ihre Mutter ein, als ich am frühen Morgen des nächsten Tages zur Bushaltestelle aufbrach.

Kaum hatte der Bus die Stadt verlassen, wehte eine Brise erfrischend durchs geöffnete Fenster. Draußen zog das ländliche Indien mit den grünen Reisfeldern vorbei. Überall kleine Schreine. Hingabe an wilde Imagination erkannte ich in den vielen Sadhus, die am Straßenrand zu

Fuß umherzogen. Sie hatten ein paar orangene Tücher – der Farbe der Askese – am Leib und all ihr Hab und Gut in einen kleinen Stoffbeutel umgebunden. Sie trugen meistens einen Wasserkessel und manchmal eine Lanze. Manche sangen *„Sitaramaa!“* andere *„Om namas shivaya.“* Alle verband ihr barfüßiges Unterwegssein. Yogis. Wirklich Suchende, aber manchmal auch Betrüger, die im Gewand eines heiligen Mannes vor etwas davonliefen. „Die letzten wandernden Mönche!“, flüsterte ich und dachte, die gibt es auch nur noch in Indien. Irgendwie märchenhaft.

Es war der erste Januar 1977, als ich in Pondicherry nach vier Stunden Fahrt am späten Vormittag ausstieg, um in den Bus nach Tiruvahindrapuram umzusteigen. Losgelöst vom eifrigen Treiben um ihn herum stand einen nackter *Sadhu* vor mir an der Haltestelle. Einen Dreizack in der rechten, den obligatorischen Wasserkessel aus Kupfer in der linken Hand haltend, schien er alles um sich genau zu beobachten und sah doch ins Nichts. Ein minimaler Lendenschurz bedeckte seinen Penis. Ein fortgeschrittener Hippie! Ich bewunderte den Anblick seiner wild bemalten Stirn. Direkt und unverblümt starrte er mir in die Augen. Ich glaubte, in ihnen der Null zu begegnen. Forsch, in heiserem Ton sagte er: „Leg’ eine Münze in meine Hand, und ich sage dir, wer du bist und wohin du gehen wirst!“ Ich grub nach Münzen, aber fand keine. Meist trug ich nur Geldscheine in meiner Hosentasche. Der Sadhu schüttelte den Kopf, und die bodenlangen Rastalocken wackelten umher. Ich wollte keineswegs den Augenblick verpassen, der mir etwas offenbaren könnte, und stieg dem *Sadhu* hinterher in den Bus. Sofort standen die Fahrgäste, die auf der Rückbank saßen, auf und räumten ihre Plätze für den heiligen Mann. *Sadhus* genießen in Indien freie Fahrt in allen öffentlichen Verkehrsmitteln. Man fürchtet sie allerdings; denn, wie einst die Yogis unserer Mythen jemanden verfluchen oder einen Bann über ihn legen konnten, so fürchteten heute die Passanten die Magie des Sadhus. Ich zwängte mich auf einen Sitzplatz neben andere Fahrgäste. Als der Schaffner meinen Geldschein gewechselt hatte und ich meine Fahrkarte in den Händen hielt, ging ich zur Rückbank, die der *Sadhu* komplett belegt hatte, und bot ihm eine Münze dar.

Doch er lehnte die Gabe ab. „Deine Zeit ist um. Jetzt kann ich nichts mehr sehen!“, schloss die Augen und begann zu murmeln: *„Rama Rama Rama Haree Raamaa!“* Dabei rückte er ein wenig zur Seite und deutete an, ich könne mich zu ihm setzen. Die gesamte nächste Stunde murmelte er dasselbe Mantra, so dass kein weiteres Gespräch stattfinden konnte. Ich gab mich dem Singsang hin.
Er stieg auch in Tiruvahindrapuram aus, und ich ging ihm hinterher Richtung Bergtempel. Als er die breiten altertümlichen Granitstufen zum Heiligtum hinaufkletterte, blieb ich stehen. Dort oben, dachte ich, hatte Paati sich einst als vierzigjährige Witwe dem göttlichen Vishnu geweiht.
Plötzlich drehte sich der Sadhu um, schaute zu mir herab und winkte mich zu sich. Ich sprang die Stufen zu ihm hinauf. Er murmelte leise mit samtener Stimme: „Vergiss die Null, widme dich der Eins. Suche Einheit. Eine Frau wartet auf dich!“
In diesem Moment spürte ich das Lächeln des schlafenden Gottes, der dort oben im Tempel mit einem Pferdekopf inthronisiert und mit der Glücksgöttin Lakshmi vereint war. Verhieß der Tempel am Ende unseres Lebensweges nicht Vereinigung der Gegensätze? Dann fließt Weltliches und Sakrales zusammen. Das Licht und die Luft erinnerten mich an meine Kindheit. Majestätisch blickte das alte Gemäuer des Tempels, in dem *Hayagrivas* – Vishnu als Gelehrter abstrakten Wissens – installiert war, von seiner Anhöhe über die weite, teils ausgetrocknete Flussebene. Wie sinnlos ist mein Bestreben, aus dem Schema der Iyengar-Kaste auszubrechen. Man ist, was man ist, und kann nicht sein wollen, was man nicht sein kann. Einfügen in den Lebensstrom ist hier die Parole. Ich setzte mich, auf der Halbhöhe angekommen, auf die steinernen alten Stufen nieder. Die Mittagshitze begann zu flimmern. Hatte der Sadhu gemeint, dass die Tänzerin auf mich wartet? Die könnte ich eher mit einem Job bei der NASA beeindrucken. Sie wird einen Dozenten beim IIT langweilig finden.
Hier in Tiruvahindrapuram hatte Paati einst glücklich mit ihrem Mann und den drei Töchtern gelebt, bis das Schicksal zugeschlagen hatte. Amma war, als Großvater verunglückte, schon im fernen Andhra Pra-

desh verheiratet gewesen und deren ältere Schwester in einem weit entfernten Nachbardorf. Das üble Los hatte Paati in dem Augenblick getroffen, als die ersten Gäste zur Verlobung ihrer jüngsten Tochter angekommen waren. Die Hochzeit musste um ein Jahr verschoben werden. Damals wurde Janiki in den Hinterhof verbannt. Ihr ehemaliges Haus war nun in den Händen des Schwagers, der beständig über die Ausgaben und die Verantwortung, nun auch noch die jüngste Tochter seines verunglückten Bruders verheiraten zu müssen, jammerte. Dass er das Haus seines Bruders geerbt hatte, zählte bei ihm nicht. „Das Hochzeitsfest übersteigt meine Kräfte! Ich habe kein Geld in der Kasse“, hatte er Janiki täglich vorgeworfen. Der Schwager ist nun tot und das Haus in den Händen seiner Kinder. Wir mieden die Familie. Ich würde sie nicht besuchen oder auch Paati nicht nach ihnen fragen.
Janiki aber hatte, ganz wie es ihre Art war, den üblen Klagen gelassen zugehört und nichts von ihrem unbekümmerten Geist verloren. Ihre Sprüche über „Unberührt bleiben können, wie ein Lotus im Schlamm, dessen Dreck ihm nichts anhaben kann, sondern ihn nährt“ kamen mir in den Sinn. Paati hatte in ihrer höchsten Not hier in Tiruvahindrapuram das Beste aus ihrem Los gemacht und hatte dort oben im Tempel gedient. Ich blickte hinauf und sah den Sadhu durch die Tore hineingehen und in dem alten Gemäuer entschwinden.
Unter mir lag dieses wunderschöne weitläufige Flussbett. Hohe Bäume säumten die Ufer. Die archaische Weite einer Flusslandschaft Indiens jenseits der Städte offenbart unsere vergangene Flusskultur. Obwohl hier nur noch wenig Wasser floss, nahm ich die Ausstrahlung einer einst geheiligten Landschaft wahr. Der Gadilam-Fluss war wie viele Flüsse Indiens auch nach der Monsunzeit fast ausgetrocknet. Diese Ebene muss unbebaut bleiben, solange in ihrer Großzügigkeit der Geist der vielen Yogis Raum hat, dachte ich.
Auch Paati hatte sicher schon damals befürchtet, dass gefräßige Bauunternehmen, Fortschritt anpreisend, die Flussauen einmal zuschütten könnten. Sicher hatte sie auf jede ihrer Reisen zu Amma nach Madras den Einzug der Moderne argwöhnisch beäugt. Noch huldigten hier vorbeikommende Sadhus dem Wasser. Sicher wird auch der Sadhu vom

Bus später hierherkommen und seine Abendandacht am Wasser ausüben. Paati war überzeugt: „Indien braucht heilige Männer, braucht Sadhus“, hatte sie gepredigt. Meinte sie mich? Ich seufzte; die Schönheit und Stille der Landschaft bewegte zum Innehalten. Ein Kuhhirte näherte sich. Seine Kühe weideten im trockenen Flussbett.

Ich sah Paatis Leben vor mir: Damals, als sie dort unten ihre Waschungen beendet und sich mit frischen Stofftüchern umwickelt hatte, bettelte sie sicher um Gemüse, Kräuter und Reis. Bauern, die früh morgens in ihren Feldern arbeiteten, gaben ihr das Nötigste. Zu einem Bündel geschnürt trug Janiki die Gaben auf dem Kopf hinauf zum Tempel. Dort half sie mit Hingabe beim Kochen. Die Tempelpriester waren verwundert über die Zähigkeit der kleinen Frau. War sie eine Heilige? Während der Mittagshitze, längst waren alle gespeist und gesegnet, ruhte sie allein im verschlossenen Tempel auf dem nackten Steinboden. Streiften die Nachmittagswinde kühlend herbei, erhob sich Janiki und fegte mit Sorgfalt die alten Steinplatten vor Lakshmis Schrein. In der Dämmerung sahen Pilger, die im Heiligtum beten wollten, Janiki im Tempelhof die Scheiben der Kokosnüsse mit dem großen Mörser aus Granitstein zermahlen, aus denen sie eine Süßspeise zubereitete. Nachdem sie *Hayagriva* geopfert worden war, wurde sie zuerst an Witwen oder Waisen und erst dann an die Übrigen verteilt.

Janiki betonte immer, dass ihr Leben eine glanzvolle Wendung erhalten hatte. Nicht nur einer Familie diente sie jetzt, sondern der Allmacht. Ihr zufriedenes, still vergnügtes Wesen erregte den Neid der Frau des Schwagers. Wenn Paati abends heimkam, um sich müde neben die Reissäcke zu legen, folgte ihr die Schwägerin mit Sticheleien. Paati ließ sich davon nicht beeindrucken. „Ach, dann fange ich ihre Verwünschungen ab, indem ich singe und spontan Verse dichte“, meinte sie gegenüber Amma. Paati ist eine mutige Frau, wurde mir erst jetzt bewusst, so wie sie quasi als Aussteigerin, als Tempeldienerin, hier viele Jahre lebte.

Einst schnippelte und putzte Paati Gemüse, gab dem priesterlichen Koch das eine oder andere Rezept preis und sah nach, dass die Armen und Gebrechlichen oder Ausgesetzten wie sie im Vorhof des Tempels zuerst an die Speisen kamen. Die Küche muss aus einem einfachen riesigen Tontopf, der über offenem Feuer hing, bestanden haben. Ich blickte vor mir auf die Flussebene und sah im Geist, wie Paati in der Morgendämmerung Zweige fürs Feuer sammelte, wie sie sich in die ersten Sonnenstrahlen des damals sicher schon halbtrockenen Flussbettes in einem übergebliebenen Rinnsal der weitläufigen Sandlandschaft badete. „Es gibt Krokodile dort, wo ich mein Morgenbad nehme", hatte sie mir einmal erzählt, „aber ich fürchtete mich nicht." Wie ich sie bewundert hatte. Endlich sehe ich sie wieder. Mit einem Ruck stand ich auf und ging hinunter zur Dorfstraße.

Einige Läden waren schon geschlossen. Es war Mittagszeit. Ich ging gemächlich zum Ende des Dorfs und sah weit hinten in den Feldern das im alten Stil gebaute, aber neue Haus meiner Tante Saras, bei der Paati nun seit vielen Jahren wohnte. Ich näherte mich unbemerkt und trat freudig bewegt in das Brahmanenhaus meines fortschrittlichen Onkels ein. Die Eingangstür hatte weit offen gestanden. Da lag Paati Janiki auf ihrem alten Mahagonibett in der großen, hohen Eingangshalle. Es gab darin keine Fenster. Luft kam durch die großen Flügeltüren vom Eingang und vom Innenhof. Ich ging leise an ihr vorbei und betrat den Innenhof, schöpfte mit einer Kelle aus einem Kübel Wasser und wusch Füße und Hände. Ich wartete darauf, entdeckt zu werden. Das neben dem Brunnen gewaschene Metallgeschirr, nach Größe aufgestapelt, funkelte in der Sonne.

Tante Saras sah mich als erstes. Sie sagte ganz unaufgeregt: „Gowinda!", lächelte freudig und sagte: „Wie hast du dich so unbemerkt hereingeschlichen?"

„Ich war von der mittäglichen Stille, die über dem Dorf liegt, angesteckt!"

„Rama! Oh Rama!", rief sie aus. „Paati wird Augen machen. Setz dich erst, und iss! Sicher hast du Hunger. Es gibt *Idlis!*" Sie entschwand in die Küche und kam mit einem Topf Idlis wieder in den Innenhof.

Es duftete nach Kindheit. Zunächst legte Tante Saras ein Bananenblatt vor mich auf den Boden, und ich setzte mich mit überkreuzten Beinen nieder. Der Innenhof war quadratisch und von einer umlaufenden überdachten, einer Stufe höheren Veranda umgeben, von der aus Türen zu den restlichen Zimmern des Hauses führten. Das sogenannte *mutram,* der niedere Innenhof, von dem aus Wasser abfließt, war genau dem Stil unseres alten Hauses in Vishnupuram nachempfunden – nur alles weiß verputzt und neu. Es verbreitete ein wohnliches orientalisches Lebensgefühl. Tante Saras bediente mich mit Reiskuchen und Mango-Chutneys. Endlich konnte ich Reiskuchen essen, so wie sie in den Dörfern gemacht werden.

„Wir beschäftigen uns hier mit albernem Tratschen. Im Haus gibt es keinen Fernseher. Wir blicken nach innen und auch in das Innenleben der anderen!“, bemerkte sie. Ihr gestelztes Englisch und ihr Lächeln, das Grübchen offenbarte, zeigte ein wenig Selbstironie über ihr Leben weit weg von der Moderne und kommentierte den Klatsch, der hier täglich stattfand. Sie türmte mir mehr Idlis auf. „Das Nächstliegende wird bei uns gründlich betrachtet. Es wird ordentlich darüber geredet, was die Nachbarn machen. Das ist unser Zeitvertreib. Wir entspannen dabei.“

Erst jetzt entdeckte ich meinen Onkel, der Ländereien mit Reisfeldern verwaltete. Er las die Zeitung auf der Holzbank, die an der Wand der Ostseite der Veranda lehnte, und winkte mir zu. Keiner machte ein Aufheben oder fragte, warum ich mich nicht vorher angemeldet hätte. Hektik gab es hier nicht. Meine zwei Cousinen, die gerade erwachsen werden, kamen aus dem Inneren des Hauses, stellten sich vor mich und starrten mich ungeniert an. *„Foreign returned“*, neckte Tante Saras mich. Das machte mich bewundernswert, aber man hielt auch Distanz. Die Köchin, eine ältere Bedienstete Tante Saras, stand in der Küchentür und sah mir beim Essen zu. Ich hatte das Gefühl, sie wollten das Fremde, dem ich ausgesetzt war, erst einmal langsam beschnuppern. Als ich den Trinkbecher aus Versehen mit der rechten Hand, mit der ich auch gegessen hatte, berührte, kicherten meine Cousinen. Die Schwiegereltern und eine verwitwete alte Tante von meinem Onkel würden auch hier wohnen, sagte meine Tante, aber sie schliefen noch. Über allem lag die Glut der indischen Sonne, obwohl es Winter war. Vishnus heiliger Schlaf bedeckte alles, so bedächtig und schläfrig wie es hier voranging, dachte ich im Bewusstsein unseres rituellen göttlichen Schläfers.

Paati Janiki hatte sich hier offensichtlich ihr eigenes Reich erschaffen, obwohl die Eingangstür immer offenstand und alles in Richtung Innenhof an ihr vorbeiging, schlief sie erst einmal selig weiter.
„Gowinda! Mein Enkel!“, sagte sie beim Erwachen, und in ihren Augen blitze dieser Ausdruck des ‚sehe ich ein Wunder’. Ich hatte mich auf einer Bastmatte an der Wand des Eingangsbereiches ausgestreckt. Plötzlich war ich zurückversetzt, als gäbe es keine Zeit. Sie hatte sich wenig verändert, vielleicht war sie ein wenig kleiner und schmaler geworden, dabei einfach alt, so wie eine Großmutter in den Augen ihrer Enkel immer alt wirkt.
Am nächsten Vormittag saß ich auf ihrem hohen Bett im Lotussitz neben ihr und sah zu, wie sie immer wieder *Rama* in Sanskritbuchstaben auf Papier schrieb. Am Abend waren lange Listen fertig. Sie schnitt sorgfältig jedes Wort aus und faltete die kleinen Blättchen wie Bonbonpapiere zusammen. Dann wickelte sie die kleinen Gebilde mit einer roten Schnur zusammen und band sie zu einer langen Kette. Bevor sie abends als Letzte aß, opferte sie eine neu entstandene Girlande aus diesen wie gefangene Papierschmetterlinge wirkenden Zettelchen, band sie um Hanuman und sang, ungestört von dem Geplauder der anderen, die gerade ihre Mahlzeit einnahmen, ihre Lieder. Die Hanumanstatue stand auf einem Podest an der Andachtswand des Raumes, aber sie war nicht mehr zu sehen, denn sie verbarg sich unter einem Berg aus Rama-Papiergirlanden.
Die obskure Welt von Paati war ein modernes Kunsthappening. Solche wie ich sie im *Museum of Modern Art* gesehen hatte. Aber dort war es gekünstelt und gewollt surreal, hier geprägt von der Hingabe an das Unbewusste, an die fliegende Welt mit dem fliegenden Gott, an Hanuman, der wie Paati Rama ständig in den Gedanken trägt. Ihre Augen leuchteten.
Am nächsten Tag half ich ihr beim Schreiben und späteren Falten der Papierfetzen und beim Auffädeln der Silben Rama. Es gab dazwischen immer wieder Tee-, Essens- und Schlafpausen. Dabei erzählte ich ihr von den Straßen Amerikas. Und von Dave, von Spotted Deer und von Nell, dem schönen Mädchen, das so plötzlich weg war. Sie hörte genau

und geduldig zu, während sie Rama schrieb. „Bete für das Mädchen“, murmelte sie, „ein Dämon könnte sie fortgetragen haben.“ „Oh, sie hat sich in der Welt des *Ramayanas* verloren“, dachte ich. „Paati, in Amerika gibt es viele unsichtbare Dämonen.“
„Dann müssen sie sichtbar gemacht werden, wie sonst wollen die Menschen sie bekämpfen?“ Ich blickte erschreckt in die Zukunft der Menschen, die, wenn sie Dämonen von Göttern nicht mehr unterscheiden können, allem ohnmächtig ausgeliefert wären.
„Enkel“, fuhr Paati fort, „Göttin Sita gehört zu Gott Rama, sie sind untrennbar. Jeder, der die Absicht hat, die Dinge zu trennen, hat das Nachsehen. Ravana, der Dämon richtete zwar Schreckliches an, aber konnte er der Einheit von Sita und Rama etwas anhaben?“ Sie begann *„sitaramaasitaramaa“* zu singen und läutete die Glocke um Hanuman, der hinter der Papiergirlande verborgen war. In Paatis Welt hat das Böse keine Macht, dachte ich. Unentwegt verehrt sie Gutes. Ich schwieg und hörte sie mit geschlossenen Augen beten.
Als Paati ihre Augen wieder öffnete, traf mich ihr noch immer scharfer Blick. Dann begann sie wieder Rama zu schreiben.

23

Lakshmana, der Rama unversehrt auf einer Lichtung stehend vorgefunden hatte, hörte ihn verwirrt stottern: „E...s w...ar ein Spuk. I...ch wurde in Versuchung geführt! Das Reh entschwand ins Nichts! I...ch bin einem bösen Zauber erlegen!“ Rama schwenkte seinen Kopf völlig durcheinander hin und her: „Jemand führt uns an der Nase rum!“ Lakshmana sagte: „Sita ist außer sich vor Furcht, sie hat mich zu dir geschickt!“

Aber welch Schrecken erfasste die Brüder bei ihrer Rückkehr, als auch Sita spurlos verschwunden war! Rama schüttelte die Bäume, und es regnete Blätter. „Wo ist sie?“, rief er verzweifelt. Die Tiere blieben stumm. Auch von Lakshmana, der selbst weder aus noch ein wusste, kam kein Wort des Trostes.

Tage des Bangens und Wartens vergingen. Sita kehrte nicht zurück. Die Brüder suchten im Dickicht, doch nirgends war eine Fährte von ihr zu finden. In welche Richtung sollten sie gehen?

Wieder und wieder „Sita!“ rufend irrten die Königssöhne umher. Sita blieb verschwunden. Rama und Lakshmana zogen los, schliefen kaum noch und nährten sich von ein paar Beeren, die sie im Gestrüpp vorfanden. Dort entdeckten sie Jatayu, den Göttervogel, verletzt und blutend am Boden. „Ravana hat sie nach Lanka entführt!“, fiepte und piepte er mit letzter Kraft, als Rama sich über ihn beugte, hörte er noch: „Das schreckliche Luftgefährt... ich wollte Sita retten...!“ Dann hauchte Jatayu sein Leben aus.

„Ravana darf die Erde nicht in seine Gewalt bekommen. Er beherrscht schon die Lüfte und das Wasser! Wir – du und ich – müssen Sita noch heute aus seinen Klauen reißen!“, schrie Rama.

Lakshmana dachte: Wir, zu zweit, das schaffen wir niemals! Behielt das aber für sich. Während die Vogelseele, „Rama“ jubilierend, in die Unendlichkeit einging, schwor Rama feierlich: „Dieser Rakshasa! Dieser Feind der Vögel. Wer ihr Sterben verursacht, den wird meine Hand töten!“

Die Rückfahrt nach Madras im Bus war eine Qual. Paatis Gestalten aus ihren Mythen holten mich ein. Hanuman, Rama, Ravana. Besaß ich überhaupt noch Glauben an sie? Die Bräuche des alten Indiens, die noch im Dorf gelebt wurden, wie die Regelmäßigkeit der Weihung von Speisen an die Erdgöttin, schufen eine feierliche Dimension inmitten des Banalen. Das hatte ich in Amerika vermisst, ohne es benennen zu können. Jetzt verspürte ich nicht die geringste Lust auf ein nüchternes Dozentenleben im IIT. Wie gern würde ich die indische Mythologie neu ergründen.

Abtauchen, Sadhu sein! Was wäre, wenn ich in die unendliche Weite Indiens, die mir Freiheit versprach, loslaufen würde? Ein Leben im Nichts, mit nichts, um nichts führen? Was bin ich denn? Ein funktionierendes Rad unter der Regie meines konservativen Vaters! Mein Leben läuft in eine Richtung, über die ich nie Herr sein werde. Die Tage werden vergehen, ich muss Studierenden etwas beibringen, das sie vielleicht nicht erfassen können. Einem Wunder werde ich im Indian Institut für Technologie nicht begegnen können.

Meine langweilige Schulzeit holte mich ein. Einst hatte mich Hanuman aus dem Klassenzimmer fortgetragen. Und jetzt? Das Leben im Iyengar-Clan würde mich bald aufzehren, und jedes Aufbegehren, das ich in Kalifornien mit Dave kennengelernt hatte, könnte ich vergessen.

Ich wollte einfach nur noch verschwinden in diesen Urwald, in dem Rama und Sita umhergezogen waren, und auf ein Wunder wie Hanuman treffen. Ich wollte ein wildes, ganz anderes Leben führen als Appa. Wie der Sadhu losziehen. Plötzlich hasste ich meinen Vater, der mich so sehr reglementierte. Aber es war nicht nur Vater, es war ich selbst, der schwach war, der nicht aufstehen konnte und aus dem, was mich unterdrückte, entfliehen. Die Arbeit bei der NASA hatte ich abgelehnt, um wieder in Indien zu sein. Aber das IIT war eben nicht Indien. Und ich wusste nicht mehr, wo dieses Indien lag, ob es dieses Indien jenseits Vaters Visionen überhaupt gab und ob ich nicht zu feige war, es zu suchen. In diesem Moment wurde mir übel und ich bekam keine Luft. Ich röchelte. Ich begann zu husten. Ich rang um Atem, als schnürte mir eine unbekannte Macht meine Kehle zu. Inmitten der Busfahrt

bekam ich einen schrecklichen asthmatischen Anfall. Den ersten, der mir lebensbedrohlich erschien, seit meiner Kindheit. Ich wollte schreien, denn der Druck ging immer weiter nach innen. Doch ich konnte es nicht. Das Asthma hatte mich im Griff.
Ein Mitreisender hielt mich fest, redete mir zu, strich über meinen Rücken und sprach mir Mut zu: „Lass die Luft kommen, lass sie gehen und bleibe ruhig, es wird wieder!“
In einer Panikattacke dachte ich: Nichts wird werden! Ich sterbe, ich kann nicht atmen! Wollte ich nicht das Perpetuum Mobile, die unendliche Bewegung, erforschen? Mich in einen Kreislauf, ewig und ohne Tod, festbeißen? Die Bedeutung der Null in einfachen Dingen wie Gandhis Spinnrad feiern. Was für ein Idiot bin ich, ein Rad konstruieren zu wollen, das ununterbrochen rollt, auch ohne Treibstoff, wo doch alles mit einem Erstickungsfall zu zirkulieren aufhört. Tiruvahindrapuram hat mir die Augen geöffnet. Alles vergeht.

Wir fuhren in Madras ein. Das IIT besteht aus festgefahrenen Denkern. Es wird mich umbringen. Als der Bus anhielt, schleppte ich mich hinaus, und der hilfsbereite Mann winkte eine Autorikscha herbei, die mich nach Hause brachte. Amma dankte ihm und gab mir einen Kräutersud. Sie war unaufgeregt. Das tat gut.
In jener Nacht, als ich glaubte, ich würde sterben, fühlte ich mich angekettet an eine unsichtbare Last, die mich abwärts zog. Unheimlich drehte dieses Perpetuum Mobile über mir, schepperte: „Du schaffst es nicht! Niemals bezwingst du die Null!“ Radha lag neben mir. Ab und zu legte sie mir feuchte Tücher in den Nacken und sagte: „Es wird, Bruder!“ Ich röchelte leise: „Benachrichtige Sai, er kennt einen Heiler!“
„Wer ist Sai?“, flüsterte sie.
„Seine Adresse steht in meinem Notizbuch dort in der Tasche.“ Ruckartig stand Radha auf und kramte in der Tasche. „Hier: Sai, 3rd Main Rd, 11 Cross Rd., Adyar. Ist es das?“ Ich nickte. Das Licht der Taschenlampe strahlte an die Wand. „Morgen früh fahre ich hin“, hörte ich sie raunen und imaginierte Sai als Schatten an der Wand. Diabolisch lächelte ein Mann. War das sein Heiler? Ein medizinisches Genie, das

mit allem fertig würde und dessen Kraft mir helfen könnte. Seine dunkle Ausstrahlung umfing seltsam und tröstete trotzdem.

24

Rama und Lakshmana streuten Blüten auf Jatayu und jammerten und beklagten ihre Unfähigkeit:
„Warum können wir unschuldige Geschöpfe nicht beschützen? Ist das nicht unser dharma?“ Bald vernahmen sie ein Flüstern im Wind: „Oooh, dieser dämonische Ravana! Findet ihn! Lauft schneller! Fliegen müsst ihr!“
„Magie allein hilft gegen den Magier! Wo bleibt unsere Zauberkraft?“, fragte Lakshmana.
Die Brüder aber wussten längst insgeheim: Wer die Natur verändert, ist dem Untergang geweiht. Und wer Künstliches dem Wirklichen gleichsetzt, ebenso. Ravana zerstörte sich selbst.
Trotzdem waren sie ratlos und fühlten sich ohne die Göttin der Erde an ihrer Seite verloren. Rama, dem Bezwinger von Tataka, gelang es nicht, irgendeine Furche in der Erde als Sitas Fußstapfen zu deuten. Nirgends offenbarte sich ein Weg, der zu ihr führte. Sie wurden mutlos und irrten im Kreis.
Wer den Kontakt zur Erde verliert, ist selbst verloren. Jeder Wunsch nach Heimat löst sich in Luft auf, und ein Wandern von Nichts zu Nichts beginnt.

Im Reich der Gurus, 1977

Ach dieser Sai! Wie ungeniert an meinem ersten Tag im IIT, als ich mich dort vorstellte, er mich angesprochen, dann belustigt hatte, und wie unbeschwert wir danach durch die Straßen von Madras gefahren waren. Sonnenuntergang. Licht, das nur in Indien zuhause ist und das Dunkle aufnimmt. Dabei döste ich ein.

Ich überstand die Nacht mit dem Asthmaanfall im Halbschlaf und lag morgens kraftlos auf meinem Bett. Radha war weggefahren. Amma brachte Tee. Ich sagte nichts und sie auch nicht. Der Wintermorgen in den Tropen war unangenehm feucht. Ich vermisste Dave, die Abende mit ihm beim Kiffen. Die klare Luft. Seine langgedehnte raue Stimme. Ich vermisste die Abende mit James am Kamin in seinem Landhaus in Cape Cod. Seine Nachdenklichkeit. Vermisste die ausgelassene Zeit mit Nell, diesem betörend schönen Weib, das so leicht in meine Arme gesunken war oder ich in ihre. Ich vermisste Amerika. Nie mehr würde ich in Indien zuhause sein. Ich bin verdammt, dazwischen zu sein. Als ein Zwischenmann ohne Heimat. Ich hoffte auf eine Erlösung durch Sais Heiler.

Sai war mir in dem vollen Auditorium an jenem Tag im IIT sofort aufgefallen. Er saß im *Dhoti,* erdfarbener, lässig getragener Baumwoll-Kurta, einer grünen Stoffumhängetasche über der Schulter, mit leuchtend schwarzem, streng zurückgekämmten, glatt geölten Haar inmitten der Kunststoffhosen, modernen Kragenhemden und den in der Hitze blödsinnig wirkenden Schnürschuhe-Trägern in dem Vortrag im IIT Hörsaal. Als er mit sympathischem Grinsen in der Pause in Bata-Latschen auf mich zugekommen war, hatte er auf mich wie ein Außerirdischer gewirkt.

„Ich bewundere Dharmraj. Ich bin hier, um ihm zu lauschen. Er ist einer meiner Lehrer. Er war Mahatma Gandhis Mitstreiter. Dessen Ansichten sind heute relevanter denn je. Wir müssen aus der indischen Tradition schöpfen, um voranzukommen als moderner eigenständiger Staat.“ Ohne sich vorzustellen, hatte er sein politisches Bewusstsein verkündet und gleich weiter gequasselt: „Dharmraj gründete den SATBOT Verband – Science and Technology Based on Tradition. Er ist gegen die Vorherrschaft des westlichen Denkens bei der Entwicklung neuer wissenschaftlicher Methoden. Weißt du, eigentlich müssten hier im IIT unsere alten Gurus sprechen. Wir brauchen das indische Denken!“ Plötzlich hatte Sai mich eindringlich gemustert und gesagt: „Ich bin übrigens Sai.“

„Ich bin Gowind. Ich war lange in Amerika und muss jetzt hier wieder Fuß fassen. Und dann sag mal, wo finden wir solche Gurus, und woher wissen wir, dass sie wirklich dieses Wissen haben und nicht mit pseudo-mystischem Kauderwelsch daherkommen? Und was eigentlich genau ist das indische Denken?“

„Eben genau so ist es: Nur ein Guru kann dir das erklären. Er hat Autorität, die richtige Stimme, eine geheimnisvolle Ausstrahlung. Klar, es gibt viele Blender, die vereinfachen und Sätze aus dem Kontext nehmen und zu Kult erklären. Das könntest du auch. Brauchst dir bloß die richtigen Ideen zuzulegen und sie auszuposaunen! Dazu den ‚look’ stilisieren und mit deinem guten Aussehen – schwupp bist du ein Guru!“, sagte er mit einer Ironie, die mir gefiel. Wahrscheinlich waren es meine langen Haare, die ihn zu dieser Bemerkung veranlassten. Ich lachte: „Ja, ja, schon meine Großmutter redete von meiner ‚Gabe’!“

„Siehst du, man sieht es dir an! Ich meine es als Kompliment, Kumpel, dein leicht überheblicher Ausdruck!“ flachste Sai und wurde ernst: „Morgen fahre ich zum Protest gegen den Bau eines Staudamms nach Kerala. Tausende von Adivasis werden ihres ursprünglichen Lebensraums beraubt. Erst wurden wir kolonisiert, und nun kolonisieren wir das eigene Volk im Namen des Fortschritts. Der letzte intakte Regenwald soll gerodet werden. Und wir machen einfach so weiter. Komm doch mit. Wenn du in Indien entwurzelt bist, verwurzelt das dich wieder. Was für Indien tun, Mann!“ Ich war überrumpelt. Sai erinnerte mich an Dave.

Nach dem Vortrag hatte ich mich hinter Sai auf seine alte Bullet gesetzt, um mit ihm zu einem Chai-Shop zu fahren. „Noch einmal. Was ist das essenziell indische Denken?“, fragte ich ihn. Doch Sai hatte

nicht geantwortet. Vielleicht hatte er meine Frage im Fahrtwind nicht gehört. Ich gab mich seiner Bemerkung über mein Guru-Aussehen hin, die, obwohl sie sicher als Spaß gemeint war, meinem Ego schmeichelte. Er hatte meine Eitelkeit getroffen und dazu meinen Intellekt angestoßen: Indien, was bedeutete es mir heute? Was könnte ich für die Entwicklung in eine bessere Zukunft tun? Ich blickte auf die Leute am Straßenrand. Sie reparierten Schuhe, flochten Matten, verkauften Blumenketten oder Kokosnüsse. Sie waren Analphabeten, die niemals verstanden, was ich am IIT lehrte. Der Straßenrand war ihr Zuhause, dabei wirkten sie adrett und lebensfroh. Ich müsste Mathematik ganz anders andocken. Und die gebildeten Mathematikstudenten, was wissen sie vom Menschsein? Ravana war im *Ramayana* nicht nur ein wissenschaftliches Genie und ein großer Mathematiker, sondern auch Heiler und Künstler. Wissen meine jungen Studenten das? In das IIT fließt Geld aus Deutschland, damit wir Technologie für den Westen entwickeln. Zu Fachidioten verkommen! Dabei kein Universalgeist wie Ravana werden. Der ist ja auch ein Dämon.
Mir war in diesem Moment hinter Sai auf dem Motorrad in der Abendsonne bang zumute geworden: Wird mich das IIT einzwängen und vom indischen Kulturgut wegführen? Aufspaltung der Wissenschaft in einzelne Bereiche vorantreiben? Mich den Zusammenhang zur *prakriti,* zum Ganzen, nicht mehr sehen lassen? Als wir in die rote untergehende Sonne hineinfuhren, schwor ich: Ich werde mich für Indiens Abgehängte einsetzten und nicht in einer Blase leben! Wir brausten vorbei an dem wuselnden Leben der vielen, vielen Menschen, die am Straßenrand als Näher oder Bananenverkäufer ihre Existenz aufgebaut hatten. Sie wussten zu überleben, sie konnten nicht so vielen Gedanken nachhängen wie wir aus den privilegierten Kasten. Das milde Licht der untergehenden Sonne auf dem nackten Boden segnete ihre kleinen Straßenstände ab, die in der Nacht oftmals auch zu ihren Schlafstellen wurden.
Sai hielt an einem Chai-Shop, der nur aus einer schäbigen Blechhütte bestand. Beim Absteigen vom Motorrad sagte er: „Ich war auch zwei Jahre in den USA und habe in Princeton Biologie studiert. Seit ich zurück bin, bin ich auf einem anderen Kurs. Ich studiere die indischen

Wissenschaften, Ayurveda und Sanskrit, bin Schüler bei einem großen Meister des Yoga und bei einem Marmaheiler. Ich arbeite in den Geschäften meines Vaters mit, deshalb kenne ich viele Leute hier."
„Du bist ja richtig gut involviert ins altindische Denken", sagte ich anerkennend. „Und wie hältst du's mit dem *dharma?*" Sai war wie ich Brahmane. Wieder sah ich einen Zusammenhang zwischen Dave und Sai. Sie verfolgten ihre Ideen.
Sai hatte in diesem Moment genickt und vieldeutig gesagt: „Weißt du was, ich werde dich einem Heiler vorstellen, einem besonderen Meister, der den Spagat zwischen Ost und West hinbekommt. Einerseits lehrt und praktiziert er unsere ursprüngliche Heilkunst und kombiniert sie mit Yogasanas, andererseits reist er selbstsicher im Westen umher und begeistert Leute für sich und seine Ideen."

Dieser angekündigte Heiler war mir in meiner Not, nach Luft ringend, in der Nacht wieder eingefallen. Er wird mich retten, dachte ich. Als ich an jenem Morgen auf dem Krankenlager Radhas Rückkehr erwartete und hoffte, sie würde Sai finden, drängte sich Nell wieder in meine Phantasie. Ihr unaufgeklärtes plötzliches Verschwinden aus meiner Welt quälte mich noch immer. „Wie konnte sie mir das antun?", murmelte ich. Es gab einfach keine Spur zu ihr. Nichts. Ich hatte aufgegeben. Verlassen zu werden ist eine unheilbare Wunde, die immer weiter mit „Warum, warum nur" nagt. Nell würde mir, wenn ein magischer Heiler in mein Leben träte, nicht mehr so wichtig sein, und ich könnte sie vergessen, wie unser erleuchteter Dichter des Ramayanas, wie Valmiki, der sein umtriebiges Leben als Gauner vergessen konnte, als er zum weisen Yogi wurde.
Das euphorische Gefühl, das mich bei der ersten Begegnung mit Sai erfasst hatte, kehrte zurück. Ich richtete mich von meinem Krankenlager auf und blickte erwartungsvoll auf die Tür.

25

Sita hatte zusehen müssen, wie Ravana dem Göttervogel die Flügel abschnitt. Dabei war sie sich gewiss, dass Ravana sich damit selbst vernichtete. Wer die Natur zerstört, den zerstört sie. „Rama wird dich finden, dich trösten, und er wird Ravana bezwingen“, hatte Sita dem sterbenden Vogel noch zugeflüstert.
Sita war sich, trotz ihrer verdrießlichen Lage, sicher: Gegen die Gewalt der Natur wird Ravana nichts ausrichten können.

Als Ravana, ohne die Wucht der Erdgöttin Sita zu ahnen, in seinem Reich landete, wurde er als unbesiegbarer Held empfangen und fühlte sich als Herrscher der Luft, des Wassers, der Unterwelt und endlich auch der Erde. Er redete mit Engelszungen auf seine Beute, die Erdprinzessin, ein: „An nichts soll es dir hier mangeln! Alles, was du brauchst, kannst du haben. Sieh dich überall um!“ Sita blieb unbeeindruckt, obwohl sie nie zuvor ein solches überschwänglich ausgestattetes Prunkschloss gesehen hatte.
Ein Mädchen, nur mit Muscheln und Perlen bekleidet, führte sie in ihre neuen Gemächer. Zwei überirdisch schöne Frauen halfen ihr beim Baden und salbten sie mit Wohlgerüchen. „Wie lieblich du geformt bist!“, sagte die eine und die andere meinte: „Du seist die Prinzessin der Erde, haben wir vernommen. Unser Herr wird seinen Samen in deine feuchte Scholle pflügen!“ Sie schlang Sitas langes Haar in kunstvolle Knoten und umhüllte sie mit wertvollen Stoffen. Wie lange hatte Sita diese Annehmlichkeiten entbehrt! Dennoch blieb sie der Pracht gegenüber unbeeindruckt. Dann führten die Hofdamen Sita zu Ravana ins Musikzimmer. Er spielte die Laute und sang mit samtenem Schmelz in der Stimme ein Liebeslied. Wieder blieb Sita ungerührt.
„Dort ist das Schreibzimmer, wenn du dichten möchtest, und hier ist mein Atelier, wenn du malen möchtest.“
Sita spürte gefährliche Zärtlichkeit von Ravana ausgehen. Sie wusste aber, dass sein Untergang besiegelt war, und empfand Mitleid mit dem Dämon. Seine Bilder, kleine sorgfältig gemalte Miniaturen, erreichten

ihr Herz nicht, obwohl sie darin erkannte, zu welcher künstlerischen Hingabe er fähig war. Es waren Meisterwerke.
„Er trägt in jedem seiner zehn Köpfe einen anderen Geist. Er ist ein zerstreutes Genie. Du, mein Geliebter, trägst alle deine Gedanken in einem Kopf", flüsterte sie Ramas imaginärer Erscheinung zu.
„Wer sich zu weit in die Höhen des Künstlichen begibt und von den Gesetzmäßigkeiten der Erde entfernt, wird tief stürzen", flüsterte sie vor sich hin.

Radha kam gegen Mittag mit Sai durch die Tür. Er erkannte meinen Zustand sofort und redete mir zu: „Der Heiler ist ein Genie. Er hat Ahnung auf vielen Gebieten. Er hat seinen Kopf in allen möglichen Welten. Ich fahre gleich zu ihm und frage ihn nach einem Termin." An Appa gewandt, der ihm nicht ganz zu trauen schien, fügte er hinzu: „Der Mann ist nicht nur ein bekannter Meister der Marma-Heilkunst, er ist auch ein Yogi und in alten indischen Medizinen bewandert. Sogar aus dem Ausland kommen Leute zu ihm." Appa blieb skeptisch. Sai fügte noch hinzu: „Er ist ein Iyengar, wie Sie." Das beschwichtigte Vater, zunächst.
Nach zwei Tagen – es ging mir nicht besser – kam Sai wieder, um mich abzuholen. Er griff mir unter die Arme und half mir beim Aufstehen, da ich immer noch diese Atemnot hatte. Wir standen auf der Straße, und Sai winkte eine Autorikscha herbei. Kaum saßen wir und hatten die Adresse angegeben, zu der er uns fahren sollte, redete der Fahrer ungefragt los:
„The Emergency Rule is over! Indira Gandhi is out of the government!"
„Das ist phantastisch. Aber wer kommt jetzt?", fragte Sai kritisch.
„Morarji Desai. Er trinkt seinen eigenen Urin, um fit zu bleiben. Das ist eine indische Heilmethode und wird bald jedem im Land verordnet werden!", quasselte der Fahrer weiter. Ich dachte, wieso wissen diese Fahrer ohne Zugang zu irgendwelchen Medien immer alles, bevor wir etwas wissen? Sai meinte: „Naja, warten wir mal ab!" Es war der 18. Januar 1977, und ich sah es als gutes Omen, müde von der atemlos verbrachten Nacht.
Sai trug handgesponnene Baumwolltücher als Dhoti und wollte damit

sicher seinen alternativen Lebensstil hervorheben. Er hatte nicht das Lässige von Dave, es war eher, als müsse er sich noch selbst von seinem Protest gegen Indiens Entwicklung in die Moderne überzeugen. Bevor ich nach Amerika ging, war der Dhoti eher ein Statement für ein konservatives Leben gewesen. Ich folgte Sai in meinen amerikanischen Jeans, die ich, seit ich aus Amerika zurück war, trug, so oft ich konnte. Sai lief in eine schmale Sackgasse zwischen kleinen Häusern, die an einem Gittertor endete. Die Tür öffnete sich knarrend, und ich sah in einem kleinen Gemüsegarten ein einfaches Haus mit grauem Zement verputzt. Der Heiler saß im Eingangsraum an einem alten ausrangierten Schultisch. Er hatte kurze Haare und war in dunkelblaue Kunststoffhosen gekleidet. Darüber trug er ein hellblaues Baumwollhemd mit kurzen Ärmeln. Er sah aus wie ein hoher Beamter im Staatsdienst. Sein Blick wirkte zwar vertrauenserweckend auf mich, doch gleichzeitig schillernd schlüpfrig, wie ein Reptil, das sich nicht fassen lässt. Ich schätzte ihn zehn Jahre älter als mich. Er nickte leicht und fragte ohne jeglichen Smalltalk direkt: „What's your story?", worauf ich ebenso kurz „Asthma" antwortete. Der Heiler nahm vorsichtig mein Handgelenk und legte seinen Daumen an meinen Puls. Sann nach, fühlte wiederholt und sagte dann leise: „Come back tomorrow." Er verabreichte mir ein Pulver, das ich mit heißem Wasser trinken sollte. „Meide Katzen!", sagte er noch. Ich dachte an die schwarze Katze, die heimlich bei Paati umhergestreift war. War sie der Auslöser für das Asthma?
Als wir wieder auf der Straße standen, dachte ich enttäuscht: Das soll ein bekannter Meister sein? Ich ahnte nicht, wie sehr er mein Leben bald beeinflussen würde. Er war keinesfalls das, was ich mir unter einem indischen Meister der Marmaheilkunst vorgestellt hatte. War ich aber nicht auch von Daves Vater, dem Indianerhäuptling, enttäuscht gewesen, und tags darauf, als er mit dem Federkopfputz seine Trancetänze aufführte, hatte er mich begeistert? „Gowinda, du beurteilst das Äußere und schließt daraus auf Authentizität. Du bist in Klischees gefangen!", mahnte ich mich an. Sai hörte es nicht, er war schon ein paar Schritte vor mir.

Am nächsten Tag ging es mir aber wesentlich besser. Ich konnte selbst mit meinem Motorrad zum Heiler fahren. Es ging die Küste entlang, und dann überquerte ich den Adyar-Fluss zum Stadtteil Adyar. Beim Überqueren der großen Brücke, von der ich auf die Mündung des Adyar ins Meer blicken konnte, winkte mir die Weite zu: „Was engt dich ein? Was schleppst du mit dir? Hier liegt deine Zukunft. Hier in Adyar sind die wichtigen Universitäten, du bist hier Dozent. Locker Mann!“ Die Brücke stand schon hinter mir, als ich Ammas „Alles endet gut“, hörte. Gleich nach dem letzten Brückenpfeiler lag der Eingang zum Geländepark der Theosophen. Ich linste kurz hinein durch das geschlossene, schmiedeeiserne Tor in die Welt aus seltenen Bäumen und verborgenen esoterischen Stätten. Ich mochte Adyar, fühlte mich hier so viel freier als im engen alten Triplicane.
Zum Indian Institute of Technology, dem IIT, ging's von hier rechts ab, zum Haus des Heilers nach links. Ich bog jetzt links ab. Traditionelle Musiker und Tänzerfamilien aus Devadasi-Familien, die ihre Dörfer verlassen und sich hier eine Zukunft erhofften, hätten sich überall in Adyar angesiedelt, hatte Appa mir auf die Fahrt mitgegeben. Bevor ich in die Sackgasse, die zum Haus des Heilers führte, einbog, hielt ich an der Straßenecke an und blickte die weitläufige Straße hinunter. Sie endete am Meeresstrand. Adyar wirkte gelassen und ruhig. Ein Stadtteil mit Zukunft.

„Your story is complicated but has simple solutions!“ begrüßte mich der Heiler in der Eingangstür. Seine geschmeidigen Handgesten, er rieb die Handflächen ineinander, wirkten vereinnahmend. Warum erklärte er sich in Englisch. Ich verbeugte mich leicht und sagte in Tamil: „Ich hatte die Anfälle schon als Kind. Dann waren sie weg, und plötzlich sind sie wiedergekommen.“
„Etwas ruft dich aus der Enge. Du musst *Pranayama* üben. Du kennst das *Ramayana*? Also überlege: Warum musste Ravana, Meister des *Pranayama*, besiegt werden, er war doch ein Genie? Er soll einen medizinischen Text zur Heilung kranker Kinder hinterlassen haben. Beantworte die Frage für dich!“ Sein Blick elektrisierte mich. Woher

wusste er, dass ich mit den Geschichten um das *Ramayana* aufgewachsen bin? Er bat mich ins Innere seines Hauses in einen leeren Raum. Wir setzten uns auf Bastmatten einander gegenüber. Ich spürte sofort, dass diese Begegnung mein Leben beeinflussen würde. Seither trage ich die Begegnung wie ein Bild in mir, abrufbar:

Die Hitze des Mittags verlangsamt seine Gesten. Die Beine überkreuz sitzt er auf einer Bastmatte mir gegenüber. „Die Augen eines Mystikers!“, murmelt er. Das hat mich an Paatis Zuwendung erinnert „Mathematik bietet das Tor zur Unendlichkeit. Geh hindurch! Warum hast du Angst?“ Ich höre die Worte, sehe das gleißende Licht, das durch den Türspalt dringt. Er monologisierte: „Es gibt drei Dinge, derer wir Inder uns rühmen dürfen: des Schachspiels, der Fabeln und Legenden und der Mathematik. Du als Mathematiker weißt vielleicht, dass die heutigen arabischen Zahlen aus Indien kamen. Bei uns waren sie erstmals in einer Schenkungsurkunde aufgetaucht. In Bagdad wurden sie vom arabischen Dichter Al Sathabi deshalb ‚die indischen Figuren' genannt. Rechnen hieß *hindisat,* die indische Kunst, steht in Zusammenhang mit der Zähmung des Feuers und der Erfindung des Rads!“

Der Heiler kritzelte etwas auf ein vor ihm liegendes Blatt und sprach weiter: „Der Vorteil dieser sogenannten arabischen vor den römischen Zahlen und anderer Rechensysteme, die es auf der Erde gab, ist der, dass die Symbole unserer Zahlen je nach Standort etwas anderes bedeuten. Die 5 in der Zahl 15, wie wir sie heute schreiben, steht tatsächlich für die 5, mit einer römischen Schreibweise der Zahlen wäre es möglicherweise nie zur Entdeckung des binären Systems gekommen. Und damit wäre es nicht möglich gewesen, die Raumfahrt zu entwickeln oder den Herzschrittmacher zu entdecken, schon gar nicht die Atombomben, vielleicht nicht einmal den Strom.“

Was wollte er mir mit seinen einfältigen Ausführungen sagen? Sah er in mir, der ich ihm mit meinen hängenden Schultern gegenübersaß, einen mutlosen Gesellen, dem er das Wesen der Mathematik näher bringen muss? Sicher nicht, dagegen öffnete sich mir in diesem Moment eine neue Sichtweise: Mathematik steht im Zusammenhang mit Legenden! Das Rad, in dem Gott Shiva tanzt, ist die Null. Kreisend tanzt Shiva darin. Tanzt er den kosmischen Tanz im Nichts, ist das Nichts mit der Ewigkeit identisch.

„Sai hat mir von deiner Doktorarbeit erzählt. Nur die Null und die Eins zusammen bilden das binäre System. Hanuman dehnt sich waagerecht in einer Linie übers Meer von Land zu Land, um eine Aufgabe zu erfüllen. Es braucht die Linie, nicht das Rund. Und gibt es eine Linie, kann sich das Rad darauf drehen. Fokussiere dich deshalb auf die Linie, imaginiere, wie sie durch die Luftbewegung beim Atmen entsteht. Du kommst gerade aus Amerika zurück, eine richtige Zeit, dich einer Aufgabe zu stellen. Übrigens, das *Ramayana* musst du studieren. Es genügt nicht, es einfach nur zu lesen."

Wie er mich durchschaut hatte, erstaunte mich. Fast fürchtete ich mich vor seinem Scharfblick. „Was beschäftigt dich am meisten?" fragte er.

„Naja, eben das Rad. Ich sehe ein Auto, das ohne Treibstoff fährt."

„Über was denkst du noch nach?"

„Was mein *dharma* ist."

Er sagt eine Weile nichts und starrte ins Leere. Erforschte er meine Abgründe? Meine Versagensängste? Erkannte er das, was mir selbst verschlossen war? Was ich verschüttet hatte? Etwa meine kindliche Liebe zu Hanuman, wie er mit mir davongeflogen war. War ich schwer geworden, saß fest und hatte die Leichtigkeit verloren? Angst vor der großen Aufgabe, die ich noch nicht einmal kannte. Er ist ein hellsehendes Genie, dachte ich beeindruckt und befürchtete gleichzeitig, er könne ein Scharlatan sein. Ein Mann, der seine Fähigkeiten, andere zu ergründen, irgendwann ausnutzt.

„Steh zu dir!" fuhr er schließlich leise fort. Wenn ich nur wüsste, wohin meine Reise geht, dachte ich. Auch diesen Gedanken las er. „Wenn du Großes anpackst und dabei alle Dinge, einschließlich die Kleinsten und Unterschiedlichsten verknüpfen kannst und einen Zusammenhang findest, dann dreht sich alles um eine Achse, und die bist du. Es ist dein *Karma*! Nur dann kommt überhaupt der Gedanke ‚Was ist *dharma*' zustande. Beginne bei Schritt eins. *Karma* bedeutet: Tu was und grüble nicht, ob es gut oder schlecht ist!"

Die Stille, die ich damals empfunden hatte, war der Anfang meiner Begeisterung für ihn. Heiler und Heilsuchende verbindet ein unsichtbares Band aus Hoffnung. Er begann mit den Anleitungen in einem sonoren Singsang: „*Aum*“ klang aus seiner Kehle und „Hebe mit dem Ausatmen die Arme und rezitiere mit gestrecktem Rücken und über dem Kopf gefalteten Händen: *Aum!* Stoß alles von dir fort, sei leer und dann erst atme wieder ein.“

Ich wiederholte bei dieser ersten Sitzung diese Übung ein Dutzend Mal zusammen mit dem Heiler. Ein Licht wärmte meinen Brustbereich. „Leg die Handflächen über deine Augen und atme langsam durch die Nase aus. Summe dabei wie ein Käfer!“ Als mein Ein- und Ausatmen langsam floss, war ich tatsächlich ein runder Ball, der an die Ewigkeit angeschlossen ist. Ruhe, Zuversicht und ein Gefühl der Souveränität verbreiteten sich.

„Gowinda, du hast großes Potenzial, nur hast du es nie genutzt. Bring das Dort und das Hier, die Wissenschaft und die Kunst, die Logik und das Irrationale zusammen!“ sagte er abschließend.

Ein Strom floss durch meine nun aufgerichtete Brust. Ich träumte, dass der Heiler dachte: Er gehört zu denen, mit denen ich Großes aufbauen werde.

„Wahrheit ist, wenn weder dies noch jenes die Vormachtstellung bekommt. Negative und positive Energien treiben das Rad gemeinsam an!“ sagte der Heiler, als er mich verabschiedete.

Die Einzelsitzung mit ihm zeigte umgehend Wirkung: Das Asthma war weg. Wie hatte er das geschafft? Ich war fasziniert. Meine Lehrtätigkeit konnte ich zum verabredeten Zeitpunkt beginnen. Das Asthma schien wie weggeblasen.

Jeden Freitag fuhr ich nach Beendigung meiner Vorlesungen zum Haus des Heilers. Warum sprach er immer wieder über Zahlen? Er hatte eine Begabung, in ein Thema einzusteigen, und sein Wissen schien, wie in einer unvergänglichen, vielleicht künstlichen Wolke, irgendwo außerhalb von ihm ausgelagert, jedoch von ihm abrufbar. Wahrscheinlich redete er zu Musikern über den Ursprung der Musik, zu Malern über Malerei. Jedes Mal, wenn wir uns gegenübersaßen, begann in meinem

Kopf ein Dialog mit mir selbst: Kennt er meine Angst? Angst zu versagen und dem, was von mir erwartet wird und auch dem, was ich selbst von mir erwarte, nicht gerecht zu werden? Das Gute liegt direkt neben dem Schrecklichen, und dann, inmitten der Zerrissenheit, kommt die Lösung.

„Er kann Gedanken lesen und schiebt mein Denken an. Außerdem brauche ich ihn, denn ich bin ein verdammter Suchender, der nicht formulieren kann, was er sucht“, sagte ich zu Radha, die sich neuerdings sehr dafür interessierte, was ich machte.
„Ach ja, Amma meint ja, du brauchst eine Frau!“, neckte Radha.
„Komm, lass das. Ich möchte dir heute vom Heiler erzählen. Er hat etwas Vogelartiges. Wenn du versuchst, ihm in die Augen zu schauen, sieht er sich zu einer komischen Wendung seines Halses veranlasst, wie ein Pfau, den man bewundert. Er hält wohl selbst nicht aus, was er in dem Gegenüber sieht. Clairvoyante können manipulieren und sind ihrer Hellsicht ausgeliefert!“
„Dann pass auf mit dem Heiler. Du musst ihm vertrauen können, ohne zu fürchten, dass du manipuliert werden könntest, Herr Doktor N. V. Gowinda!“ Radha hatte das instinktive Wissen um die Dinge von Amma geerbt und die kesse Sprache von Paati, mit der sie Wissen zum Ausdruck brachte.

26

Was nutzen goldene Ringe mit Wappen königlicher Macht, wenn der Morast hinabzieht, was nützen Pfeile, wenn der Feind aus Schlamm besteht, werden Rama und Lakshmana sich gefragt haben, als sie im Moor zu versinken drohten. Sie waren schon am Aufgeben, als aus dem Sumpf ein Flackern verblüffte. Rama schrie: „Sita!" „Sieeee...tha!" echote es. Lakshmana brüllte: „Wir sind verloren! Die Erde zieht uns hinab!" Als sich eine über dem Sumpf schwebende, in makelloses Weiß gehüllte Gestalt zeigte, stieß Rama ein Gebet aus: „Oh Erdgöttin, hilf uns aus deinen Niederungen heraus!" Doch das war nicht Sita, sondern eine männliche Stimme, die in merkwürdigem Ton fragte: „Was sucht ihr? Was wollt ihr mit den Geschossen in euren mächtigen Armen in einem Gebiet, in dem die Affen herrschen?" Dann, als sich die Halluzination zu einem gutaussehenden Mann manifestierte, wich ihre Niedergeschlagenheit. Sie hörten seine mahnende Stimme:
„Die Elefanten, Tiger, Leoparden und Gazellen sind verwirrt! Eure Gerüche erschrecken! Sie können nicht einschätzen, was ihr vorhabt."
Ist diese Wahrnehmung hier Wahrheit, musste sich Rama zunächst noch gefragt und doch resolut entgegnet haben:
„Nobler Herr, wir sind auf der Suche nach Sita, der Prinzessin der Erde. Wir sind in Not!"
„Ravana, der König der Dämonen, hat sie entführt", ergänzte Lakshmana. Und als er auch noch sein Haupt vor dem Fremden beugte, sprang dieser auf einen Stein und dann auf weitere, für die Brüder vorher unsichtbare Felsen, und zeigte so den Weg hinaus aus dem Sumpf.

Kaum standen sie auf festen Boden, gab der Fremde Befehle aus: „Verbündet euch mit Sugriva, dem König der Affen! Sein Reich, seine Frau wurden auch ihm genommen."
„Das wollen wir tun!", schwor Rama und dachte: Ist er ein einstiger und künftiger Herrscher? Beeindruckt von der Bereitschaft der Brüder zu helfen, stand ihr außergewöhnlicher Retter still. Vor den erstaunten Blicken der Prinzen wuchsen aus seiner Gewandung schwarze Haare,

sein Kinn drängte sich hervor, das Gesicht verschob sich, bis vor ihnen ein Affe in gebückter Haltung stand und Hymnen der Veden krächzte. Verblüfft fragte sich Rama: Wo beginnt Wahrheit und wann endet Wahrnehmung?
„Im Mensch das Tier und im Tier der Mensch! Nenn uns deinen Namen!“, sagte Rama.
„Ich bin Hanuman, Sohn des Windgottes! Auf zu Sugriva, dem Affenkönig!“, frohlockte der Affenmensch.
„Was ist der Sinn von all diesem?“, flüsterte Rama Lakshmana zu.
„Schicksalsverwandt!“, kollerte die Affenstimme.
Rama ordnete sich Hanuman unter und folgte ihm durch den Urwald. Den wilden Tieren gab er seine innersten Gefühle preis: „Wo ist mein Weib, wo ist das, was mir fehlt? Mich erdet?“ Aus einem Blütenkelch raunte es: „Du findest sie, folge Hanuman wie einem Sohn, der seinen Vater heim zur Mutter bringt.“
Rama wollte sich nicht an sein ausgelassenes Spiel mit Sita erinnern, als sie einst noch glücklich zusammen waren und das Affensein ausprobiert hatten.
Hanuman war die Verkörperung von Dharma: Sita und Rama müssen zusammengeführt werden, denn sie gehören zusammen wie Himmel und Erde.
Rama vertraute Hanuman so, als wäre jener der Urguru.

Die meisten meiner Studenten am IIT waren karriereorientiert. In Amerika arbeiten zu können, war ihr Ziel. Sie zeigten kein Interesse, Mathematik mit der altindischen Denkweise zu verknüpfen. Viele träumten vom materiellen Aufstieg in einem westlichen Land. Auch die Dozenten hielten nicht viel von der momentanen indischen Politik. Sie klangen resigniert: „Fördermittel für ausgefallene Ideen in der Forschung kannst du vergessen! Indien eben.“ Klagte ich etwa: „Sollen wir nur Arbeitsbienen für die USA heranzüchten, die bald in den Laboren der CIA ferngesteuerte Waffen entwickeln?“, stieß ich auf Unverständnis.
Der Heiler, mein moderner Guru, verstand meine Leidenschaft, die Zusammenhänge in der Materie ergründen zu wollen. Er lächelte, als wür-

de er das kennen. „Auch viele meiner Schüler wollen Karriere machen, sogar mit Heilen, mit Yoga, mit Kampfkunst. Sie kommen nicht, um etwas zu ergründen oder spirituelle Erfahrungen zu machen!“ Als er mir komplizierter werdende Übungen zeigte, fühlte ich seinen Blick souverän auf mir ruhen. Er wusste, dass mein Vertrauen in ihn geweckt war und demonstrierte ein ‚Sichducken und Hochkommen' wie bei Liegestützen und ein plötzliches ‚Stillstehen und ruhiges Atmen'. Drei Mal täglich sollte ich üben. Dann stillsitzen und *Na ra ya na ya* wiederholen. Klang löse Anspannung.

Ich hatte das Gayatri-Mantra *tatsavitur* übermittelt bekommen. Es ging um Licht, oder vielmehr um die Energie des Lichts, die sich in Kreisen und Linien offenbart. Täglich frühmorgens, vor dem Weg zu meiner Lehrtätigkeit im IIT, übte ich auf der Dachterrasse zuerst die komplexen Übungen und Stellungen aus der Kampfkunst, nach und nach die Abläufe mit dem Mantra, dann übte ich sie ohne das Mantra, dann nur das Mantra. Meditation. Sensibilisierung für Sprache.

Radha kam eines Morgens frisch gekleidet aus dem Bad, und ich überfiel sie mit meinem neugewonnenen Enthusiasmus: „Ich muss mehr über altindische Wissenschaften wie Sanskrit, Ayurveda, Grammatik rausfinden.“

„Dazu brauchst du Zeit, Bruder!“, sagte sie.

„Ich werde Musik und Musikwissenschaften studieren, Vater weiß es schon, er hat genickt, und dann unterrichte ich dich“, neckte sie mich. Radha war eine begabte Sängerin und würde Appa um den Finger wickeln. „Ja, indische Kunst, das muss ein Reich für sich sein, darüber weiß ich nichts!“, sagte ich und dachte an die Tänzerin.

Wie ein Derwisch, ein Medium zwischen etwas Verborgenem und dem Offensichtlichen, wie ein Staubkorn flog der Heiler auch manchmal in den Gängen des IIT um mich. Aufregend, auch unheimlich, aber er trieb mich an. Er hatte mich aufgebaut, wurde eher zu einem älteren Bruder als zum Guru. Ich konnte seinen Zwiespalt, dem alten und dem modernen Indien gerecht werden zu müssen, verstehen.

Im Sommer unterrichtete ich unter seinen Anweisungen erstmals ande-

re das Atmen mit Yogasanas.
„Bist du jetzt also ein Yogadozent?“, fragte Radha. Zwar fühlte ich mich auf dem richtigen Weg, und doch misstraute ich manchmal dem Heiler. Was war er eigentlich? Ein Yogameister, eine Marmaheiler, ein Kalarikämpfer? Ich wusste nicht, was ich Radha antworten sollte. Werde ich von einem Meister abhängig und genießt er es? Sagte er nicht: „Vertraue. Lass dir Zeit und wäge ab. Das Rad dreht sich in deinem Kopf und du läufst unermüdlich darin. Wie du da rauskommst, musst du selber wissen, da wird dich niemand anderes drauf bringen“, sagte er und durchschaute mich wieder einmal.

Am Anfang des heißen Monats Mai, unseres Hochsommers, den wir Monat des Feuersterns nennen, war Radha mitten in ihrer Prüfung für die Aufnahme ins WCC, dem Women Christian College, wo sie Musikwissenschaft studieren wollte. Wenn sie mich beim Üben sah, sagte sie schnippisch: „Fleißig, fleißig, der Herr Yogi will es genau wissen!“, und hänselte mich bei allem, was ich tat, wie eine kleine Nervensäge.
„Ich bekämpfe die Dämonen!“, antwortete ich herausfordernd.
„Was übt er eigentlich dort oben?“, fragte Vater Radha mit Misstrauen in der Stimme, die am Sinn meines Tuns zweifelte, eines Morgens beim Frühstück. Auch mein Bruder Vinu beäugte mich kritisch. „Ganz Amerikaner“, sagte er, wenn ich in Shorts morgens früh auf die Dachterrasse ging, um Asanas zu üben.
Srini war zu Rams Hochzeit im Juni aus Amerika angereist. Er und ich teilten wieder ein Zimmer. Srini war sichtlich genervt von mir und regte sich immerzu über Indien auf. Er wollte alles wie in den USA gestalten. Anderseits konnte für ihn die hinduistische Hochzeit Rams nicht traditionell genug geplant werden. Ich fragte mich: Wie bekommt er die gegensätzlichen Welten in seinem Kopf zusammen? Das Konservative eines indischen und das Konservative eines westlichen Denkers scheinen sich zu ähneln. Sie wollen jeweils die Gegensätzlichkeit zwischen Ost und West erhalten und niemals Vermischung oder Integration. „East is East and West is West and the two will never meet,“ ja, das sagte schon Kipling. „Also ja, wenn du das so siehst, Bruder“, sagte ich.

Er entgegnete: „Hör auf das, was Vater zu sagen hat, statt einem Guru, der alles Mögliche zusammen mixt, hinterherzulaufen“, kritisierte Srini mich. Ich glaube, er lehnte meinen Traum, Gegensätze zu verbinden und vielleicht sogar aufzulösen, völlig ab. Ich wartete darauf, dass er endlich in die USA abreisen würde.

27

„Warum hüpft ihr einem Affen hinterher?“, flüsterte ein Leopard.
„Heute Leopard, morgen Affe, übermorgen Mensch“, hauchte Rama.
Die Bäume raunten: „Das ist der Lauf der Welt: heute Blatt, morgen Morast und übermorgen Same.“
Rama fabulierte bald mit einer Kröte, Lakshmana witzelte mit einem Mäuschen, und abends stritten sie sich mit Spinnen um den Schlafplatz.
Der lange Weg, zu Sugriva, dem König der Affen, der über Tage dauerte, wurde kurzweilig, denn sie hatten die Sprache der Tiere gelernt.
Ramas Treffsicherheit, mit der er schoss, wie er mit seinem Ziel verbunden war, erstaunten alle Wesen des Waldes.
„Seht, da drüben ist mein Freund Sugriva!“, sagte Hanuman und deutete auf einen einsamen Affen auf einem Ast. Rama fand, dass dieser Affe ein sehr schöner, aber sehr bemitleidenswerter Geselle war, denn sein Bruder Bali hatte ihm Frau und Herde genommen.
Unweit davon saß Bali stolz inmitten der großen Herde und führte ein Palaver auf: Er schlug sich auf die Brust und stieß ohrenbetäubende Laute aus. „Ich, ich, ich..., alles gehört mir!“
„Du hast den eigenen Bruder hintergangen“, sagte Rama leise, und kaum waren seine Worte verklungen, schoss er, ohne Zögern aus dem Hinterhalt auf den unbezwingbaren Bali. Sugriva nahm unter Schockstarre wahr, wie sein Gegner fiel. Er musste sich aufraffen, um Rama zu danken.
Aber das Affenvolk war froh, dass ihr Anführer rehabilitiert war. Laute der Freude wurden ausgestoßen und die Affen boten Rama, wie auch Sugriva, ihre Gefolgschaft an. Sugriva führte die Brüder auf dem kür-

zesten Weg ans Meer und im Handumdrehen bauten sie zusammen eine Brücke nach Lanka hinüber.
Sogar die Eichhörnchen halfen mit beim Brückenbau.
Könnten die Menschen nur begreifen, wie verbunden sie mit ganz anders aussehenden Völkern sind, sie wären nicht nur in ihrem Innern befriedigt, sondern auch die Welt wäre befriedet. Wer annimmt, mal als dieses oder mal als jenes auf die Welt zu kommen, macht sich das Fremde annehmbar.

Eines Freitags begann der Heiler nach dem Ende unserer Stunde ein Gespräch: „Die Marma-Heillehre erkennt im Körper die Energieflüsse und beeinflusst sie durch die richtigen Übungen. Sie stehen in geometrisch geordneten Verhältnissen zueinander. Ein mathematisch geschulter Geist wie du kann sich in diese Lehre einarbeiten. Ich habe neben der Heilkunst Maschinenbau studiert, und mir schwebt ein Team vor, mit dem ich ein Forschungszentrum aufbauen will. Wir werden untersuchen, wie wir tradiertes Wissen für die Gesellschaft von heute anwenden und zum Beispiel komplexe Übungen aus dem Yoga in eine systematische Anordnung bringen, dass sie für Menschen mit wenig Zeit auch effektiv sind und ihre Leiden lindern. Bist du interessiert daran, mitzumachen?“
Sein Angebot schmeichelte mir. „Ja“, sagte ich spontan. „Auch ich suche das Verbindende.“ Tief im Inneren jedoch befürchtete ich, vereinnahmt zu werden und meine eigenen Ziele aus dem Auge zu verlieren. Gerade der Gedanke, die Mathematik für die Industrie brauchbar zu machen, hatte mich aufgebracht. Und ich fürchtete nun, er wollte Yoga und die Marma-Lehre aus dem ihr eigenen Kontext nehmen und alles derart vereinfachen, dass ihre Tiefen abhandenkommen. Doch hatte dieser Heiler eine starke Ausstrahlung, die bei mir immer wieder den Widerstand gegen seine Ideen ausschaltete.
„Ich denke darüber nach“, sagte ich beim Gehen. Welch kühner Schritt, Lehrer an einem privaten Heilinstitut zu werden und womöglich die Hochschulkarriere dafür aufzugeben! Das würde Appa nie verstehen. Auch meine Geschwister nicht. Srini würde noch während Rams Hochzeit ausrasten vor Wut, vermutete ich.

Statt im Anzug erschien ich beim Abendempfang, nachdem der traditionelle Teil von Rams Hochzeit vorüber war, auch in handgewebten Stoffen und traditionellem Wickelrock meines Großvaters. Ram und seine Braut nahmen es gelassen auf, nur Srini sah mich strafend an. Es verstieß gegen die Etikette. Am Abend wollte man sich modern geben. Er fürchtete, dass ich die Familie blamieren könnte. Aber Amma und Radha und sogar mein jüngster Bruder Vinu zeigten sich begeistert von meinem Auftreten. „Er lernt von einem Guru Heilkunst", hörte ich Amma zu ein paar Gästen sagen. Und schon bald bildete sich eine Gruppe Interessierter um mich, darunter viele Frauen, während Srini im Abseits stand.

Rams Braut wirkte glücklich. Sie war hübsch und zeigte sich unserem Clan gegenüber zugänglich. Ich dachte an diese schöne Frau auf dem Fahrrad. Wie könnte ich sie bloß wiedersehen? Öfters hatte ich Tänzerinnen und Tänzer vom Tanzinstitut Kalakshetra auf dem Fahrrad durch Adyar fahren sehen. Sie fuhren vornehm aufrecht, ohne Hast, dabei wirkten sie über den Dingen stehend, schienen mit etwas ihnen Wichtigem, nicht Dingmäßigem, verbunden. Doch nie war dieses eine Mädchen dabei. Die *Eleven* vom Kalakshetra blieben unter sich und waren nicht ansprechbar. Indien ist eben nicht Kalifornien! Einer fremden Frau kannst du hier nicht so leicht näher kommen.

Eines Nachmittags im September kam sie wie aus einem Traum in das kleine Dosai-Lokal *Iyer Kitchen,* in dem es nur zwei Bänke und diesen langen Holztisch gab. Ich aß einen Dosai, und mein Herz stockte. Sai redete gerade über die Arbeit des neuen Heilinstituts und war Feuer und Flamme. Auch er wollte mit dem Heiler etwas Größeres gründen.

Das Mädchen und ihre Begleiterin gingen zur Essensausgabe an der offenen Küchentür und bestellten in Bananenblätter gewickelte Idlis. Ich sah ihr Profil und wie sie familiär mit dem Koch schäkerte. Er schien sie gut zu kennen. Ihre Begleiterin stand mit dem Rücken zu mir. Was Sai sagte, hörte ich nicht mehr. Sie standen, ohne das Lokal zu blockieren, inszeniert wie in einer Choreografie. Die Idlis legte sie sorgfältig in einen Stoffbeutel, und als die beiden federnden Schrittes hinaus gingen, blickte ich ihnen nach. Das Gesicht der Schönen war heller als das ihrer Begleiterin. Sie warf mir keinen Blick zu, was sie unnahbar wirken ließ. Sai, der merkte, was in mir vor sich ging, hänselte mich mit einem kurzen „Aaha!"

Da entdeckte ich ihren Geldbeutel. Die Tänzerin hatte ihn auf einem Stahltisch neben dem Eingang zur Küche liegen lassen. Als der Koch winkte, sprang ich geistesgegenwärtig hin. Das Fahrradmädchen hatte das Winken des Kochs gesehen und kam noch einmal zurück. Mit einem Siegerlächeln hielt ich die Börse in die Luft. Sie lachte und ich sah Grübchen in ihren Wangen. Ich wurde etwas unsicher. Lachte sie über die Situation oder meinen Übermut oder gar mich aus? Wie selbstverständlich ergriff sie die Börse. An allen ihren Fingern glitzerten Ringe. Ob sie sich an unsere Begegnung überhaupt erinnerte? Doch sie nickte knapp dankend, war dabei irgendwie abwesend und entschwand. „Aussichtslos! Weg ist sie!", sagte ich zu Sai.

Sai lächelte geheimnisvoll, als wüsste er, wie es möglich wäre, eine solche Frau kennenzulernen. „Sei vorsichtig mit Tänzerinnen. Das sind gewitzte Spielerinnen, die längst ihre zahlreichen heimlichen Verehrer im Visier haben!" warnte er. Nüchtern setzte er hinzu: „Sie binden sich eher an den Tanz als an einen Mann." Was die Reize der Frauen anging, blieb er für mich undurchsichtig, obwohl er einiges zu wissen schien.

28

Die edelsteinbesetzten Wände, das Plätschern der Springbrunnen in den hohen Räumen, Sita wusste nicht, wo ihr Blick im Palast verweilen sollte. Ein goldenes Rad drehte sich unermüdlich. „Diese bezaubernde Welt wird untergehen!“, murmelte sie mit der Gewissheit im Herzen, dass ihre Tage hier gezählt sein werden. Das Schöne fesselt zwar und weckt Verlangen, es festzuhalten. Aber es vergeht wie alles, dachte sie weise.

Ravana der Verführer hörte nicht auf, Sita zu umschmeicheln:
„Sieh das türkisgrüne Bett in meinem Liebestempel. Es wird zum Meer der Lust, wenn ich die Frauen glücklich mache. Ich kann dich bald in Verzückung führen!“, pries er sich an, ohne seine Lüsternheit zu verbergen.
„Taumel kommen in Wellen und gehen wieder. Ich bin nityasumangali, eine immer beglückte Frau, erfüllt von Rama“, antwortete Sita ungerührt. Die Verführungskünste des Ravana glitten an ihr ab wie die Regentropfen von einem Lotusblatt. Doch sie war auf der Hut. Ravana war ein Gegner, den es nicht zu unterschätzen galt. Als sie an den Spielen mit den besten Bogenschützen des Landes vor dem Palast teilnahm, gewann sie. Ravana beobachtete ihr Können mit wachsendem Unmut. Seit diese Prinzessin an seinem Hofstaat weilte, fühlte er sich zwar als Herrscher der Welten bestätigt, doch lag da etwas Unbekanntes in der Luft, denn mit diesem Weib lief es einfach anders.
Abends, wenn Sita allein auf ihrem prächtigen Bett lag, murmelte sie unentwegt „Rama Rama Rama.“
Als einige Wochen vergangen waren, rief Ravana wütend:
„Ich werde meine Taktik ändern. Führt das unbeugsame Weib in die Wildnis des Ashokahains hinaus und nehmt ihr die schönen Kleider wieder weg! Stellt schrecklich aussehende Rakshasis als Wachen auf. Sie wird sich fürchten!“
„Und dann, wenn ich sie eines Tages dort heraushole, wird sie sich mir dankbar hingeben“, murmelte er irregeleitet von seiner Gier, sich Sita, die Erde, untertan zu machen.

Eingebildet von seiner gottgeschenkten Unsterblichkeit, hatte er eines aus dem Blick verloren: Das Böse wird untergehen, das Gute verwehen, Himmel und Erde aber bleiben, wie die Liebe von Rama und Sita, für immer bestehen.

„Du willst doch wirklich nicht am IIT weitermachen und dort stereotyp vorgegebene Themen lehren? Gowinda, denk nach, es wird dir am IIT kein Raum, geschweige denn Unterstützung für deine Ideen gegeben werden." Sai zeigte wilde Entschlossenheit und warb bei mir, auszusteigen und ebenfalls beim Heiler einzusteigen. Gefiel ihm etwas nicht, strich er sein Haar zurück, schaute auf einen Punkt und warf die Sache hin. Er hatte seine Eisen in vielen Feuern und schmiedete überall an Dingen mit. Er kannte jede Menge Leute aus unterschiedlichen Bereichen. Er war an den Geschäften seines Vaters beteiligt und trug große Geldscheine in seiner einfachen Stofftasche. Mich wollte er jedenfalls für die Mitarbeit am neugegründeten Institut des Heilers gewinnen:
„Dieser schlaue Heiler schaut einen nie direkt an, weil seine Augen ständig hin und her gleiten und Antworten suchen. Seine geschliffene Art, die auf manche vielleicht kriecherisch wirkt, befähigt ihn wiederum, mit seinen Gedanken in Menschen einzudringen. Was er genau plant, wissen wir nicht. Trotzdem, bei ihm mitzuarbeiten ist eine Chance, etwas für Indien zu tun. Soll eine Stadt wie Madras nur noch westliche Krankenhäuser haben? Du hast doch gerade erfahren, was er kann, indem er dich heilte."
„Wie kamst du eigentlich zu ihm?"
„Die Rückenschmerzen! Ich spielte Polo und es machte klick und mein Rücken wurde unbeweglich."
„Und wie hat er dich in seinen Bann gezogen?"
„Man kann ihn nicht begreifen. Er ist in Gedanken schnell woanders. Flink wie der Wind", fuhr Sai fort.
„Stimmt. Aber seine praktischen Ideen sind gut."
Ich sah Sai an. Er hatte einen reichen Vater, einen, der einst Geschäfte mit den Briten machen konnte. Er hatte keinen Druck von zuhause, Geld verdienen zu müssen. Sai würde sich auch nur eine Frau suchen,

die wie er überzeugt ist, die Welt zu verändern. Sai stammte aus einer anderen Brahmanen-Kaste als ich, den Iyers, und lebte bei seiner Mutter, die getrennt von ihrem Mann war. Das muss eine sehr fortschrittliche Mutter sein, dachte ich bewundernd, und dachte weiter: Ein entbehrungsreiches, dafür freies Leben, etwa so wie ein Sadhu umherziehen zu können, ist uns fremd. Unsere Zeit bringt keine großen Yogis mehr hervor. Unsere Generation aus gebildeten Mittelständlern hat Eltern, die in dem Konflikt leben, einerseits das Auslandsstudium ihrer Kinder zu bewundern, andererseits aber deren Abkehr vom indischen traditionellen Leben zu bedauern. Sie zwängen sie in ihre Konventionen, obwohl sie wissen, dass sie den Wandel nicht aufhalten können.
Der Chai-Shop hatte längst geschlossen, und wir waren einfach auf der Holzplanke davor sitzen geblieben. „Der Heiler stimmt mich zuversichtlich. Ich habe weniger Ängste, bei einem dieser asthmatischen Anfälle draufzugehen! Und wie er das macht, wie er mich dazu bringt, mir selbst und meiner Heilung zu vertrauen, das will ich lernen."
„Der Heiler konzentriert sich auf die Charaktereigenschaft eines Schülers, wie beispielsweise seine Unentschiedenheit, und gibt eine Art Gebrauchsanweisung heraus, wie dieses Zögerliche abzubauen sei. Die Übungen sind dabei nur vordergründig wichtig. Der Heiler hat das Wesen eines modernen Unternehmers, dabei ist er nicht korrupt. Aber sein ‚Menschen durchschauen können' macht ihm sicher selbst Angst. Er befürchtet, eines Tages werden wir, seine Schüler und Mitarbeiter, ihn durchschauen."
„Hat er was zu verbergen?"
„Das weiß ich nicht."
Sai stand auf und fragte: „Was bedeutet es letztlich, dass wir beispielsweise Yoga üben und weitergeben, was wir üben?" Wir schwiegen. Er fuhr fort: „Du machst es nur, um deine Scheißangst loszuwerden! Ich, um etwas anderes zu machen als meine Vorfahren. Jedenfalls will ich nicht wie mein Vater sein, der als Vertreter einer englischen Firma Karriere gemacht hatte. Und zu Hause hat er meine beiden Schwestern, Mutter und mich schikaniert, weil er unzufrieden mit seinem Leben war. Er konnte sein Brahmanentum und den britischen Geist nicht unter

einen Hut bringen. Aber wir hatten immer viel Geld.“ Wir standen vor dem Chai-Shop, ohne aufzubrechen.
Sai wurde ungewohnt ernsthaft: „Vielleicht bin ich nur bei ihm gelandet, um meinen Rücken einzurenken und weil es für mein körperliches Wohlbefinden etwas bringt? Das jedenfalls ist nicht genug, wir sollten ein größeres Ziel anvisieren. Schau dich an, du arbeitest als Mathematikdozent und hast keine Ahnung von Künsten, der indischen Grammatik oder den Heilsystemen, die in den Schriften zusammenhängend behandelt sind. Ganzheitliche Sichtweise kann der Destruktivität dieses ganzen analytischen Denkens, das wiederum diese ganze beständige Spaltungsscheiße in einzelne Bereiche bewirkt, doch wirklich etwas entgegensetzen. Das wäre das indische Denken, Govind.“
Er hatte recht. Ich fand keine Antwort, war aber doch wachgerüttelt. Bis dahin hatte ich nicht gewusst, dass Sai an seinem eingeschlagenen Lebensweg, für den er sogar bei mir warb, zweifeln würde.
„Wie das große Ganze sehen? Wir müssen wissen, auf was wir uns einlassen wollen, auf was das mit der Heilkunst letztlich hinausläuft. Wir dürfen uns nicht im Detail verlieren, auch wenn wir das gern ergründen. Wo kommt der Schmerz im Rücken her? Kommt er tatsächlich nur durch körperliche Verspannung oder hat es was mit Verkrampfung des Geistes zu tun?“ Eigentlich hatte ich sagen wollen: Deshalb brauche ich dringend diese Tänzerin. Sie hat durch ihre Kunst, die mir unbekannt ist, sicher hier mehr Verständnis. Verkniff es mir aber. Dann brauste jeder in seine Richtung davon.
Wie könnte ich nur dieses hellhäutige Mädchen wiedersehen? Es ging mir einfach nicht aus dem Kopf. Dieses schwarze, glatte, lange Haar, der Zopf bis zum Po – wie wird sie erst aussehen, wenn ich sie im Arm halte und ihr Haar aus dem Zopf löse?

29

Der Glaube an eine Aufgabe vereint mit dem Ziel. Nur wer das Trennende bedingungslos ignoriert, kann die acht Siddhis eines Yogis erlangen. Er kann dann überall sein. Und er kann fliegen.
Hanuman konnte das. Er glaubte an die Liebe zwischen Rama und Sita. Und er war ihr Bote. Also streckte er seinen Kopf wie ein Bulle aus, entwurzelte die Bäume mit seinem Brustbein, erwies der Sonne Ehre mit einem Blick und schrie: „Seht, wie ich als Ramas Bote fliege!“ Mit der Energie eines Löwen setzte er an, drückte beide Füße so stark auf den Boden, dass die Berge Ströme aus Gold und Silber freisetzten und Yogis in den Wäldern erschauerten. Dann hob er ab, die Beine von Süd nach Nord ausgestreckt, und sauste übers Meer. „Ich werde Sita finden oder Lanka zerstören!“, hörten die Zurückgebliebenen.
Die Gewalt seines Flugs rief riesige Wellen hervor. Umgeben von einem Strahlenkranz, mit weißen gefletschten Zähnen und dem erhobenen, geringelten Schwanz, wirkte er wie ein rasender Komet.
Dem Wunder stellt sich Widerstand entgegen, wie im Glauben auch Zweifel aufkommen kann. Die Mutter aller Schlangen erwachte. Als Seeungeheuer mit riesigen Kiefern und kupferfarbenen Augen jagte sie Hanuman entgegen, um ihn zu testen. „Fahr durch mich hindurch, du wildgewordenes Geschöpf, und werde von deiner Furie geläutert. Erst dann kannst du dein Anliegen ausführen“, zischelte sie mit der Brandung. Sie streckte ihren weit geöffneten Mund Hanuman entgegen. Der aber blies sich auf und wurde größer als der Mund. Da dehnte sich der Mund der Schlange auf fünfzig Seemeilen aus, Hanuman wuchs daraufhin auf sechzig, dann das Maul auf siebzig, so ging es weiter, bis das Maul des grässlichen Ungeheuers mit hundert Seemeilen Weite alles zu verschlingen drohte. Hanuman machte sich auf einmal klein wie ein Daumen, fuhr kurz durch den Mund, war wieder draußen und entschwand mit einer solchen Geschwindigkeit, dass die Mutter aller Schlangen aufgab. „Da haben wir es mit einem klugen und entschiedenen Tierchen zu tun! Beende deine Mission! Finde die Erdgöttin“, segnete sie Hanumans Vorhaben und ruhte wieder zusammen geringelt auf

dem Meeresgrund. Hanuman, von Blumen der Götter aus dem Himmel besprenkelt, erreichte mit seiner rechten Fußspitze Lankas Strand.

Fast jeden Abend saßen Sai und ich im Chai-Shop. Wir erholten uns von den strengen Anleitungen unseres Heilers im neugeöffneten Institut – wir hatten dafür den Namen IMKY, was sich aus ‚Indian Marma Kalari Yoga' zusammensetzte, erfunden. Ich fuhr sofort nach den Vorlesungen im IIT in das dafür angemietete Haus und verbrachte auch sonst jede freie Minute dort. Der Heiler lehrte uns, wie wir mit den Patienten umzugehen hätten und wie wir selbst weiterkämen mit unserem Lebensentwurf.

Eines Tages sagte Sai begeistert: „Ich habe arrangiert, dass du bei dem Vortrag des größten aller lebenden Meister über das Ramayana dabei sein kannst."
„Phantastisch!", rief ich begeistert aus. „Du meinst bei T. Krishnamacharya? Sai, erzähl was über ihn. Wie alt ist er eigentlich?"
„Er ist im letzten Jahrhundert, ich glaube 1880, in der Agraharam Siedlung Muchukundapuram in Karnataka geboren. Abgeschirmt von der mondänen Welt wird er herangewachsen sein. Gowind, damals lebte man in einem anderen Universum als wir heute." Sai reichte mir einen Joint. Auf den Rauchschwaden driftete ich in ein längst verwehtes Reich.
„Bei ihm wird die Gegenwart der Beginn jeder Überlegung sein. Er ist ein Meister des Vertrauens in die Heilkräfte des Menschen", erklärte Sai weiter, während ich ein Lehmziegelhaus, einen großen Garten, einen siebenjährigen Jungen, der von seinem Vater ein Sonnengebet lernt, vor mir sah. Die versunkene Welt der Agraharam-Siedlung lebte vor mir auf. Goldene Armreifen funkeln an seinen grazilen Handgelenken, ein weißes, um die Hüfte gewickeltes Tuch bedeckt den kleinen Leib. Feingliedrig, schön lauscht er mit großen geweiteten Augen den Gebeten, versucht das Unfassbare zu ergründen. Können nur Kinder im Irdischen das Überirdische sehen? Oder die Gelehrten hinter dem Klang des Sanskrits das Kosmische Geraune hören, wenn sie Yoga üben:

„Atme ein – die aufgehende Sonne, atme aus – die untergehende Sonne, werfe dich nieder – die Heilkraft der Sonne, bringe den Oberkörper bis zur Hüfte hoch – Vögel, fliegt zur Sonne, spring hoch – Sonne, nimm mein Leid, wirf die Arme zurück – Sonne, segne alle Lebewesen!“ Das begabte Kind trägt sein langes Haar zu einem Pferdeschwanz gebunden und eine dicke Kordel über der zarten Brust.
Sai reißt mich aus meinen Träumen: „Er war zehn Jahre alt, als sein Vater starb.“ Ich sehe einen Regentag. Der Himmel weint, als seine Mutter ihn, den Ältesten und die vier jüngeren Geschwister zu sich ruft!
Sai redet weiter: „Stell dir das vor, damals Witwe mit fünf Kindern zu sein, und ihre Verwandten leben weit fort in Andhra, und sie zieht ins fremde Mysore.“
Ich sah sofort meine Paati vor mir. Nur waren ihre Töchter beim Tod des Großvaters schon groß. Gab es Ähnlichkeit mit der Mutter des Meisters und Paati? Sicher nicht, denn diese Witwe lebte fast vierzig Jahre früher als Paati. Ich stelle sie mir ernster vor. Ich frage Sai: „Wer war die Mutter? Weiß man was über sie?“
„Ranganayika-amma, ich habe den Namen von einem der Söhne des Meisters erfahren.“
„Ach, hat er Kinder?“
Ja, sechs. Nur einer soll sein geistiges Erbe tragen. Aber der soll irgendwo in der Weite Andhras verschollen sein. Man weiß nicht viel über sein Familienleben.“ Wir schweigen und trinken einen zweiten Chai. „Unsere Frauen sind stark!“, sage ich und denke an Paati. Dann sehe ich Ranganayika-amma wieder vor mir. Kahlgeschorener Schädel, das einfache Gewand, und sie sagt resolut zu den Kindern in Telugu: ‚Ich bin jetzt euer Vater!‘ Ich sehe vor mir, wie sie als junge Witwe mit Pferdewagen und ein paar Habseligkeiten mit ihren fünf Kindern das Dorf ihres Mannes verlässt. Sie zieht in die Stadt nach Mysore, wo ein Schwager sie aufnimmt. Die Stadtschule ist ein Leichtes für den begabten kleinen Krishna, so wie Krishnamacharya sicher damals gerufen wurde. Er brilliert in allen Fächern.
„Er hörte einst diese merkwürdige Stimme im Traum“, erzählte Sai weiter: „Sie soll ‚Verlass alles und zieh los, geh in Richtung Horizont

gen Westen. Ruhe, wenn die Sonne untergegangen ist, und lauf wieder vor ihr davon, wenn sie im Osten aufgeht. Du erreichst irgendwann einen alten Tempel. Dort setz dich nieder und warte!' gesagt haben."
Ach, könnte ich doch auch einem solchen Traum folgen, dachte ich, statt an dieser öden Straße von Adyar auf einer Holzplanke zu sitzen.
„Und dann ging er tatsächlich weg", fuhr Sai fort. „Die Mutter suchte ihren Ältesten, die kleinen Geschwister suchten ihn. Seine jüngste Schwester aber lachte: ‚Warum sucht ihr ihn, er hatte einen Traum und musste fort.' Damals gab man noch was drauf, den Visionen zu folgen. Tagelang soll der Junge Südindien barfuß durchquert haben. Sicher wurde er als Pilger anerkannt, und er wurde in den Dörfern mit Essen versorgt. In dem alten Tempelgemäuer setzte er sich hin, und dann wird er Trance erlebt haben."
„Und was sah er genau dabei?", unterbrach ich Sai.
„Keine Ahnung, wie soll ich das wissen?"
Bilder stiegen auf: Uryogi, Urguru, Urdichter. Der Ursprung könnte sich damals Krishnamacharya offenbart haben. Dieser Vision wird er sich geweiht haben.
„Am Tempel begann er auf ein gefallenes Blatt zu schreiben … He Mann, hörst du mir noch zu?", Sai stieß mich an. Als ich nickte, erzählte er weiter: „Der Meister ist später sehr präsent. Alle philosophischen Debatten vor den Rajas im Norden hat er gewonnen. Keiner konnte seine Logik schlagen! Du hast bestimmt gehört, dass damals solche Wortgefechte unter großen Denkern üblich waren. Sie waren im Wettstreit, und der Gewinner wurde vor den Zuhörern am Schluss prämiert!"
„Das war Hochkultur und muss toll gewesen sein!" Ich sah ihn zum Mann geworden vor mir – vielleicht zwanzigjährig –, kleingewachsen, bettelarm in Varnasi im fernen Norden. Ich war noch nie in Varnasi, ich war in Berkeley stattdessen. Wie sich ein Student dort von Almosen ernährt, wie er an der Universität alle Fächer belegt, wie er Grammatik, Sanskrit, Philosophie, Ayurveda, Mathematik und Musik, das gesamte indische Denken studiert, das, was mir fehlt. Wie er alle diese Wettbewerbe gewinnt, sich vom Preisgeld satt isst und lernt, was es zu lernen gibt. Sein Wissensdurst muss aber größer als sein Hunger gewesen sein.

Vielleicht hat ja die Ganga ihn mit sanftem Säuseln genährt und gesungen: Alles fließt vorbei.

„Zehn Jahre studierte er und bekam die höchsten Diplome. Doch das war ihm nicht genug. Er hörte von einem Yogi in Tibet und wollte dorthin. Hier hatte er Glück, denn den britischen Vizekönig, von dem er das Visum zur Durchreise holen musste, befreite er beim langen Warten auf die Formalitäten von seinem Diabetes durch Yogaübungen. Dieser war davon so beeindruckt, dass er ihm Begleitung und Esel für die große Expedition zur Verfügung stellte. Fast drei Monate wanderte er hinauf und überquerte hohe Pässe. Bis zum noch unzugänglichen Muktinath soll er gekommen sein. Und dann wird er seine Begleiter mit den Eseln zurückgeschickt haben. Er wollte sicher nur noch eins, nämlich das Geheimnis des Yoga ergründen. Man weiß, dass er allein weiter ins Hinterland des Himalajas gewandert ist. Es gab keine Pfade mehr, die Sterne waren sein Kompass."

Ich wurde traurig. „Ich war nie im Norden Indiens! Das fehlt mir! Dafür kenne ich die Prärie und Indianer. Vielleicht gab es da mal Ähnlichkeiten!"

„Vergiss das", sagte Sai. „Dort oben waren die Kolonialisten nicht. Es gab noch das unberührte Tibet. Die Erde, die Erde ist dort Göttin. Jedenfalls fand er den Yogi Ramamohana in einer Höhle. Sechs Jahre blieb er bei ihm, seiner Frau und den Kindern dort oben." Jetzt seufzte Sai: „Mein Gott, Gowinda, da bekomme ich richtig Sehnsucht …!"

„Sai, du erzählst, als wärst du dabei gewesen!", warf ich ein, gab mich aber gern den Phantasien über ein solches Leben hin: Wie er mit dem Yogi und seiner Familie im Sommer die blauen Buchweizenfelder aberntet, wie sie Feuerholz für den Winter sammeln. Ich stelle mir vor, wie sie Früchte in der Sonne trocknen und die Yaks auf den Feldern weiden. Ich sah die ersten Schneeflocken, wie sie sich hineindrängen in die Höhle und ums Feuer lagern. Endlich ist Zeit für Meditation und Lernen. Tausend Meilen weg von jeglicher Zivilisation sind sie eingeschneit, studieren, wie der Atem fließt, wie das Blut gegen die Stirn pocht. Ich rede vor mich hin:

„Der menschliche Körper gleicht dem Tier und passt sich überall an,

aber im Gegensatz zum Tier kann der Mensch seine Instinkte beobachten. Durch das Betrachten erkennt er, was der nächste Schritt ist. Erst dann soll er meditieren und eins sein mit allem. Dualität aufheben."
„Ja, Gowinda, das stimmt. Du klingst heute Abend ziemlich erleuchtet."
„Nein, aber ich bin im Dorf ausgewachsen. Dazu habe ich einen Indianer als Freund!"
„Ach, das heißt noch nichts. Die in Tibet müssen in einem Zustand gewesen sein, wo man sich fragt, wieso er dann nach Mysore zurückkehrte, heiratete, ein einfaches Leben als Familienmensch führte, Yogaübungen verbreitete? Dazu eine hochangesehene Gelehrtenstelle als Vorstand der Parakala Matham ausschlug."
„Oh, diese Iyengar-Institution, so etwas wie der Vatikan, das hätte ihn bestimmt eingeschränkt", warf ich ein.
„Na, ja, Gowinda, nach den sechs Lehrjahren dort oben in Tibet soll ihn dieser weise Guru als Lohn für seine Belehrungen gebeten haben: ‚Trag dein Wissen in die Zivilisation. Heile sie. Paare dich und erlebe die Essenz des Menschseins. Unterrichte Yoga!'„
Ich sagte, da ich schließlich auch etwas über ihn gehört hatte:
„Der Maharaja, kaum war Krishnamacharya nach Mysore zurückgekehrt, wurde auch von seinen gesundheitlichen Beschwerden durch Yoga von dem Zurückgekehrten geheilt. Danach förderte er ihn."
„Ja, und Krishnamacharya soll im Palastrat Mitglied gewesen sein und hohes Ansehen genossen haben. Er bekam in den Außenräumen des Jaganmohana Palastes Räume, um Yoga zu unterrichten." Ich unterbrach Sai:
„Aber wie kam er dann eigentlich nach Madras?"
„Als dieser Maharaja 1940 starb, hatte sein Nachfolger auf dem Thron kein so großes Interesse an Yoga, dazu kam dann die Unabhängigkeitserklärung Indiens Jahre später. Ich habe irgendwo mal gehört, dass Krishnamacharya morgens, als er zu seiner Schule am Palast kam, um Yogaunterricht zu geben, vor geschlossenen Türen stand. Ja, Gowinda, Kulturförderung ging mit dem Verlust der Maharajas verloren. Die einstigen Lakaien der Engländer wurden Parlamentarier und riefen aus: ‚Wir gehen aus freien Schritten in die Moderne!'„

Ich sagte bissig: „Das moderne Indien will das bessere England werden. Sieh doch, wir setzen auf westliche Werte und nicht auf Yogis!“
„Wie hat er ohne Einkommen mit seiner großen Familie gelebt?“
„Er besaß immer auch seinen eigenen Gemüsegarten. Reich war er nie. Damals kamen ihm einige einflussreiche Leute, der Herausgeber der Hindu-Zeitung, sogar ein Anwalt und noch andere Intellektuelle aus Madras, die auf die Renaissance Indiens gegen seine Verwestlichung schworen, zu Hilfe. Sie haben ihn nach Madras eingeladen.“
Ich stellte mir den umtriebigen Journalisten in Vaters Alter vor, wie offen er war im Gegensatz zu Vater! Sai sagte: „Der muss ganz schön verblüfft gewesen sein, als er den sechzigjährigen Yogi üben sah. Deshalb begann auch er, Yoga zu lernen und zu fördern.“
„Ich wünschte, mein Vater würde mehr von all dem begreifen. Und unsere Politiker, die könnten sich mal was über das Bewusstsein dieses Mannes abgucken. Das Indische ist nicht das Nationale, es ist Bewusstsein eines alten Wissens, das anders leben und heilen lernt“, sagte ich und: „Ja, ja, unser Land war nach dem fluchtartigen Abzug der Engländer ausgeblutet. Yogis hätten in die Politik sollen!“ Ich war stoned.
Sai stand auf und sagte: „Komm jetzt, red keinen Quatsch. Sei froh, dass du zum Unterricht eines solchen Yogis zugelassen wirst. Krishnamacharya ist jetzt neunundachtzig Jahre alt, und er hat immer noch was zu sagen. Bis morgen dann, Bruder, und sei pünktlich, sonst ist die Tür zu! Er lässt Unpünktliche nicht herein. Und der Heiler darf nicht erfahren, dass wir anderswo lernen. Er wird sonst wahnsinnig eifersüchtig!“

Aufgeregt und erwartungsfroh startete ich am Morgen meiner ersten Yogaunterweisung mit T. Krishnamacharya mein Motorrad vor dem Haus. „Der Kaffee ist aus!“, hörte ich Amma mir nachrufen. „Bitte bring welchen mit!“ Da die Kaffeerösterei nur bis Mittag aufhatte, besorgte ich ihn rasch noch vor dem Vortrag.
Der Raum war klein, und viele mir bis dahin Unbekannte kamen herein und füllten ihn. Ich setzte mich in die dritte Reihe am Boden nieder. Krishnamacharya erschien pünktlich, alle standen auf und warteten mit dem Setzen, bis er sich niedergesetzt hatte. Sein Gesicht war geprägt

von Disziplin, aber auch von Verinnerlichung großer Gedanken. Als wären seine Sinne zurückgenommen, lag das yogische *pratyahara* wie eine Geschlossenheit auf seinen Zügen, und doch lag neben dem Nachinnensehen auch ein Verströmen. Seine Augen leuchteten. Besonders faszinierte mich seine Nase. Sie war nach unten hingerichtet. Verlieh den Gesichtszügen die markante Willenskraft, die ich von Paati kannte. Sie wittern ihren Lebensweg. Er kennt Zweifel nicht, vermutete ich, und schämte mich, denn der Duft des frischgemahlenen Kaffeepulvers in meiner Schultertasche verbreitete sich allmählich im Raum.

Der Meister begann zu rezitieren. Sanskritkenntnisse hatte ich, doch konnte ich dem *Acharya* Krishnamacharya wurde so angesprochen, *Acharya* heißt Gelehrter nicht wirklich gut folgen. Sein Sprachfluss bei dieser fast ausgestorbenen Sprache war für mich verblüffend. Der kleingewachsene Mann hatte eine solche Diktion und Sprachbeherrschung, dass Sanskrit bei ihm wie Alltagssprache klang. Aufrecht, einem Felsbrocken gleich, saß er in weißem *Dhoti* auf einer Matte. Ein weißes dünnes Handtuch als Schal bedeckte eine der nackten Schultern. Ich konnte zuerst nichts erfassen von dem, was der Gelehrte lehrte. Hin und wieder verstand ich Begriffe, einen Reim, aber verstand den Zusammenhang nicht. So wird es allen gehen, dachte ich. *„Dirschtah siehta",* erkannte ich plötzlich das Mantra meines Großvaters. Ich wurde hellwach.

„‚Sah Sita' bedeutet, wer Sita sieht, dessen Ego erlischt!", sagte Krishnamacharya. Endlich fand ich Anschluss an seine Ausführungen: *„Sobhigamaya mahaatmaanam kritvah rahmam pradakshinam nyavedajeht amehyahtmah dirschtah sieta iti tattvata",* rezitierte er und interpretierte Sanskrit in Tamil: „Er, das bezieht sich auf Hanuman, war zurückgekommen, hat Rama als die unvergängliche Weltenseele umrundet und das Unergründliche, Sita, gesehen."

Jedes Wort erklärte er und gab ihm viele Bedeutungen. Eine Tür nach der anderen öffnete sich, und jeder neue Raum, der entstand, war größer als der zuvor. *So-bhigamaya* bedeutet wörtlich ‚er zurückkommend', es weist darauf hin, alles ist am Zurückkommen, nicht nur werden wir immer wieder geboren, das Zurückkommen geht weiter bis auf den Punkt Null. Der Meister zitierte in Tamil:

„Zurückgekommen
den unvergänglichen Geist – Rama – umkreisend
sah Hanuman
die unergründliche Materie – Sita
und erkannte Zusammenhang."

Dann sagte er, wir können es auch so übersetzen:

„Hanuman
Unvergängliches umzirkelnd
Sah Unendlichkeit."

Oder einfach als:

„Sah Sita, sagte Hanuman, Rama umrundend."

Nach einer langen Zensur fuhr er fort: „Sita ist Materie. Materie ist das Mütterliche", lehrte der Meister. „Ewiges Rama in Verbindung mit ständig sich erneuerndem Sita, und Hanuman als die Seele, die das erkennt. Kurzum, Geist und Körper müssen sich finden. Hanuman, Heiler und Bote bringt sie zusammen."
Der Kaffeeduft wurde immer stärker. Es war mir peinlich, mit dieser Lustdroge hier zu sitzen und zu duften. Krishnamacharya schloss die Augen und rezitierte weiter. Sicher störte ihn das starke Aroma, dachte ich schwitzend, schrieb pflichtbewusst in mein Notizheft den Sanskritbegriff *amehyahtmah*, ‚durch Hanuman wahrnehmen', und begann zu kritzeln: zuerst einen Affenschwanz, dann das Gesicht des Frosches, der einsam in die Nacht quakt. Ich sah hinter Krishnamacharya plötzlich ein flinkes Eichhörnchen, malte es hin und schrieb: „Nichts kann ihn einholen!" Ich skizzierte einen Elefanten. Furchteinflößend! Krishnamacharya hatte immer noch geschlossene Augen! Wahrscheinlich nimmt er nichts wahr, außer der Essenz seiner Textrezitation, oder aber er trampelt gleich mit einem Ansturm aus wilder Wut über meine Unverschämtheit, hier mit Kaffee zu sitzen, über mich hinweg, fürchtete ich. Schweißperlen bildeten sich auf meiner Stirn. Plötzlich bildete ich mir ein, dass er einem gefährlichen Löwen glich, der gleich zu brül-

len anfängt, wenn hier jemand wagen würde, auch nur eine banale Frage zu stellen. Das ursprünglich Wilde begegnet seinem höchsten Widerspruch: der Verfeinerung, dem Hochkultivierten, der stilvollen Auslegung des Lebens. Dieser Antagonismus war in der Gestalt des Yogis vor mir, während der Kaffeegeruch penetrant wurde und sich im Raum verbreitete.

Ich schielte zu Sai hinüber, der verzog keine Miene. Dann wurde ich doch eingefangen von dem Singsang der Sanskritrezitation. Trotz des störenden Wohlgeruchs schwamm ich auf dem Fluss dieser alten Sprache. Der Meister ist ein Mensch, der sich durch nichts stören lässt, nahm ich, mich selbst beschwichtigend, an. Er roch andere Sphären und gab sich nicht damit zufrieden, dem Unmittelbaren zu argwöhnen. Ich spürte, wie alle Zuhörer gebannt waren, und auch ich starrte hemmungslos auf den Rezitierenden.

Krishnamacharya mit Fragen zu zerteilen, war unmöglich. Keiner konnte seine Lippen bewegen, um bei dem großen Meister etwas zu ermitteln, auch nicht, als er am Schluss seines Sanskritvortrags die Augen öffnete und in Englisch fragte: „Are there questions?“ Das lichtblaue Strahlen eines solchen Augenblicks traf ins Innerste. Aus Augen, die Tiefe ohne Boden vermittelten. Ich könnte ins Nichts fallen, wenn ich lang genug seinem Blick begegnen könnte. Ich dachte, wäre ich eine Frau, müsste ich mich für meine Schwärmerei nicht rechtfertigen. Wo sind noch Grenzen des Geschlechtlichen in Anbetracht der Allseele? Ich fing an dahin zu schmachten. Keineswegs von Meinungen besessen und ohne sich an Standpunkten festzuhalten, war der Yogi auf die Leere ausgerichtet, den Punkt Null. Der erleuchtete Blick. Durchleuchtend. Ausleuchtend. Licht.

Die Vorlesung endete in Stillschweigen. Ich nahm die scheue Anmut einer Antilope wahr, als der Yogi sich erhob. Es hatte beinah etwas Erschreckendes, wie er mit der Grazie eines Raubtiers an seinen Zuhörern vorbeiging, die ignorierte, welche aus Respekt aufgestanden waren und sich nun fest an die Wand drängten, um nicht einen Millimeter des Raumes zu besetzen – denn dieser gehörte dem kosmischen Magier.

„Der letzte Tiger!“, dachte ich bewundernd. Gedanken und Gefühle wurden rund. Er kennt nicht nur viele menschliche Sprachen, vielleicht kennt er auch die Sprache der Tiere.

30

„Wo ist Sita?“ Lautenmusik, sehnsüchtige Gesänge, die aus hohen Frauenstimmen himmlisch klangen, riesige Gebäude, die mit dem Licht ihre Form veränderten, unwirkliche Schönheit und betörend duftende Gärten hielten Hanuman nicht davon ab zu fragen: „Wo ist sie?“
Verwandelt in ein Miniaturäffchen turnte er durch die bewachten Räume. Erstaunt über goldene Treppen, die in den Himmel führten, über die Späher, die mal Asketen, dann wieder Kämpfern glichen, über das Lapislazuli an den Wänden, über Blumenarrangements in silbernen Wasserbecken, Fensternischen mit Blattmustern aus Smaragden verziert, vergaß er jedoch keine Sekunde Sita. Unter den Frauen, die wie hingegossen auf gewebten Teppichen lagen, ihre mit Juwelen verzierten Häupter auf feine Seidenkissen gebettet – manche, im Rausch von Wein und Opiaten, hatten die Beine gespreizt oder ausgestreckt, und die schweren schläfrigen Lider lockten zu trunkenen Stunden –, suchte er nur Sita.
Aufgelöste Halsketten, deren Perlen zwischen nackten Brüsten gefangen waren, Juwelen, die die Strahlen des Mondes reflektierten, nackte Schenkel, die einem Ufer glichen, auf denen Wasservögel landen könnten – nichts verwirrte Hanuman. Die Frauen sind nicht die Herrinnen ihrer selbst, sie sind gefangen in ihrem Wahn, der Ravana heißt. Hanuman dachte auch: Ravana scheint keine dieser Frauen mit Gewalt hergebracht zu haben, entweder sie sind aus Liebe zu ihm gekommen, oder er hat sie ihren Eltern mit der Verheißung von Fülle und Reichtum entlockt. Sie liegen so losgelöst nebeneinander oder haben den Kopf auf die Brust der anderen gelegt, dass man nicht weiß, wem der Schleier oder das verrutschte Diadem denn gehört. Sie erscheinen, sind Licht, das Ravana erhellt, der inmitten seiner Frauen schläft.
Wenn Wahn sich verbreitet, hab acht vor Wahnsinn!

Wir aßen zu Abend. Amma bediente Appa, Radha, Vinu und mich mit Kokosreis und Gemüsebällchen. „Wie war der Meister?“, fragte sie.
„Das Gesicht Krishnamacharyas ist ein Buch“, antwortete ich. „Man möchte vor ihm sitzenbleiben und darin lesen. Titel, Preisgelder und Publicity gleiten an ihm ab. Aber das mit dem Kaffee war so dumm. Es roch dermaßen ...“
„Einen großen Meister stört so was?“, fragte Appa scharfzüngig.
„Nee. Aber ein ätherischer Duft umgibt ihn, da störte mich jeder andere Geruch. Streng nach den Regeln der Iyengar-Brahmanen lehnt er Geld für seine Vorträge ab. Auch stieg er nicht in das Auto irgendeines Schülers, sondern ging zu Fuß nach Hause. So bleibt er unabhängig.“ Appa, durchaus anfällig für Titel und Anerkennung, verzog keine Miene.
„Wie finanziert er dann sein Leben?“, fragte Radha neugierig.
Vinu antwortete: „Er hat sicher Geld. Da gab es doch den Maharaja von Mysore, der ihn wie andere indische Künstler und Philosophen gefördert hat.“
„Ja, den behandeln wir im College“, sagte Radha. „Der Maharaja Jayachamarajendra Wodeyar war ein Philanthrop und wollte eigentlich Musiker werden. Er hat in Oxford studiert und musste aber dann den Thron von seinem Onkel übernehmen. Er wurde zum Ehrenmitglied vom Trinity College of Arts in London ernannt und war später ein Mäzen für indische und westliche Musiker zugleich. Außerdem widmete er sich lebenslang der Philosophie!“
Radha hat schon einiges gelernt im College, dachte ich und ergänzte: „Wenn es nach diesem Maharaja gegangen wäre, dann wäre Krishnamacharya in Anbetracht seines akademischen Könnens und seiner Herkunft Vorstand der dortigen Matham, dem großen Orden, geworden. Er hätte ein Leben in Amt und Würde führen können.“
„Dieser Maharaja war der letzte bedeutende König der Wodeyar-Dynastie in Mysore“, meldete sich nun auch Appa zu Wort. „Die tamilischen Tanjore-Könige gab es damals schon längst nicht mehr. Kinderlos und schwach war der letzte Tanjore-König. Die Briten hatten sein Reich schon 1855 annektiert. Die adligen Familien dort hatten keinen Einfluss mehr auf die Politik. Einst waren auch sie bedeu-

tende Mäzene indischer Tänzer und Musiker. Der Wodeyarclan aus Mysore hingegen hatte außer Reichtum auch politischen Weitblick und hielt sich bis nach der Unabhängigkeit Indiens auf dem Thron. Es war ein Fehler der Politiker, dass alle Maharajas 1950 von Nehru gezwungen wurden, abzudanken. Nehru gliederte die vielen indischen Königreiche in eine indische Union ein, nachdem die Briten uns verlassen hatten."

Appa schien sich auszukennen. Endlich stimmte ich mit ihm einmal bei einem Thema überein.

„Wenngleich manche Könige während der Kolonialzeit gemeinsame Sache mit den Briten gemacht haben und damit Landesverrat begingen, finde ich es falsch, dass sie alle abdanken mussten. Neulich habe ich in einem alten Zeitungsartikel, in dem Krishnamacharya damals ein Interview gegeben hat, gelesen, dass er sagte: Indien ist nicht reif für die Demokratie! Die Unabhängigkeit kommt unvorbereitet! Was beweist, dass der Erhalt der Monarchie in einigen der neugegründeten Bundesländer gut gewesen wäre."

„Ach, liest der Meister Zeitung, interessiert er sich für Politik?", fragte Appa.

„Ja, und seine Schüler schwärmen, dass er beim Lesen gleichzeitig dem Atem des übenden Schülers zuhört, aus dem er Schlussfolgerungen für dessen Gesundheit zieht. Was ist denn heute das *dharma* eines Iyengar-Brahmanen, Appa?"

Vater war auf meine direkte Frage nicht vorbereitet. Er hatte seine acht Kinder, seinen Vater, Amma und Meitli, seine Nichte, ernähren müssen. Und vor ihm stand nun ein Sprössling, der es ablehnte, eine Familie gründen zu wollen. Das war gegen den Sinn seiner Weltordnung. Ich versetzte ihm noch einen weiteren Stich: „Das IIT findest du doch nur gut, weil es ausländische Anerkennung hat."

Appa antwortete nichts darauf, aber ich sah an seinem plötzlichen Aufstehen, seinem abrupten Abwenden, wie er wütend wurde. Er ging auf und ab, und ich war froh, dass Srini schon wieder nach USA abgereist war. Sonst hätte ich die Front, die er jetzt sicher mit Vater gebildet hätte, nicht angegriffen.

„Appa, ich möchte mehr über Sanskrit, Ayurveda, Grammatik, Rhetorik und auch mehr über die Kunst Indiens wissen. Der Meister schreibt Poesie, spielt die Vina; soll außerdem ein guter Koch sein und baut sein eigenes Gemüse an. Ich möchte nicht zum akademischen Fachidioten verkümmern. Krishnamacharya ist ein Universum für sich und inspiriert mich. Aber stell dir mal vor, du hast ein solches Genie als Vater." Sicher klang das zynisch, wenn ich auch nur etwas Gutes über Vater sagen wollte. Ich blickte ihm in die Augen. Er senkte den Blick und wirkte verletzt.

„Es ist nicht jedem gegeben, in vielen Sparten zu glänzen. Glänze erst mal in einer, und es bringt dir Anerkennung und Auskommen", antwortete Appa leise.

„Es reizt mich einfach, die Bedeutung der Geometrie und der Zahlen zu erkennen, die sich hinter Göttern verbirgt. Der Mythos führt ins Abstrakte. Der Elefantengott reitet auf der Maus, ein Affengott fliegt durch die Lüfte. Hinter allem steht eine Nummer. Eine Götterskulptur besteht aus acht übereinstimmenden Maßen, und mit den Händen und Füßen sind es neun. Ich habe über die Null promoviert, doch keiner im IIT begeistert sich für meine Themen. Ich komme da nicht weiter."

Appa wirkte auf mich plötzlich alt und gebrechlich, als er das Esszimmer verließ. Mir wurde klar, dass ich ihn überforderte. Er stahl sich leise davon. So machte er es immer, wenn er mit einem Thema nicht klarkam. Man konnte es an seinem Gang ablesen, er trat dann besonders behutsam auf. Dass ich mich auf die alten indischen Werte besann, wurmte ihn, da er unbedingt aus allen seinen Kindern moderne Inder machen wollte. Die meisten Eltern meiner Generation verklärten die Geschichte der Kolonisierung.

Doch wenigstens lenkt Krishnamacharya ihn von seinem Atheismus ab, dachte er sicher.

„Mein Sohn Gowinda wird sich im Sanskrit-College einschreiben. Er will seiner Kaste Ehre machen", machte sich Appa über mich lustig. Er tat dies beim nächsten Freitagsessen, bei dem sich die Verwandtschaft wie immer bei uns versammelte. Gerichtet war diese Bemerkung an seinen älteren Bruder, einem ehemaligen Anwalt, der noch konservativer als er selbst war. „Das *Ramayana* zu studieren gehört zum *dharma* eines jeden im Iyengar-Clan Geborenen“, sagte ich und klang belehrend. Mein Stadt-Onkel war in Madras aufgewachsen und ging in der Welt des Gerichts auf, rümpfte die Nase und ließ seine Augen, die hinter den runden Brillengläsern kauzig wirkten, zur Decke wandern und seufzte: „Das Gebäude des Sanskrit-Colleges ist heruntergekommen. Es ist renovierungsbedürftig. Aber keiner will da mehr Geld hineinstecken!“

Radha und ich prusteten vor Lachen, als sie ihn auf der Dachterrasse nachahmte. „Radha“, sagte ich dann ernst: „Was meinen Lebensweg betrifft, werde ich immer meinem Instinkt folgen.“

„Instinkt!“, lachte sie laut auf und verzog den Mund. Sie schnüffelte wie ein Tier bei der Nahrungssuche.

31

Hingegossen in golddurchwirkter Seide sah Hanuman auf einer Liege die schönste Frau, die er je gesehen hatte. Alles um sie herum strahlte in hellem Licht, so dass Hanuman zunächst glaubte, er sähe Sita. Vor Freude war er die Säulen hinaufgeklettert, um sich nach Affenart auf den Boden fallen zu lassen. Doch stutzte er: War das wirklich Sita, die sich jetzt lauthals über ihn, das niedliche Äffchen amüsierte? Da bemerkte er, dass er einem Trugbild erlegen war. „Sie kann nicht Sita sein, denn sie würde ohne Rama nicht fröhlich lachen!“, flüsterte er und verschwand beschämt aus dem Palast der Völlerei.

„Wie finde ich Sita? Lebt sie überhaupt noch?“, fragte er sich.

Die blauen und weißen Lotusblüten in den Teichen im Garten, denen die Morgensonne das Aufblühen entlockte, die Orchideen an den Bäumen und die erwachenden Pfaue brachten Hanuman auf die richtigen Gedanken: Sie wird in der Natur zu finden sein!

„Es ist nicht leicht, die richtige Frau unter den vielen Kopien zu finden! Da hat bestimmt so manch einer schon die falsche gegriffen“, witzelte Hanuman, um sich in Ravanas Reich bei Laune zu halten.

An einem Freitag, als der Heiler einen Termin hatte ausfallen lassen, weil er ins Ausland musste – er war eingeladen, Seminare über seine Heilerfolge zu halten –, machte ich einen kleinen Ausflug. Ich setzte mich auf meine Enfield und fuhr die Straße am Meer entlang. Vor dem weiten, menschenleeren Sandstrand hielt ich an und hockte mich auf eine kleine Mauer, die die Straße vom Strand trennte. Schwüle Hitze kündigte den Monsun an. Einige Fischer zogen in der Ferne auf einem Katamaran ein Netz aus dem Meer, und die fast nackten, schwarzen Körper, die still auf dem Katamaran standen, riefen ein Bild des friedlichen, ursprünglichen Indiens wach. Sie standen fest und ruhig und kannten keine Hast. Ihre Fischersiedlung, am nördlichen Ende des Strands gelegen, bestand aus einfachen, strohgedeckten Hütten.

Absagen, entsagen oder versagen – besteht ein Zusammenhang zwischen dem bewussten Aufgeben und der Unfähigkeit, etwas zu können und es zu lassen, grübelte ich unzufrieden mit meiner Dozentenstelle. „Ach, könnte ich doch so ein einfaches Leben wie diese Fischer führen!“ Das euphorische Gefühl, das sich nach Yogaübungen jeden Morgen einstellte, war zweigeteilt, sagte: „Entsage“ und gleichzeitig „Widme dich.“ Täuschte ich mich etwa selbst und wollte das Bild eines vergangenen Indiens wieder beleben, das es nicht mehr gab?

Am Ende des Strands sah ich eine einsame Gestalt langsam auf der Straße ein Fahrrad schieben. Beim Näherkommen erkannte ich, dass sie einen kurzen grünen Tanzsari trug und leuchtend rote Pyjamas darunter. Und plötzlich wusste ich: Das ist sie! Mein Fahrradmädchen!

„Ist was mit dem Fahrrad?“, fragte ich und sprang von meiner Mauer herunter, als sie näher gekommen war. Das Mädchen senkte ihr Gesicht, und auf den Wangen bildeten die Wimpern zwei Mondsicheln. Ich spürte, wir mir das Blut in den Kopf schoss.

„Platt!“, sagte sie verärgert. „Dabei müsste ich längst in Kalakshetra zur Tanzprobe sein. Ich bin viel zu spät dran!“

Dank Dave, der mir beigebracht hatte, wie man Fahrräder aufpumpt und Löcher in Schläuchen repariert, trug ich immer eine kleine Reparaturtasche mit Werkzeug in meinem Motorradkasten bei mir. „Warte, ich kann das!“, sagte ich schnell.

Das Mädchen sah mich verblüfft an und setzte sich erleichtert auf die Mauer. Kleine Schweißperlen standen über ihren Augenbrauen, als ich sie vernarrt anstarrte. Dann widmete ich mich dem Rad. Während ich es aufpumpte, sah sie mir zu.
Ich drehte das Ventil zu und hielt ihr das Rad hin. „Das müsste jetzt halten, das Ventil war nicht geschlossen."
„Danke", sagte sie schnell und wollte sich auf den Sattel schwingen.
Ich griff in den Lenker. Das war meine Chance: „Wie heißt du? Ich möchte so gern indischen Tanz sehen! Ich war lange im Ausland und habe das verpasst! Ich kämpfe in einem wissenschaftlichen Beruf. Von Kunst habe ich keine Ahnung."
Sie zog die Augenbrauen hoch: „Dann komm doch nachher rüber zu unserer Vorstellung." Sie zeigte in Richtung des bewaldeten Campus, der hinter der Gasse aus modernen Häuserblocks begann. „Wir tanzen um sechs Uhr abends traditionelle indische Klassik. Und danke fürs Helfen." Sie trat in die Pedale.
„Und wie komme ich da rein?", rief ich ihr hinterher.
„Sag, du seist der Bruder von Nila aus Andhra!"
„Ich bin auch aus Andhra!", schrie ich.
Doch sie war weg.
„Nila heißt Himmelblau", flüsterte ich vor mich hin. War sie schüchtern oder in Eile? Es war drei Uhr. Noch drei Stunden, dann würde ich sie tanzen sehen. Meine Euphorie musste sich jetzt entladen: Ich dankte Hanuman. Früher in unserer Agraharam-Siedlung in Vishnupuram waren Tänzer oftmals Männer in Frauenkleidern. Sie kamen zu den Tempelfesten und tanzten mit Masken. Kalakshetra jedoch war berühmt für die Wiederbelebung jenes Tempeltanzstils, den einst nur der Gottheit geweihte Frauen ausübten. Ihre Weihung war seit den vierziger Jahren verboten. Deshalb sah ich als Kind nur noch die folkloristischen Männertanzgruppen. Über die Devadasis, eine im Matriarchat lebende Kaste, wurde gemunkelt, dass sie von Männern, die mit ihnen verkehrten, nach dem Tempeltanzverbot in die Prostitution gedrängt wurden. In Kalakshetra, hatte ich gehört, würde nun ihr Tanz zur Bühnenkunst erhoben und salonfähig gemacht. Mädchen und Jungen aller Kasten und

Nationalitäten werden in Kalakshetra unterrichtet. Ich fuhr zurück ins IIT. Nachhause war zu weit. Ich kämmte mir dort die Haare. In meinem Schrank im Dozentenzimmer hatte ich traditionell indische Sachen zum Anziehen für besondere Gelegenheiten.

Auf der Fahrt zum Kalakshetra regnete es wolkenbruchartig. Ich stellte mich unter. Doch es hörte schnell wieder auf. ‚Kalakshetra College of Fine Arts' sagte das Schild, hinter dem ich in ein baumreiches, weitläufiges Gelände einbog. Eine befestigte sandige Straße führte an einem Teich vorbei, und ein uniformierter Wächter hielt mich an: „Park dort hinten unter dem Baum", sagte er. Das große Gelände verlief sich in eine unberührte Dünenlandschaft, die sich leer und einsam bis zum Meer hinzog. Fast verirrte ich mich auf der Suche nach dem Auditorium. Es ging an kleinen runden Hütten vorbei, aus einer hörte ich die Klänge der Vina. Ein weiterer, in khakifarbene Uniform gekleideter Wächter deutete nach rechts zu einem Open Air Auditorium, ohne dass ich eine Frage gestellt hatte. Ich sah nur wenige Zuschauer auf den steinernen Bänken. Sicher kommen nur die Freunde und Angehörigen der Tanzenden, und es wird weitgehend leer bleiben, dachte ich. Die Bühne wurde gerade trockengewischt.
Als die Sonne unterging, wurden Fackeln angezündet. Die tropische Nacht senkte sich herab. Sie schien es eilig zu haben, mit ihrer Schwärze alles zu ummanteln. Niemand fragte mich, wer ich sei. Ich setzte mich in die Mitte einer hinteren Reihe. Auf einmal strömten die Studierenden und Lehrenden des Instituts herein, belegten sämtliche vordere Reihen, und es wurde laut. Auf der Bühne gingen die Scheinwerfer an und beleuchteten die Musiker, die nun auftraten, sich auf den Boden setzten und ihre Instrumente stimmten. Langsam formierte sich eine Melodie zum Raga. Ein Sänger stimmte die freudige Anrufung Ganeshas, den elefantenköpfigen Beseitiger aller Hindernisse, an. Knapp und präzise klang daraufhin das Shollukattu, der abstrakte Sprechgesang. In einem atemberaubenden Tempo, das jeden Schläfrigen ins Hier und Jetzt holte, wirbelten von beiden Seiten der Bühne die jungen Tänzer herein. Sie stammten aus den unterschiedlichsten Regionen Indiens, waren chine-

sisch aussehende Nordostinder oder dunkelhäutige Südinder. Was für ein großes Reich Indien doch ist, schoss es mir durch den Kopf. Meine Augen und Ohren wurden von der rasanten Geschwindigkeit, den überraschenden Tempowechseln und dem plötzlichen Innehalten der Körper gebannt.
Zwei Mädchen und zwei Jungen tanzten synchron. Stark und graziös zugleich, sie hüpften, sprangen, glitten. Manchmal schien es, als würden sie schwerelos sein, wäre da nicht das Stampfen der mit Schellen geschmückten Füße, das einen Rhythmus erzeugte, der hin und wieder wie ein Gegenschlag zum Takt der Trommel erklang und die Verbindung der Tanzenden zum Boden zeigte. Wenn die wellenförmigen Bewegungen ihren Höhepunkt erreicht hatten, verharrten die Tänzer einen Augenblick reglos, in sich eingeschlossen, was auf mich wie eine Formation der Null wirkte, und begannen dann aufs Neue mit ihrem Schellengewirbel, zogen sich mit federnden Schritten zum Bühnenhintergrund zurück, bevor sie wieder ansetzten.
Ich wusste nicht, ob Nila dabei war, denn die Tänzer waren stark geschminkt und ihre Persönlichkeiten waren dadurch unkenntlich. Es unterstrich den rituellen Charakter, das Zeremonielle des Tanzes. Ein Mädchen tanzte bald allein, langsam, lyrisch mit filigranen Handgesten, wie ich sie noch nie gesehen hatte, und wirkte innig mit etwas mir Unsichtbarem verbunden. Irgendwann wusste ich: Das ist sie! Ihre Hände hatten Macht über den Raum. Erzählte sie von der Vergangenheit oder vom unmittelbaren Verlangen nach Erfüllung? Oder erzählte sie über eine beseelte Zukunft und weilte in einem Bewusstsein jenseits von Zeit? Ich war wie hypnotisiert über die hochentwickelte Feinheit. Diese Tänzer steigen in nicht dinggebundene Welten, haben Zahlensysteme als Klang, diesseitige Lebensfreude und scheinen doch ein Aussteigen in ein anderes Universum verinnerlicht zu haben. Wie arm bin ich dagegen in meiner mathematischen Welt! *Kitatakadharikitatom,* sie tönen ihre eigene, abstrakte Sprache. Die Welt der Phantasie entsteht direkt vor mir, ist zum Greifen nah, dachte ich.
Rukmini Devi, die Direktorin des Instituts und Guru der Tanzschüler, erschien auf der Bühne. Sie erklärte die nächste Szene, die Teil ihres

Ramayana-Ballett-Zyklus sei. Rukmini Devi hatte sich einen Namen als Choreografin gemacht und, das erfuhr ich nachträglich, Kalakshetra zu weltweitem Ruhm verholfen. Sie hatte ein einprägsames Gesicht, ihre Mundwinkel zeigten nach unten und offenbarten Unzufriedenheit. Ihre leicht vorgebeugte Haltung zeigt sanftes Einwilligen, sie wirkte nicht wie die Direktorin einer Schule, eher wie eine Vermittlerin, die zuhört, was andere sagen. Bei ihrem Abgang von der Bühne standen die Zuschauer auf und klatschten. In orangenes und blaues Licht getaucht tanzte nun eine Gruppe eine Meeresszene mit blauen Tüchern, die auf und nieder wogten und Wellen bildeten, bis eine andere Gruppe als Affen herumsprang, flitzte, turnte, sich überschlug und in einer akrobatischen Höchstleistung die Brücke über den Ozean nach Lanka darstellte. Hanuman, ein kleiner drahtiger Kerl mit einer kunstvollen schwarzgrün-weißen Maske, flog mit gewaltigen Sprüngen über die Bühne. Es gab tosenden Beifall. Hanuman war der Publikumsliebling.

Nach der Veranstaltung stand ich ganz benommen draußen auf dem Sandweg vor dem Freiluftauditorium und sah mich um. Ich trug den traditionellen Dhoti, einen weißen Wickelrock mit Goldborte, das passte hier gut, wo Tradition als Lebensstil gepflegt wurde.
Nach und nach kamen die Tänzerinnen und Tänzer von der Bühne herab, traten auf den Weg und begrüßten ihre Angehörigen. Nila kam zusammen mit einer anderen, kleineren Tänzerin. Sie begrüßte wohl die Eltern der Freundin. Als sie mich bemerkte, lächelte sie und winkte mir zu: „Warte, ich bin gleich bei dir!“
Nach ein paar Minuten kam sie auf mich zu. Ich sah, wie nass geschwitzt ihr Tanzkostüm aus wertvoller blauer Seide, mit einer goldenen Borte abgegrenzt, war. An ihrer Nase funkelte ein Diamant. Auf der Stirn glänzte ein Rubin. „Meine Familie konnte nicht kommen“, erklärte sie mir, ohne dass ich danach gefragt hatte. „Meine Mutter ist aus Irland und zurzeit in Dublin und mein Vater geschäftlich in Singapur.“
„Ausländische Wurzeln und doch eine indische Blüte“, mein Kompliment klang eher platt, denn sie senkte die Lider.
„Hat es dir gefallen?“, fragte sie und sah mir direkt in die Augen. Wie

wohltuend es war, dass sie sich herabließ, mit mir zu reden. Das Make-up machte ihre Züge ikonenhaft, und das schwarze Kajal umrandete in dicken Strichen ihre Augen, die ihre unwirkliche Schönheit unterstrichen und sie gleichzeitig ins Unerreichbare hoben. Ich fühlte mich schon vom bloßen Hinschauen wie betrunken und versuchte, meinen Blick zu zähmen. Er blieb bei ihren vollen rotgemalten Lippen hängen. Ich wusste nicht, was ich sagen sollte, und schaute auf eine dicke Kette aus goldenen Münzen, die auf ihrem zarten Busen lag. „Nur wer Zahlen verinnerlicht hat, kann solche Rhythmen tanzen!“, fiel mir endlich etwas ein.

„Beim Üben haben wir die Zahlen längst geschluckt und die Null gegessen!“ Nila lächelte verschmitzt.

Da war es um mich geschehen. Das hier war nicht normal. Einen so runden und vollen Mund muss man küssen, dachte ich. Ich will ihr Herz verstehen, mit ihr am Meeresstrand entlang gehen, in die Wellen tauchen, bis wir ertrinken und nie wieder in die Welt zurückkehren.

„Was denkt ihr bei solchen kunstfertigen Tänzen?“, fragte ich.

„Wir denken an die verschiedenen Götter, erkunden ihre Qualitäten, noch bevor wir sie tanzen, sind wir Philosophen“, erklärte Nila.

„Und wo stammt deine Familie her?“, fragte sie mich und wechselte das Thema. Aus einer Legende meiner Paati, hätte ich am liebsten geantwortet.

„Wir sind Iyengars aus Andhra, stammen aus einem kleinen Dorf bei Tenali“, sagte ich.

„Nein, wirklich, meine Großmutter lebt in Tenali. Aber sie ist in die Händlerkaste hineingeboren. Mein Vater ist Geschäftsmann. Er handelt mit Zement und anderen Baustoffen.“ Ich verlor meine Befangenheit und erzählte ihr in Telugu kurz von meinem Konflikt mit der Dozentenstelle und dass ich lieber die altindische Sprache Sanskrit und Grammatik studieren wollte und auch Yoga üben und lernen würde. Yoga schien sie zu interessieren. Denn sie erkundigte sich, wie es sich auf Knieschmerzen auswirke. „Komm in unser Institut, triff unseren Lehrer, er ist ein bekannter Heiler“, sagte ich resolut. „Er kennt bestimmt die richtigen Übungen für Tänzer“, sagte ich beglückt, denn

würde sie kommen, würde ich sie wiedersehen.
„We will meet“, sagte sie plötzlich kurz angebunden und verschwand in der Menge.
Rukmini Devi hatte uns argwöhnisch beobachtet.

Als ich auf mein Motorrad stieg, dachte ich: Um Nila werde ich kämpfen müssen, denn sie ist nicht aus unserer Kaste, sie gehört in eine andere Welt. Ich fuhr durch das Neubaugebiet, Besant Nagar, dem Teil von Adyar, der nach Annie Besant benannt war. Nilas Mutter ist Irin. Also Christin. Wie diese Engländerin Annie Besant, die diesem Stadtteil ihren Namen gegeben hat. Was führte Frauen aus England und Irland damals nach Indien? überlegte ich. Annie Besant, das wusste ich, hatte in der angrenzenden Theosophischen Gesellschaft mit ihren sozialen Ideen einen sachlicheren Ansatz in die Theosophie gebracht. Ich war seit meiner Rückkehr Mitglied hier, um in der ausgezeichneten Bibliothek der Theosophen lesen zu können. Aber Nilas Mutter, was wollte sie in Indien? Dann fiel mir Helen Blavatsky ein, sie war die Gründerin der Theosophie. Eine wirklich verrückte Frau, dachte ich. Sie kam vor einer Ewigkeit schon nach Indien, suchte das Mystische, während Annie Besant eher politisch motiviert war. Letztere war eine Sozialreformerin, stellte sich hinter Gandhi, was in den dreißiger Jahren bestimmt als Affront gegen die Engländer galt. Was bewegte solche Frauen? Annie Besant hatte die Reformpädagogik nach Adyar gebracht und Maria Montessori eingeladen. Die berühmte italienische Reformpädagogin musste in den späten dreißiger Jahren vor dem italienischen Faschismus fliehen und hatte hier eine Bleibe bekommen. Erstmals dachte ich an das Gute, das westliche Frauen in Indien vollbracht hatten. Zusammen mit Annie Besant hatte Montessori eine Schule in Adyar gegründet. Dieses Erbe gehört heute auch zu Kalakshetra. Rukmini Devi ist mit Arundale verheiratet gewesen. Er war Engländer oder Schotte vielleicht. In diese Tradition gehört Nila. Sie präsentiert eine glückliche Mischung aus Ost und West. Ich idealisierte sie in meiner Verliebtheit. In Adyar hat die kulturelle Renaissance Indiens zusammen mit Europäern stattgefunden.

„Adyar! Das ist meine Zukunft!“, flüsterte ich und spürte Regentropfen auf meinem Gesicht, als ich über den Adyar-Fluss fuhr. „Mit Nila!“ Hier kaufen Inder, die aus dem Ausland zurückgekehrt waren, aber deutlich mehr Geld hatten als ich, Grundstücke und bauten Häuser.
Als ich in die breite, völlig leere Küstenstraße, einbog, die am Marina Beach entlang nach Norden zum Stadtteil Triplicane führte und eine der längsten der Welt ist, wie mein Vater stolz sagte, wurde es schaurig und windig. Diese Straße ist morgens bei Sonnenaufgang oder abends, wenn der Mond aufgeht, meine Lieblingsstrecke. Nirgends sonst gab es so gute breite und freie Straßen in Madras. Doch jetzt stürzte der Regen herab und stand vor mir wie eine Wand. Ein Zyklon raste vom Meer herein. Ich hielt unter der scheußlichen Mahatma Gandhi-Statue an. Ich mochte sie nicht, denn das schwarze Monument wirkte eher bedrohlich als inspirierend.
In einem Blechhäuschen, von dem aus man das Meer sehen konnte, stellte ich mich unter. Als ich auf das offene, tosende, tiefschwarze Meer blickte, sah ich Nila noch einmal in meiner Fantasie tanzen. Wenn ich sie je besitzen könnte, sie erobern, bezwingen, lieben, dann würde ich sie demütig verehren, ihr völlig verfallen sein und ein Leben lang verklären, ahnte ich. Ich spürte, wie meine sexuelle Erregung anstieg. Die spärliche Straßenbeleuchtung, die es hier gab, war ausgefallen.
Ich nahm mir vor, meinen Stadt-Onkel, der so pikiert schaute, der schon immer in Madras gewohnt hat und die Zeit Rukmini Devis als junger Tanzstar mitverfolgt haben musste, nach Rukmini Devi auszufragen. Er hat sie vielleicht tanzen gesehen. Wollte ich Nila verstehen, musste ich hier anfangen. Durch das Dach des kleinen Blechhäuschens tropfte der Regen, und meine Kleidung wurde allmählich feucht. Plötzlich erschien mir Helen Petrovna Blavatsky, jene geheimnisvolle „Meisterin von Adyar“, aus dem Dunkel vor meinen überspannten Nerven. Der Zyklon war fürchterlich, und ich musste meine Gedanken irgendwo hinlenken – auf die mystische Hexerin, die auch nach ihrem Tod Lehrerin Rukmini Devis ist. HPB, wie Blavatsky genannt wurde, war vor hundert Jahren, also Anfang 1879, in Indien gelandet, hatte drei Jahre später mit Cornel Olcott das weitläufige Estate des Prinzen von

Nawab gekauft und die Theosophische Gesellschaft gegründet. Von Adyar aus beeinflusste sie europäische Wissenschaftler, Schriftsteller, Philosophen und Maler. Wild, Yeats, Shaw, Kandinsky, Steiner waren ihre Anhänger. Sie fesselte die weltweite Künstlerelite von Adyar aus. In Boston hatte ich ein Buch über ihre Jugend gelesen. Wie gern sie ritt, ich sehe sie jetzt vor mir: wild mit wehendem schwarzbraunem Haar. Ich stelle sie mir in Russland im Park ihres Großvaters vor. Im heftig niederprasselnden Regen spürte ich das heiße Temperament dieser Frau, ihren Eigenwillen. Es ist der gleiche, den ich bei Nila vermutete. Sie zähmte ihr Pferd mit jedem Stoß ihres nackten Schenkels und siegte über dessen animalischen Freiheitstrieb.
Leise, als läge es in weiter Ferne, gischte bedrohlich das Meer. In der Schwärze der Nacht sehe ich wieder Nila vor mir, wie sie jung und frisch in der Flügeltür der Theosophischen Bibliothek unter dem Foto von Blavatsky steht und verführerisch lächelt. Eine bedrohliche Ahnung erfasste mich: Haben die Thesen der HPB auch sie im Griff, genauso wie sie ihre Lehrerin Rukmini Devi dominieren? Was war das Besondere an HPB, dass sie die Glaubensgemeinschaft der Theosophen mitbegründen konnte? Das Foto der kopftuchtragenden HPB hatte mich bei jedem Besuch in der Bibliothek auf merkwürdige Weise angezogen. Ihre transparenten Augen – weitaufgerissen, als würde sie die Stimmen von Geistern vernehmen, gefährlich durchsichtige Augen – mahnten: Meide die Lust und widme dich Höherem! Stand Nila im Dienst dieses Höheren? Doch was ist das Höhere, das die Theosophie mit ihren Idealen vom Stadtteil Adyar aus hinaus in alle Welt verbreitet hatte? „HPB hat den Begriff Okkultismus in die englische Sprache gebracht“, stand im Newsletter, der im Regal am Eingang auslag. Ich hatte auch neugierig in der Biografie der HPB gestöbert: Geboren am zwölften August 1831. Als junges Mädchen soll sie oft nachts im Schlaf in einem weißen Spitzenkleid durch die Räume des Schlosses ihrer Großeltern gewandelt sein. Großvater Alexis Hahn von Rollenstein, der aus Mecklenburg-Vorpommerschem Adel stammte und im russischen Dienst stand, wollte ihr das Somnambule austreiben. Er ließ einen Exorzisten kommen, der den Teufel in HPB bekämpfen sollte.

Ich sehe sie vor mir: ein unzähmbares Mädchen, das ohne Sattel durch die russische Tundra reitet, eine Draufgängerin, die allen zum Trotz mit siebzehn Jahren einen sehr viel älteren Mann heiratet und ihn wieder verlässt! Ihre ungezähmten Energien halfen ihr sicher, aus der bornierten Welt der Adligen auszubrechen. In London, als sie durch den Hyde Park wandelte, soll sie ihr Schlüsselerlebnis gehabt haben: Sie sah etwas, das andere nicht sahen. Sie begegnete dem, was ein bodenständiger, mittelmäßig geprägter Geist nicht nachvollziehen kann. Ein Blitz erhellte den Himmel. Ich zuckte zusammen. Ich wollte hier und jetzt ergründen, was mir einen Weg zu Nila offenbaren könnte: Das Okkulte. Ob HPBs Vision eine Illusion oder eine wirkliche Gestalt war damals, kann niemand wissen, denn sie beschrieb dieses Erlebnis nebulös als die erste Begegnung mit ihrem Meister. Sie offenbarte jedoch Zeit ihres Lebens niemandem, welcher Mann sich hinter diesem Meister verbarg. Nur so viel gab sie preis: „Der, den ich Meister Morya nenne, ist ein Inder." War er ein Rajput-Prinz, den sie leidenschaftlich begehrte und der die von Haus aus verwöhnte HPB, die gewohnt war, alles zu bekommen, abblitzen ließ, und die ihn deshalb zu einem Phantom erkor? Oder war er sowieso nur eine Gestalt ihrer ausufernden Phantasie, mit der sie auf phantastische Reisen ging? Sie sei mit ihm in Tibet gewesen, behauptete sie felsenfest, obwohl zu der Zeit niemand dort einreisen durfte. Was in der Phantasie geschah und was in der Realität, vermischte HPB. „Der Meister diktiert mir seine Thesen!", behauptete sie und schuf das Standardwerk der Theosophen: „*The secret doctrine*".
In dieser Nacht wurde ich nicht schlau daraus, was die Blavatsky mit der großen Tänzerin Rukmini Devi gemeinsam hatte. Die Suche nach einem Wunder? HPBs „*The secret doctrine*" galt bei ihren Kritikern als eine nicht durchdachte, spontane Überlegung, die aus einer Mischung von Schamanismus, Buddhismus, Synkretismus, Mesmerismus und Tantrismus bestand und die sie mit einer Prise arischem Rassismus aus Europa des ausgehenden neunzehnten Jahrhunderts gewürzt hatte. Warum verbinde ich Nila mit HPB? Weil sie ein Freigeist ist, den ich niemals erobern kann? Weil sie mit Tanz Illusionen erzeugt und dabei mich mit meinen echten Gefühlen konfrontiert? Oder weil sie eine hal-

be Europäerin ist?
Ich begann zu frieren. Der Regen hörte nicht auf. Der Unterstand wurde klamm. Plötzlich wurde mir aber klar: HPB fasziniert mich, weil sie Religionen von ihrem äußeren Bild und ihren Gebräuchen entkleidete und sie im Zusammenhang mit ihren metaphysischen Seiten annahm, ganz anders als die weltweit religiös geprägten Naturwissenschaftler, die im Kultus ihrer spezifischen Religion steckenblieben. HPB hatte eine sinnliche Beziehung zu den Schriften. Sie war Abenteuerin, die unter anderem ihr Geld als Zirkusreiterin in Ägypten verdient hatte.
Was für eine Frau! Sie muss eine übergriffige Offenheit besessen haben, denn nach dem Studium der Veden in Indien interpretierte sie diese Texte auf ihre Art und Weise. Sie war auch von den Indianern in Amerika fasziniert. Darin sah ich Parallelen zu mir. Sie war mir sympathisch. Sie heiratete noch einmal. Diesmal ihren Seelenverwandten William Quan Judge, einen irischen Anwalt, der eine Weile ihr phantastisches Leben beschützt haben mag, während sie sich weiterhin als Jungfrau ausgab. Auch ich will Nila beschützen. Aber ich bin kein Anwalt, kann keine Familie ernähren wie Vater. In diesem Moment bereute ich meine Entscheidung, die wissenschaftliche Karriere aufgegeben zu haben. Was, wenn ich jetzt einen Job bei der NASA in USA hätte? Würde das Nila beeindrucken? Wieder sah ich die eindringlichen Augen der Blavatsky aus dem Dunkel auf mich gerichtet, als gäbe es nichts Totes unter den Toten. Ich spürte ihre Zielstrebigkeit, ihren Arbeitswillen, ihre seelische Stärke, mit der sie in Adyar ihre Manuskripte verfasste. Wie sie versuchte, den richtigen Platz für sich im Weltenplan zu finden. Ihr *dharma*? Sie soll Tische durch mentale Kraft gehoben haben. Ich hörte sie auf einmal reden: „Die Materie ist noch nicht erforscht. Jedenfalls nicht die Energie, die in ihr strömt." Ihr Mund formte weitere Worte. Wollte sie zu mir reden, wie einst Meister Morya zu ihr redete? Will sie mir Mysterienkulte näherbringen oder den Gnostizismus erläutern, fragte ich mich. Mein Blick forschte auf dem weißen Sandstrand in der Finsternis nach ihr. Aber ich hörte nichts als das Brausen des Meeres. Langsam ließ der Regen nach.
Ich riss mich aus meiner Phantasiereise und startete die Enfield. Das

Scheinwerferlicht zeigte das Wasser auf der Fahrbahn. Es spritzte zu beiden Seiten hoch, als ich losfuhr. Ich dachte noch, dass erzählt wird, selbst Albert Einstein hätte HPBs Buch auf dem Nachtisch liegen gehabt. Sie hatte das Brahmanische mit dem Buddhistischen verbunden, zu einer Zeit, als ein Abgrund zwischen den Religionen des Hinduismus und des Buddhismus klaffte. „Helen Blavatsky, mach den Mathematikern die okkultistische Seite begreiflich!“, rief ich laut. Niemand hörte mich. Die Straße war leer.

HPB verzauberte, beschwor und enttäuschte Menschen. Hatte sie das mit Nila gemein? Wenn die Blavatsky jetzt hier wäre, was würde sie zum modern werdenden Adyar sagen? Zu Kalakshetra? Zu Nila? Nila war eine Wucht. Nicht nur war sie makellos schön, sie würde mir außerdem das Höhere, das über den Dingen steht, erläutern können. Shiva erläutert tanzend seine Philosophie, wenn er sich vor dem geistigen, eben dem dritten Auge des Betenden bewegt. Nila würde allein für mich tanzen eines Tages. Ich muss sie für mich gewinnen, schwor ich dem Fahrtwind zu.

Ob Blavatsky auch Nicola Tesla, dem Wissenschaftspoeten, begegnet war, jenem Erfinder, der Feuer über seinen Scheitel wandern ließ, als Strom noch ein okkulter Saft war?

Es regnete immer noch leicht, als ich nach Triplicane einbog. Blavatsky wurde angegriffen und als Hochstaplerin bezeichnet. Sicher hatte eine Frau mit einem so phantasiebegabten Leben viele Neider. Durch ihre Beschäftigung mit der indischen Philosophie, ihr Bekenntnis zum Buddhismus, setzte sie ein Zeichen für indische Menschen in Zeiten, in denen die europäische Kolonialmacht das Christentum propagierte.

Das Salz der Meeresluft lag noch immer auf meiner Zunge. Nila war Salz, war die Würze unseres indischen Erbes. Ihr Tanz brachte mir die Götter, die im Rad des Lebens von Geburten und Wiedergeburten tanzen, wieder nahe. Nila trat tanzend aus dem Nichts, der Null, und war da, um in meinem Gedächtnis permanent zu bleiben.

32

Das Wilde ist in der Wildnis unauffällig, denn es ist in seinem Element. Hanuman sah Sita sinnend wie eine Yogini, entspannt und gespannt gleichermaßen, völlig nackt auf dem Erdboden sitzen. „Das ist sie!", rief er erleichtert. „Wie habe ich nur die Erdgöttin mit einer dieser Palastschönheiten verwechseln können!" Auch Götter irren.
Grausam anzuschauende Dämoninnen bewachten Sita. Manche hatten Elefanten- oder Pferdefüße. Ohne von den Rakshasis gesehen zu werden, versteckte sich Hanuman auf einem weitverzweigten Banyanbaum und wartete ab. Als bald darauf Ravana mit Feuer im Blick eintraf, bedeckte Sita ihre nackten Brüste mit den Händen.
„Weib, gib dich mir hin, ein jeder deiner Schenkel gleicht dem sanften Rüssel des Elefanten, den ich um mich spüren will. Ich bin der Titan, dem das Privileg zusteht, sich mit den Frauen anderer Männer zu vereinen. Entweder kommen sie freiwillig, oder ich nehme sie mir mit Gewalt!"
Dabei verdrängte er seine letzte Schandtat: Kurz zuvor hatte er das Nymphchen Punjikasthala entjungfert. Als das Indra zu Ohren gekommen war, hatte der den Fluch ausgestoßen: „Wenn du dich noch einmal an einer Frau gegen ihren Willen vergehst, verlierst du deine Macht!"
„Du hast die kosmische Stimme nicht gehört", entgegnete Sita ruhig. „Sie hat dir befohlen, keine Frauen anderer Männer zu berühren, es sei denn, du willst deinen Untergang besiegeln. Und ich gehöre Rama, dem menschgewordenen Narayana."
Ravana bebte vor Wut. Wenn ich Ramas Frau nicht mit Gewalt nehmen kann, werde ich sie mir mit einer List gefügig machen, sagte er sich. Er versuchte es wieder mit Schmeicheleien:
„Sita, ich mache dich zur Königin über all meine schönsten Frauen! In meinem Palast sollen dir alle dienen. Und dein Vater soll die Hälfte meines Reichtums bekommen! Sieh, dein Mann ist kraftlos, ein Fliehender ohne Reich, ohne Besitz, er ist mir nicht ebenbürtig in Ruhm und Einfluss, weder hat er meine Magie aus den Jahren der Askese, noch meine Fähigkeit, die Welt zu erobern! Ihm fehlt die Willenskraft."

Sita erwiderte: „Nicht im Reichtum, nicht in der Macht, nicht im Willen, sondern in der Natur, den unberührten Wäldern liegt das Paradies. Erwarte nichts von mir."
Bei all seiner Gerissenheit wusste Ravana nicht: Wer Liebe von jemandem einfordert, von dem er nicht geliebt wird, setzt sich dem Leiden aus.

Sai flachste ein paar Tage später in unserem Chai-Shop: „Was gib's Neues bei dir?" Ahnt er etwas von meiner Verliebtheit? Und meiner Besorgnis, nicht wiedergeliebt zu werden? Ich holte Luft und sagte: „Ich sah Tanz in Kalakshetra. Äh, erinnerst du dich an die Tänzerin...", als Jochen, genannt Jo, der in unserem Heilzentrum IMKY lernte, gradewegs auf uns zutrat.
„Namaste!", sein deutscher Akzent machte das Wort wuchtig! „Ist das hier euer Treffpunkt?", fragte er.
„Ja, setz dich, dies ist quasi unsere verlängerte Wohnstube. Hier überlegen wir, wie wir die Welt verbessern können", sagte Sai salopp. Jos direkter Blick aus seinen stählernen blauen Augen zeigte offenkundig Neugierde. Sicher würde er gern mehr über uns erfahren. Er setzte sich ohne zu zögern auf die gegenüberliegende Holzplanke und begann:
„Ja, ich wollte übrigens schon lange Mal fragen, warum in Chai-Shops und auch sonst in der Öffentlichkeit eigentlich meistens nur Männer sitzen. Wo sind denn die Frauen? Wenn ihr Veränderung wollt, müsst ihr da anfangen!" Seine Frage bewegte mich. Wie frei Nell war. Er hat Recht. Hier ist es mit Frauen anders. Sonst könnte ich leichter mit Nila zusammenzukommen.
Aber Sai antwortete zynisch: „Ja, sie fehlen sowieso, überall. Die haben sich hinter den Herd verkrochen. Jo, viel ist falsch gelaufen in den letzten zwei Jahrhunderten in unserer Gesellschaft. Warte, ich hol dir einen Chai." Jo nahm dankbar an. Sai drängte sich behände durch die Wartenden zur Theke. Ausländer wie Jo mit blonder Mähne, die ihm kess in die Stirn hing, waren immer noch eine Besonderheit in einem Chai-Shop. Vor dem Hin-und-her-Schütten des heißen Chais, vor den eingeübten schnellen Abläufen des Teekochens standen sie staunend und wirkten ein wenig wie Sperrholz im Gedränge der Leute in der kleinen

Bude. Sai kam flink zurück, reichte ihm den Tee und sagte: „Die Briten haben einiges verändert in unserem sozialen Leben.“
„Wie meinst du das? Ist doch ewig her?“, fragte Jo. Sai war gesprächig: „Na, da fangen wir mal beim Äußeren an: Männer wie Frauen mussten sich, und ja, das ist schon eine Weile her, an den Bekleidungskodex der Briten anpassen, um zu Empfängen zu erscheinen oder ihren Dienst bei der britischen Verwaltung anzutreten. Frauen waren davor nackt unterm Sari, ihr Busen konnte unterm *Pallu* hervorwippen, unten wurde der Sari wie eine kurze Hose gewickelt, Beine hatten Bewegungsfreiheit, und ihre Waden waren sichtbar. Plötzlich mussten sie einen bodenlangen Petticoat tragen und sich in langärmlige Blusen zwängen und darüber dann den Sari so wickeln, dass er fast über den Boden schleifte. Also sich dem viktorianischen Erscheinungsbild anpassen. Sicher mochten viele Frauen das nicht und besuchten keine gesellschaftlichen Ereignisse mehr, begannen sich zu Hause einzurichten und blieben lieber unter sich. Die Männer hingegen passten sich an die neuen Machthaber an, der Dhoti wurde zur Hose, das lässig über die Schulter geworfene Handtuch wurde mit einem Hemd ausgetauscht. Der viktorianische Geist der Prüderie, der die nackte Haut als unschicklich ansah, konnte die Unterdrückung der Frau voranbringen. Und da Männer unterdrückt wurden von den fremden Machthabern, haben sie ihrerseits die Frauen unterdrückt. Aber eine Frau zu kontrollieren hat sicher unseren Ur-Urgroßvätern gefallen. So, da hast du den Schlamassel!“
„Indische Frauen bewegen sich trotzdem natürlich in ihren farbenfrohen Saris, so einfach und elegant. Doch scheinen sie sehr schüchtern und irgendwie unfrei“, forderte Jo uns heraus.
„Hör mal, eine Gesellschaft will sich an die Machthaber anpassen. Rabindranath Tagores Schwägerin hat sich als erste Frau in die viktorianische Gewandung gezwängt, um bei der Nobelpreisverleihung das Staatsbankett besuchen zu können. Dabei hatten wir früher matriarchalische, starke Gesellschaften, die Devadasis.“
Jo fragte: „Was sind Devadasis?“
Jetzt legte ich los, wobei ich an Nila dachte:
„Tänzerinnen, Jo. Sie waren die Verkörperung indischer Hochkultur. Ei-

ne Kaste für sich. Sie spielten eine wichtige Rolle im öffentlichen Leben, unter anderem auch als kokette, intelligente Unterhalterinnen für Abendgesellschaften der Maharajas. Ihre Freizügigkeit wurde von den blasierten britischen Leuten als obszön bezeichnet. So hat zum Beispiel ein Abgesandter der berühmten Königin Victoria, als diese ihren Besuch in den Kolonien vorbereitete, einst verkündet: ‚Beleidigt nicht das majestätische Auge mit diesen vulgären Auftritten der Devadasis.' Ein Missionar bezeichnete unsere Musik sogar als Gegröle aus der Hölle."
Ich sah, wie Jo verlegen wurde.
„Abbé Dubois schrieb das, es ist nachzulesen", ergänzte ich und fuhr fort: „Es ist schon makaber und irgendwie absurd, wenn jetzt Leute wie du hierherkommen und Mantren und Yoga lernen wollen. Ich weiß, eure Generation der Nachkolonialzeit im Westen denkt anders, aber bitte, versteh unsere Vorbehalte." Über Jos glatte Stirn legte sich eine Falte. Sai klang verbittert als er sagte:
„Im Tempel waren die Devadasis die weiblichen Priester. Sie sangen, musizierten und tanzten. Sie verloren unter den Briten ihre Anstellung, während die männlichen Priester bleiben konnten. Dem Tempel ging aufgrund der Besteuerung durch die Kolonialherren das Geld aus, und sie sparten zuerst an den Frauen."
„Das ist ja ziemlich heftig!", warf Jo ein.
„Vor langer, sehr langer Zeit war auch die priesterliche Rezitation aus den Veden den Frauen bekannt, bis es zu einem männlichen Ding gemacht wurde", fuhr Sai fort. „Ein Guru wie Krishnamacharya – hast du was von ihm gehört, Jo?" Jo nickte: „Der berühmte Meister. Ja, klar."!
„Also, der unterrichtet Frauen in den priesterlichen Rezitationen. Er hat die Bedeutung der Frauen im Blick und sagt, im Zeitalter der Zerstörung brauchen wir die Frauen, die unsere Kultur weitertragen."
„Du meinst, dass das, was heute hier gelebt wird, nicht das wirkliche, das alte Indische ist?"
„Längst nicht mehr! Mann, Jo, wir wurden ein paar Jahrhunderte kolonisiert, begreif bitte die Dimension des Schadens!", sagte ich und fragte Jo: „Was brachte dich eigentlich nach Indien?"
„Ich plane, mir südindische Tempel anzuschauen. Ich habe gerade mein

Architekturstudium beendet, und bevor ich mit einem Praktikum in London anfange, wollte ich mir eine Auszeit von sechs Monaten nehmen. Ich wohne im Guest House da drüben. Ein Engländer, der Trommeln bei einem alten Guru lernt, hat mir von eurem Institut erzählt, und da ich mehr über die kulturell-religiösen Vorstellungen wissen wollte, kam ich zu eurem Institut. Im Mylapore-Tempel sieht man eine starke Verbindung zur Geometrie des Kosmos. Und tatsächlich, ich spüre, Pazifismus schwingt in den großen Hallen der Tempel.“

„Ja, ich glaube *Ahimsa*, Gewaltlosigkeit, war und bleibt die unterschwellige Essenz unsere Kultur“, fügte ich hinzu. Jo nickte und sagte:

„Wie die Menschen durch das Laufen um die vielen in sich geschachtelten Räume in etwas Inneres geführt werden, das befriedet. In unseren Kathedralen sitzen wir und schauen hoch, aber hier müssen die Leute manchmal fast einen Kilometer zurücklegen und immer wieder durch neue Türen gehen, bis sie in den inneren Schrein gelangen.“

Ich stimmte ihm zu: „Das Labyrinth eines Tempels spiegelt den Körper wider. Im Innersten des Menschen liegt ein Quadrat, darin ein Dreieck, darin eine Flamme, in der tanzt Gott. Der Tempel symbolisiert das. Wir laufen dahin. Erreichen wir durch die vielen, immer kürzer werdenden Gänge des Quadrats im Quadrat am Ende das Innerste, das Allerheiligste, den Schrein, begegnen wir unserer Seele außerhalb unseres Selbst. Die präsentiert eine Gottheit.“

„Was ist eine Gottheit?“, fragte Jo.

„Götter bei uns, Jo, sind Energien auf dem Weg zum eigenen Inneren. Und Göttinnen treiben das Geschehen voran. Lies mal das Ramayana!“

Sai war abgehängt. Er sagte nichts und sann vor sich hin. Jo drückte seine schwärmerische Bewunderung für Indien aus:

„Frauen, wenn man ihnen dann mal begegnet, sind tatsächlich beeindruckend selbstbewusst hier. Ich finde auch die alten Menschen erstaunlich in sich ruhend. Sie lächeln viel öfter als in westlichen Ländern und scheinen zufriedener mit ihrem Schicksal. Besitzlose, in einer winzigen Slum-Hütte am Adyar hausend, luden mich kürzlich zum Tee ein, rannten los und kauften sogar Milch für mich, was sicher eine Menge Geld für sie war. Und nur, um mich zu bewirten, und dabei lächeln sie

mich glücklich an. Wie machen die das? Bei uns sind sie gleich so verbissen, wenn etwas nicht ganz klappt, geschweige denn ein Gast unangemeldet erscheint.“
„Wenn die dämonische Gewalt überhandnimmt, weiß die Göttin sie zu zerstören, würde meine Paati, also meine Großmutter, sagen. Sie beschwört täglich die Dämonen, uns in Ruhe zu lassen. Sie verehrt Gäste als Gutes, als Segenbringendes. Auf Grund von Armut sind viele aus dem ländlichen Raum geflohen. So entstehen Slums. Aber sie scheinen die Kultur der Gastfreundschaft nicht vergessen zu haben. Als Analphabeten kennen sie leider ihre Rechte in der Stadt nicht. Das sind Probleme hier. Keiner will darüber sprechen.“
„Go-wind“, er betonte meinen Namen, wie es Dave getan hatte, „für mich ist das hier ein sehr buntes, wildes, natürliches Chaos, das viel Akzeptanz vom Einzelnen abverlangt. Das bewundere ich.“
„Südindien war ziemlich friedlich, nie eine Militärmacht“, nahm Sai wieder am Gespräch teil. „Natürlich gab es Zwist und territoriale Kämpfe unserer Rajas, aber nie sind wir als Militärmacht ausgeschwärmt und haben andere Länder besetzt. Die Araber, die Chinesen, die Portugiesen, die Holländer, die Franzosen und die Briten kamen und besetzten uns. Heute sind die Amerikaner und die Deutschen hier. Entwicklungshilfe nennen sie es und verlegen große Konzerne hierher. Ihre Fabriken zerstören unsere kleinbäuerliche Landschaft und somit das Letzte unserer ursprünglichen Kultur.“ Er klang bitter und fügte ironisch hinzu: „Gelassenheit ist unser höchster Wert, wie Yoga, Mann!“, klopfte Jo auf den Rücken und setzte: „Wir sind ein Volk von Betrachtern, die so ziemlich alles gelassen hinnehmen. Auch einen verhungernden Straßenköter!“ obendrauf.
„Eh Sai, das Ramayana wurde von Indien nach Java, Bali, Malaysien, Thailand, ja über ganz Südostasien verbreitet. Meinst du, das waren nur Heilige und Barden, die dort rüber sind, und alles ging ganz ohne Kriege?“
„Klar, sicher gab es da Kampf, als ganze Volksgruppen von Indien aus dorthin gewandert sind. Aber, was wichtig ist, sie haben ihre Kultur mitgebracht und verbreitet und sich angesiedelt. Im Unterschied zu den

Engländern, die nur geplündert und alles fortgeschifft und in den Hafen von Greenwich gebracht haben. Wie viele Nachkommen der Engländer leben heute noch in Indien? Höchstens eine Handvoll. Hingegen leben Inder mit ihrer Kultur in Indonesien, in Sri Lanka, in Malaysia, sie haben diese Länder zu ihrem Zuhause gemacht und nicht nur als Mine betrachtet, aus der man Gold schöpft."

Jo unterbrach: „Was ist mit der tamilischen Volksgruppe, die sich in Sri Lanka mit singalesischen Gruppen bekriegen?"

Sai war erregt: „Das ist aber ein anderes Thema, das des sich verändernden Weltgeistes, da wird noch was auf uns zukommen. Aber zurück zu den Briten: Haben sie uns Indern die Musik Purcells oder Benjamin Brittens gelehrt? Haben sie eine Shakespeare-Bühne in Indien aufgebaut und als ihr Erbe hinterlassen? Nein. Nichts dergleichen. Gerafft, gestohlen und fort! Unser großer Diamant ist in London. Wir sollten ihn zurückfordern."

Ich unterbrach: „Ja wir sind passiv. Das ist unsere Schwäche. Und was die Gewaltlosigkeit betrifft, sie wurde von Mahavira und Buddha schon vor zweitausendfünfhundert Jahren gelehrt. Ganze Völkerwanderungen haben den Buddhismus später bis Japan verbreitet und das Prinzip der ‚Nichttötung anderer Lebewesen' gelehrt. Während christliche Völker im Mittelalter andere Völker eroberten und Aug um Aug und Zahn um Zahn predigten."

„Aber die Missionare haben Schulen bei euch gebaut. Damit will ich nicht sagen, dass die Missionare toll waren", meinte Jo.

„Und darin uns beigebracht, Mathematik käme aus dem Westen. Und unser Gurukula-System des Lernens damit zerstört. Lernen institutionalisiert, Sanskrit wurde durch Englisch ersetzt", sagte ich aufgebracht.

„Eh, was soll die Streiterei", sagte Sai. „Seit Buddhas Zeiten wird uns Besonnenheit gelehrt. Kein anderes Land toleriert eine so große religiöse Vielfalt nebeneinander wie Indien. Vielfalt ist unser Wert. Neti neti, weder dies noch das – die nicht festzulegende Wahrheit."

„Und was ist mit den Kasten? Die sind auch nicht gerade friedvoll oder gewaltlos, wie ich das hier beobachte", schürte Jo unsere Konversation weiter. „Aber ich kann da nicht dahinter schauen."

„Das Nebeneinander der vielen Kasten, die in getrennten Welten leben, anders kochen, andere Bräuche pflegen, hat sich erst in der Kolonialzeit in ein rigides hierarchisches System verwandelt. Und diesem ‚auf niedere Kasten herabsehen', das erscheint uns jetzt natürlich", sagte ich.
„Ich will schon die ganze Zeit sagen, wir brauchen Aktivisten, Jo. Deshalb umschwirren Gowinda und ich verschiedene Meister. Wir wollen uns durch die Übungen und das Bewusstsein aktivieren!" Sai schlug einen leichten Ton an und holte noch eine Runde Chai.
Jo sagte nachdenklich: „Für mich ist aber schon gut, dass ich Dinge wie Yoga hier in Indien kennenlernen kann. Stell dir vor, ohne den Kolonialismus könnte ich all das gar nicht mit euch auf Englisch diskutieren. Und Yoga hat bestimmt eine Zukunft in der modernen Welt, die irgendwie immer verkopfter wird."
„Ja, das Englisch! Da kann man auch ein Lied von singen. Der ‚very British Lord Macaulay', der hat sich hier ab 1933 einige Jahre ausgetobt. Alle bekamen sie fette Gehälter, die britischen Beamten, Gehälter, von denen sie in England nicht mal geträumt haben. Noch was, Jo, wir wurden dazu gezwungen, besser über westliche Geschichte und Kultur informiert zu sein, als andersherum. Ihr habt in Deutschland nicht nur den größten Genozid ausgeführt, ihr habt damit den Briten eine Last genommen. Die ganzen dreihundert Jahre Kolonialhorror verblassten einfach im europäischen Bewusstsein angesichts der Ermordung von Millionen Juden. Für England ein richtiges Geschenk der Deutschen, sie mussten sich nicht verantwortlich zeigen! Konnten sich weltweit als die Retter inszenieren."
„Ihr malt es alles schwarz-weiß", konterte Jo. „Schaut den Aberglauben hier an. Ohne die moderne Demokratie und die englische Konstitution hättet ihr keinen Anschluss an die moderne Welt. Ihr wäret nicht nach Amerika oder England gereist zum Studieren, und das Land wäre heute ohne den großen Vorteil der englischen Sprache".
„Oh, nein, bitte das nicht schon wieder!", sagte Sai. „Jeder Engländer beginnt damit, dass sie uns hier das Schienennetz geschenkt haben! Und wie gut das für Indien sei. Sie schwelgen in karitativem Kolonialismus. Dreihundert Jahre, Jo, das ist lang. Ich weiß nicht, ob es je in

der indischen Geschichte eine Monarchie vorher gab, die diesen gesamten riesigen Kontinent so beherrschen konnte wie die Briten." Sai schaute auf die Uhr. „Oh, es wird Zeit. Wir müssen los."
Wir ließen Jo etwas verdutzt zurück. Richtig schlau wird er sicher nicht aus uns, dachte ich. Weder aus uns noch aus Indien.

33

Ravana verfluchte seine Vergangenheit. Es wurmte ihn, dass nicht nur Blut des Schöpfergottes, sondern auch das Rakshasablut in seinen Adern floss. Er war weder dies noch das, nicht gut und nicht böse. Ein Zwischenwesen. Weder sein wissenschaftliches Genie noch seine künstlerischen Fähigkeiten würden prakriti erobern können, dämmerte es ihm. Prakriti war das Unbesiegbare und nicht zu Erobernde im Kosmos. Sita war die Natur, war prakriti, die sich nur purusha, dem göttlichen Geist, hingibt.
Wutschnaubend schrie er: „Ich gebe dir noch zwei Monate, Sita! Wenn du bis dahin nicht das Bett mit mir teilst, wird mein Schlächter deine Glieder zermalmen, und ich werde sie zum Frühstück verspeisen!"
„Mit meiner yogischen Kraft kann ich dich sofort zu Asche verbrennen", antwortete Sita gelassen. „Aber es ist das dharma Ramas, dein Reich zu zerstören."
Nach ihren heroischen Worten warf Ravana schreckliche Blicke aus seinen zehn blutunterlaufenen Augenpaaren auf sie und drohte ihr: „Nie wird Rama hier eindringen und dich befreien, das weißt du so gut wie ich!" Und entschwand.
Eine Rakshasi stieß Sita zu Boden.
„Muss denn die Erde erst beschädigt werden, bevor etwas passiert?", fragte, außer sich vor Kummer, Hanuman sich oben auf dem Ast.
Während die Rakshasis sich auf Sita stürzten. „Wollen wir sie knebeln, an Händen und Füßen fesseln und ein wenig drangsalieren, damit sie endlich Vernunft annimmt und sich unserem Herrscher hingibt?", fragte eine der Wächterinnen. „Nein, lass sie, keine Folter, sie leidet ge-

nug", wandte eine andere ein.
Da rief Hanuman in Sanskrit, einer Sprache, die die grausigen Wächterinnen nicht verstanden, Sita zu: „Höre, ich bin Ramas Bote. Ich werde dich befreien. Ich, Hanuman, Sohn des Windes, kann dich mitnehmen. Das Schicksal aber fordert, dass Rama, der Erhalter der Erde, dich befreit. Ich werde seinen Ring unter die Blume dort legen. Hol ihn dir heute Nacht als Zeichen, dass deine Befreiung naht." Und dann sprang er vom Ast herab und umrundete Sita mit einem Kreistanz. Er war am Ziel seines Bestrebens, und als er Sita umkreiste, war ihm, als würde er die ganze Welt umrunden.
Die Rakshasis wunderten sich über dieses seltsame Gebaren eines Affen. „Ein verrückt gewordener Affe tanzt um Sita!", meldeten sie der Palastwache. „Er brüllt: ‚Ich sehe Sita, ich sehe Sita!'„
Daraufhin wurde Hanuman gefangen genommen und abgeführt.

Ich wartete im IMKY Institut vergeblich auf Nila. Sie kam nicht, und ich wusste nicht, wie ich sie wiederfinden könnte. Ihr Kalakshetra College ist, wie jedes College, ein geschlossener Bereich für Außenstehende. Ich stand oft schmachtend am Fenster.
Ich sah während dieser Tage auch meinen Lehrer und Heiler oft am Fenster im Foyer des Instituts stehen. Er schaute über die breite leere Baumchaussee zum neugebauten Krankenhaus hinüber und beobachtete genau die Menschenströme, die dort aus und ein gingen. Ich ahnte, dass er sich viele Gedanken über den Erfolg der modernen Medizin machte. Sein geschmeidiger Körper wirkte dann steif und wie ans Fenster gefesselt.
„Er wird nicht wie die Ärzte drüben angesehen, die sich ein eigenes Auto leisten können", raunte Sai einmal hinter mir stehend. Er dachte dasselbe wie ich. „Ja, das alte indische Heilsystem wird von den Leuten verkannt", raunte ich zurück.
„Drüben machen sie mit der Krankheit Geschäfte. Reiche Leute besitzen das Krankenhaus. Es muss Gewinn abwerfen."
Als hätte er gehört, was wir flüsterten, drehte der Heiler sich vom Fenster weg und kam über das breite Foyer zu uns auf die andere Seite und

sagte bedrückt:
„Indische Heiler leben in Armut weit draußen auf dem Land. Aber alle rennen den modernen Pillen nach. Wir müssen für Heilen mit Marma und Yoga ein anderes Image entwickeln. Nur so können wir hier mithalten. Irgendwie müssen wir attraktiv werden. Unsere Gesellschaft wandelt sich. Das Traditionelle ist angestaubt."
In diesem Moment kam eine große Gruppe Ausländer, Jo war auch darunter, durch die offene Eingangstür. Der Heiler wurde sofort heiter und stellte sie als „my great friends" vor. Er gab sich betont lässig. Meinte er das provokativ? Steckte Ironie dahinter? Sai oder mich bezeichnete er niemals als Freunde. „Das ist Gowinda. Er wird euch alle zusammen unterrichten!", sagte er zu den Fremden. Das kam überraschend: Wie soll ich, selbst unfertig und mit meinem Weg hadernd, mit so vielen Ausländern fertig werden? Ich lächelte kurz in ihre Richtung. Bisher hatte ich Kinder im Anfängerkurs unterrichtet oder einzelne Schüler wie Jo. Oft kamen sie mit einem Problem. Ich brachte ihnen des Heilers Anweisungen über unsere spezielle Atemtechnik bei oder sensibilisierte sie für ihre Meridianpunkte. Anschließend diskutierten wir Lehrenden des Instituts mit unserem Mentor über die einzelnen Fälle. Für jeden Schüler, jede Schülerin konzipierten wir andere Übungen, fertigten ein Heft für sie an, studierten gemeinsam ihre Gesundheitsproblematik und werteten aus, bei welchen Übungen und Techniken sie sich verbessert hatten und bei welchen nicht. Aber wie soll das in einer Gruppe Erwachsener gehen?
„Der Kurs wird zwei Wochen lang jeden Tag sechs Stunden dauern!", sagte der Heiler. Ich fühlte mich nicht wohl bei dieser Festlegung. Zum einen war ich meines Erachtens noch lange nicht kompetent genug. Und zweitens müsste ich auch für diese Zeit noch vom IIT von Vorlesungen freigestellt werden. Der Heiler bemerkte mein Zögern und winkte mich in sein Zimmer. Er schloss die Tür und sagte leise: „Das ist eine Chance. Ich spüre, du willst was anderes machen. Du bekommst eine gute Bezahlung für deine Arbeit, und ich helfe dir, die Unterrichtsstunden vorzubereiten."
Ich wusste, die Fremden bezahlten viel Geld für ihren Kurs und brach-

ten internationales Flair ins Institut. Öffnete sich gerade eine Chance für eine andere Karriere?

Später im Chai-Shop sagte ich zu Sai: „Du, ich seh in seinem Angebot ein Zeichen, mich zu verändern. Ich werde im IIT kündigen! Ich bekomme dort keine Luft mehr!“
„Hey, du wachst auf, Mann!“
„Klar, aber weder du noch ich wissen genau, auf was wir uns einlassen. Irgendwie vertraue ich ihm. Er ist ein genialer Heiler mit Visionen, er will die Symbiose der Gegensätze: indisches Wissen in modernem Gewand. Aber das Problem wird sein: Westliche Medizin fordert empirische, statistische Beweise. Wirkt eine Pille bei hundert Leuten, ist sie erfolgreich. Das kann östliche Heilung, kann Yoga nicht liefern. Da es individuell an das Problem des Menschen herangeht. Kopfschmerzen sind nicht gleich Kopfschmerzen für uns. Für jeden Menschen gibt es andere Gründe, sie zu einem gewissen Zeitpunkt zu haben. Moderne Menschen fordern Beweise. Und deshalb weiß ich nicht, wie ich mit den Ausländern umgehen soll.“
„Hör zu, der Heiler wird dir helfen. Du wirst viel begreifen“, versuchte Sai, mir Mut zu machen. „Er schaut voraus. Einerseits weiß er, dass die alten Meister das Anwenden und Verbreiten der Heilkunst wie Yoga gegen Geld nicht gutheißen, andererseits würde das heute nicht mehr so machbar sein. Einst waren Heiler Brahmanen und wurden rundum vom Tempel versorgt. Die Tempel waren reich. Sie erhielten Abgaben der Bauern- und Händlerkasten, die Reis lieferten oder Juwelen und Gold, bevor die Briten Tempelabgaben als Steuern einzogen.“
„Der Tempel war eine Tauschbörse und Vishnu betrachtete gelassen den Markt!“, warf ich ein und dachte an damals, als Menschen ihre Gedanken in steinerne Statuen manifestierten und sie dann um Heilung anflehten. Ein aufgeklärter Geist mag das als Götzenanbetung bezeichnen.
„Um das Institut wirtschaftlich überhaupt leben lassen zu können, muss der Heiler einen gefährlichen Spagat zwischen traditionellen Werten und dem nach Indien vordringenden westlichen Geist um Marktwirtschaft wagen, Gowind, seine Kurse und seine Stunden teuer anbieten. Sonst

sind sie nichts wert. Er unterrichtete uns zwar umsonst und wir bauen das IMKY mit auf, aber was dann kommt, wissen wir noch nicht. Er bewundert, wie erfolgreich es an einem modernen eleganten Krankenhaus zugeht, und will nicht außen vor bleiben. Ich fürchte nur, bald begeistert er sich auch für die Diagnostik und Medizin, wie die da drüben, und vernachlässigt das traditionelle Wissen um die Pulsdiagnostik."
„Ein Meister muss einerseits sein Geheimnis hüten und es nicht an Unwürdige abtreten, andererseits, wenn sein Wissen gewürdigt werden soll, muss er es äußern und damit veräußern, vielleicht sogar verkaufen, wird es aber erkannt und publik gemacht, wird es auch profitabel, aber dann wird der Meister verkannt werden."
„Der Heiler dehnt die Beine in zwei Richtungen. Von Indien übers Meer in eine fremde Welt. Zwischen dem Kommerziellen und dem Asketischen. Das wird ihn zerreißen", sagte Sai warnend.
„Ja, Mann, er zeigt uns das Hanumanasana und spannt es über Kontinente!", lachte ich skeptisch. „Er ist eine Spur höher als wir. Boss eben, keineswegs will er demokratische Strukturen, sondern hierarchische. Damit ist er doch auch wie die anderen konventionellen Gurus."
„Ach komm, er ist innerlich zerrissen wie wir auch. Nicht nur zwischen Ost und West, auch zwischen gestern und heute. Trotzdem will er uns Mut machen. Wir sollten nicht zwischen dem alten Indien, das heute in mancher Hinsicht verklärt wird, und dem bösen Westen, der es zerstörte, hin und her diskutieren. Die Zukunft der Welt wird vermischt sein. Es gibt keine Brahmanen mehr, sieh uns an. Wir leben völlig anders als unsere Großväter in ihren Agraharam-Ansiedlungen. Wir können die Vergangenheit nicht mehr heraufbeschwören, aber sie studieren und aus ihr lernen, ohne uns einer Kaste zuzuordnen."
Ich nickte und erinnerte mich an das Licht einer Klarheit und Schönheit, mit der wir unseren Alltag einstmals in Vishnupuram gestaltet hatten.

Ein paar Tage später sah ich Nila in schwarzen Jeans und einer schwarzen Kurta, die mit einer silbernen Blume bestickt war, im IMKY. Die Haare hatte sie in einem langen Zopf gebunden. Ich erspähte sie neben anderen Wartenden und setzte mich auf einen freien Stuhl neben sie

und sagte: „Lange nicht gesehen!“ Ihre Grübchen offenbarten aufmüpfigen Charakter, der im Kontrast zu ihrer Besonnenheit stand. Die wundervolle, kluge Verschlafenheit im makellosen, dabei irgendwie unbekümmert wirkenden Gesicht beruhigte mich. Sie immerzu ansehen, das wünschte ich sehnlichst. Wie gerade sie unter denen saß, die von Yoga erwarteten, erst einmal den Körper stärken und gerade biegen zu können, fiel mir sofort ins Auge.
„Ich war in Dublin bei meiner Mutter, wir hatten Navaratri-Ferien“, sagt sie zur Begrüßung.
Der Heiler trat durch die geöffnete Flügeltür aus dem Gang ins Foyer, das auch als Wartezimmer diente, und musterte Nila und mich eindringlich. Er machte ein Handzeichen, dass wir ihm folgen sollten. Wir liefen ihm hinterher zu seinem Zimmer, das am Ende des Gangs lag. Er schloss die Tür hinter uns.
„Setz dich“, sagte er zu Nila. Ich blieb stehen. Er sagte: „Du bist Tänzerin bei Rukmini Devi.“ Sie nickte erstaunt. „Du willst Yoga aus Neugierde lernen? Yoga, Kampfkunst, Marma, das hast du ja alles in deinem Tanz. Weiß dein Guru davon? Hast du sie informiert, dass du hierher kommst?“
Nila wurde verlegen. „Nein, ich wollte ...“
„Du wolltest ... sie wollen alle. Immer wollen sie etwas Neues lernen. Nie das Subjekt, das sie gerade schon lernen, vertiefen. Sieh ihn an“, er zeigte auf mich, „ein Abbrecher! Ein konstanter Ausbrecher. Warum wollt ihr Yoga lernen? Und unsere Heilkunst? Beide sind geheimes Wissen. Alle wollen sie avantgardistisch sein, konzentrieren sich dabei auf Äußerlichkeiten, kommen nicht an das Wahre.“
Sai war in den Raum gekommen und wurde Zeuge dieser peinlichen Situation.
„Überleg es dir, warum du lernen willst. Dann werde ich Sai für dich einteilen. Er ist unser bester Lehrer hier.“ Er stand auf, und wir begriffen, das war es für heute.

„Soll ich dich irgendwohin fahren?“, fragte ich, als ich Nila auf der Straße hinterherlief.

Sie sah mich an. Aber anstatt zu sagen: „Wie kannst du dich so erniedrigen lassen und dort weiterarbeiten und weiterlernen?“ sagte sie: „Ich kenne das alles von Kalakshetra. Manche der Lehrer wollen dich brechen, vielleicht um dir die Überheblichkeit, das Ego auszutreiben.“
„Dann ist es ja gut, aber wenn sie auch den Eigenwillen eines Schülers dabei brechen, ist das schlimm“, sagte ich bedrückt. Sie fuhr fort:
„Sie wollen dich testen, ob du wirklich Hingabe an die Sache hast, in dem sie dich an deine Grenzen führen. Sie wollen Anerkennung der Sache und deshalb auch ihrer selbst, denn sie fühlen, das Thema ist zu groß, um es einfach so weiterzugeben.“ Wie reif sie war. Das hatte ich nicht erwartet. „Die Gurus mussten sicher, um ihr Wissen zu erlangen, selbst große Opfer bringen. Rukmini Devi wurde in den dreißiger Jahren zunächst geächtet und verspottet, als sie den Tanz der berüchtigten Devadasis lernte. Und nun können wir, ohne selbst Opfer zu bringen, in ihrem Institut diesen Tanz lernen.“ Es beruhigte mich, ihr zuzuhören.
„Der Heiler findet es überhaupt nicht gut, dass ich auch von anderen Meistern lernen will. Er ist extrem hellsichtig und spürt meine Gedanken. Er weiß, dass ich Krishnamurti und Krishnamacharya verehre. Wenn ich mich nicht ganz ihm widme, verunsichert ihn das. Und du kommst von Rukmini Devi.“
„Vielleicht will er Macht demonstrieren? Trotzdem wird es mich nicht daran hindern, irgendwann zu euch zu kommen. Ich warte auf einen günstigen Moment, um es meiner Lehrerin mitzuteilen. Ich habe gehört, dass bestimmte Asanas meine Knieschmerzen lindern können. Es gibt schon einige Tänzer, die mit Yoga da ganz erfolgreich waren.“
Ich hätte ewig mit ihr weiterreden können. Doch ich musste zum Unterricht. „Ich muss zurück, Nila, mein Schüler Jo aus Deutschland wartet auf mich“, sagte ich bedauernd. „Sonntags bin ich in der Bibliothek der Theosophischen Gesellschaft. Komm, wenn du Zeit hast, dann könnten wir länger reden.“
Sie nickte gedankenverloren. Ich wusste nicht, ob es ja oder nein bedeutete. Dann stieg sie in den Bus. Ich sah dem entschwindenden Bus nach.
Der Heiler hatte wieder alles durchschaut. In wenigen Sekunden hatte

er meine Verliebtheit erkannt, noch bevor ich selbst wusste, was mit mir los war. War er eifersüchtig auf meine Freiheit, sie eventuell erobern zu können, ohne dem *dharma* meiner Kaste folgen zu müssen? Obwohl er Sai und mich nie zusammen im Chai-Shop gesehen hatte, wusste er, dass wir oft vor einer Wellblechhütte saßen und über ihn, die Philosophie des Yoga und die Veränderungen in der Welt redeten. Wir waren Freigeister, die Beedis und manchmal Joints rauchten. Unseren lockeren Lebenswandel würde er sich auf Grund seiner Herkunft und seines Status selbst nicht gestatten. Wir hatten es einfacher, waren fast eine Generation jünger und hatten in Amerika studiert. Uns gehörten Privilegien, denn wir mussten uns nicht dem Brahmanentum konform verhalten wie er, der über seinen Meister aus Kerala wie von einem Gott redete.

Muss ich sagen, dass ich drei Wochen lang jeden Sonntag in der Bibliothek saß und immer wieder auf den Eingang starrte, in der Hoffnung, sie würde kommen. Enttäuscht über ihr Ausbleiben mahnte ich mich zur Vernunft: Diese Liebe ist eine aussichtslose Schwärmerei!
Am vierten Sonntag ging ich nicht in die Bibliothek, aber konfrontierte endlich Appa mit meiner Entscheidung: „Ich werde am IIT kündigen und stattdessen nur noch am neugegründeten IMKY Institut für ein kleines Gehalt arbeiten. Außerdem Sanskrit studieren und bei Dr. Nathan mehr über Ayurveda lernen!"
Mein Vater sah mich schockiert an: „Was soll dieser Firlefanz mit Yoga! Du hast doch keine Ahnung von traditionellem Wissen, du bist ein im Westen ausgebildeter Mathematiker! Wie kannst du eine Stelle am IIT aufgeben? Gerade mal ein Jahr arbeitest du dort. Du bist völlig von Sinnen! Heilkünste sind kein Beruf mehr. Wie willst du eine Familie gründen?" Er blickte überheblich durch den Raum. Andere Meinungen interessierten ihn nicht.
„Ich werde nicht heiraten!", sagte ich ruhig.
Wie eine Königin stand Amma in einem blauen Sari, ihr schwarzes Haar hatte noch keine grauen Fäden, und sie war schön wie immer, in der Küchentür, die zum Wohnzimmer führte, und winkte mir be-

schwichtigend hinter Vaters Rücken zu.
„Ich will mich zu den alten indischen Wissenschaften hinwenden", fuhr ich fort. „Wir sind lang genug fremdbestimmt gewesen. Ich möchte nämlich dann die Mathematik wieder als alte indische Wissenschaft betrachten. Indien hat seine Identität verloren."
Mein Vater stand auf und ging erregt auf und ab. Amma winkte mich in die Küche und schloss die Tür hinter uns. „Er darf sich nicht zu sehr aufregen. Ich weiß, Paati hat immer gesagt, du seist zum Mystischen veranlagt. Dazu hat Appa keinen Zugang. Er betet, weil sein Vater gebetet hat!"
Sie verstand mich also. Ich glaube, sie bewunderte sogar meinen Mut, auszubrechen. Aber Appa war ein Problem und würde es bleiben.
Als ich zurück ins Wohnzimmer ging, sagte ich herausfordernd zu ihm: „Dann lebe ich eben auf der Straße auf einem Reissack, so wie einst Paati. Dieses brahmanische Getue bringt Überheblichkeit, es geht mir auf die Nerven. Schau Onkel an, der in der Agraharam-Siedlung zurückgeblieben ist. Er lebt das *dharma* eines Brahmanen und ist bettelarm. Aber wir hier, wir rennen der modernen Welt nach und kopieren sie, ohne sie zu hinterfragen. Ist das *dharma?*"
Das traf. Mein Vater blieb stehen, und es wurde still. Wir litten beide. Auch Amma, die meinen Satz gehört hatte, schwieg betreten. Die Zeit, die Paati im Hof ihres einstigen Hauses hatte verbringen müssen, war immer noch eine Wunde für uns.
Am nächsten Morgen stritt ich wieder mit Appa. Wir tranken wie üblich unseren starken Morgenkaffe mit Milch und Zucker. Diesmal ging es um Politik. Mein Vater war zwar ein Gegner Indira Gandhis, lehnte aber auch ihre Opposition in unserem Bundesland ab, die atheistisch gesonnene DMK, die Dravidian Partei, die im Bundesland Tamil Nadu den unteren Kasten unendlich viele Zuwendungen machen wollte und grundsätzlich gegen die Brahmanen eingestellt war. Mein Vater glaubte an die Ordnung der Kasten.
„Wir müssen das Kastenwesen restlos abschaffen und mit der DMK mitmachen", provozierte ich ihn.
„Du weißt nicht, was du redest. DMK ist gefährlich", ereiferte er sich. „So viel Pöbel hat sie unter ihrem Banner vereint." Seit der Emergency

Rule gab es in Indien auch den „Underground“, der allerdings nicht hippiemäßig freudig war. Hier stand man schnell auf der schwarzen Liste. Wahrscheinlich waren deshalb Studenten wie Professoren brav und konform geworden. Die Emergency Rule bändigte sie. Amma schaute besorgt, als ich hinausging und davonbrauste. Sie sah in mir den Widerständler, einen Protestgeist.

Als ich dem Dekan des IIT mein Kündigungsschreiben hingelegt hatte, schlenderte ich durch die Gänge der Hochschule und pfiff eine leichte Melodie. Meine Kollegen konnten meine Handlung nicht nachvollziehen. Bis zum Ende des Wintersemesters im April achtundsiebzig wollte ich Schritt für Schritt das IIT verlassen, zunächst aber noch für beide Institute arbeiten. Bis ich mich ganz dem neuen Institut des Heilers und meinen geplanten Studien bei anderen Meistern widmen könnte. Damit stufte ich mich in den Augen meiner Kollegen gesellschaftlich weit hinab. In Appas Augen kam das einer Katastrophe gleich, denn dann würde es auch keine Aussicht mehr geben, mich standesgemäß zu verheiraten.
„Ich bleibe Mitglied in der SATBOT Gruppe! Wir diskutieren neue Wege, die die Wissenschaft und Technologie wieder mit dem indischen Gedankengut verbinden können“, versuchte ich ihm zu erklären.
Von da an redete Appa nicht mehr mit mir. Ich übernachtete oft bei Sai und seiner Mutter. Sais Mutter reglementierte die Abläufe im Haus und war dabei neugierig und offen für das, was wir dachten. Die Iyer-Kaste von Sais Familie sah in Shiva den Hauptgott. In der großen altertümlichen Stadtvilla seiner Familie standen viele Räume leer, denn Sais zwei Schwestern lebten weit weg und sein Vater arbeitete in Bangalore. Ihr Haus war spartanisch eingerichtet, es gab keinen Esstisch, Speisen wurden am Boden eingenommen, und die Zimmer waren sehr reinlich.
Zuhause blieb Radha meine Verbündete. Aber die Stimmung mit Vater blieb eisig. Auch Amma begann darunter zu leiden. Vinu hielt sich raus und mied mich. Radha bewunderte mich und hielt zu mir. Ich erzählte ihr über meine heimliche Bewunderung für Nila, die sie gern kennen lernen wollte. „Sie tritt bald auf, und wir gehen zusammen hin“, versprach ich ihr.

34

Wer etwas tut, dies aber, sobald es andere tun, verurteilt, schadet sich selbst.

Ein Raunen ging durch Ravanas Hofstaat: „Es ist schwarze Magie, es geht nicht mit rechten Dingen zu! Seht diesen gefangenen Affen, er spricht unsere Sprache! Dahinter steckt Zauberei!“
Aus Hanumans Mund schallte laut: „Rama, Rama, gelobt sei Rama!“ Er pries Ravanas Feind, als monströse Wächterinnen die Bahre herbeitrugen, an die er festgebunden war. Begleitet von seinem zügellosen Lachen befahl Ravana:
„Hahaha! Zündet den Schwanz von diesem Unwesen an! Es soll verbrennen! Schwarze Kunst hat hier keine Chance!“ Ohne es zu ahnen, besiegelte er damit sein eigenes Todesurteil.
Hanuman nämlich, der vollkommene Yogi, besiegte Ravanas dunkles Ansinnen, indem er seinen eigenen brennenden Schwanz auf und nieder wippte, Feuer legte, seine Form vergrößerte, seine Fesseln sprengte und den grauslichen Wächterinnen entkam. Mit seinem langen Wedel federnd steckte er den gesamten Palast in Brand. Alle rannten um ihr Leben. Nachdem er noch weite Teile Lankas angezündet hatte, sprang er ins Meer, das sein loderndes Hinterteil löschte.
Kaum hatte er das Ufer des heimatlichen Festlands erreicht, brüllte er durch die Wälder, wobei seine Stimme eine gewaltige Urkraft entfaltete: „Ich sah Sita!“ Alle Lebewesen konnten ihn hören.

„Hanuman, bring Nila herbei! Ich muss dieses Gesicht sehen, das unberührt wie eine Mondlandschaft bleibt“, betete ich.
„Nell war wild und frei, sie hat dich erobert! Nila hingegen ist Schülerin von Rukmini Devi, also eine Diva. Du wirst kämpfen müssen, um sie zu gewinnen. Tu was! Überwinde dich: Flieg!“, hörte ich Hanuman antworten.

Den Monat Margazhi – er beginnt Mitte Dezember und endet Mitte Januar – begleitet kühle feuchte Luft. Nebel zieht aus dem Landesinneren bis zum Meeresstrand. Amma – emsig, kunstfertig, niemand wagt sie zu stören – zündet dann noch vor Sonnenaufgang viele Öllämpchen an, dekoriert Götter und singt mit Radha *thiruppavai*, Gesänge der Dichterin Andal:

„Wachet auf ihr Schläferinnen,
in seiner juwelenbestückten Kammer erhebt sich Krishna
und tritt heraus; seht doch, er kommt!
Ich bin seine Braut!“

Im Margazhi duftet es nach Weihrauch. Abends sind es die Diskurse über Glaubensfragen und die Kammermusikkonzerte in privaten Häusern oder Tempeln, die der Stadt in dieser Zeit das Geschwätzige und Vulgäre nehmen. In Konzerthäusern gibt es Vina-, Violine- oder Gesangsaufführungen mit bis zu sechs Begleitinstrumenten, und viele Fremde zieht es jetzt zum Madras-Musikfestival. Die südindische Karnatische Musik erzeugt Schwingungen zwischen den Tönen, leiert die Noten und führt jenseits von Wehmut oder Sehnsucht in andere Sphären. Ihre Klänge erfassen einen mit einer Urkraft, der man sich nicht entziehen kann. Meditation geschieht.

Auch in Margazhi 77 auf 78 erfasste mich die weihevolle Stimmung. Es war ein Sonntag, als ich eines spätnachmittags mein Haar zurückkämmte und intensiv an Nila dachte. Das Öl ließ mein etwas längeres Haar tiefschwarz glänzen, und ich zog mein bestes und wärmstes Hemd an, ein rohseidenes, langes Jubba über einen Wickelrock, den ich zu Shorts hochwickelte, und brauste mit dem Motorrad nach Adyar in die Krishnamurti Foundation. Der Parkplatz quoll über mit Fahrrädern, Mopeds und einigen Motorrädern. Ganz am Rand stellte ich mich hin und schloss mich sogleich den Massen an, die herbeiströmten und durch den Garten auf den Banyanbaum zuliefen. Darunter war das Podest aufgebaut, auf dem der weltberühmte Meister bald erscheinen und

sprechen würde. Ob er sich, bei so vielen Anhängern, an mich erinnern würde, fragte ich mich. Würde es Gelegenheit geben, ihn auf meinen ungenierten, geradezu unverschämten Besuch in seinem großen kalifornischen Besitz anzusprechen? In Boston hatte ich alles, was von ihm in Büchern vorlag, gelesen. J. Krishnamurti wurde von seinen indischen Anhängern schlicht J. K. genannt – Jay Kay, mit verhaltener Stimme ausgesprochen, in der jede Menge Respekt mitschwang. Eine teppichartige Plane lag vor dem Podest, und dicht nebeneinander setzten sich die Leute am Boden nieder. Hinter den Bodenplätzen standen Korbsessel für Ältere. Niemand redete laut, denn wer hierherkam, war in Erwartung einer spirituellen Offenbarung jenseits dessen, was gewöhnlich zu erwarten war. Sie verband die Wartenden in zärtlicher Behutsamkeit. Ich sah mich nach Sai um, als mir eine Gruppe, die sich rechts vorne auf die Bodenplätze setzte, an ihrer Kleidung, ihren Gesten, ihrer Haltung auffiel. Tänzer! fuhr es mir durch den Sinn. Ich sah Nila! Mein Herz klopfte rasant. Sie trug einen orangefarbenen Seidensari und war noch schöner, als ich sie in Erinnerung hatte. Sie sah mich nicht. Ich kletterte auf einen Mauervorsprung, um sie im Blick zu behalten.
„Bleib immer ein Suchender, denn wenn du findest, hast du dich schon für etwas festgelegt und deine Freiheit ist verloren", flüsterte ich J. K.s Sätze. Ich war verloren. Immer mehr Leute strömten herein. Ich hörte amerikanische, deutsche, französische Wortfetzen. Sie schienen aus der ganzen Welt zu kommen, um den Meister zu hören.
Ich fixierte meinen Blick auf die herunterhängenden Wurzeln des Banyan. Sie hingen wie Girlanden von den Ästen und gaben dem gesamten Platz etwas Feierliches. Manche hatten schon die Erde erreicht und sich verankert und kleine Bäume gebildet, die mit dem ursprünglichen Stamm verbunden waren. Luftwurzelbaum heißt er nicht umsonst. Aus einem einzigen Baum entsteht ein kleiner Wald, der aber eine Familie bleibt, die einen starken Mutterstamm hat. Auch der Gedanke der Liebe hat eine zentrale Mitte, einen Ursprung, mit dem sie verbunden bleibt: Sie will sich überall in die Welt ausbreiten und doch mit einem einzigen geliebten Wesen verbunden bleiben. Das wäre das Ideal. *Parampara,* die Verbindung eines Meisters mit seinem Meister über al-

le Zeiten hinaus bis hin zum Urguru – dafür steht der Banyan. Tradition ist der Mutterstamm, jedoch hat sie eigenständige Ableger. Dave könnte doch auch hier sein. Vor einiger Zeit hatte ich einen Brief von ihm erhalten, der mir von James nach Indien nachgesandt worden war. Dave gab als Absender sein Reservat an. Er muss aus dem Gefängnis freigekommen sein, las ich zwischen den Zeilen, denn der Brief bestand aus der Einladung zu seiner Hochzeit mit Susan Sattle alias White Owl. Ich hatte ihm sofort zurückgeschrieben, aber noch keine Antwort erhalten. Er würde die Verehrung und Bedeutung, die wir dem Banyan und damit dem Ursprung des Kultischen, entgegenbringen, verstehen. „Wow!" höre ich ihn sagen, „dem wird hier aber Verehrung entgegengebracht!" Und er würde meine Begeisterung für Nila gutheißen. Sie ist jetzt das Zentrum, der Stammbaum meiner Inspiration. Um sie herum habe ich tausend Ideen. Ich sah in ihr das internationale Leben, und dabei verkörperte sie die indische Kultur mit ihrer Vielfalt wie eine Göttin, die viele Namen und Formen hat. Wie der Banyan verband sie das alles mit einer Hauptwurzel. Bei ihr ist es der Tanz. Meine Augen suchten sie. Doch sie redete neckisch mit einem Tänzer, der neben ihr saß. Ich war sofort eifersüchtig, ich brannte. Wurzel des Banyan, aus dir kommt das Leben, das Verlangen und das Denken, beruhige meine Nerven, bettelte ich. Nila muss meine Frau werden, flehte ich und erschrak über mein besitzergreifendes Denken. Ja, ich wollte sie besitzen, was immer J. K. zur Freiheit sagen würde. Und in diesem Moment trat er auf das Podium. Er schritt mit kerzengerader Haltung in die Mitte des Podiums und setzte sich langsam und elegant mit überkreuzten Beinen auf den Boden. Er verbreitete durch seine Souveränität Ruhe. Er hatte etwas Aufrechtes, das Achtung, und etwas Aristokratisches, das Bewunderung hervorrief. Und er wirkte, obwohl er vierundachtzig Jahre alt war, jungenhaft unverbraucht. Dasselbe sanfte, weise Lächeln wie Rukmini Devi, dabei sportlich wie ein Tennisstar am Anfang seiner Karriere, dachte ich und freute mich, in einem Greis Lust zu sehen. Sein „klar ausgerichtet sein" erzeugte Spannung wie bei einem Wettkampf. Unnahbar und doch familiär grüßte er mit gefalteten Händen. Wie unbedarft hatte ich in Kalifornien mit Dave diesem Mann gegen-

übergesessen. Er wartete lange, bevor er zu sprechen begann. Unter den Zuhörern wurde es ganz still. Ein paar Vögel zwitscherten. Mein Herz saugte sich an ihm fest.
„*Truth is a pathless land!*“, begann Krishnamurti und wartete, bis sein erster Satz begriffen war. Sein englischer Akzent war angenehm. „Religionen sind circa viertausend Jahre Propaganda, die glauben machen, Juden seien anders als Muslime, obwohl sie vom gleichen semitischen Stamm kommen. Rituale und spirituelle Disziplinen werden als Wegweiser durch den Dschungel des Lebens benötigt, und gleichzeitig führen sie in die Abhängigkeit und nicht in das freie Land des reinen Bewusstseins. Der Westen nach biblischem Gebot macht sich die Erde untertan, indem er sie zu verwalten glaubt, und im Osten wird sie als heilig verklärt, gar zur Göttin erhoben; und doch betreiben West wie Ost ihre Lotterwirtschaft mit ihr.“
Krishnamurti bezeichnete sich als ‚der Sprecher’, nie gebrauchte er das Wort ‚ich’. Langsam und eindringlich entlarvte er konditioniertes Denken: „Was ist Denken? Ist es die Befürchtung, was andere tun oder lassen? Oder sind es Gefühle, die scheinbar nur durch Gedanken wahrnehmbar sind? Ist es ein Objekt, etwas, das außen ist? Kreist Denken um die Angst, ‚nichts zu sein’ in einer Welt, die ständig predigt: ‚Sei Jemand!’?“ Unter den Zuhörern war es nun absolut still, sie lauschten, keiner tuschelte mehr seinem Nachbar etwas zu. Ich vergaß sogar Nila für eine Weile. Krishnamurtis Rhetorik wirkte ausgefeilt. Seine kritische Haltung und sein faszinierend gutes Aussehen sind ein Gesamtkunstwerk, dachte ich bewundernd.
„Freiheit ist nicht das, zu tun, was einem beliebt“, fuhr der Meister fort. „Freiheit ist, frei zu sein von den Verletzungen der Vergangenheit, es geht darum, etwas zu beenden, bis das Denken sich selbst beendet. Frei von Bindungen sein.“
Nila. Ist sie das Objekt meines Denkens? Fesselt sie mich? Jetzt sah ich, wie verliebt sie Krishnamurti ansah, welche Bewunderung sie ihm schenkte. Es war diese Kraft in ihrer Bewunderung, die mich noch verliebter machte. Sie besaß die geheime Macht der Hingabe. Nila, wenn ich meine Arme um sie lege, ihre Brüste berühre, wie wird sie mich an-

sehen? Auch so hingebungsvoll? J. K. ist ein Verführer der Frauen, dachte ich und schlüpfte in seinen Geist und dachte, wie er dachte: Wissenschaftler, Physiker, Mathematiker und Geisteswissenschaftler haben das Denken zu Höhen gebracht; aber es ist das gleiche Denken wie von jemandem, der weder lesen noch schreiben kann. Denken kann nur aufzeichnen. Aufzeichnungen sind Erinnerungen, und die führen zu Wissen. Trotz Wissen zerstören wir die Erde, die Tiere und führen beständig gewaltvolle Kriege. „Liebe braucht kein Denken als Grundlage. Weder die Sehnsucht noch das Mitfühlen basiert auf Denken", flüsterte ich und blickte auf Nila, sah sie jetzt im Profil. Sie hatte die Augen geschlossen. Woran dachte sie?

Krishnamurti hatte sich von den Theosophen, die ihn als neuen Messias hochstilisiert hatten, befreit. Er war nie verheiratet gewesen, aber es gab Gerüchte, dass er die eine oder andere Liebschaft gehabt hätte. Jahrelang soll er ein streng geheim gehaltenes Verhältnis mit der Frau seines engsten Sekretärs gehabt haben. Stand diese verborgene Liebe, diese Geheimniskrämerei in Liebesdingen, würde man dem Gerücht glauben, nicht seiner Auffassung von Freiheit entgegen? Ich höre, wie er den Theosophen entgegenschleuderte: Macht euren Vereinsklüngel ohne mich! Wie er ihnen damals sein „Truth is a pathless land" entgegen geschleudert hat. Von den Theosophen, die ihn auf teure Internate nach England geschickt hatten, um ihn dort für den Westen vorzeigbar zu machen, emanzipierte er sich radikal. Leadbeater, der ja ein führender Theosoph damals war, muss in den sehr hübschen Jungen verliebt gewesen sein und ihn völlig verklärt haben. Aber J. K. hatte sich von den Erwartungen seiner Gönner befreit. Trotzdem werden ihn die Theosophen geprägt haben, dachte ich. Seine feinen englischen Manieren hat er bestimmt nicht von seinem armen, brahmanischen Vater, sondern von Annie Besant, der Britin, die das soziale Gedankengut in die Theosophie gebracht hatte. Besant gründete Schulen und verehrte Gandhi. Und dann, als Krishnamurtis geliebter jüngerer Bruder, der ihn begleitet hatte, plötzlich starb und sein Vater forderte, den Sohn zurück nach Indien zu bringen, blieben die theosophischen Mentoren strikt. Das Internat wird beendet, verlangten sie.

Von da ab war er auf sich allein gestellt. Vielleicht hat J. K. damals begonnen, an seinen Gönnern, die ihn zu einem Heiland heranzüchten wollten, zu zweifeln. Seine Mentorin Annie Besant hatte in ihm schon das Besondere gesehen, als er noch ein Bub war. Er war ein Charismatiker! Keine Frage. Verbrachte er nicht wie ich in Kalifornien sein Leben auf der Suche nach Freiheit für den Geist und wurde ein Rebell? Ich schmunzelte über meine Anmaßung. Er sieht die Bedeutung von Zeit als das, was sich zwischen einer Idee und ihrer Ausführung abspielt. Für mich dehnte sich jetzt die Zeit aus, denn ich fieberte auf meinem Mäuerchen oben der Begegnung mit Nila entgegen. Sai, der zu spät gekommen war, saß unter mir. Der Meister sagte mit seiner sinnlich klingenden Stimme: „There is no passion but compassion; and beyond that is nothingness!“ Dann erhob er sich. Niemand klatschte. Alle waren wie gebannt von seinem leidenschaftlichen Vortrag. Benennt eure Ideale nicht, Glaubensbekenntnisse – werft sie raus! wiederholte ich für mich. Und Leidenschaft siegt allemal.

„Er hat es faustdick hinter den Ohren!“ Sai holte mich zurück aus meinen Gedanken. „Lebt elitär im Westen und kennt daher die Probleme eines einfachen Inders nicht mehr. Ich mag seine zur Schau getragene Erhabenheit nicht!“

„Du, Sai, er geht gegen das verkrustete Denken Indiens an!“, mahnte ich ihn.

„Ach, diese blöden, völlig unreflektierten Anhänger!“, sagte Sai zynisch. „Hey, überall, suchen wir nach neuen Lebensformen! Dabei sind wir hier im Osten den traditionellen religiösen Auslegungen gegenüber kritisch und wollen sie nicht wie die Eltern verehren. Doch in England wollten berühmte Leute, nimm beispielsweise die Beatles, plötzlich genau über die Traditionen östlicher Mystik Bescheid wissen und verehren sie tabulos. Schau, die Ashrams, die in Poona, Goa, Rishikesh wie Pilze aus dem Boden schießen, sie sind Wirtschaftsunternehmen, die junge Westmenschen anziehen.“

„Das mag sein. J. K. ist erfrischend anders“, warf ich ein und schlenderte betont langsam Richtung Ausgang, als ich plötzlich Nila mit den anderen Tänzern herbeikommen sah. Ruckartig blieben wir stehen.

„Ah“, sagte sie.
Madras, die stets feuchtheiße, immergrüne Stadt am Meer, einst von Kolonialisten als Hafen zum Abtransport der Rohstoffe erbaut, war bekannt durch die umliegenden Webereien, die Stoffe mit Karo herstellten – das so genannte Madras-Karo. Jetzt in den späten siebziger Jahren erlebte die Stadt eine Renaissance der althergebrachten Kultur. Einzelgänger aus der westlichen Welt kamen, um Tanz, Yoga, Kampfkunst, Musik oder Philosophie, kurz um das überliefert Traditionelle kennen zu lernen. Nila verkörperte als Inderin und Irin beides: Tradition und Aufbruch. Wie vom Blitz getroffen stand ich da, sie bestimmt verklärend, und brachte nicht mehr als „Sai, das ist Nila“ hervor.
„Wollen wir einen Tee zusammen trinken?“, fragte Sai schlagfertig und half mir angesichts meiner Befangenheit aus.
Der orangefarbene Seidensari floss und umschmeichelte ihre Figur und sog meinen Blick an ihre schmale Taille, wobei ich nicht wusste, ob ich weiter hinsehen oder wegsehen sollte. Die anderen Tänzer, apart aussehende Männer und eine attraktive Frau, die neben ihr standen, lehnten ab, da sie schon etwas vorhatten. Nila aber nickte und biss dabei auf ihre vollen Lippen, was mein Blut zum Pulsieren brachte. Die Schlange vor dem Tee-Stand war aber zu lang, und wir einigten uns, zu unserem erprobten Chai-Shop zu fahren. Nila setzte sich seitlich auf mein Motorrad. Leicht ruhte ihre Hand auf meiner Schulter. Ich beobachtete im Rückspiegel ihre fliegenden Haare, die sich aus ihrem Zopf gelöst hatten. Die Nymphe aus Paatis Geschichte! Tief in mir lebte diese Sehnsucht nach dem unerreichbaren Wunder. Um Nila lag dieser überirdische Schmelz, eine Eleganz, der sicher eiserne Disziplin vorhergegangen war. Im Chai-Shop saß sie aufrecht, und ich schaute sie insgeheim immerzu an. Wie ein funkelndes Juwel saß sie auf der alten Holzbank und wurde auch von den anderen Männern angestarrt. Nila ignorierte das und lauschte aufmerksam meinem begeisterten Bericht über die Begegnung mit J. K. im Ojai Valley.
Sai hingegen blieb dem Meister gegenüber zurückhaltend. „Frei denken und eigenständig handeln ist nicht einfach so zu bewältigen. J. K. ist ein Shivait-Brahmane wie ich. Leadbeater, dieser, meiner Meinung nach,

recht fragwürdige und halbseidene Theosoph, hat ihn doch in England ‚zwangsentbrahmanisiert'. Deshalb muss er gezwungenermaßen heute Kastenlosigkeit predigen!"
„Dazu muss er sich in seinem Internat in England einsam gefühlt haben," entgegnete ich, da ich mich an meine Anfangszeit in den USA erinnert fühlte.
„Wie kommst du darauf?" Nila schaute mich erstaunt an.
Ich schwieg betreten.
X „Besondere Menschen sind doch immer Einzelgänger", sagte Nila lächelnd. „Einsamsein befähigt sie zu größerer Leistung. Wir Tänzer halten zwar zusammen, aber dann, wenn es um unsere Zukunft geht, sind wir neidisch aufeinander. Neid macht einsam. Bei J. K. sehe ich keine Anzeichen von Missgunst oder gar Neid. Deshalb inspiriert er uns, folglich kennt er das Einsamsein nicht."
Sai und ich schwiegen. Sie war klug, und wenn sie lächelte, hüpfte ein niedlicher Vogel aus ihrem Mund. Ich blickte auf ihre Schenkel unter dem fließenden Seidenstoff, und erneut schoss Begehren in mir hoch. Sie sind sicher weich wie das Innere des Bananenstamms.
„J. K. will Geist und Alltag zusammenbringen", sagte ich und begriff in dem Moment, dass Nila als Tänzerin genau das lebte.
„Er hat nie geheiratet. Er hat sehr viele reiche Freundinnen, die ihn förderten", sagte Nila.
„Er ist ein Schlaumeier", entgegnete Sai. „Aber du hast Recht, Nila, Familienleben bringt nur Probleme mit sich. Willst du mal heiraten?", wandte Sai sich plötzlich an mich. Wie konnte er nur so etwas vor Nila fragen! Ich schwieg verlegen.
Nila rettete die Situation, indem sie das Thema wechselte: „Sai, was lernt ihr alles bei eurem Meister im IMKY? Er gab mir neulich eine solche Abfuhr." Sai antwortete schlagfertig:
„Diverse Kampfkunsttechniken aus Kerala, und dazu gehört auch die Marma-Lehre."
„Ach, ich würde sie gern von dir lernen!"
Mir drehte sich der Magen um. War sie etwa an Sai interessiert?
Sai zögerte. „Oh, so einfach geht das nicht. Ich muss dann erst mit dem

Heiler sprechen."
„Ja klar", sagte sie, ohne mich weiter zu beachten.
„Andere eines Besseren belehren und dabei zu lernen, sich selbst nicht so wichtig zu nehmen, das ist die Grundlage, die wir bei Yoga lehren", witzelte Sai, als wollte er mich auf den Arm nehmen. Er wusste genau, wie verliebt ich war. „Yogaunterricht ist Zeit mit anderen Menschen verbringen und sie studieren!"
Ob Nila die Ironie verstand oder nicht, war ihr nicht anzusehen. Sie beherrschte nicht nur ihre Haltung, sondern auch ihre Gesichtszüge. Aber sie schien neugierig darauf geworden zu sein, was wir machten und warum wir beide unsere aussichtsreichen Karrieren aufgegeben hatten.
Sai stand auf und verabschiedete sich. Erleichtert atmete ich auf. Dunkle Wolken zogen auf, und es war düster geworden. Ich fuhr Nila die kurze Strecke hinüber zur Pforte des Seiteneingangs zu ihrer Unterkunft im Mädchenwohnheim, das in einem dschungelartigen Garten lag. Die Pforte war abgeschlossen, denn die erlaubte Ausgehzeit war überschritten. Wir blickten uns an. „Wie blöd die sind!", fluchte Nila.
„Die Internate in Indien müssen wohl auf ihre Mädchen aufpassen. Sicher hast du strenge Eltern, die da Druck machen."
„Nein, überhaupt nicht. Sie sind außerdem geschieden." Das überraschte mich. Unsere Münder kamen sich nah, als wollten wir noch mehr sagen. Doch wir schwiegen, und ich küsste stattdessen sanft ihre Lippen. Wie fruchtig sie schmeckte, wie eine Mango. Auch zwischen ihren Beinen würde sicher die weiche, saftige Mango zu finden sein. Blitzschnell hob Nila ihren Sari hoch und kletterte über die Pforte. Mechanisch half ich ihr und sah dabei ihre sehnigen Beine nackt. Als sie mit ihrem leichten Gang in der Dunkelheit verschwand, wankte der Boden unter meinen Füßen. „Nila!", rief ich ihr nach. „Wollen wir uns nicht wiedertreffen? Am Sonntag um zehn Uhr in der Bibliothek der Theosophischen Gesellschaft?" Ich hörte keine Antwort von ihr. Der Wald des Campus hatte sie verschluckt. Wie leicht es mit Nell gewesen war, wie einfach das Leben in Kalifornien war, dachte ich enttäuscht. Deshalb gefällt es J. K. dort. Ich verstand ihn und ich mochte ihn.

Wie war es mit den vielen Ausländern, die nach Madras kamen, um indische Künste oder Denksysteme zu begreifen? Sie fielen auf mit ihrer weißen Haut in indischen Kleidern, oft auf Fahrrädern in den Straßen unterwegs, und wirkten ein wenig schräg. Nilas Mutter ist aus Irland, und Nila bestimmt Christin, oder gibt es eine Halbchristin? fragte ich mich. Wann und wie wird ihre Mutter nach Indien gekommen sein?
An der Bushaltestelle vor der Adyarbrücke stand Jo. Aufrichtigkeit prägte sein klares Gesicht, was er dachte, war allerdings nicht erkenntlich. Trotzdem umgab ihn etwas Helles, Entschlossenes. War auch er der bekannten Zivilisation entflohen und suchte hier, in diesem unbegreiflichen Indien, nach einer tieferen Wahrheit? Da es gerade stark zu regnen begann, die letzten Ausläufer des Herbstmonsuns tobten noch, nahm ich ihn auf dem Motorrad über die Adyar-Brücke bis zu seiner Unterkunft gleich hinter der Brücke mit. Die Straßen standen schon unter Wasser, als wir die Brücke überquerten.
„Schockieren dich nicht manchmal diese plötzlich auftretenden Wassermassen?“, rief ich durch den prasselnden Regen.
„Im Gegenteil! Ich find es aufregend. Es bleibt ja immer warm.“
Ich lachte. „Ihr werdet mit Eis und Schnee fertig, bei uns bricht mit dem Monsun das Leben zusammen.“
„I like your India.“ Jo machte den indischen Akzent nach und schaukelte den Kopf. „Ihr denkt doch gewiss, was zum Teufel suchen Ausländer, weit weg von Vertrautem wie Familie und der Möglichkeit, bequem zu leben, hier bei uns im moskitobefallenen, chaotischen Madras?“
„Ja, Jo, das denken wir, aber nur manchmal, wenn wir selber frustriert sind. Ich habe einige Jahre in Amerika gelebt und bin gern wieder in meine Heimatstadt zurückgekommen. Und wir haben ja neulich darüber diskutiert, warum wir misstrauisch bleiben. Nimm's nicht persönlich.“
Beim Losfahren sagte ich noch: „Die drei großen Gurus des zwanzigsten Jahrhunderts leben hier, und alle verbindet die gleiche Kraft, mit der sie Menschen aus der ganzen Welt anziehen.“ Aber Jo hörte das vermutlich schon nicht mehr. Der zunehmende Regen schluckte Worte. Jo wusste vielleicht ja auch nicht, auf welche drei großen Lehrer ich an-

spielte, ausgerechnet hier in Adyar lebten sie zeitgleich: Krishnamacharya, der Yogameister, der nie den Ozean überquert hatte, wühlte auf wie bittere Medizin. J. K., der elegante Geistesakrobat, der oft das Meer überflog, auch in der Schweiz und Kalifornien zuhause war, der mit scharfer Zunge die Konservativen aufstachelte, verlieh Würze. Und als dritte im Bund Rukmini Devi, die Erneuerin der indischen Kultur, sie verlieh das Süße: Als mystische Weltenmutter für Theosophen und als Gründerin des Tierschutzverbands; sie sollte das Staatsoberhaupt für Indien werden und hat das charmant abgelehnt. Ob sie, wenn sie sich trafen, ganz normal klatschten, „small talk" machten? Oder nur tiefe Gespräche führten, vielleicht kontrovers diskutierten? Niemand wusste das, denn sie blieben bei solchen Treffen unter sich.
Mein Motorrad begann zu schlingern. Das Regenwasser hatte die Schlaglöcher der Straße zu gefährlichen Tümpeln gemacht. Frösche quakten. Ich musste aufpassen, um nicht zu stürzen. Doch der Gedanke an die unmittelbare Nähe der großen Lehrer bettete mich in eine unzerstörbare Unendlichkeit, in der Zeit als historisches Bewusstsein sich verliert; mir war, als gäbe es hier schon seit Ewigkeit große Gurus. Sie schützen durch ihre bloße Existenz.
Der Regen kam vom Meer, es roch nach saurem Fisch. Und als fünfter Geschmack lag Nila auf meiner Zunge. Sie war herb.

Ein paar Tage später sagte der Heiler zu mir: „Ich nehme dich mit zu Krishnamurti. Ich kenne ihn gut." Er sah mich durchdringend an. „'*Ihr glaubt an Gott nur deshalb, weil er euch Ausflucht vor einem verwirrten und schrecklichen Leben anbietet*'", zitierte er den Meister. Damit wollte der Heiler zeigen, dass er mich durchschaute und wusste, wohin ich mich orientiere. „Ja. Das freut mich!", sagte ich knapp.

35

Ramas Sehnsucht wurde zur Qual für alle. Er konnte nicht länger warten und wollte die fast fertige Brücke nach Lanka betreten. „Es ist Zeit, Sita zu befreien. Ravana wird seine Begierde nicht mehr lange beherrschen und Sita mit Gewalt nehmen. Wieso stehen wir noch rum?“, seufzte er. „Wir schlafen auf derselben Erde, doch trennt uns dieses verflixte Meer! Oh Sita!“, klagte er. „Wir werden es nicht schnell genug schaffen, den Ozean zu überqueren. Krieg müsste längst entbrannt sein, um dich zu retten!“
Lakshmana unterbrach seinen Bruder: „Sieh doch nur, Rama! Sie greifen an. Sie kommen dir zuvor! Sieh, dort kommt das Boot des Feindes!“
Rama stand stumm, als das fremde Boot anlegte. Er hielt den Bogen gespannt und den Pfeil zielgerichtet auf den ersten Mann, der an Land kam. Noch bevor er den Pfeil losschickte, nahm er dessen geduckte Körperhaltung wahr und erkannte an den gefalteten Händen der weiteren Leute, die dem Boot entstiegen, dass sie Asyl suchten.
„Rama, erhöre mich! Ich, Vibishana, der Prinz Lankas, habe meinen Bruder Ravana mehrmals angefleht, Sita zurückzuschicken. Es war vergebene Mühe. Seit Sita bei uns ist, sind die Omen ungünstig, aber Ravana achtet nicht darauf! Die Kühe geben keine Milch! Die Pferde sind unruhig, und den Büffeln und Eseln stehen die Haare zu Berge. Der Schein des heiligen Feuers ist vom Rauch getrübt. Gebt Sita zurück, sagen die Zeichen, aber mein Bruder benimmt sich wie ein Besessener.“
Rama senkte seinen Bogen. „Es gibt nichts Schlimmeres als diejenigen, die uns nah sind, verraten zu müssen. Du hast mein Mitleid. Komm zu uns, Vibishana! Wir werden Ravana töten! Sein Hofstaat wird mit ihm untergehen! Danach wirst du zum König von Lanka gekrönt werden!“
Während er das sagte, erwachte erneut Mut in ihm.
Wer andere tröstet, dem wird selbst Trost gespendet!

Eines Sonntags am Spätvormittag stand Nila unter dem Foto der Helen Petrovna Blavatsky. Es war in einen schräg nach unten zeigenden Bilderrahmen gefasst und über der Eingangstür angebracht. Nila blickte auf mich – ich saß an einem Tisch und las in einem Buch und sah sie und die Blavatsky aus den Augenwinkeln an. Genauso hatte ich Nila und das Foto zuvor am nächtlichen Strand im Regen imaginiert. Doch jetzt schmückten Jasminblüten ihr Haar. Sie verströmten Duft. Die hohen Decken der Bibliothek, deren Putz abblätterte, schienen die Frische gern aufzunehmen. Nila trug einen aprikosenfarbenen Sari aus dünner Batistbaumwolle. Die Farbe verlieh dem Gebäude noch mehr Erhabenheit. Sogar die antiken Wandschränke, die mit der ungewöhnlichen Sammlung alter Bücher – darunter handgeschriebene Palmblattmanuskripte alter Lehrschriften und Epen – sonst immer Behäbigkeit ausstrahlten, glänzten plötzlich wie neu poliert. Nur die altmodischen Ventilatoren surrten unbeeindruckt weiter. Ich wollte mir dieses Bild einprägen und regte mich nicht. Nila wirkte jung und blühend, wobei etwas Gespenstisches aus dem Bilderrahmen über der Tür auf ihr Fleisch und Blut traf. Blavatsky hatte das Kinn auf die Hand gestützt, ihre übersinnlichen Augen drückten einen überirdischen Starrsinn aus. Nila stand ruhig und selbstbewusst darunter. Ihr Blick ruhte auf mir. Sie und HPB offenbarten trotz der Gegensätze eine eigenartige, doch rätselhafte Gemeinsamkeit. Dieser Moment war kostbar und durfte nicht in der Weitläufigkeit der Zeit vergehen, sondern so, genau so bleiben: Blavatsky mit dem Schrecken der Erkenntnis im Gesicht und Nila darunter mit den eher staunenden Augen, die gleichzeitig eine trunkene Abwesenheit vom Alltagsgeschehen zeigten. Wie kann eine junge Tänzerin so abgeklärt sein? Erregt stand ich auf, ging auf sie zu und nickte. Sie lächelte. Ich dachte an die geheimnisvolle Energie des Vollmonds. Wir sagten nichts, sondern verließen die Bibliothek, wobei ich vorausging. Als wir den Garten erreichten, blieben wir stehen. Ich zeigte mit der Hand Richtung Bambuswäldchen. Das Schild „Betreten verboten" ignorierten wir, wobei sie mir einen kurzen Seitenblick zuwarf und spitzbübisch grinste. Es wurde bald Mittag und es war schon drückend heiß. Um diese Stunde hielten die Wächter ihre Siesta. Ungestört schlender-

ten wir weiter ins Dickicht hinein, zwängten uns hindurch, und setzten uns auf den trockenen ausgedörrten Boden unter einem Nagalingabaum. Leicht verwelkte Blüten lagen uns zu Füssen. Nila las eine auf und schaute sie an. In ihrer dunkelroten Blütenlippe stand der Blütenstängel wie ein Linga hervor. Gedankenverloren sagte Nila:
„Mein Studium ist im April zu Ende. Ich habe ein Angebot, als Lehrerin im Institut zu bleiben und im Tanzdepartment von Kalakshetra zu tanzen. Ich bekomme die besten Rollen. Beim nächsten Festival kann ich die Sita im Ramayanaballett tanzen." Trotz dieser guten Aussicht klang Nila nicht sehr begeistert.
„Hey, das ist doch große Klasse für dich!", sagte ich begeistert.
„Ja, vielleicht. Aber es ist alles sehr reglementiert. Ich darf nirgendwo anderes auftreten als in Kalakshetra. Es ist sehr restriktiv. Ich möchte gern auf Tour gehen und mit meinem eigenen Orchester reisen. Das erlaubt Athai" – so nannte sie Rukmini Devi – „nie. Ich habe ein sechsjähriges Studium abgeschlossen und bin jetzt dreiundzwanzig Jahre alt. Die beste Zeit, um meine Tanzkarriere zu starten."
„Aber die Tanztruppe von Kalakshetra ist doch die beste in Indien", entgegnete ich.
„Ja, stimmt, aber ich werde nie frei sein." Ihre Augen blitzten.
„Ja doch, ich verstehe das. Ich habe schließlich auch im IIT gekündigt. Das Institut hat mich zu sehr eingeengt. Mein Vater ist immer noch entsetzt, bleibt untröstlich. Wir reden seitdem kaum." Sie sagte nichts. Sicher wollte sie nicht so sehr in meine Familienangelegenheiten eindringen, aber sie erhob sich und sagte: „Aber ich werde auf alle Fälle heimlich Kampfkunst trainieren und bei euch auch weiter Yoga lernen. Athai würde auch das nie erlauben. Die Stunden bei Sai waren gut."
Warum erwähnte sie Sai? Ich erhob mich auch und fasste ihr zierliches Handgelenk und machte eine Geste aus der Kampfkunst. Wie gut die Berührung tat. Sie aber löste sich und machte eine abfällige Handgeste.
„In Kampfkunst bin ich geübt", sagte ich. Doch sie schüttelte den Kopf. Sie wollte etwas anderes hören.
Wir schlenderten weiter, vorbei an den Tempeln verschiedener Religionen. Blühende Sträucher und Blumenbeete schmückten sie. „Blumen

pflücken verboten!“ sagte ein weiteres Schild. Die Spitze eines kolonialen Herrenhauses, des Olcott-Bungalows, ragte hinter einem Banyanbaumwald hervor.
„Ach Nila, das hier ist eine Oase mitten im lauten Madras.“
„Ja, es wohnen wenige hier. Nur Mitglieder können hier zu allen Zeiten eintreten. Rukmini Devi lebt hier!“
„Mmm, hoffentlich sieht sie uns nicht!“
„In der Mittagsglut läuft sie bestimmt hier nicht rum.“ Das große leere Gebäude lag spukhaft da. Hausten hier etwa nicht nur die unerlösten Geister der europäischen Gründer, die sich einst in Indien verloren und Übrigbleibsel der europäischen Lebensart, solche wie kostbare Möbel zurückgelassen hatten, sondern auch Fledermäuse? Es roch nach ihrem Kot. „Helen Blavatsky war mutig. Sie kam als Frau im neunzehnten Jahrhundert nach Indien und hat aus unterschiedlichen Religionen einen eigenen Glauben erschaffen. Irre, oder?“
„Du magst mutige Frauen“, sagte Nila und sah mich an.
„Bedingt“, sagte ich.
Sie zog staunend die Augenbrauen hoch und sagte: „Der Park reicht bis zur Mündung des Adyar-Flusses ins Meer. Der Adyar verliert sich in der Weite. Und die Leute schmeißen vorher ihren ganzen Müll da rein.“
„Ja, was das Meer so alles so aufnimmt“, sagte ich, und sofort schoss mir durch den Kopf: Ob sie mich aufnehmen wird, so wie ich bin, unfertig im Kopf und mit ziemlich viel Ballast? Ich wollte sie anfassen, an mich drücken. Die Sonne brannte. Aber nicht sie allein trieb Schweißperlen auf meine Stirn. Wir gingen auf den Olcott-Bungalow zu. Der Banyanbaum bildete einen Wald um das riesige, verlassene Herrenhaus, es schien, als würde der Banyan es sich allmählich einverleiben wollen. Nila umschlingen und besitzen, das wollte ich. Wir betraten die überdachte Veranda. Der Schatten war wohltuend.
„Das große Gebäude wird freitagabends zu den Séancen, den Treffen der Okkultisten, genutzt. Glaubst du, dass sich Tische durch Magie erheben können?“ fragte Nila und lehnte sich an das alte Geländer.
„Fremde sind dann wohl nicht erlaubt und schon gar keine Skeptiker wie ich“, murmelte ich und dachte, es braucht schon Mut, sie jetzt und

hier zu ergreifen, ihr Haar zu öffnen und es zu kosten. Die blaue Klitorie umwickelte das dicke steinerne Geländer, rankte sich an der Säule zum Dach entlang und kletterte noch an den Holzbalken weiter.
„Nila, komm. Unberührt vom Wahn der Gespenster wollen wir hier eine Pause machen. Einfach sein!“
„Hier bist du nie unberührt vom Blühwahn der Pflanzen, und die Sinne tricksen dich in diesem Garten aus.“
„Aah, diese Blüten wissen nichts über unsere Sorgen oder über unsere Zukunft. Sie sind im Jetzt, und sind doch Teil von uns. Sieh dir die Klitorie an. Was für eine weibliche Blüte. Sie erinnert mich an …“ Bevor ich zu Ende sprach, errötete Nila. Wir saßen beide versunken in der heißen Luft mit ausgestreckten Beinen am Boden. Ich gab mich meinem Verlangen hin. Durch halb geschlossene Lider sah ich Nilas Haut. Ihre schlanken Arme, ihren Hals, ihre schmale Taille. Auch ich fühlte mich von ihr wahrgenommen. Sie hat dieselbe Sehnsucht, spürte ich glücklich ermutigt. Verwilderte Katzen streunten um das Gebäude, ein Kater kam dazu, und sie belauerten sich gegenseitig, umschlichen sich, und mit einem Satz fiel der Kater über die kleine weiße Katze her. Sie verharrte, aber stieß einen Fauchlaut aus. Sehnsucht schreit nach Fülle. Mein nackter Zeh berührte Nilas Fessel. Ich blickte in ihre Pupillen, die plötzlich ganz nah waren und in denen ein Irrlicht flackerte. Die Augen einer Großkatze, dachte ich. Grün hinter Braun. Das Irische unter der indisch kultivierten Fassade. Ich war völlig gebannt. Als wäre es selbstverständlich, drückten wir Unterleib gegen Unterleib, und unsere Arme griffen nach dem jeweils anderen oberen Körper. Nila löste sich unvermutet wieder aus der Umarmung und holte eine Mandarine aus ihrer Tasche. Sie schälte die Frucht, kniete sich vor mich und legte mir zärtlich einen Schnitz in den Mund. Ich spürte ihre Finger an meinen Lippen und berührte sie mit meiner Zunge. Sorgfältig schälte sie ein neues Schnitzchen und aß selbst noch eins. Dabei entblößte sie ihre leuchtend weißen Zähne. Wie auf einen osmotischen Austausch unserer wirren Gefühle vertrauend, schob Nila ihren Sari hoch. Ich ahnte, dass sie darunter nackt war, und riss meinen Dhoti weg von meinem Leib. Mit meinen nackten Beinen und dem Druck meiner Oberschenkel zog

ich ihre Hüfte nah an mich. Dann schaltete mein Verstand aus. Sie beugte sich über mich, spaltete ihre knienden Beine, schob sich an mich und erklamm mit der drängenden Flanke eines Tiers meine Hüfte. Penis zu Klitoris. Herausforderung und Geborgenheit trafen aufeinander.
Ein Schauer. Ich lag unter Nila. Sie beugte sich und schob mir den Fruchtschnitz aus ihrem Mund in meinen Mund. Ich fühlte ihre Zunge. Die Fruchtscheiben kühlten meinen Mund. Sie passten sich an, sanft strichen ihre Finger meinen Hals. Ihr Daumen glitt über meine Wangen zum Mund und drang ein. Würzige tropische Essenz aus Blättern löste auf meiner Zunge herben Kräutergeschmack aus, ich saugte die heilende Kraft ihres Daumens, als wäre er eine Tigerkralle. Es war ihr Atem, der mich streichelte. Ich schob meine Lenden im Takt auf und nieder, und während ich sie küsste, drückte ich fest mit den Füßen auf die Erde. Spürte einen Panther hinter meinen geschlossenen Lidern weich und nachgiebig lauern. Mein Leib fügte sich an ihren. Die große Hitze schloss uns ein und versiegelte alles, ich vergaß sogar die Parkwächter, die uns hier überraschen konnten. Meine Hand glitt über ihren Hals und erreichte die Enge des aprikosenfarbenen Sarileibchens. Meine Finger fanden die Häkchen und befreiten ihre Brust; dann, als würde ein Raubtier aus mir schießen, das die Tiefe ihres Schoßes fand, der nun für den Stoß des langen Raubtierzahns bereit war, schob ich mich in ihre Öffnung. Ich floss … und danach lagen wir, zwei keuchende Katzen, die sich als Menschen fremd waren, nebeneinander auf dem nackten Boden. Ich war ihr so nah, ja, eins mit ihr, und doch trat sofort diese Irritation ein: Sie ist mir doch unbekannt, wie soll das überhaupt weiter gehen? Als ich meine Augen wieder öffnete, lag sie mit geschlossenen Lidern vertraulich neben mir. Ich nahm ihre Hand, erkannte an der geöffneten Bluse, dass meine Sinne doch keiner Einbildung aus heißer Luft unterlegen waren, und strich ihren verschobenen Sari zurück, der mich umwickelte.
„Heute ist Weihnachten!“, sagte sie besonnen. „Mutter feiert in Irland mit der Großmutter. Es ist so weit weg.“
„Klar, heute ist der Fünfundzwanzigste, wie konnte ich es vergessen?“
„Du bist Hindu, aber ich kenne dich aus einer anderen Welt“, flüsterte

Nila. Ich sagte nichts. Als wären alle Worte jetzt Verrat. Doch als wir zum Ausgang des Parks schlenderten, wisperte ich in ihr Ohr:
„Ich kenne Liebe in einer anderen Welt."
Ein hingezaubertes Lächeln blieb auf ihren Lippen. Federleicht, scheinbar schwerelos lief sie neben mir her und summte leichtsinnig in hohen Tönen ein Weihnachtslied. Mir fiel das T-Shirt mit dem Slogan ‚Never mind the bollocks, here's the sex pistols' ein. Verwegen, Vivienne Westwoods Punkklamotten zu tragen, hatte ich gedacht, als ich sie das erste Mal gesehen hatte. Sie ist noch woanders angesiedelt als ich. Als wir uns verabschiedeten, traf mich ihr schwermütiger Blick, der in die Tiefe ging.
„Es war das erste Mal für mich, dass es schön war", sagte sie und senkte ihre Lider. Zwei Mondsicheln, hinter denen Unschuld unbedingt Sinnlichkeit und Sexualität erfahren wollte. Und ich hatte mich selbst dafür ausgewählt, quasi angeboten, die Erfahrung zu sein. Sie würde als nächstes in die bizarre Welt der Künste hochsteigen, mit Tanzschritten, bei denen ich nicht mithalten konnte. Plötzlich erschien das animalische Auge wieder. „Halt sie fest", forderte es. Der Oleanderbusch, vor dem ihr Fahrrad stand, wollte mit seinen Armen nach ihr greifen. Für Theosophen ist Sinnlichkeit eine Schande. Sie erheben sich in ätherische Welten.
„Nila, es war schön mit dir. Frohes Fest!", sagte ich eindringlich und sah ihr nach, als sie wegfuhr.
„Mond, du spiegelt das Licht der Sonne wider, weil du Widerstand bietest. Diese Mondjungfrau wird mir Widerstand bieten. Aber sie bringt mich zum Glühen", flüsterte ich mit mir selbst redend. Habe ich ein Kind gezeugt, fragte ich mich plötzlich. War da nicht das mit Jesus, gezeugt vom Licht? Erleuchtet und gleichzeitig erschreckt brauste ich die Küstenstraße Richtung Triplicane entlang.

36

Vibishana, Ravanas Bruder, war nicht nur klug, er war auch bescheiden. Und er hatte die Konsequenzen des starrköpfigen Ravanas vorausgesehen: Völkermord! Hat das Boot ein Leck, ist es wichtig, rechtzeitig abzuspringen. Wer meint, er könnte es noch retten, leidet an Selbstüberschätzung und kann zugrunde gehen. Uneinsichtigkeit ist fatal.
Vibishana hatte vergeblich versucht, den Bruder von seiner Besessenheit zu befreien: „Sita ist ein ungeschliffener Diamant, sie verzaubert dich mit ihren Schattierungen, aber du übersiehst ihre Schärfe. Gib dieses Weib zurück an Rama, sie gehört zu ihm, und verschon unser Land. Dein Reich wird untergehen, wenn du gegen Rama ankämpfst. Und wir alle mit dir!"
Ravana aber, arrogant, nicht nur durch seine Erfolge bei den Frauen, verhöhnte den eigenen Bruder. „Schwächling! Was soll dein Wortschwall bei einem Mann der Tat wie mir ausrichten?"
Sollte Sita die Schuld am beginnenden Krieg zugeschoben werden? Und sind es immer die Frauen, die Männer zu wahnsinnigen Taten antreiben? Oder ist es schon seit Menschengedenken die Gier der großen Patriarchen, die verheerende Kriege auslöst?

Nila und ich trafen uns an Sonntagen in unbewohnten Gebäuden des Theosophischen Gartens. Manchmal fuhren wir in die kleine Küstenstadt Mahabalipuram und hofften, nicht erkannt zu werden. Wir liebten uns in billigen Hotels. Weder konnte ich bei mir zuhause eine Freundin einführen, noch konnte ich sie in der Mädchenunterkunft des Kalakshetras besuchen. Ich empfand Verbergen und Vertuschen, die Liebe im Verbotenen, schließlich als passende Form, um zwei höchst unterschiedliche Menschen wenigstens vorübergehend zu vereinen. Die Gesellschaft will nicht das zusammenfügen, was nicht schon zusammen ist, denn wenn jemand nicht zum Clan gehört, schon gar nicht zum eigenen Volk, dann möge er ausgeschlossen bleiben, auf dass das Fremde ewig bestehe! Was hingegen Nila und ich einander zu geben hatten, war von solcher Zärtlichkeit und löste im anderen die schlummernde

Kraft aus, dort hinaufzusteigen, wo wir mit unseren Träumen längst waren. In einem einsamen Strandtempel in Mahabalipuram flüsterte ich einen Spruch über die Göttin Lakshmi:

„Erde
aus dem Meer geborene Diva,
Berge sind Deine Brüste,
getragen von Zuversicht
Vergib
wenn wir achtlos
über dich hinweggehen.“

„Bist du sehr religiös, Gowinda?“, fragte Nila.
„Nicht wie die Leute in meiner Familie. Ich sehe das Göttliche in der unberührten Landschaft. In der Erde... auch du erinnerst mich daran.“
„Weil ich die Sita einstudiere? Es ist ziemlich schwer, Athai gerecht zu werden. Ich soll den göttlichen Blick auf der Bühne zeigen. Ich habe ihn noch nicht gefunden.“
„Ich kenne ihn bei dir, manchmal, dann, wenn du nicht nachdenkst.“
„Ach Gowinda, wonach streben wir?“

Tags danach saß ich abends mit Sai auf der Holzplanke vor der Wellblechhütte des Chai-Shops. „Im Schrein Krishnamacharyas wurde eingebrochen und eine Statue entwendet!“ sagte er mit gedrückter Stimme.
„Oh ... war die Statue aus Gold?“
„Darum geht es nicht, sie sagen, sie sei schon seit einigen Tagen weg. Genau seit dem Abend, an dem du bei dem großen Meister warst. Wenn eine geweihte Figur entwendet wird, bedeutet es jahrelanges unabwendbares Unglück. Für ein Brahmanenhaus ist es eine Schande. Es ist ein Fluch.“ Sai wirkte eigenartig, nicht wie sonst überlegen und klar.
„Du glaubst doch nicht etwa, ich hätte sie mitgenommen?“
„Mann, was soll das. Niemand glaubt das. Sie vermuten etwas seltsam Magisches.“
„Aberglaube. Ich glaube nicht an Gott in Statuen oder Heiliges in Stein.

Schon gar nicht an Magie." Kaum hatte ich das gesagt, spürte ich, wie einfach es war, zu lügen. Hoffte ich nicht insgeheim seit meiner Kindheit auf magische Momente?
Sai warf sein Haar zurück und strich sich über die hohe Stirn: „Es soll Hayagriva, Vishnu mit dem Pferdekopf, sein!"
„Oh! Im Dorf meiner Großmutter Janiki ist ein Hayagriva-Tempel. Ich sollte bald mal wieder hinfahren und mir die Statue ansehen und meine Paati besuchen!", erzählte ich, nur um irgendetwas zu sagen. Sai wandte sich ab und murmelte genervt: „Von dem Tempel hast du mir oft genug erzählt!"
„Was ist los mit dir, Sai?"
Er sagte: „Nichts." Das glaubte ich ihm nicht und war irritiert, ich dachte an die Hanumanstatue, die Paati mir vor meiner USA-Reise geschenkt hatte. „Paati, sie ist in besten Händen bei Dave!", flüsterte ich damals tonlos. Eine geweihte Götterstatue, die über Jahre mit Mantren besungen wurde, hat für einen Hindu Magie. „Nur wenn wir ihre Kultur zerstören, aus denen die Hindus magische Kraft gewinnen, können wir sie besiegen", hatten die Briten gesagt. Sie meinten damit Nilas Tanz.
„Was glaubst du, wie so eine Statue entschwinden kann?", störte Sai das Abdriften meiner Gedanken. Ich antwortete nicht. Sai wirkte an diesem Abend irgendwie unheimlich auf mich. Er wollte über etwas reden, über das es nichts zu reden gab. Er wusste nicht, was zwischen Nila und mir geschehen war und was mich beschäftigte und über was ich reden wollte. Am liebsten hätte ich zu ihm gesagt: „Sag einfach mal nichts, du Schlaumeier!", denn ich träumte von Nila als meiner Braut.
Es wurde dunkel, und die Moskitos begannen ihr Unwesen zu treiben. Sai rollte sich einen Joint und reichte ihn mir. Ich fiel mit meinen Gedanken zurück zu Paati. Für sie war Hayagriva in ihrer höchsten Not, als sie nach dem Tod ihres Mannes im Tempel Hayagriva diente, der Tröster gewesen. Paati Janiki schnippelte und putzte damals Gemüse und gab dem Tempelkoch das ein oder andere Rezept preis, denn als Witwe durfte sie nicht kochen, sondern nur als Gehilfin dabei sein. „Was für eine Verschwendung einer guten Köchin", sagte ihr Schwiegersohn und hatte sie dann in sein Haus geholt.

„Ich bin mit Nila zusammen“, sprudelte es aus mir heraus.
„Willst du sie heiraten? Ich dachte, du hättest anderes vor?“
„Was weiß ich, wohin es mich treibt“, entgegnete ich. Und wir schwiegen, ein jeder hing seinen Gedanken nach.
Hochzeitsrituale kehren das Intime ins Öffentliche. Nein, eine traditionelle Hochzeit konnte ich mir nicht vorstellen. Paati hatte mir einmal erzählt, Witwen dürfen nicht teilnehmen. Uns, hatte sie erzählt, ist nur das Zuschauen von weit hinten erlaubt, denn die junge Braut sollte möglichst von einem Witwenschicksal verschont bleiben. Solche Rituale würde ich niemals unterstützen. Ich hörte Paati reden: „Ich stand unbemerkt ganz hinten, mehrere Hundert Menschen standen vor mir, aus allen Dörfern waren sie gekommen, und trotzdem erhaschte ich einen Blick auf meine Jüngste, gerade als sie vom Bräutigam die sieben Schritte ums heilige Feuer geführt wurde. Blutrot glitzerte ihr Sari, und unter der Last der Juwelen wirkte die quirlige Braut gedämpft. Mein Schwager und seine Frau standen mit den Priestern hinter dem Brautpaar und rezitierten die Mantren. Auch durfte ich zunächst nach der Vermählung nicht ihr neues Haus betreten. Ich musste unbemerkt hinten stehen bleiben, als sie freudig aufbrachen.“
„Hey“, weckte Sai mich aus meinen Gedanken, „Verliebter! Ich muss los.“
„Okay. Ich werde übrigens ein paar Tage wegfahren. Mein Nachfolger im IIT macht Probestunden. Ich habe frei.“
„Fährst du nach Tiruvahindrapuram, um nach der gestohlenen Hayagriva-Statue zu suchen?“
„Wie kommst du darauf? Nein, ich fahre nach Vishnupuram ins Dorf meiner Kindheit.“
„Mit ihr? Na, dann viel Spaß!“ Sai wirkte angefressen. Irgendetwas ist in ihn gefahren, dachte ich. War aber nicht bemüht herauszufinden, was. Ich war zu sehr verliebt.

37

Ramas Sorge um Sita wuchs stündlich. Ausgerechnet vom Bruder seines Feindes, von Vibishana, wurde er beschwichtigt:
„Sorge dich nicht, Rama. Ravana wird Sita nichts antun. Hör, was mir von den himmlischen Wesen zugetragen wurde: Punjikasthala soll selbstverloren im Morgentau getanzt haben. Ihr Busen war unbedeckt und wippte zwischen den Blütenstängeln auf und nieder. Ihre schlanken Beine glichen Lianen. Mit einer rohen, nicht beherrschbaren Willkür nahm sich Ravana gegen ihren Willen die Nymphe. Indra, König über alle himmlischen Wesen, empfing die erschöpfte und weinende Punjikasthala danach und stieß diesen Fluch aus, der Sita jetzt beschützt: ‚Wenn du noch einmal eine Frau mit Gewalt nimmst, werden dir alle deine zehn Köpfe abfallen, und deine sämtlichen Waffen sowie dein hochstehendes Linga verlieren ihre Magie!' Ravana will weder seine zehn Köpfe verlieren, noch die Magie seiner Waffe, noch seine Potenz. Folglich wird er Sita nicht mit Gewalt nehmen."
Gelächter und Geraune breitete sich in Ramas Affenheer aus. Erleichtert stand Rama auf und schoss seine Pfeile ins Meer. Ungeheuer sprangen auf, Schlangen schossen empor, die gesamte See türmte sich in hohen Wellen auf und stürzte an Land. Sagara, das Meer selbst, rief: „Halt ein, Rama, Bewahrer der Erde! Ich werde toben und meine Wellen an Land spülen und mich selbst austrocknen. Dann können deine Gehilfen eine Brücke fertig gestalten, die ich im niederen sanften Wasser hochhalte, auf dass ihr umgehend nach Lanka gelangen könnt!"
Das Meer hielt, was es versprochen hatte, rauschte und tobte. Die Affen waren bereit, auch die Eichhörnchen. Pfote in Pfote, flink wie der Wind, bildete sich eine Brücke aus Pflanzen, Hanfseilen und Tieren, auf der Rama und Lakshmana geschwind hinüber nach Lanka gelangen sollten.

Rückkehr nach Vishnupuram, 1978

Ende April achtundsiebzig hatte ich das IIT endgültig verlassen. Der Weg in ein bürgerliches Leben schien damit vorerst zu Ende gegangen zu sein. Aufgewühlt stand ich am Nachmittag vor dem Nachtexpresszug nach Hyderabad. Nach fünfzehn Jahren fuhr ich in die Heimat meiner Kindheit, die Agraharam-Siedlung Vishnupuram. Nila wartete schon am Gleis auf mich. Erst hatte sie zu- und dann wieder abgesagt und war nun doch gekommen. Sie wollte zunächst ihre Großeltern in Tenali besuchen, dann ins Dorf nachkommen. Es verlangte einigen Mut von ihr, allein mit mir so weit zu reisen.
In Hyderabad stiegen wir morgens um in den Bus nach Tenali. Schweigend saßen wir nebeneinander und schauten hinaus in die staubigen trocknen Straßen und dösten. Der Busbahnhof mitten in Tenali war dreckig und stank nach Urin. Fahrradrikschafahrer boten uns aufdringlich ihre Dienste an.
„Es sind nur ein paar Gassen bis zum Haus der Großeltern. Lass uns zu Fuß gehen. Aber Großvater soll uns möglichst nicht zusammen sehen. Er denkt, ich reise allein."
Irgendwann blieb ich stehen, als sie sagte: „Dort vorne das grüne Haus ist es. Sie erwarten mich und schauen bestimmt schon aus dem Fenster. Großvater steht sicher in der Tür."
„Ich hole dich übermorgen um vierzehn Uhr an der Bus-Endstation in Tenali ab", sagte ich und kehrte um, ohne sie anzusehen oder mich noch einmal umzudrehen. Vor dem Busbahnhof wartete ich auf den Bus C199. Er hatte Vater während meiner Kindheit zur Arbeit gebracht. Mittags fuhr er nur zweistündlich und so wartete ich.

Die Endstation befand sich in einer kleinen Händler-Ansiedlung am Rand der Felder. Hier musste ich einen schlafenden Fahrradrikschafahrer wecken: „Hey aufstehen, zur alten Agraharam-Siedlung Vishnupuram!" Er schreckte hoch und verlangte zu viel Geld. Ich handelte. Die Wege seien holprig, klagte er.

Nach dreißig Minuten Fahrt durch die dürren abgeernteten Erdnussfelder lag der alte Weiler, der aus einer einzigen langen Gasse bestand, im Nachmittagslicht vor mir. Golden, aber angestaubt berührte er mein Herz. Der Bo-Baum stand unverändert prächtig. Der Rikschafahrer fragte mehrmals, ob er nicht besser auf mich warten sollte: „Sir, Sie finden hier nichts. Hier wohnen kaum noch Menschen. Und wie wollen Sie zurück zur nächsten Busstation kommen?"

„Machen Sie sich keine Sorgen, ich wurde hier geboren, meine Verwandten leben noch dort hinten beim Tempel", sagte ich unbeirrt. Nach langem Zögern und einem extra Geldschein für die leere Rückfahrt zog der Fahrer schließlich von dannen.

Die Gasse war viel kürzer, als ich sie in Erinnerung hatte. Auch war der Schrein am Ende der Mauer an Mauer stehenden, gleichgebauten Häusern keineswegs mächtig. Die Häuserfassaden wirkten marode. Unrat lag auf den steinernen Treppen, die mit drei Stufen zum Vorplatz unseres Hauses hinaufführten. Der Vorplatz war eingesäumt von einem Mäuerchen, dem *thinnai,* das auch als Bank oder Schlafplatz für Gäste diente. Wie oft hatte ich dort gesessen und in die Gasse entlang zum Schrein geschaut! Wo Mantren einst unser geheimnisvolles und dabei so geordnetes Leben bestimmten, traf ich jetzt Verfall an.

Der Himmel war tiefblau. Ich schloss unser Haus auf, das all die Jahre unbewohnt geblieben war. Mäuse, oder waren es Ratten, huschten davon in die Ecken der großen Halle. Ein alter Besen stand herum, gerade so, als wären wir nie weggezogen. Ich kehrte die Zweige des alten krummen Mangobaumes zu einem Haufen zusammen. Durch die Hintertür trat ich in den Wandelgang, der im Quadrat um einen Innenhof führt. Der nicht überdachte große Innenhof, das *mutram,* zu dem ein paar Stufen hinunterführen, sammelt das Regenwasser aus den Dachrinnen. Neben dem in dieser regenlosen Zeit des Sommers dürr gewordenen Mangobaum stand der Ziehbrunnen mit der alten Eisenkette, davor eine Wasserpumpe. Die faltbare Bastmatte aus meinem Gepäck legte ich auf den Boden. Ich trank aus der Wasserflasche und aß zwei Reiskuchen mit Chutney, die ich mir an der letzten Bushaltestelle ge-

kauft hatte. Sie schmeckten schal. Überall krabbelten Ameisen.
Vom Innenhof aus sahen die geschnitzten alten Teakholzsäulen, die die Dächer des Hauses trugen und den Wandelgang schmückten, wunderschön aus. Ich fachte neben der Pumpe ein kleines Feuer aus herumliegenden Holzstücken an, um das Ungeziefer zu vertreiben.
Unser Clan fühlte sich in diesem Gemäuer, dessen Innenhof eine Schachtel inmitten dieses verschachtelten Wohnhauses bildete, wohl. Die gleichgestalteten Häuser in der einst so lebendigen Agraharam-Siedlung gab ihm ein sicheres Gefühl. Ich sah unsere damaligen vielen Götterfiguren, die Paati wie Puppen ankleidete, vor mir. Ich würde einmal etwas Besonderes werden, hatte sie prophezeit. Doch wo stand ich heute? *„Tradition becomes our security. When the mind is secure it is in decay."* Ich sprach J. K.s Sätze vor mich hin. Erinnerungen an meine Kindheit ergriffen von mir Besitz, sie gaukelten mir aus meinem einstigen Leid Wonne vor: Wie gern hätte ich damals eine Kurzhaarfrisur wie die Buben anderer Kasten gehabt. Aber Großvater und Vater trugen das Haar lang und geknotet, sie hatten Diamanten in den Ohren, und ich traute mich nicht, nach einem Haarschnitt zu fragen. Ein Barbier war eine verbotene Welt.
Zurück durch den großen Saal ging ich vors Haus, setzte mich auf die Veranda und starrte in die einsame Gasse. Kein Geräusch war zu hören, als das Licht in der Gasse ausging. „Paati" hörte ich mich rufen, als sie von der Kutsche stieg. Wie stilvoll Amma aus einem blankgescheuerten Kübel von der Hüfte aus Wasser auf Paatis Hände, dann auf deren Füße kippte. Wie sie ihre Gestalt nach vorne bog und gewandt Paati erst die Hände, dann die Fußsohlen in den Wasserstrahl hielt, der langsam über die wenigen Stufen hinunter auf diese gleichgebliebene Lehmstraße gerieselt war. Als ich mich an ihrem Sari festwickeln wollte, wurde ich von einer Frauenhand energisch fortgeschoben.
„Hari Om!", erklang es damals. „Hari Om", flüsterte ich jetzt und erlebte in meinen Gedanken, wie Paati damals nach langer Reise bei uns angekommen war. Im Schrein am Ende der Gasse lag unergründlich, was ihr heilig war. Wie geborgen hatte ich mich einst neben diesen Frauen unter der überdachten Veranda gefühlt. Trotz all der Reinheits-

gebote – wir durften unsere Mutter nicht berühren, wenn sie kochte. Auch das Berühren der frisch gewaschenen Wäsche unseres Großvaters war tabu, denn er trug sie für seine *Puja.* Ich hörte Großvaters Sanskrit-Mantren aus dem Inneren des Hauses hallen.
Mit der Dämmerung zogen die Gespenster der Vergangenheit durch meine Gedanken. Ich vermischte die Ereignisse aus meinem Leben. Die rote *Kachinapuppe* der Indianer war mit magischen Prophezeiungen beladen wie die Götterpuppen meiner Paati. Dann hörte ich Kali, die Zerstörerin: Nicht festhalten, alles muss vergehen! Kali, die dunkle schreckliche Göttin, als schwebendes Schicksalsdiktat über allem. Aber mit Prophezeiung kommt Reinigung, sagen die Hopis.
Das Gemäuer roch modrig. Ich schloss die Tür ab und bereitete mich auf die Nacht auf der überdachten Veranda vor der verschlossenen Tür zu unseren ehemaligen Schlafzimmern vor. Gegenüber meines Schlafplatzes, über den Innenhof hinweg, lag die verschlossene Küchentür. Morgen würde ich sie öffnen. Am rechten hinteren Verandateil lagen die damals für uns verbotenen Räume, in denen Mutter und später meine ältere Schwester Vaishnavi drei Tage des Monats lebten. Wir Kinder, nicht einmal mein Vater, geschweige denn mein Großvater durften diese Räume betreten. Es waren die Frauengemächer. Jetzt starrte ich in das kleine Zimmer hinter dem Gitter. Es war schon sehr dunkel. Damals hatte ich nicht verstanden, was die Räume für ein Geheimnis bargen. Ungewaschen, wie Schatten ihrer selbst kamen sie nach drei Tagen heraus und drängten sich zum Bad. Ich erinnere mich, wie sie in diesem Gefängnis leise gesungen haben.
„Silber beschlägt sich durch die Mineralien im Blut der menstruierenden Frau. Das Weib regeneriert sich, wenn es während der Blutung ruht, es ist dann fruchtbarer und bleibt länger jung“ – solche und ähnliche Rechtfertigungen hatte die brahmanische Gesellschaft, wenn sie ihre Frauen monatlich während dieser Zeit absonderte und von allen ihren Tätigkeiten und allem Geschehen trennte. Erst nach dem Ritualbad kehrten sie zurück zu den Tätigkeiten. Dann galt Mutter als *madi,* gereinigt und im Zustand höchster Präsenz. Diese Zeit der Rituale geht zu Ende, dachte ich. Die Welt ändert sich für die Frauen. Nila muss tan-

zen, wenn eine Vorstellung angesetzt ist. Unpässlichkeiten werden im modernen Leben übertüncht. Alles muss glatt funktionieren.
Als ich noch ein Paar Zweige vom alten krummen Mangobaum in das kleine Feuer warf, sah ich jene Flamme wieder, die Paati damals um mich geschwenkt hatte, um *drischti* auszuführen. War es Aberglaube, der sagte, dass dieses Kreisen einer Flamme im Uhrzeigersinn um den Kopf das böse Auge fernhält? Doch es gibt ihn, den ‚neidischen Blick'. Die Frauen in der Familie fürchten ihn. Auch heute noch schwenkt Paati die Flamme um mich, wenn sie es für nötig hält.
„Ach Paati, wie du mich damals verstanden hast! Und dabei es selber doch so schwer gehabt hast in deinem Dorf in Tiruvahindrapuram fünfhundert Meilen von unserer Siedlung entfernt!" Ich stellte mir vor, wie es war, als keine Busse von Dorf zu Dorf fuhren und die Menschen noch zu Fuß liefen. An den Tagen, an denen Paati blutete, durfte sie sich nicht im Tempel, wo sie Zuflucht gefunden hatte vor dem grausamen Schwager, aufhalten, sondern musste den weiten Weg durch fruchtbare Reisfelder zur ältesten Tochter laufen. Besonders vor der Erntezeit, wenn sich der Reis sanft beugt und sein sattes Grün einen goldenen Schimmer bekommt, muss der Weg allerdings recht malerisch gewesen sein. Inzwischen lebte Paati schon seit vielen Jahren im Haus ihrer jüngsten Tochter, meiner Tante Saras, und ihres aufgeschlossenen Schwiegersohns in Tiruvahindrapuram. Frauen an bestimmten Tagen im Monat zu verbannen fand der jüngste meiner Onkel auch damals schon altmodisch.

Ich schlief wenig in dieser Nacht. Die Stille unter dem tropischen Nachthimmel in den verfallenen Mauern war unheimlich. Wer schleicht umher, dachte ich bei jedem klappernden Geräusch. Ich stand auf und schürte immer wieder das Feuer an, um Schlangen fernzuhalten. Krishnamacharya sah das Göttliche in der Materie. Ich stellte mir vor, wie der große Meister einem Stein Milch opferte, ihn mit dem Puder aus Kurkuma betupfte, ihm den Namen einer Gottheit gab; und ich erinnerte mich, wie Großmutter mit ihren Götterfiguren umging. Die weisen Alten verwurzelten sich dadurch im Ewigen.

Während ich im Feuer stocherte, führte ich Selbstgespräche: „Der große Meister hat in der Einsamkeit Tibets gelebt. Im Sommer hat er Hirse geerntet, im Winter eingeschlossen in einem kleinen Haus mit seinem Lehrer studiert. Kinder und Frau seines Gurus wurden sicher auch in Yoga eingeweiht. Krishnamacharya betet keine Figuren an, er sieht im Stein aus dem Flussbett Tibets die gesamte Erde. Was soll das mit dem Diebstahl des Hayagriva? Sai hatte sich derart merkwürdig verhalten. Aber Tatsache bleibt: Wird ein Objekt entwendet, dem durch Mantrarezitation Bedeutung verliehen wurde, droht Unheil!"
Wie abergläubisch ich immer noch geprägt war! Stand mir etwa die Prägung meiner Kindheit im Wege? Alte Geschichten eroberten meine Sinne. Hanuman erschien in meiner Fantasie. Wie er über die Gischtkrägen des Meeres hinüber nach Lanka gelangte. Wie er Unmögliches möglich machte. Was würde Srini, der in Amerika lebte, zum Zustand dieses Hauses sagen? Die Wände einreißen und einen Swimmingpool bauen, damit er seine Ferien angenehm in Indien verbringen könnte? Und was Nila morgen? Ich war zuversichtlich, dass sie diesem untergehenden Reich etwas Romantisches abgewinnen könnte. Ob sie sich eine Zukunft mit mir vorstellen konnte? Wird es eine Brücke geben, auf der wir hin zu den Träumen des anderen gelangen konnten?

38

„Stützt Rama beim Gang über das Wasser, er ist der Geist der Erde!“, befahl Hanuman lauthals den Affen. Sie bückten sich, und jeder einzelne der haarigen Gesellen ertrug Ramas, dann Lakshmanas Gewicht auf dem Rücken und den Augenblick der Belastung. Ihr keuchender Atem gab ihnen den Kitzel, Teil des göttlichen Plans zu sein und schenkte ihnen außerordentliches Glück. Unversehrt erreichten die Königssöhne Lankas feinen Sandstrand. Kaum standen sie auf festem Boden, kam das Affenheer hinterher gehopst.

Hanuman zeigte auf das Gebirge. „Seht, was dort geschieht. Der Berg bewegt sich!“ Aus dem Felsen löste sich eine Gestalt, die bedrohlich in die Höhe wuchs. Ein magischer Trick Ravanas, überlegte Rama. Sie bot ein Ziel. Hanuman hatte zuvor die Größe der Armee des Feindes beschrieben und die vielen Arten der Waffen, die er besaß, genau geschildert. Rama war über Ravanas Strategie schon bestens informiert. Hanuman hatte nach seiner Rückkehr wie ein ausgezeichneter Spion auch verraten, in welche Richtung die Waffen ausgerichtet waren. Von diesem riesigen Ungeheuer hatte er nichts gesagt. Durch die Bewegung des Giganten rollten Felsen vom Berg auf Rama zu. Noch bevor sie ihn erreichen konnten, schoss er seinen ersten Pfeil auf den Urheber des Bebens.

Der Krieg begann. Als der Riese niedersank, spürte Sita das Beben der Erde bis in den Ashokahain. Sie weinte. Seit ihrer Entführung war sie stark und besonnen geblieben, ihre Beherrschung flößte sogar den Rakshasis, die sie bewachten, Furcht ein. Doch nun klagte sie zum ersten Mal bitterlich. Dann schrie sie: „Weh, du hast Kumbakarna, den Sanftmütigen, getroffen. Jetzt ist er zu Stein geworden, der große unfehlbare Schläfer! Kumbakarna, der Bergriese, ist tadellos und Teil meines Erdenschoßes.“ Dann jammerte sie: „Oh Rama, Feuer verändert Holz, und Waffen verändern den Charakter dessen, der sie berührt!“

Einmal, lange vor ihrer Entführung, hatte Sita Rama gebeten: „Erheb nicht deine Waffe gegen Menschen, sonst erwachen unkontrollierbare

Gedanken in dir, sogar der Trieb nach Beute kann sich entfachen.“
Was hatte die Göttliche nun von ihrer Weisheit, angesichts der Lage, in die sie sich selbst und Rama und Lakshmana gebracht hatte?
Die Tauben hörten auf zu gurren und flatterten aufgeregt umher, und die Vögel hörten auf zu zwitschern und verbargen sich zwischen dichten Zweigen. Die gesamte Natur zog sich vorsichtig zurück.

Mit dem ersten Morgenlicht stand ich auf. Das Wasser, das ich mit der alten Pumpe im Innenhof hochpumpte, floss in einem dünnen Strahl und zeigte Spuren von Rost. Bloß nicht trinken! mahnte ich mich und nahm lieber den letzten Schluck aus meiner Wasserflasche. Meinen Kopf überschüttete ich mit Regenwasser aus einem alten Blecheimer, den ich in dem mit Unkraut zugewachsenen Innenhof fand. Mein Magen knurrte. Onkel Mukhu und meine Tante wohnten zehn Häuser weiter in Richtung Tempel. Sie waren einige der wenigen Brahmanen, die zurückgeblieben waren.
„Was? Seit gestern bist du schon hier?“ Meine Tante kam aus der gebeugten Haltung hoch, als ich vor der Stufe zu ihrem Haus stand. Sie malte gerade mit weißem Reismehl das Kolam vor ihr Haus. Zuerst streute sie einzelne Punkte, die sie dann mit schwungvollen Linien verband, so dass ineinander verschlungene Blumen inmitten eines abstrakten Musters entstanden. Das Reismehl rieselte zwischen Daumen und Zeigefinger auf den mit Kuhdung gereinigten Lehmboden. „Warum bist du nicht gleich zu uns gekommen? Wo hast du gegessen? Wie hast du da bloß schlafen können?“ Tante war ganz verärgert, dass sie meine Ankunft nicht bemerkt hatte. „Schön, dein Kolam“, sagte ich und: „Du gibst der Straße Leben!“ Sie lächelte, wobei sich ihre herben Züge erhellten. Wie lang ist es her, seit sie Komplimente bekommen hatte? fragte ich mich. „So kommen gute Energien, wie die Göttin Lakshmi, in unsere Behausung. Sie bringt Glück und Gesundheit.“ Ich nickte. Tante und Onkel lebten hier allein, seit ihre einzige Tochter, meine Cousine Meitli, damals mit uns nach Chennai gezogen war. Sie war Ärztin geworden und brachte alle zwei Monate Geld für ihre Eltern hierher. „Komm rein. Es gibt Pongal.“ Wir gingen in den Innenhof.

Onkel Muthu kam aus den Baderäumen und riss die Augen auf, als er mich sah. In seinem weißen Dhoti und der nackten Brust, über die diagonal die Brahmanenschnur lief, und die mit einer dicken Kette aus Lotussamen geschmückt war, den goldenen Armreifen, dem auf die Stirn aufgemalten weißen U mit dem langen roten Strich darin – das Zeichen der orthodoxen Vishnavites –, war er vorbereitet für die Rituale im Tempel. Ich verneigte mich leicht vor ihm. Berührung war tabu. Drahtig und dünn setzte er sich auf den Boden der gereinigten Veranda vor der Küche des Innenhofes und winkte mir zu, mich neben ihn zu setzen. Als ich mit gekreuzten Beinen saß, legte Tante Bananenblätter vor uns hin und servierte darauf Pongal, ein Reisgericht mit Linsen. Dazu gab es scharf eingelegte Zitronen. Es war köstlich, und auch für mich, den unangemeldeten Gast, war genug gekocht.

Onkel Mukhu nahm mich mit zur Morgenandacht. Er hatte dünne Beine, die wie ein O gebogen und krumm geworden waren. Wir überquerten den weitläufigen Innenhof des Tempels, und Onkel schloss den inneren Hauptschrein auf. Er entfernte die Jasminblütengirlande vom schlafenden Vishnu und übergoss die liegende Statue mit Wasser aus einem Kupferkessel. Er füllte Öl in die großen bronzenen Öllampen und zündete sie an. Er bereitete das Tulasiwasser vor, zündete den Docht der Öllampe an. Ihre Flamme erweckte Vishnu. Ich legte 101 Rupien in die Opferschale hinein. Wie angesehen Priester in meiner Kindheit doch waren, wir hatten sie gefürchtet. Damals spendeten Großvater und Vater großzügig Geld für den Tempel. Der Tempel müsste jetzt dringend renoviert werden, aber es ist keiner mehr da. Onkel war ein einsamer alter Mann. Es kamen kaum noch Betende in das Heiligtum. Dabei lebte er ausschließlich von den Spenden der Gläubigen. Es roch nach dem Kot von Fledermäusen. Als wir uns nach der Andacht auf den Steinboden niedersetzten, so wie es nach den Ritualen üblich war, wollte ich zunächst mit ihm über die Mathematiker Indiens sprechen, ihm erzählen, wie ich zu Aryabhatta kam. Stattdessen sagte ich einfach: „Ich habe alles an den Nagel gehängt. Ich habe den wissenschaftlichen Beruf hinter mir gelassen, ich lerne Kampfkunst und Heilen nach der Marma-Lehre bei einem interessanten Mann und besuche

Vorträge über Philosophie bei alten Meistern.“
Onkel Mukhu sah mich aus dem gegerbten Gesicht mit staunenden Augen an. Er blinzelte und schwieg. Mein Handeln muss ihm merkwürdig vorgekommen sein. War mein Vater nicht damals von hier weggezogen, um seinen acht Kindern den Weg in die Moderne zu ebnen? Was sollte das, was ich vorhatte?
„Heiler gibt es hier kaum noch“, antwortete er. Anstelle des Wortes „Ich“ sagte er viel lieber „Wir“. Doch er dachte nach und wagte dann die Frage: „Warum hast du deine gute Stelle als Dozent aufgegeben? Heilkunst ist doch eine brotlose Kunst in der heutigen Welt. Willst du keine Familie gründen?“
„Familie? Onkel! Da müsste hier erstmal unser altes Haus instandgesetzt werden!“, antwortete ich verschmitzt.
„Willst du hierherziehen?“
Ich lächelte. Warum sollte ich ihm die Hoffnung nehmen?
An diesem Morgen kamen keine Leute zum Tempel. „An Feiertagen kommen sie“, sagte Onkel. „Was genau ist jetzt dein Plan?“, fragte er.
„Ich möchte Vermittler zwischen der gestrigen und der morgigen Welt werden“, sagte ich, was aufgeblasen und angeberisch klang. Deshalb fügte ich hinzu: „Ich suche eine Aufgabe, die in meinen Augen sinnvoll ist.“ Onkels Gesicht zeigte keine Regung.
„Paati Janiki konnte jede Menge Geschichten wie aus einer Wolke abrufen. Ich will sie aufschreiben. Ich musste dem IIT den Rücken kehren, das dort war nicht meine Welt. Menschen verkümmern, wenn wir eine zu mechanisch gesteuerte Welt kreieren. Wir werden die Fähigkeit der Telepathie, der Vorhersage und viele unserer Instinkte, die uns lehren, dämonische Triebe zu bekämpfen, verlieren.“
Onkel Mukhus Gesicht leuchtete auf. „Die indische Mathematik geht darauf zurück und ruft deshalb das Geniale hervor! Wir bekommen Ergebnisse, weil die Götter sie uns offenbaren.“
In diesem Augenblick kamen doch Gläubige und wollten den Göttern Opfergaben bringen. Unser Gespräch war beendet. Ich blieb still im Tempel sitzen.
Noch vor Mittag gingen wir zu Tante zurück. Sie hatte ein üppiges Mit-

tagessen gekocht. Eine arme Bäuerin ging ihr zur Hand. Während Tante uns bediente – wieder saßen wir am Boden und sie schöpfte aus den Töpfen auf die Bananenblätter –, bestand sie darauf, dass ich unser altes unbewohntes Haus mit ihrer Hilfe putzte.
Onkel Mukhu kaute nach dem Essen Betel, und sein Mund färbte sich rot. Als er die eingespeichelten Betelnüsse in den kleinen Busch im Innenhof spuckte, hätte man annehmen können, er würde Blut spucken.
Meine Tante schaute mich streng an:
„Schauen sie nach einer Braut für dich?"
„Wartet ab. Ich werde irgendwann heiraten", beruhigte ich sie. „Gebt mir Zeit und ein wenig Geheimniskrämerei damit."
Überraschenderweise schmunzelte sie. Sie hatte hinter den Zeilen gelesen und verstanden, dass ich verliebt war, dass es große Hindernisse zu bewältigen gab und ich aus diesem Grund noch darüber schweigen wollte. Sie lebten weitab vom gesellschaftlichen Leben. Waren sie deshalb anders sensibilisiert?
Ich gab mir einen Ruck: „Ich habe eine Freundin. Sie heißt Nila. Sie ist Tänzerin. Ich hole sie morgen hierher. Gebt mir euer Ehrenwort, niemandem von ihr zu erzählen! Zwischen uns ist noch nichts geschehen", log ich. „Ihre Mutter ist aus Irland und ihr Vater aus der Kaste der Mudaliar." Der Kastenunterschied schien Tante und Onkel nicht zu stören, denn eine Tänzerin hatte in ihren Augen noch den Sonderstatus, sie waren einst freie Frauen, Devadasis. Beide nickten eifrig. Sie freuten sich auf die Lebendigkeit, die ein Gast in ihr Leben bringen würde. Ihre alten gegerbten Gesichter blühten auf. Sie begannen sofort mit Überlegungen, wo sie Nila unterbringen könnten. Vor allem, wenn sie vielleicht zufällig ihre Tage hätte und nicht die Regeln des Brahmanenhauses kannte.
„Wir wollen drüben das Haus in Ordnung bringen. Wir nächtigen dann im Innenhof unseres alten Hauses unter dem Sternenhimmel." Tante tat, als hätte sie das nicht gehört.
Ich legte mich zu einer Siesta auf das *thinnai* und blickte in die leere Gasse, auf das flirrende Licht. Ich spürte warme Zuversicht. Als ich einen Adler beobachtete, der mit weiten Schwingen gen Süden davon-

kreiste, sagte ich: „Fly monkey, just like an eagle. And you will get there!“ Dave kreuzte durch meine Gedanken. Hier ist das Leben ursprünglich, wie das Indianische. Nila stand am Anfang einer vielversprechenden Karriere. Ich hingegen hatte gerade eine Karriere beendet. Ich verspürte ein Gefühl großer Freiheit.
In diesem Augenblick knatterte ein alter, mit Heu beladener Ochsenwagen vorbei. Viele der unbewohnten, innen mit prächtig ziselierten Holzsäulen versehenen alten Brahmanenhäuser dienten für die Bauern der Umgebung mittlerweile als Scheunen. „Kannst du mich morgen früh zur Bushaltestelle fahren?“, rief ich dem Kutscher zu. Er nickte. Tante und ihre Hilfe kamen mit Schrubbern und Lappen. Eine Säuberungsaktion begann in unserem alten Haus.

39

Ravanas Bruder Kumbakarna, der sich im Tiefschlaf ganz in den Berg hineingeträumt hatte, dort schon seit gefühlter Ewigkeit lag, galt als nicht zu störender und friedfertiger Riese. Sein Haar war mit dem Moos verwachsen, sein Leib war Fels und die Nägel Kalk. Ravana hatte ihn mit seinem Sprachrohr, durch das Gesagtes hundertfach lauter klingt, aus seinem seligen Schlummerzustand gerissen: „Die Affen dringen in unser Reich und wollen es übernehmen. Rama ist ihr Anführer! Steh auf, kämpf an meiner Seite. Wir müssen uns verteidigen.“ Kumbakarna kannte nichts als Treue dem Bruder gegenüber. Als er sich vom Berg löste, donnerte es entsetzlich, und Geröll rollte den Hang hinab. Er stand langsam auf und war bald zehnmal so groß wie Ravana, und als er seine Glieder streckte, ragte er hoch hinauf in den Himmel. Er sagte mit tiefer sanfter Stimme, die sich anhörte, als könne sie keinem Tier etwas zu Leide tun: „Ravana, Bruder, Affen sind doch keine Gegner für mich! Und höre, wer mit dem Tierreich zusammen gegen uns antritt, ist kein Mensch. Bewahre dich vor Rama, hinter ihm verbirgt sich der göttliche Vishnu, der Beschützer der Erde und aller Kreatur. Gib ihm Sita zurück!“ Im Moment seiner erkenntnisreichen Worte aber wurde er zwischen den Augen von Ramas Pfeil getroffen und krachte zurück auf die Erde.

Warum trifft es die Unschuldigen zuerst, und was bezwecken die Gerechten mit ihren Kriegen? fragte die unhörbare Stimme eines Gottes, der mit seinem Dritten Auge die Welt betrachtete.
Als Rama hörte, dass er den schuldlosen Kumbakarna getötet hatte, war er nicht mehr Herr seines Selbst. Er begann an seinem Unterfangen gegen Ravana zu zweifeln. In seiner Not nahm er im Geist Fürsprache mit seiner Mutter, der Bambuskönigin, auf: „Verzeih, Wunder aus dem Busch! Verzeih prakriti, göttliche Natur! Ich muss den Gegner des natürlichen Lebens zu Fall bringen. Das ist der Sinn meiner Geburt, den allein du mir gabst. Du hast mich die Geduld gelehrt und auch das selbstlose Handeln. Meine Inkarnation auf Erden kommt zu ihrem Höhepunkt. Durch Sitas Verlangen nach dem goldenen Reh hat sie mich an mein dharma erinnert. Ravana, der Feind der Natur, muss besiegt werden."
Aus den Wipfeln der Bäume raunte eine Stimme: „Rama, Sohn, du bist der Bewahrer der Natur und musst den Gegner des natürlichen Lebens ausrotten."

Am nächsten Morgen kam der Kutscher. Wir fuhren zur Bus-Endhaltestelle und holten Nila ab. Nila passte in ihrem weinroten Sari, der mit senffarbener Borte und Vogelmotiven bestickt war, gut ins ländliche Indien. Sie wusste sich zu kleiden. Wir schaukelten uns auf dem Gefährt ein. Die weißen, hochgewachsenen Ochsen, eine alte Rasse mit langen Hörnern, trugen mit ihren langen, schlanken Beinen ihren massiven Körper elegant über die schlechten Wege. Die Schlaglöcher zwangen uns, langsam zu fahren.
Als Nila vor Onkel Muthus Haus abstieg, grüßte Tante feierlich mit gefalteten Händen in der Eingangstür und starrte bewundernd auf Nila. Sie bat sie nicht sofort ins Haus, und wir setzten uns auf dem Mäuerchen für Gäste nieder. Tantes Gehilfin brachte Tee, es war nicht üblich, dass Nichtbrahmanen ein Brahmanenhaus betreten. Zu meiner Überra-

schung bat Tante dann Nila doch hinein. Die Zeiten ändern sich, dachte ich. Nila wusste, wie sie sich verhalten musste. Da sie Tanz studierte, kannte sie das rituelle Leben, dessen Verbote und Gebote.

Es gab ein köstliches Mittagsmahl auf der Veranda im Innenhof auf dem Boden. Eine weitere Frau, die auch noch in der Siedlung lebte, war gekommen und Tante zur Hand gegangen. Am Nachmittag hatten wir den Kutscher wieder bestellt. Wir wollten uns die Gegend ansehen.
„Wohin genau wollen Sie?“, fragte der schwarzgelockte, drahtige Mann und starrte auf den Geldschein, den ich ihm hinhielt. Viel zu wenig, sagte sein Gesichtsausdruck mit gespielter Enttäuschung. Dabei war es viel zu viel.
„Wir folgen dem Adler gen Süden in die alte Tempelstadt. „
Der Bauer, dessen Körper von harter Arbeit gezeichnet war, schaukelte andächtig den Kopf, was ‚Jawohl' bedeutete, obwohl weder er noch ich wussten, welcher Ort gemeint war. Adler gab es viele hier, aber meistens flogen sie im Kreis. Diese Städter, wenn sie denn mal zu uns herauskommen, haben verrückte Ideen und viel Geld, wird er sich gedacht haben. Herumzufahren, um die Gegend anzusehen, das konnte er sich nicht vorstellen. Er zwirbelte seinen Schnurrbart nach oben, musterte Nila und ließ sich dann doch auf das finanzielle Angebot ein.
„Wir kommen abends zurück!“ Tante und Onkel winkten uns nach.
„Fahr zum nächsten Dorf, dort fragen wir nach dem Hanumantempel“, befahl ich dem Kutscher.
Ausladende Tamarindenbäume mit knorrigen Stämmen säumten die Straße. Erhabene Schönheit alter Wege! Welche ursprüngliche Kraft lag in dieser weitläufigen Landschaft! Weiße Kraniche standen in abgeernteten gelblich-grünen Reisstoppelfeldern. Zwei weiße Ochsen zogen einen Pflug. Kleine Schreine mit dämonischen Fratzen beherbergten Götter aus der Urzeit. In ihren bunten grellen Farben waren sie mehr als Vogelscheuchen. Sie sollten auch Feinde wie Dürre und Überschwemmungen fernhalten. Die lähmende Hitze rief Langsamkeit bis zur Bewegungslosigkeit hervor. Stille. Palmfruchtbäume grenzten Nachbarn von Nachbarn ab. Wasserkanäle durchsäumten die Felder. Landstücke

wie ein Bild ohne Rahmen. Unvergänglich. Eine Frau kam uns entgegen. Sie trug einen Topf auf dem Kopf, ihre Arme pendelten.
„Sieh, wie schön sie geht. Von denen hier kannst du als Tänzerin lernen."
„Und von der Wucht, aus der alles aus der Erde sprießt, die dabei reglos scheint."
Doch dann wechselte Nila das Thema: „Deine Tante ist so aufmerksam wie meine Mum. Ich freue mich auf die nächsten zwei Sommermonate bei ihr in Dublin. Und wenn ich zurückkomme, ist Vater in Madras! Dann werde ich dich ihm vorstellen!"
Was wollte sie damit bezwecken? Ich hatte genug mit meinem eigenen Vater zu kämpfen. Ich wollte ihren gar nicht erst treffen. Doch war ich auch geschmeichelt, dass sie in mir einen ernsthaften Liebespartner, vielleicht sogar Lebenspartner sah.
„Sieh die hohen Tempeltürme in der Ferne! Da fahren wir hin!", lenkte ich ab und leitete den Kutscher durch ein Gewusel von Marktbuden und Menschen zu der alten Brahmanen-Straße. In der staubigen Gasse, die am Tor des alten Tempels endete, stiegen wir ab. Der Kutscher wollte am Nordtor warten. Dort gäbe es Wasser für die Ochsen.
„Lebt hier der alte Meister, von dem du erzählt hast?" Nila deutete auf ein paar Gebäude. Eins glich dem anderen. „Ich glaube dort!", meinte ich.
Es war Nachmittag. Die Sonne hatte ihre Kraft noch nicht verloren. Da es keine Glocke gab und ich auch nicht in ein Brahmanenhaus, in dem die Gebote der Iyengar-Kaste strikt eingehalten wurden, in der das ewige Feuer seit Generationen brannte und gehütet wurde, eintreten durfte, könnte es lange dauern, bis wir hier bemerkt würden. Es dämmerte mir, dass ich eigentlich die Stimme des Meisters in mir, die jenseits von Vernunft und Logik sprach, hören wollte.
Plötzlich stand ein Mann wie ein Felsbrocken im Türrahmen. Er füllte den Eingang nahezu aus. Eiserne Disziplin hatte seinen Körper kräftig und sehnig gemacht. Aufrecht stand er still und schaute mir direkt in die Augen. Er lauerte. Das weiß-rote Stirnzeichen der Iyengars leuchtete auf der hohen markanten Stirn, das den glatt rasierten Schädel mit dem Pferdeschwanz im Nacken gut zur Geltung brachte.

„Was suchen Sie hier?“ Sein Blick fixierte mich unfreundlich. Wir waren nicht willkommen.
Wir verbeugten uns mit vor der Stirn gefalteten Händen.
„Ich lebte als Kind in dieser Gegend, verehrter Swami. Ich lerne Sanskrit, Yoga und Marma und wollte Sie grüßen“, begann ich höflich. „Ich bin in der Agraharam-Siedlung Vishnupuram aufgewachsen. Und meine Freundin Nila stammt aus der Kreisstadt Tenali. Sie ist Bharatanatyam-Tänzerin!“
Der Meister blieb abweisend. „Vishnupuram verfällt. Alle sind weggezogen. Was wollen Städter wie Sie hier?“, wiederholte er. „Ich bin Sanskritgelehrter und praktiziere *brahmacharya.* Ich dulde keine Störung.“
Wir schwiegen betreten.
„Ich diene der Gesellschaft, indem ich nach den Ritualen lebe“, fuhr er fort, „und lehre alte unbekannte Sanskrittexte. Wir praktizieren Meditation.“ Weder bot er an, uns auf der Steinbank vor dem Haus zu setzen, noch schien er an einem Dialog mit uns interessiert. „Gehen Sie rüber zum Tempel, statt hier vor mir herumzustehen. Verbeugen Sie sich vor Hanuman. Der Gott der Winde kann Ihre städtische Flatterhaftigkeit beruhigen und Ihren Atem ausgleichen“, sagte er an mich gerichtet.
Wie hatte er so schnell meine einstige Verbundenheit zu Hanuman erkennen können? „Ja, das wollen wir tun“, sagte ich verschreckt. „Ich suche das Vertrauen, das ich als Kind in die innere Stimme hatte!“
Ohne eine Miene zu verziehen, antwortete er knapp: „Opfere Hanuman Butter!“ und entschwand ins Haus, ohne die Tür zu schließen.
Ich hatte ihm nichts zu entgegnen. Verblüfft standen wir vor dem Eingang und warteten, ob der Besuch damit zu Ende war. Doch der Meister kam zurück und brachte ein Bananenblatt mit einem Butterbatzen darauf. Geschickt machte Nila, noch bevor ich reagieren konnte, mit hohlen Händen die Geste des Empfangens. Der Meister nahm ihre Kunstfertigkeit sofort wahr und ließ, ohne Nilas Hände zu streifen, die Gabe aus Butter in sie hineinfallen. Er zeigte auf eine Kuh, die sich mit ihrem Kälbchen frei über die Straße bewegte, und sah Nila freundlich an. „Ich habe die Butter von der Milch dieser Kuh gemacht.“ An mich gewandt sagte er in einem Singsang: „Karma, zielgerichtetes Tun, wie

die Kuh, die gibt, ohne zu berechnen, ihr Milchfluss strömt! Sie kommen aus der Stadt. Dort dienen alle zuerst den materiellen Interessen!"
Er drehte sich weg und verschwand endgültig im Inneren seines Hauses.
Nila sah mich an. „Das war eine klare Abfuhr! Er duldet keine Befragung."
„Die Letzten werden die Ersten sein", gab ich mit einem Bibelzitat an. Er ist einer der Letzten, die durch ihr isoliertes Leben den Weg in die Zukunft sehen, dachte ich beeindruckt.

Auf dem Weg zu den großen Tempeltoren sagte ich mir lautlos vor: Widme dich den Elementen! Lausche! Der Wind kommt von außen, das Feuer brennt im Innern, Prana ist der Äther des Atems! Erde dich. Lerne wie Wasser die Klippen zu umfließen. Das ist alles.
Gleich hinter dem Eingang stand die hohe Statue von Hanuman aus schwarzem Stein. Hanuman hält seine Hände immer im Anjali-Mudra, die Geste der Hingabe an Sita und Rama. Auch hier schaut er, in Richtung des Hauptschreins, wo Sita und Rama, als Skulpturen verehrt wurden. Nila erstaunte mich, als sie graziös die Butterkugel mit Schwung auf Hanuman warf. Hanumans Gesicht und seine Hände allein schauten aus einem Butterberg, der durch die vielen Bewerfungen entstanden war, hervor. Die Wucht, mit der die Gläubigen warfen, zeigte ihre Leidenschaft. Ein Ja zu Ekstase umgab mich in diesem Moment.
„Hier gab es einst Devadasis, der Tempel ist an die tausend Jahre alt", raunte Nila mir zu, als wir durch das Labyrinth der dunklen hohen Gänge ins Innerste, dem Allerheiligsten, liefen.
„Wie kommst du darauf?", flüsterte ich.
„Schau dir die einzelnen ziselierten Säulen an. Alles Tänzerinnen." Wir blieben stehen. An den Säulen sah ich vollbusigen Grazien mit schmalen Taillen in akrobatischen Stellungen, in einem beseelten Ausdruck der Verzückung. Ihre ausladenden Hüften bedeuteten Sinnesrausch. „Es ist wunderschön!" Nila geriet in Begeisterung: „Hier muss man tanzen!", sagte sie und blendete sich doch in die langsam werdenden Schritte des Stroms aus Anbetenden ein, als wir in den Hauptschrein gelangten.

Dort schlief er ausgestreckt auf der Schlange: der schwarze Vishnu aus Granitstein. Plötzlich erschien er mir als ein Mahnmal: „Vertraue, gib dich hin, sei jenseits alles Grübelns um die Zukunft! Ich bin das Universum und du träumst deine Träume in mir!

Später erforderte es etwas Aufwand, den Kutscher wiederzufinden. Er schlief, und wir rüttelten ihn wach. Als die Sonne wie eine blutrote Zielscheibe hinter dem flachen Land einsank, fuhren wir zurück. Nirgends war eine größere Ansiedlung. Hier und da ein paar strohgedeckte Lehmhütten. „Abkürzung“, sagte der Kutscher.

„Ich weiß nicht, wo meine Reise hingeht. Tänzerinnen wissen genau, was sie machen und wohin sie sich bewegen. Das bewundere ich an dir.“

„Ach Gowind. Tanz und Reichtum gehören zusammen. Was glaubst du, wie die Gasse der Devadasis vor langer, langer Zeit aussah? Sie ging von der Brahmanengasse rechts ab. Heute kleine Läden mit Ramsch. Nur die Brahmanen, wie der Gelehrte, sind noch da, aber wo sind die weiblichen Priesterinnen von einst? Tänzerinnen waren den Gottheiten im Tempel am nächsten. Sie trugen die den Göttern geweihten Seidenstoffe, die echten Rubine, Smaragde, Diamanten und reines Gold, um zu tanzen. Das alles gehörte den Göttern, dem Tempel, und so wie die Devadasis die Frauen der Götter waren, gehörten auch sie dem Tempel. In den Häusern, die ebenfalls dem Tempel gehörten, gab es wertvolle Musikinstrumente und Gemälde aus Gold und Edelsteinen. In prächtigen Zeremonien heiraten sie den Gott des Tempels, und nur reiche und würdige Männer verkehrten mit ihnen als ihre Liebhaber. Das alles ist längst Vergangenheit.“

Nila blickte in die dunkel werdende Weite.

„Und heute, Gowind, gehen Tänzerinnen und Tänzer eben auch dahin, wo eine Gesellschaft sie sich leisten kann. Ich habe es dir noch nicht gesagt, aber ich werde mit Kalakshetra auf Tournee nach Singapur, Malaysien, Japan bis nach Australien gehen. Wir werden zwei Monate unterwegs sein. Die Proben beginnen dann, wenn ich nach dem Sommer aus Irland zurückkomme.“

Panik kroch mir den Rücken hoch. Sie würde kaum in Madras sein. Wir würden uns nicht mehr oft sehen können. Und da war ihr Ehrgeiz und

das Zielgerade, mit der sie in die Landschaft schaute. Nila, hatte ich mir ausgemalt, ist doch für die Hingabe geboren, dafür, dass sie sich an mich schmiegt. Ich ahnte, ich würde sie nicht halten können mit meinem Aussteigertum und meinen diversen Studien, die ich vorhatte.
„Ich liebe dich!“, flüsterte ich. Sie sagte „Ich dich auch.“ Eine fast heilige Atmosphäre umhüllte uns. Um die Zeit, die der Fahrweg noch beanspruchte, abzukürzen, erklärte ich ihr:
„Zur Zeit des Buddhismus in Indien hieß die am häufigsten praktizierte Religion *dharmapada,* der Weg des *dharma*, und vor dem Buddhismus *sanatana dharma*, ewiges *dharma.* Aber das Wort gerät in Vergessenheit. Du weißt, was dein *dharma* ist?“
„Ja, Gowinda, was ich in diesem Leben nicht erledige, werde ich im nächsten erledigen müssen, nehme ich an. Ich frage mich oft, warum Mutter nach Indien kam und auf ihrer Reise sich in meinen Vater verliebte und zunächst blieb. Was verband sie mit dem Fremden? Die europäischen Eindringlinge von einst schoben die Inder in die Schublade ‚Hindus’. Sie werden das unübersichtliche Lebenskonzept nicht verstanden haben. Sie schreiben es einfach der uralten Industal-Kultur zu und haben Inder statt Indus Hindus genannt. Und hier in Südindien sind wir so weit entfernt vom Indus. Mutter ist als Christin geboren, sie hat nie das Denken meines Vaters verstanden. Sie leben heute getrennt. Mein *dharma* ist wohl, Indien entschlüsseln zu müssen.“ Und dann fügte sie schelmisch hinzu: „Und deshalb dich!“
„Meinst du, ich sei typisch indisch?“
„Nein, aber du willst es werden und nach *dharma* leben“, lachte sie. „Urindisch sein! Oder Gowinda? Du willst doch unbedingt den Ursprung aller Dinge verstehen?“
Ich schüttelte den Kopf und sagte: „Nein, jetzt seit ich dich kenne, nicht mehr!“

Als wir zu Tante und Onkel zurückkehrten, standen schon zahlreiche Sterne am tiefschwarzen Himmel. Wir setzten uns auf den steinernen Boden im Innenhof und wurden von Tante mit einem üppigen Abendmahl auf silbernen Tellern bewirtet. Onkel hatte längst gegessen, so auch

Tante, denn sie hielten sich streng an vorgegebene Zeiten. Kaum war abgeräumt und das Geschirr gewaschen, erklärte ich Tante, ich wolle Nila in unserm alten Haus Geschichten von Paati erzählen, um meine Kindheit aufleben zu lassen. Tante schaute zwar etwas streng, als ihr klar wurde, dass wir drüben schlafen, gab uns aber eine Taschenlampe mit.

40

Der Kampf wütete unaufhörlich, und über Sitas Köpfe tobten brennende Pfeile hinweg. Auf einmal brüllte ein Affe: „Lakshmana ist tot! Ravana hat ihn mit einem vergifteten Pfeil getroffen." Rama ließ seine Waffen fallen und rannte zu seinem Bruder hin. Bestürzt stand er vor ihm: „Nicht du, mein Herz! Ich werde nicht mehr weiterkämpfen!" Wenn Sterbliche dem Tod begegnen, brauchen sie auf einmal Gott. Wen aber ruft Rama, selbst eine Gottheit, an? Alle Kämpfer ließen mutlos die Waffen sinken. „Aus und verloren! Ravana kann nicht besiegt werden!", klagten sie.

Hanuman turnte herbei und hielt bedachtsam und ruhig eine Rede: „Ihr glaubt, euer Leben sei einzigartig? Nein, hört: Jede Existenz beruht auf einer vorherigen und ihr folgt eine weitere. Die Kette unzähliger Leben macht Leben zu einem unzerstörbaren Ganzen, in dem die Ewigkeit liegt. Wacht auf, ihr Schläfer, hinter der Tür ist ein Raum mit einer weiteren Tür, die in einen weiteren Raum führt, und das geht so weiter bis zum Weltenraum, der in weiteren Welträumen aufgehen wird, und die alle sind das All. Also alles."

Die Affenkämpfer standen vor dem leblosen Körper von Lakshmana und hörten die gellende Totenklage Ramas. Hanumans Predigt ließen sie über sich ergehen.

Hanuman, der ihr Missbehagen spürte, hörte, wie sie einander hilflos sagten, „Auch Rama wird sterben", kreischte ohrenbetäubend: „Versteht ihr nicht: Rama kann nicht sterben, nur wieder und wieder in Narayana erwachen! Narayanas Schlaf ist Wachen zugleich, ist ‚sich selbst nicht bewusste Unendlichkeit' – aber erst, wenn Rama sein

Dharma erfüllt: Er muss Ravana töten!" Hanumans Gebrüll wurde von keinem der Wesen begriffen.
Hanuman, Sohn des Überbringers aller Düfte, ausgerüstet mit den acht magischen Kräften der Yogis, wie die, überall sein zu können, setzte seinen Fuß auf die Erde, stemmte ihn so fest, dass die Erde bebte, und stieß sich ab. Mit unglaublicher Geschwindigkeit flog er zu den Gipfeln der Himalayas. Zwischen dem heiligen Kailash und dem mystischen Rishabha sah er einen bisher unentdeckten Berg, auf dem heilende Kräuter wuchsen, und landete genau dort. Hanuman suchte Mrityasanjivani, das Tote zum Leben erweckt, Vishalakarani, das Wunden heilt, sowie Suvarnakarani und Sandhani, aus dem sich die Salbe für Wunden herstellen lässt. Doch die Kräuter machten sich unsichtbar, denn sie wollten unberührt bleiben. Da Hanuman angesichts der noch nicht gewonnenen Schlacht keine Zeit zu verschwenden hatte, riss er den ganzen Berggipfel mitsamt den Kräutern ab. Er nahm ihn auf eine Hand und flog zum Schrecken der Götter und aller Wesen, die im Himmel wohnten, wie eine strahlende Kugel, die sich der Laufbahn der Sonne anvertraut, zurück nach Lanka, um Lakshmana damit zu behandeln.
Kaum lag der Duft von Mrityasanjivani auf dem Totgeglaubten, stieß er Atemluft aus und atmete ein. Hanuman salbte ihn mit Vishalakarani, Suvarnakarani und Sandhani, und Lakshmana erhob sich, schüttelte sich und sah sich um. Vor den verblüfften Augen Ramas und seinen mutlos gewordenen Kämpfern war er vom Tod auferstanden. Ein Raunen mischte sich in den Wind. Der Windgott brauste.

Noch am selben Tag versetzte Hanuman den Berg zurück in den Himalaja. Denn hinter seiner Kraft verbarg sich eine weitere Kraft, hinter der sich noch eine weitere Kraft verbarg, bis hin zur göttlichen Kraft. Hanumans Zuversicht ins ewige Narayana verlieh ihm die unbegrenzte Kraft. Er hatte die Gewissheit, dass in jedem Moment ein noch kürzerer Moment lag und sich darin noch weniger Zeit und ein noch kleinerer Moment verbargen, und dass im kleinsten Moment immer das Jetzt ist, in dem die Liebe existiert, hinter der sich eine weitere Liebe verbirgt, die das eine Herz mit vielen Herzen, vielen Lieben verbindet. Zusam-

men bilden sie das Weltenherz, und darin lebt Bhakti: abgeben, zugeben, aufgeben, sich verschenken und hingeben.
Hanuman liebte Rama, er atmete Hingabe an Rama. Er war die Inkarnation von Bhakti, die Tote zum Leben erwecken kann.
Denn die Kraft der Liebe hält lebendig, was ihr eigen ist.

Ich schloss die alte geschnitzte Holztür auf. Ich hatte Glühbirnen ausgewechselt, denn der Strom floss im ländlichen Raum umsonst und wurde nicht abgeschaltet. Nila war sofort begeistert. „Was für eine Holzarbeit! Und das steht hier so herum. Sieh nur, der gesamte Götterhimmel ist in den Rahmen des Eingangs geschnitzt!“ Ich machte in der Halle das Licht an. Nila rief: „Was für große Räume ihr hattet! Und das steht alles leer!“ Nach dem Wischen glänzte der Boden aus rotem Stein wie Marmor. Nila drehte sich selbstverloren in Tanzschritten. Im Innenhof gab es kein elektrisches Licht. Ich entfachte ein Feuer an derselben Stelle, wo ich schon am Vorabend eine Feuerstelle errichtet hatte. Ich breitete die Bastmatte auf der Veranda aus. Nila kam heraus und setzte sich darauf. „Hier lebte Hanuman, er ist ein …“, begann ich. Nila unterbrach mich mit ihrer hohen klaren Singstimme und stimmte ein altes Lied an:

„Hanuman, sag Sita, dass ich auf sie warte. Und wenn sie fragt, wer du bist, sag, ich sei der Bote von jenem Rama, der sagte: ‚Komm nicht mit in den wilden Dschungel, wo Gefahren und Verletzungen drohen.‘ Und wenn sie weiter fragt, sag, ich sei der Bote von jenem Rama, dem sie das mutigste Lächeln der Welt schenkte und dem sie sagte: ‚Wo immer du hingehst, ich folge dir!‘“

Ich wusste nicht, dass sie auch so wundervoll singen konnte. Ihre Stimme war hoch und rein. Ich wollte mich ihr hingeben. Ich verschlang sie mit meinen Augen und meinen Ohren. Die Sterne schienen plötzlich näher gerückt und blinkten uns zu. Nilas Religion waren Tanz und Gesang. Ihr Name bedeutet blau und auch Mond. Ich konnte es noch immer kaum fassen, Nila war bei mir in meinem alten Haus. Die Unerreichbare war nun zum Greifen nah. Ich berührte zärtlich ihr Handgelenk und zog sie

an mich. Mein Mund küsste ihre feinen Glieder mit den starken Muskeln, meine Nase sog ihren herben Geruch ein, meine Finger erspürten ihre feuchten Windungen, und sie seufzte leise vor Glück. Tief in ihr kam ich und löste mich auf. Ich war vollkommen eins mit ihr. Sie gluckste. Liebe ist wie Heilung. Sie ist Aufgabe und Hingabe zugleich.
Aber später, als wir nebeneinander lagen und die Nacht frisch wurde, sagte sie leise: „Dieses ganze kunstvolle Leben hier ist Vergangenheit. Wir haben hier keine Zukunft. Oder denkst du jemals hier wieder leben zu können?“
„Ich weiß gar nichts. Ich dreh mich im Rad. Irgendwo werde ich hinrollen“, hauchte ich. Beim Einschlafen sah ich Nila noch einmal in dem T-Shirt mit dem abstrusen Spruch. Nila würde ein Weltstar werden und mich zurücklassen, sah ich voraus.

41

Wenn das Böse fällt, siegt das Gute, sagt das Volk.
Aber Ravana war nicht nur böse. Er hatte sich viel von den Göttern abgetrotzt.
„Ravana, was gibst du Shiva, du, der so viel von ihm bekam?“, fragte Rama, als sie sich endlich im Kampf gegenüberstanden. Zeitlebens hatte Ravana magische Kräfte eingesetzt, um zu bekommen, was er wollte. Es war immer nur um seine Wünsche gegangen. Er vergaß, dass die Kräfte der Sonne dienen. Dass Sita ihm nicht gehören wollte, hatte ihn unberechenbar gemacht, und jetzt machte seine Wut ihn blind. Doch dieses ‚nicht mehr klarsehen können' verfinsterte geisterhaft den Raum, und im Dunkeln verfehlten seine Pfeile Rama.
„Ich bin der Bewahrer prakritis, und du bist ihr Erstreiter!“, rief Rama und zielte im Lichtlosen instinktiv. Aber Ravana hatte seine Form verwandelt. Er war jetzt ein gewandt fliegender Zwerg. Der Beschützer der Erde, Rama, fokussierte gelassen den Feind und wechselte mit dem von Eroberungswillen besessenen Ravana brennende Pfeile.
„Ich fälle dich, Rama, wie ein Baum gefällt wird, und auch deine Affen

auf den Ästen werden fallen. Und dann pflücke ich mir die Blüte Sita!", brüllte Ravana so laut, dass die Berge und Wälder verstummten. Er floh in den Himmel. Aber Ramas Bogen ragte bis in den Himmel, und seine Pfeile trieben den Feind wie eine Wolke im Sturm vor sich her. Und dann endlich traf Rama Ravana ins Herz. Der Zehnköpfige stürzte vom Himmel ins Meer. Hanuman warf einen mächtigen Berg auf den Leblosen, so dass nur noch seine Nasenspitzen, wie gefährliche Felsbrocken, aus dem Wasser lugten. Noch Jahre später, wenn Schiffe an diesen Felsen vorbeifuhren, wurden sie in den Abgrund gezogen, als gäbe es den unvergänglichen Sog, den immer wiederkehrenden todbringenden Hauch eines Dämons.

Ob das Böse je fällt, ist eine Frage, die sich Menschen wie Götter seit Urzeiten stellen. Dämonen wie Ravana trugen Intelligenz, Wissen, Erkenntnis und Kunstfertigkeit, Ausdauervermögen und sogar die Hingabe an das Gute in sich. Und ob die Güte der Liebe, zu der Eifersucht, Trunkenheit, Rausch, Besessenheit, Gier, Wahn und Zweifel gehören, je ganz über das Böse siegen kann, bleibt unbeantwortet.

Hyderabad-Express, Mai 1978

Der Bahnhof in Hyderabad besteht aus einem aufgeregten Sprachengewirr aus Tamil, Telugu, Urdu, Hindi und Englisch. Ab und zu mischen sich noch Malayalam, Marathi und Bengali darunter. Eine Sinfonie aus Rhythmus und Geschrei. Wobei Telugu wie das Zirpen der Liebesvögel klingt, Tamil nach Ausrufen: aah iih ooh und Hindi ordnend, befehlend, klar strukturiert. Essensdunst, stinkende Urinschwaden und alles überlagernde Rußwolken durchzogen die Halle. Fortkommen, Weiterkommen, Ankommen. Überall saßen oder schliefen Menschen, auf ausgerollten Bastmatten, auf Zeitungspapier, alten Stofffetzen oder dem nackten Asphaltboden. Die Erde segnete sie, war ihnen Heimat, bis sie ihre Reise fortsetzten.

Im Bahnhof, auf der Reise zu Verwandten, zu religiösen Ritualen oder Pilgerstätten vermischen sich alle Kasten. Weißhäutige Touristen stehen dann steif aus Angst vor der Berührung mit kranken Bettlern und sondern sich ab. Doch wer hier den Strom verlässt, geht unter. Die Bettler wissen, im Bahnhof entkommt uns keiner, und umringen, schubsen und beschimpfen ihre Opfer. Sie kennen das Nervenkostüm der Touristen. Irgendwann werden die Fremden sich mit Geldmünzen freikaufen.

Ich fühlte mich von dieser Masse getragen wie ein Boot im Meer. Zielstrebig, um den Bettlern keine Möglichkeit zu geben, mich zu belästigen, steuerte ich zum Bahngleis mit der Aufschrift „Hyderabad-Express“. Menschentrauben belagerten eine Wasserstation. Ein Bauer beschützte seinen Käfig mit Hühnern. Nila hielt sich an meiner Schultertasche fest und trippelte hinter mir her. In einer Stunde sollte unser stets ausgebuchter Nachtzug abfahren, und wir hatten noch keine Fahrkarten. Zwar wusste ich, dass wir im völlig überfüllten *general compartment* durch Bestechung des Schaffners eine Fahrkarte bekommen könnten, empfand aber diese Art Bestechung als unkorrekt und überlegte, was wir sonst tun könnten. Nila drängte mich aber dazu: „Lass es uns beim Schaffner probieren. Ich gebe so viel sie wollen, ich muss dringend zurück. Mein Flug nach Dublin ist übermorgen.“

Der Zug war noch verschlossen und wurde gerade gereinigt. Ich suchte nach dem Schaffner, als ein Augenpaar mich fixierte. Kannte ich den Mann? Er war eine imposante Erscheinung. Groß mit einer hellblauen *Kurta*, die ihm zu seiner hellen Haut gut stand, überragte er die zahlreichen Reisenden und ihre rotgekleideten Gepäckträger, die in den Händen Gepäcktaschen trugen und auf dem Kopf noch übereinander gestapelte Koffer.

„Dürr, aber zäh ist unsere Arbeiterklasse“, sagte er und blickte mich weiter unverwandt an, als ob er mich kennen würde. „Sie schleppen für den Wohlstandsbürger und ertragen ihn gleichzeitig!“

Ich spürte, dass wir dieselbe Wellenlänge hatten, und erwiderte seinen Blick mit einem Nicken.

„Suchen Sie eine Fahrkarte?“, fragte er unvermittelt.

„Ja“, sagte ich verblüfft. Und da erkannte ich ihn. Es war Dharmraj, die Kultfigur unseres SATBOT-Verbands, der Mann, bei dessen Vortrag ich einst Sai kennen gelernt hatte und den ich seit langem verehrte. Ich verbeugte mich und sagte erstaunt „Dharmraj-ji.“

Er hielt mir einen Fahrausweis hin. „Namaste“, erwiderte er freudig.

Ich war ihm noch nie persönlich begegnet, obwohl er öfters auf unseren Meetings gesprochen hatte. „Und sie? Haben Sie für meine Freundin auch noch eine Karte?“, fragte ich und deutete auf Nila.

„Moment, Tochter!“ Dharmraj pfiff den Schaffner herbei. Seine natürliche Autorität wirkte. „Wir brauchen im Ladies Compartment eine Fahrkarte Erster Klasse für diese junge Dame hier!“

Der Schaffner nickte. „Ja, das geht. Einen Moment.“

„Ich brauche keine Erste Klasse, Zweite genügt“, wandte Nila ein.

Dharmraj winkte ab, sagte zu mir, als der Schaffner den Zug nach freien Plätzen durchsuchte: „In der Ersten Klasse haben wir mehr Chancen. Auch sollte eine Frau immer gut versorgt sein.“

Ich war beschämt. Vor mir stand ein englischer Gentleman.

Dharmraj lachte, zeigte auf das Schild neben der Waggontür und zeigte auf seinen Namen. Dharmraj, 48 Jahre, und darunter stand Parthsarathy, 30 Jahre.

„Für Parthsarathy fahren jetzt Sie, und zwar umsonst. Wenigstens das

Alter passt. Mein junger Freund hatte plötzlich andere Verpflichtungen, und ich bin froh, mit einem Gleichgesinnten zu reisen. Also kann die Dame in die Erste Klasse."

Der Schaffner kam mit einer Fahrkarte zurück, auf der „Ladies First" stand, und ich brachte Nila in ihr Abteil. Da in Südindien die Namen der Reisenden mit dem Alter neben der Einstiegstür in englischer Schrift stehen, finden vielen Passagiere oftmals ihren Platz nicht und müssen sich durchfragen. Dharmraj half noch zwei Frauen, eine davon mit einem Baby, ihren Namen zu identifizieren. Dann stiegen wir ein und gingen zu unseren nummerierten Plätzen.

Bevor wir das Liegebrett herunterklappten, bot Dharmraj an, sein Abendessen mit mir zu teilen. Er wickelte aus zusammen gerollten Blättern ein Reisgericht auf.

„Meine Frau ist Engländerin, ich genieße den Joghurtreis, wenn sie nicht da ist. Einem Engländer bleibt unverständlich, wie gern wir Joghurt mit Reis gemischt essen. Der Joghurt erst lässt die Schärfe der *urgai,* der Pickles, die natürlich dazugehören, spüren!" Ich erfreute mich am Spott in Dharmrajs Augen, als er mir Reis mit Joghurt und *urgai* gab.

„Nichtinder blicken entsetzt auf diese Kombination." Er sagte verschmitzt: „Diese Art von Picknick vermisse ich in England, dabei besteht alles aus nur drei Zutaten: Joghurt gut gemischt mit Reis und eingelegten, scharfen Mangos."

Ich grinste und genoss das Essen.

„Was arbeitest du in Madras?", fragte Dharmraj.

Ich war beschämt sagen zu müssen, dass ich das IIT für ein Studium indischer Heilslehren wie Kampfkunst und Yoga verlassen hatte. Würde es nicht unpolitisch in den Ohren dieses Mannes klingen, der hohe gesellschaftsverändernde Ziele hatte? Vorsichtig antwortete ich:

„Ich kam auf Grund meines Asthmas in Berührung mit einem Heiler und Yogi, der auch Kalari-Payatt-Meister ist. Ich lerne bei ihm, dass Unterrichten Mut machend sein kann, und verdiene etwas Geld dabei. Aber ich erkenne mehr und mehr, dass der Heiler, der unser Institut leitet, ein Bein in Indiens Vergangenheit und ein Bein hinüber in die Zu-

kunft des Westens streckt."
„Eine Symbiose zwischen dem Modernen aus der westlichen Welt und dem Altertümlichen aus Indien ist nicht gesund und kann doch unter Umständen gut sein. Schau mich an. Ich verbringe den größten Teil in London und jede freie Minute in der British Library. Sie lagern dort die alten Manuskripte und Reiseberichte von englischen Diplomaten, Staatsbeamten, Soldaten und Abenteurern, die ihre persönliche Sicht auf unser Land von damals schildern. Ich finde dort Beweise, dass es einst eine gut funktionierende Gesellschaft gab und das Leben vor der Kolonisation im Einklang mit der Natur war. Wir hatten ein ausgeklügeltes mathematisches und astronomisches Wissen. Unsere Wasserwege waren gepflegt und uns heilig. Das Leben funktionierte, und es ist überliefert, dass einer dieser Engländer sagte: ‚Wir können die Inder nur unterwerfen, wenn wir systematisch die Kultur dieses starken, sehr edlen Volkes zerstören.' "
Ich nickte. „Ja. Ich habe das gehört. Ich bin Mathematiker."
„Ah, dachte mir so etwas schon. Ich bin Idealist", sagte er mit einem Augenzwinkern. Wir standen auf und gingen nacheinander auf die Toilette und machten uns für die Nacht fertig. Zurück auf unseren Plätzen sagte ich:
„Ich bewundere den klaren Standpunkt in Ihren Büchern, Sir. Der Heiler, mein Lehrer, macht Asanas perfekt und beherrscht die Kampfkunst, sein Körper ist weich und geschmeidig. Aber was bedeutet es für die Zukunft? Wem dient es, sich auseinanderzureißen, die Beine von hier nach da gestreckt zu halten, wie im Hanuman-Asana, sich nicht nur körperlich, sondern auch geistig auszudehnen von Ost nach West? Ich weiß es nicht, ich stagniere jedenfalls derzeit. Ich möchte mich mehr in alte Texte vertiefen können."
„Es ist doch gut, dass du Yoga in allen seinen Aspekten lernst, auch als Heilkunst. Das ist wichtig für Indien. Indische Wissenschaften wurden heruntergespielt und klein gemacht von den britischen Besatzern. Aber ja, studiere sie unbedingt. Damit ist deine Zeit gut eingesetzt. Die alten Lehren verherrlichen das Asketische und lehren Widerstand", begeisterte sich Dharmraj.

Der Zug schaukelte uns während der Fahrt. Mein Blick schweifte zu einer kindlichen jungen Frau mit einem Baby im Arm. Sie saß auf dem Gangplatz und hielt ihr Kleines mit einer Fürsorglichkeit, die ihr eine sanfte Schönheit verlieh. An ihrer einfachen Kleidung, ihren unechten Juwelen, ihren unterwürfigen, scheuen Gebaren erkannte ich sofort, dass sie einer Schicht entstammte, die kein Englisch sprach. Unserem intellektuellen Gespräch in englischer Sprache konnte sie nicht folgen. Und mein Hindi, Dharmrajs Muttersprache, was sie vermutlich auch nicht verstanden hätte, war nicht gut genug für eine Konversation. Wie dieses Mädchen überhaupt in den Waggon mit reservierten Schlafplätzen gekommen war, war mir ein Rätsel. An meiner Hüfte spürte ich meine Stofftasche. Meine Tante hatte darin einen nachtblauen Seidensari der mit goldener Borte endete, eingepackt. „Er ist für Nila. Gib ihn ihr zur richtigen Zeit!“, hatte sie mir zum Abschied zugeflüstert. Obwohl Tante bettelarm war, hatte sie immer Geschenke für andere. Wann würde ich Nila den Stoff geben können, rätselte ich, denn sie würde erst mal mehr als zwei Monate im Ausland sein, und so ein wertvoller Sari schafft Verbindliches.
Dharmraj setzte unsere Konversation fort: „Indiens Kanalisation war einmal vorbildlich, durch das Land zogen Wasserwege, die es vor Dürren schützte, die Felder waren nicht durch Zäune voneinander abgetrennt. Die Tempel hatten auch die Aufgabe, als Bezirksämter zu fungieren und die sie umgebenden Ländereien zu verwalten und an Bewohner gerecht zu verteilen. Brahmanen besaßen nichts, sie bekamen Reis und Häuser früher vom Tempel gestellt. Das änderte sich unter den Engländern, die die gebildeten Brahmanen, die schnell Englisch lernten, als Sekretäre einsetzten und belohnten. Landbesitz gab es in der Vorkolonialzeit nicht. Alles gehörte der Gemeinschaft, die im Tempel vertreten war. Wie der Körper des erleuchteten Asketen, der nicht mehr ihm als Person, sondern dem Ewigen zugeordnet ist. In seinen Adern fließen die Nadis wie die Wasserwege im alten Indien. Ungestört und unbehindert.“
Ich hörte ihm zu, konnte aber den Blick nicht von der jungen Frau wenden. Sie weckte ein Verlangen in mir, das ich zu lange unterdrückt

hatte: Eine eigene Familie! Warum sie wohl allein reiste? Wie jung Mädchen in ihrer gesellschaftlichen Schicht Kinder bekommen. Sie wird nicht mal die Grundschule beendet haben, dachte ich. Vielleicht kann sie nicht mal lesen. Wir sitzen im gleichen Abteil und haben dasselbe Ziel, und doch trennen uns Welten.

„Bestimmt ist das Mädchen jung verheiratet worden", sagte ich zu Dharmraj auf Englisch. „Mit sechzehn oder fünfzehn, wie alle aus ihrer rückständigen Kaste. Sie sind die Verlierer nach der Unabhängigkeit Indiens."

„Das ist nicht so einfach", meinte Dharmraj. „Es gibt viele Landlose, die mangels Wissens sich den Landbesitz nicht überschreiben lassen konnten, obwohl es die Landreform in den sechziger Jahren gab und ihnen das Recht an Grund und Boden zugestanden hätte. Da sie draußen auf dem Land lebten, wussten sie nichts mit Papieren oder Schriftstücken anzufangen, so dass gerissene Städter, die gelernt hatten, wie man andere ausbeutet, leichtes Spiel mit ihnen hatten. Sie nahmen ihnen das Land weg, indem sie es auf den Namen eines Analphabeten kauften, der mit seinem Daumenabdruck nicht wusste, was er da unterschrieb: nämlich die Abtretung des ihm zustehenden Landbesitzes an solche Städter. Dafür bekam er dann eine warme Mahlzeit und ein paar Almosen und lebt heute landlos auf dem Besitz des Städters."

„Ein düsteres Kapitel der Nachkolonialordnung", fügte ich hinzu.

Dharmrajs Stimme wurde lauter. „Unsere Geisteswissenschaft war auch Volkswissen, die Bauern ackerten und säten nach den Mondphasen, Ingenieure sahen die Dinge in größeren, kosmischen Zusammenhängen, Architekten bauten im Einklang mit den Himmelsrichtungen, studierten Wasseradern auf der Erde und verbanden ihre Baukunst mit der Kosmologie. Engländer bauten vor allem dort, wo es ihnen passte, insbesondere die Infrastruktur, die ihnen ermöglichte, Indiens Bodenschätze nach England zu verschiffen."

Das Baby gegenüber begann zu weinen, und die Frau gab ihm die Brust. Ich konnte meinen Blick nicht von ihr wenden und hörte Dharmraj kaum noch zu. Wie wird ihr Leben weitergehen, fragte ich. Sie wird noch ein paar Kinder bekommen, ihr Mann, dem sie vielleicht gerade entkom-

men will, wird sie wieder einfangen und aus Frustration über sein armes Leben, sie schlagen, und bald wird sie verblühen.
Ich spürte Dharmraj scharfen Blick auf mir: „Hör mir zu, Gowind. Die Engländer waren doch nur darauf aus, uns auszuplündern! Sie bauten Brücken und Dämme an Stellen, wo der Lauf der Natur gestört wurde. So blockierten sie die Wasserwege."
Ich hörte nun wieder aufmerksam zu. Aber gleichzeitig berührte mich die Szene mit der jungen Mutter.
„Shivas Körper ist das Universum", erwiderte ich. „Sein Körper ist auch mein Körper. Gott und Mensch sind nicht getrennt."
„Erklär das mal einem puritanischen Engländer oder einem aus der Anglikanischen Kirche. Sie haben ein Problem mit ihrem Leib. Der wird schamhaft abgetan. Materie besitzen, aber ihr keine Leiblichkeit geben und in ihr kein Leben spüren, macht sie hart. Sie missionierten und haben die Ordnung durch eine Verwaltung, die unsere Leute aussaugte, weitgehend aufgeweicht."
Das kleine Wesen schien gesättigt. Mutter und Kind rollten sich auf der hölzernen Planke aus. Andere Mitreisenden schliefen schon. Schnarchgeräusche klangen durch den Wagon. Auch wir klappten unsere Sitze um und streckten uns hin. Die Umhängetasche aus Stoff mit dem Sari hielt ich fest an meine Brust gedrückt. Ich sehnte mich plötzlich heftig nach Nila und dachte an das Leben, das meine Großmutter zu führen gezwungen war. Ich sagte zu Dharmraj:
„Wir sollten das alte Indien aber auch nicht idealisieren. In der Welt meiner Paati herrschte so etwas wie eine soziale Autokratie voller Hierarchien, voller Verbote, und ihr Leben hatte rigide Strukturen, die ganze Tageszeit war in günstig und ungünstig eingeteilt. Zu ungünstiger Zeit durfte keine Tätigkeit begonnen werden, lieber wurde stundenlang gewartet, sogar mit dem Essenkochen. Aberglaube dominierte ihre Welt. Paati verklärte ihren Alltag und ordnete sich einer Monarchie, bestehend aus Lakshmi und ihrem Gemahl Vishnu als einem göttlich regierenden Königspaar unter. Dabei wurde sie selbst ihr Leben lang nur rumgeschubst." Ich blickte durchs offene Fenster in den tropischen Nachthimmel und fuhr fort: „Das bringt Indien nicht weiter. Meine

Mutter regelte alles zuhause, aber gesellschaftlich hat sie bis heute nichts zu sagen." Die junge Frau und ihr Baby waren inzwischen selig eingeschlafen. Wie sie sich dem Schlaf hingab, wie vertraulich sie mit dem Baby da lag, das erweckte Zuversicht. Langsam wurde auch ich müde.

Doch Dharmraj war immer noch hellwach und redete weiter:

„Was glaubst du, warum das so ist? Schau mal, die *Devadasis*, unsere heiligen Bajaderen. Eine Berührung mit einer solchen Frau galt bis Anfang des zwanzigsten Jahrhunderts noch als glücksbringend. Männer verkehrten mit ihnen ohne Schuld und Scham. Sie boten Erotik und Unterhaltung auf höchstem Niveau an, und Frauen bewunderten sie. Eine *Devadasi* war ja keine Konkurrentin für eine Ehefrau, denn die Devadasi war ja mit Gott verheiratet und vom Tempel versorgt."

Ich warf ein: „Das Los der Frauen ist problematisch seit der Zeit des Ramayana."

Dharmraj widersprach: „Schau dir die Berichte der englischen Beamten zu unserem Bildungsstand im achtzehnten Jahrhundert an, dann siehst du, dass Frauen gebildet waren. Unsere Kolonialherren haben nicht zufällig, sondern gezielt die sozialen Strukturen hier zerstört, um Land und Leute besser unter Kontrolle zu bekommen und zu halten. 1876 wurde Queen Victoria Monarchin über unser Land. Damit begann die Ausbeutung. Die Briten haben mehr oder weniger die Geographie der ganzen Welt bestimmt und die Geschichte der letzten fünfhundert Jahre geschrieben. Trotzdem kreist der Westen nur um seine zwei Weltkriege, die er geführt hat, und um seine technischen Fortschritte."

Ich dachte an das einzige Foto nach der Hochzeit von Paati, das sie ‚oben ohne' zeigte. Andere Zeiten! Dharmraj fuhr weiter fort:

„Es gab davor zwar die Hierarchien bei den Kasten, aber geherrscht haben die Götter. Sie waren der gemeinsame Nenner aller unterschiedlichen Kasten. Sieh mal, die Brahmanen-Priester umsorgten einst das göttliche Paar mit Mantren, Händler aus der Händlerkaste beschenkten es mit Gold und Silber, Krieger verteidigten es, Musiker und Tänzer unterhielten es; jede Aufgabe war gleichberechtigt – ob reich mit Gold als Händler, ob beladen mit Reiskörnern als Bauer, ob tanzend und singend als Künstler oder sich handwerklich betätigend, die Idee, dem Göttlichen zu dienen, erhob jeden in den Stand des *Bhakti.* Die Ordnung der Kasten war eine klare Basis für ein soziales Miteinander. Und dann, verdammt noch mal, setzten die Engländer Händler über Bauern und schufen hierarchische Gesellschaftsstrukturen."

„Interessant. Das geschieht heute auch, Händler verdienen mehr als Bauern", sagte ich, wobei ich die Frau im Blickwinkel behielt.

„Wo kommt das Wort Kaste überhaupt her?" Dharmrajs Stimme wurde wieder lauter, und ich fürchtete, die junge Frau und das Baby könnten aufwachen. Doch ich wagte nicht, ihn zu unterbrechen.

„Ab 1865 führten die Engländer regelmäßig Volkszählungen durch. Sie waren die ersten dieser Größenordnung in der Welt. In einem Land mit hunderten von Sprachen, zahllosen Religionen und unterschiedlichsten Sitten und Gebräuchen ist es monströs. Jeder, der die Geschichte dieser Volkszählung kennt, wird dir sagen können, wie damit die Zuschreibung zu einer Kaste und die Verankerung des Kastensystems in Indien erst begann und festgeschrieben wurde." Hier wurde ich hellwach und unterbrach ihn:

„Meinen Sie, dass sich Menschen von da an erst unter den Zwang der Hierarchien stellten?"

„Es wurde ein Kastensystem mit zahllosen Kasten angelegt. Das führte zur Spaltung der Gesellschaft. Erst dann konnte ein Staatssystem Menschen beherrschen."

„Aber unsere alten Schriften reden über Vierteilung der Gesellschaft in Kopf, Brust, Bauch und Beine, und damit in eine intellektuelle, beschützende, nährende und eine arbeitende Klasse. Da bestand doch schon eine Hierarchie. Das sieht man doch in der Dominanz der intellektuellen Elite heute."

„Und was kann der Kopf ohne Beine, Brust und Bauch, die vier können doch nur gemeinschaftlich als ein System wirken. Das Wort Kaste wurde zwar schon früher aus dem Portugiesischen mit den Portugiesen eingeführt, aber fest verankert haben es nun einmal die Briten hier. Es geht mir nicht darum, die Missstände von alten Zeiten zu vertuschen, sondern die spürbaren Wirkungen von dreihundert Jahre Kolonialzeit zu

konfrontieren."
„Da haben Sie Recht", sagte ich. „Eine Volkszählung in einem Land, wo die meisten Menschen nicht wissen, wann ihr Geburtstag ist! Neulich fragte ich unsere Köchin, die Mutter zuhause hilft, wie alt sie sei. Sie wusste es nicht, und es kümmerte sie auch nicht!" Und ich dachte bei mir, diese Mutter hier mit dem Kind wird auch nicht genau wissen, wie alt sie ist, und sie hat sicher keine Geburtsurkunde oder dergleichen. Wer hat hier schon einen Ausweis, geschweige denn einen Pass! Nur eine kleine privilegierte Schicht. Aber, ob die Aufarbeitung der Wunden mehr Hoffnung in das Leben der Unterdrückten bringen wird, bezweifelte ich. Dharmraj fuhr fort:
„Die Engländer haben erst bei den Volkszählungen die Bevölkerung in rigide Kasten und damit in Zwangsjacken eingeteilt. So hielten sie Gruppen voneinander fern. Ihr ‚Teile und herrsche!' war eine primitive Form der Machtergreifung. Darin sind sie Weltmeister, sonst hätten sie ja nicht die Portugiesen, Franzosen, Dänen und Holländer so erfolgreich aus Indien fortgejagt. Die Gelehrten aus deiner Kaste, Gowinda, haben die Hochsprache Indiens gesprochen: Sanskrit. Wo ist Sanskrit heute? Wie viele sprechen diese Sprache noch? Warum reden wir zwei auf Englisch? Die Wahrheit unserer Geschichte ist etwas komplexer, als die Kolonialisten sie interpretieren. Deren Version nachzuplappern ist das Dümmste, was wir machen können. Wo sind unsere traditionellen Schulen und unser Gurukula-System des Lernens geblieben? Wo früher außerhalb der Gemeinschaft der Dörfer Sammler und Jäger als Nomaden umherzogen, die dann als kastenlos eingestuft waren, hat man damals gerade diese, da sie den Dörflern gegenüber unparteiisch waren, als gerechte Beobachter bei Verhandlungen eingesetzt, als Zünglein an der Waage gesehen, wie z. B. bei dem Abwiegen des Getreides. Sie waren respektiert, passten genau auf, dass nicht betrogen wurde. Diese Regelung schafften die Briten ab und deklarierten unsere vom Kastensystem Unabhängigen zur kastenlosen Minderheit. So erschufen sie die ‚Unberührbaren' zu ihren Gunsten, indem sie unsere Religion und Kultur missinterpretierten!" Dharmrajs Monolog wurde immer leidenschaftlicher. Sein Gesicht glühte im Dunkel des Abteils,

das eine kleine Nachtlampe von der Decke spärlich erhellte. Der Zug tuckerte gleichmäßig und einschläfernd dahin. Ich kämpfte mit Müdigkeit. Doch Dharmraj schien immer munterer zu werden.
„Indien funktionierte anders als heute. Friedlicher. Ich möchte nicht sagen perfekt, aber gut organisiert. Es erweckte so erst den Neid und die Gier der Europäer, die in Scharen einfielen und sich bedienten. Sie stahlen wie und wo sie nur konnten. Klar, die Zeit geht nicht zurück, aber wir werden die gleichen dreihundert Jahre brauchen, in denen wir beherrscht wurden, um wieder zu uns zu finden. Wir werden diese dreihundert Jahre aber nicht haben. Wir müssen jetzt handeln."
Ich fragte mich, das schlafende Bündel aus Mutter und Kind betrachtend, wo werden wir alle in hundert Jahren sein? Wieder erklang Dharmrajs tiefe Bassstimme:
„Trotzdem müssen die Briten sich für ihre Geschichte entschuldigen. Ohne Sühne kann es nur den Neukolonialismus geben, mit willigen Komplizen aus dieser, unserer Seite."
Hinter dem offenen Fenster tanzten die Sterne vorbei, und der warme Wind der tropischen Nacht streichelte mein Gesicht. Eine Welle aus Gefühlen erfasste mich. Aufregung und Kummer, Liebe für meine einfachen Landsleute. Ich wusste, wie viel Dharmraj für seine Forschungen investiert hatte, und fragte mich, was er wohl für eine Frau hatte. Ob sie seine Thesen unterstützte? Sie war Engländerin und sei Lehrerin, hatte Sai einmal erklärt.
Ich dachte an meine indianischen Freunde in Kalifornien und murmelte:
„Das Ursprüngliche haben die Europäer in Amerika genauso ausgelöscht und gegen die Elemente gehandelt, die den Ureinwohnern dort heilig waren. Ich habe sieben Jahre dort gelebt."
Dharmraj beugte sich vor und flüsterte:
„Gowinda, hör mir zu, keiner will es heute hören, doch es muss gesagt werden. Noch im siebzehnten Jahrhundert teilte sich unsere Gesellschaft in viele funktionierende einzelne kleine Staaten auf. Das Gemeinwesen wurde von einem Kastenwesen des Miteinanders geprägt, das nicht nur ungerecht war. Wie schon gesagt, wir teilten nicht in oben und unten ein. Rechtshändige und linkshändige Kasten arbeiteten zu-

sammen. So hatten die Brahmanen auch nicht das letzte Wort in der Tempelverwaltung. Es gab keine Unberührbaren, es gab nur keine Berührungen mit denen, die mietfreies Recht zur Nutzung der Felder vom Tempel bekamen. Die Briten haben bei uns erst die Idee des Landbesitzes eingeführt. 1877 war dann ein ganz schlimmes Jahr: Viceroy Lord Lytton schiffte während der großen Dürrekatastrophe viele Millionen Tonnen Weizen aus und begann, unsere hungernden Bauern in Arbeiterkolonien einzuteilen. Sie erhielten dort weniger Essen als die Insassen des Konzentrationslagers der Nazis 1938. Die Sterberate am Ende des Jahres lag bei fünfundneunzig Prozent. Dazu haben sie Steuern erlassen, um den Krieg in Afghanistan zu führen. Unsere Götter standen arm da, die Tempel begannen mit Massenentlassungen."

Ich war erschüttert und fragte: „Warum verehren Leute wie beispielsweise mein Vater den Westen und das britische Lebensmodell? Sie müssten es doch abgründig hassen." Dharmraj ging nicht darauf ein, er fuhr fort:

„Der Genozid, den die Engländer als eine gesteuerte Hungerkatastrophe über Indien gebracht hatten, ist nie von der Welt im Westen geächtet worden. Ich befürchte, Gowinda, das wird in Form von Gewalt auf sie zurückschlagen und im nächsten Jahrhundert haben wir die Rechnung. Indien aber muss jetzt dringend einen anderen Weg einschlagen."

„Ja, an Afghanistan beißen sich die Weltmächte seit Hunderten von Jahren fest und hören nicht auf mit ihren Kriegen. Böse!", sagte ich.

„Das Karma wird irgendwann zurückschlagen!", wiederholte Dharmraj.

„Wieviel Menschen starben damals bei der Hungerkatastrophe?", fragte ich.

„Die Briten haben zwischen zwölf und neunundzwanzig Millionen Menschen verhungern lassen. Wurde dieser Holocaust je gesühnt? Und was war, als die Engländer nach unserer Unabhängigkeit abgezogen sind? Da haben sie unser Land auch im Chaos zurückgelassen."

Ich stöhnte. „Ja, es ist schrecklich. Wir brauchen endlich mutige Interpreten unserer alten Texte."

„Das ist gut, junger Bruder, und nun schlaf!"

In meinem Kopf drehten sich die Ideen wie ein Kreisel auf trockenem

Asphalt: Yoga und Kampfkunst als politischer Aktivismus. Dharmraj als Anti-Guru. Dann döste ich ein. Irgendwann fallen die Dämonen, die unsere Gesellschaft im Griff haben, war mein letzter Gedanke.

42

„Ravana ist gefallen!“, hörte Sita die schrecklichen Monster, von denen sie bewacht wurde, flüstern. „Rama hat Lanka mit einer Herde Tieren besiegt.“

„Ein Affe wird auch euch töten!“, keifte Hanuman von einem Ast herunter und zeigte schreckenserregende Gebärden.

„Lass sie, sie sind verhexte Wesen, Hanuman“, rief Sita ihm zu. „Ich habe Mitleid mit ihnen. Löse den Zauberspruch und verwandle sie wieder in ihre ursprüngliche Form!“

„Erst wenn Ihr mit Rama wiedervereint seid, werden sie zurück ins Wirkliche kommen!“ sagte Hanuman und nahm Sita die Fesseln ab.

„Ich muss sofort zu Rama eilen! Ich muss dem Gewinner der Schlacht, ohne ein Bad zu nehmen, ohne Schmuck, ohne mich zu kleiden, sondern geschunden wie ich bin, gegenübertreten!“

„Rama wünscht aber, dass Ihr wie eine gekrönte Königin zu ihm kommt“, entgegnete Hanuman.

Statt zu zeigen, welch Leid ihr angetan worden war, folgte Sita Hanumans Anweisung. Vibishana, der neue Herrscher Lankas, führte sie in die königlichen Bäder und veranlasste, ihr königliche Roben und Juwelen zu überbringen. Dann wurde Sita in der Prunksänfte der Königinnen zu Rama getragen.

Auf dem Weg zu ihrem Gemahl gierte die Menschenmenge nach dem Anblick von Sita. „Seht das Weib, das den Krieg hervorgerufen und unseren Herrscher zu Fall gebracht hat“, tönte es überall boshaft.

Rama jedoch trieb das Volk nicht fort. „Lasst Sita aus der Sänfte steigen und zu Fuß herbei schreiten, ein jeder soll sie anschauen können!“, forderte er.

Sita, die sich so sehr nach dem Anblick von Rama gesehnt hatte, sank in sich zusammen. War das der Rama, den sie kannte? Hatte er je so grausam über sie gesprochen? Dennoch stieg sie aus und ging mutig durch die Gaffenden auf Rama zu.

Als wäre Ravanas Wahn in ihn eingedrungen, schaute er nicht auf Sita, sondern richtete seine Worte an alle Bürger Lankas: „Ich habe meine Pflicht getan und die Erde und euer Reich von einem Rakshasa befreit. Auch wenn dieser Wunder bewirkt und Wohlstand verbreitet hat, war er vom Blut seiner dämonischen Mutter geprägt. Jetzt seid ihr frei, ich bin frei, und auch Sita ist frei. Sie kann gehen, wohin sie will. Wer sie will und wen sie will, das kann jetzt neu erstritten werden!"

Ein Raunen ging durch die Menge.

Zu Sita gewandt fuhr er leise fort: „Wenn ich dich ansehe, brennen meine Augen. Zu lange hast du am Hof eines fremden Herrschers gelebt!"

In der alten Tempelstadt, 1978

Um sieben Uhr morgens kam der Zug in Madras Central Station an. Es war um diese Zeit schon sehr heiß. Der Sommer hatte seinen Höhepunkt erreicht. Ich verabschiedete mich von Dharmraj und ging zu Nila, die am Ende des Gleises auf mich wartete.
„Ich habe so gut geschlafen, und du?“, begrüßte sie mich.
„Es geht, wir haben lange über Politik geredet. Das hatte mich ganz schön aufgewühlt.“ Ich ging hinter Nila durch das Gewühl zum Bahnhofsausgang. Noch einmal bewunderte ich ihren ebenmäßigen Körper, ihren Gang, denn es blieb nicht mehr viel Zeit. Nila würde schon Morgen nach Irland fliegen.
„Schreib mir jede Woche“, sagte ich.
„Und du auch.“
Wir kämpften uns durch die Meute wartender Autorikscha-Fahrer. Ich spürte ihre willensstarken Schritte, als sie auf das Gefährt zuging. Sie hat ganz andere Probleme als die junge Frau mit dem Baby, dachte ich. Sie will Karriere machen.
„Adyar, hundert Rupien!“
„Hundertfünfzig!“, antwortete der Fahrer.
Nila schüttelte den Kopf, stieg aber ein. Ich gab ihr die Stofftasche mit dem Sari. „Von Tante“, murmelte ich. Wann sonst noch würde es einen passenden Moment für die Übergabe des Geschenks geben? Sie würde bald weit weg sein und zwischen uns ein Meer liegen. Zum Abschied winkten wir uns kurz zu. Werde ich ihrem Ehrgeiz gerecht werden können? Sie kam aus einem mir fremden Elternhaus, und meine Eltern konnte ich mir irgendwie nicht mit Nila zusammen vorstellen. Als Schwiegertochter wäre sie für Vater zu selbstbestimmt. Im Gedränge gab es keine Zeit, ihr nachzusehen. Ich wählte mir auch eine Rikscha und fuhr in die andere Richtung nach Triplicane.
Neugierig hörten Amma und Appa meinem Bericht über die alte Heimat zu.
„Gut, friedlich und verschlafen. Die Natur holt sich allmählich alles zu-

rück. Wollt ihr zurück?"
„Nein, das geht nicht", sagten beide.
„Vielleicht sollte ich ja eine Familie gründen und mit euch nach Vishnupuram zurückziehen? Das Leben ist einfach dort." Ich sah Appa provokativ an. „Unser Haus beginnt zu verfallen! Vielleicht geht Vinu mit zurück und kann Onkel helfen."
Mein Vater kräuselte die Stirn. Er überlegte, ob das ein Scherz war oder ob ich es ernst meinte. Er war sechsundfünfzig Jahre alt und würde bald in den Ruhestand treten. Zu gern würde er über mein Leben bestimmen.
In den nächsten Tagen organisierte ich mein Studium bei zwei weiteren Lehrern, bei Dharmraj und auch bei Dr. Nathan, der seit langem der ayurvedische Arzt unserer Familie war. Er wohnte in Mylapore hinter dem alten Ayurveda-Krankenhaus.

Der Stadtteil Mylapore ist aus der uralten Tempelstadt im zwölften Jahrhundert entstanden, als der Shiva-Kult seine Hochblüte erlebte und Pfauen der Göttin Shakti gehuldigt haben sollen. Die mystische Dichtkunst hatte sich hier entwickelt: Lieder und Tänze zu Ehren der Göttin und ihres Gemahls. Mein Onkel aus Madras musste die Tänze der Devadasis hier in dieser Gegend noch erlebt haben, dachte ich, als ich Dr. Nathans Haus suchte. 1943 wurde ein Gesetz erlassen, das die Weihung zur Tempeltänzerin in Form einer Vermählung mit Shiva im ganzen Land verbat und damit die im Matriarchat und in eigener Kaste unverheiratet lebenden Frauen – denn sie waren ja Gott angetraut – arbeitslos gemachte hatte. Aber sie werden ja nicht schlagartig aufgehört haben zu tanzen. Sie gingen in die Häuser von Reichen, um dort ihre Kunst für Geld zu zeigen. Nila hatte mir erzählt, dass Rukmini Devi bei der letzten Devadasi Mylapores, die in völliger Armut lebte, auch Tanzstunden genommen hatte. Das Geld, das die wohlhabende Theosophin Rukmini Devi, schließlich war sie mit einem englischen Millionär verheiratet, Mylapore Gauri Amma – so wurde die letzte Devadasi genannt – für den Unterricht zusteckte, hätte deren Sohn, ein Nichtsnutz, ein Trinker, ihr gleich wieder abgenommen. Die bedeutende Künstlerin war bettelarm und ohne Perspektive. Und er, Sohn einer unverheirateten Mutter, im Devadasi-Clan geboren, hätte Tanzlehrer werden können, aber zu der Zeit gab es keine Schülerinnen oder Schüler mehr, weil Tanz verpönt war.

Mylapore Gauri Ammas weiblich geprägte Kunst war das erste, was die mittellos gewordene Tempeladministration opferte. Die Frauen wurden aus dem Tempeldienst entlassen und mussten auch aus den tempeleigenen Häusern ausziehen. Das letzte im Patriarchat lebende Matriarchat schaffte sich selbst ab. Eine als Devadasi geborene, aber zur Rechtsanwältin ausgebildete Frau hatte das Verbot der Weihung zur Tempeldienerin gesetzlich mit durchgesetzt, um die Mädchen ihrer Kaste vor Ausbeutung und Stigmatisierung zu schützen. Die Männer, Brahmanen, Sänger und Rezitatoren, blieben dem Tempel erhalten. Auch heute noch ziehen Männer an Feiertagen die großen hölzernen Götterwagen durch die Straßen um den Tempel und dominieren das Geschehen.

In einer engen Gasse kaufte ich meine Opfergaben: eine Kokosnuss, Kampfer und Kumkuma, sowie Räucherwerk und Blütengirlanden, die an den kleinen Buden zum Verkauf hingen. Es roch nach Sambrani, dem würzigen Heilstein, und Weihrauch. In den meisten Häusern Mylapores – dieser einstig mächtigen Agraharam-Siedlung –, lebten immer noch Brahmanen. Vor dem Haupteingang zum Tempel aber saßen alte Weiber in Lumpen und bettelten, nebeneinander auf dem nackten Steinboden sitzend. Gegenüber stand ein Leprakranker und klapperte mit einer Blechbüchse.

43

Sita zitterte am ganzen Leib, als sie vor Rama stand und ihm in die Augen sah. Er sprach zu den Leuten von Lanka:
„Niemand wird je wissen, wie weit Sita sich dem Dämonenkönig hingegeben hat.“ Wie der zertrampelte Erdboden, dessen Blumen und Gräser geknickt sind, stand Sita starr und wirkte stumpf. Urplötzlich schrie sie:
„Verbrennt mich, ich bin die geschundene Erde. Ich werde mich erfrischen und neu erstehen. Macht ein Feuer und brennt sofort meine blühende Schönheit, die der Ungerechtigkeit spottet, nieder!“
Ein Wink aus Ramas Augen, und Vibishana bereitete die Feuerstelle vor, warf Äste und Holzscheite darauf und zündete sie an. Die Versammelten rissen die Augen auf. Manch einer sagte:
„Brennen soll das verräterische Weib!“
Sita verkündete:

„Feuer,
feindliche Gedanken verbrenne!
Feuer,
führe wie ein Schiff ins Reine!
Feuer,
Frieden und Wohlergehen bringe!
Feuer,
Furcht zerschmelze!
Feuer,
frevellose Schönheit gib
freudig Kraft, die unverbrauchbar ewig in mir brennen bleibt!“

Sie schritt ins Feuer. „Ah!“ und „Oh!“, ertönte es unter den Anwesenden. Sitas Körper wurde eins mit dem Feuer und loderte in den Flammen. Vom Himmel wurde eine Stimme hörbar:
„Ihr Zweifler, ihr Verzagten und Zauderer, seht: Sita ist unverwundbar, ist unsterbliche Natur, die sich selbst treu bleibt.“
„Oooh“ und „Aaah!“ klang es, als Sita aus der Glut trat und unver-

sehrt mit Goldstaub überzogen leuchtete.

Rama ging auf sie zu. Er nahm ihre Hand. Während das Volk ihnen zujubelte, flüsterte er in ihr Ohr: „Geliebte, ich wusste, dass du ewig rein und unantastbar bist, aber das Volk weiß es nicht. Die Bewohner deiner irdischen Ebenen wollen prüfen, um zu urteilen. Ich musste ihnen deine Göttlichkeit erkenntlich machen. Sie brauchen Wunder, um die Macht der Erde anzuerkennen."

Sita lächelte. Sie wusste das alles längst.

„Wir sind Himmel und Erde und berühren uns dort, wo der Blick eines menschlichen Auges nichts mehr erkennen kann. Dort lebt unsere unsterbliche Liebe", sagte sie zärtlich.

Rama wandte sich wieder dem Volk zu:

„Glauben ist nicht Begreifen oder Verstehen. Sita ist die ewige Energie in der Erdkraft, die ihr entweder lieben oder völlig zerstören werdet. Entscheidet Euch jetzt!"

„Heil der jungfräulichen Inkarnation der Erde. Wir sehen Sita!", jubelten die Anwesenden.

Hanuman sang und tanzte wild das „Sitarama-sitarama-sitaramaa". Er allein konnte sich wie ein Verrückter gebärden und blieb doch fortwährend göttlich.

Rama hatte den Menschen die Schwäche ihrer Sinne vorgeführt: Sie brauchen ein großes Spektakel und ein verheerendes Geschehen, um zu glauben und für die Zukunft der Erde einzutreten.

Zuerst knallte ich die Kokosnuss auf den Stein vor dem Westtor des Tempels. Sie brach auf und fiel auseinander. Eine Krähe und eine arme Bettlerin sammelten ihre weißen Nussbrocken ein. Erde nimmt, Erde gibt, dachte ich. Das hohe Tor des Tempels schluckte mich, und eine fast feierliche Atmosphäre umfing mich. Im ersten Innenhof ging ich nach links wie alle Gläubigen und begegnete dem großen bemalten Tempelelefant. Fesseln umgaben seine Füße. Der Mahaut stand neben ihm. Am ersten Schrein zu Ehren Ganeshas legte ich die Girlande aus Jasminblüten sorgfältig ab. Duft ist Botschaft an die Lüfte. Auf der bronzenen Schale zündete der Priester einen kleinen Kampferwürfel an und schwenkte die Flamme um das Objekt unserer Verehrung. Feuer ist Reinigung. Die Mantren, die der Priester rezitierte, huldigten dem Äther, der als dem Hören verbunden gilt. Ich hielt meine Hände zur Mudra, dass sie eine Schale bildeten, und bekam geweihte Milch hineingegossen. Ich trank es und verehrte damit das lebensspendende Wasser. Dieses Ritual beschwört den Anfang des Lernens, das nur gelingen kann, wenn die fünf Elemente mit einbezogen werden, sagen die alten Schriften.

Danach lief ich durch enge Gassen mit Goldschmiedeläden und Schneidereien zum Ayurvedacollege, das sich in einem alten, heruntergekommenen Backsteingebäude befand. Es gab kaum Studenten für die alte indische Heilkunst. Familien, die etwas auf sich hielten, bemühten sich, ihre Kinder auf das moderne Medical College zu schicken.

Dr. Nathan war ein traditioneller Iyer-Brahmane. Wie mein Großvater hatte er den Schädel vorne rasiert und hinten trug er den traditionellen Pferdeschwanz. Sein Wohnhaus lag hinter dem College am Ende eines mit hohen Bäumen bepflanzten weitläufigen Innenhofes. Er empfing mich zum Unterricht auf der Veranda, wo wir uns niederließen. Vor uns spielten seine Enkel. Ich roch den Gestank des Cooum Flusses, eher eine Kloake, in die die Stadt sich entledigt hatte. Sie mündet in den Adyar. Die Flüsse führen außer Müll auch die Abwässer der Lederindustrie von weit außerhalb der Stadt mit sich.

Wir beschauten drei in der ayurvedischen Heilkunst wichtige Bäume: Haritaki, Amalaki und Bibhitaki. Sie geben die Basiswirkstoffe für das *Triphala,* eine potente Medizin zur Desinfizierung und Stillung von Wunden, die aber auch bei Vergiftungen wirkungsvoll ist. Mich beeindruckte, wie wichtig die Ernährung für Ayurveda ist. In den Upanishaden steht: „Nahrung ist das Wertvollste unter den Dingen!" Verhalten, Denken und Lebensführung sind eng mit der indischen Medizin und der Marmalehre verknüpft. Sie haben genaue Kenntnisse über den Pulsschlag. Ein Kämpfer des *Kalaripayat* kann Menschen töten, aber sie durch die Berührung bestimmter Körperpunkte wieder zum Leben erwecken.

Nach meiner ersten Unterrichtsstunde ging ich zum Tempel zurück,

wanderte an der Außenmauer entlang vom Ost- zum Westtor und setzte mich auf die alten steinernen Stufen, die hinunter zum mächtigen Wasserspeicher führten. Ein viereckiger Teich von der Größe mehrerer Kricketplätze. Es wuchsen rosarote Lotusblüten aus seinem Wasser. Einst hatten die frühmittelalterlichen Architekten hier ein ausgeklügeltes Regenwassersammelsystem entwickelt. Durch Rinnen auf den schrägen Tempeldächern wurde das Wasser aufgefangen und durch unterirdische Rohre in den Tank geleitet. Auch das Wasser, das täglich in Zeremonien über die vielen Götterfiguren – aus mineralisch wertvollen Steinen gemeißelt –, gegossen wurde, lief unterirdisch in den großen Außentank. Dem Wasser wurde Heilkraft nachgesagt, weshalb früher die Pilger in ihm ihr Bad nahmen, bevor sie den Tempel betraten.
Heute, so dachte ich, verfällt dieses ökologische Wunderwerk und gleicht nur noch einer schmutzigen Brühe. Sicher sind die Rohre im Tempel verstopft, wie so viele Wasserwege Indiens. Niemand fühlte sich mehr zuständig, die Regierenden sind nur an Macht und Bereicherung interessiert.
Auf diesen uralten Stufen tauchte ich jedoch bald ab und begann zu fantasieren: Nila tanzte in dem blauen Sari von meiner Tante aus Vishnupuram im flimmernden Licht. Sie ist jetzt Shiva's Vermählte, eine Bajadere, eine *Devadasi.* Tänzerinnen wollen keine Ehe mit einem lebenden Mann. Ich bin ihr Gespiele, bestenfalls ihr Gefährte.
„Auch ich will nie heiraten, nur lieben!“, flüsterte ich meinem Phantom zu. Und doch ertappte ich mich: Ich will sie für mich allein, ich muss sie besitzen. Der Gedanke erstaunte mich sogleich, denn er widersprach meiner Lebensphilosophie.
War ich mit Nila aus alten Zeiten verbunden? Ungewissheit lag wie eine dunkle Wolke über unserer Liebe. Sie wird in Dublin in kurzen Röcken umhergehen. Sie wird weit weg sein und vielleicht steinreiche Männer treffen?
„Sitaramaa“ und „Hari Om“. Paatis Gesang vermischte sich mit meiner inneren Stimme. War ich verblendet? Diese Liebe würde nicht aufgehen. Irgendwo lauerte das Dämonische. Erst dann, wenn es nicht glatt geht, wenden sich Menschen Gott zu.

44

„Vierzehn Jahre unseres Exils sind auf den Tag genau vorbei! Die Zeit der Verbannung ist zu Ende! Sie erwarten unsere Rückkehr“, sagt ein selbstbewusster Rama. Augenblicklich verwandeln sich die verwunschenen Rakshasis zurück in ihre ursprüngliche Form. Was dämonisch war, fügt sich harmonisch in die Schönheit der Gärten. Ein milder, stetiger Wind hebt die Blüten der Bäume und Büsche empor und schauert sie sanft auf Sita, Rama, Lakshmana, Hanuman und Vibishana. Vor den erstaunten Augen der erlösten Lankaner wirbelt der Wind die Flora hinweg, und mit den Blüten entschwinden die wundersamen Figuren in die Wolken. Hanuman ringelt seinen Schwanz zum Abschied und ruft: „Wenn die Zeit reif ist, geschieht das Wunder!“

Auch die Bambuskönigin hatte auf diesen wundervollen Tag gewartet. Sie stand auf dem Aussichtsturm, als Punkte am Horizont zu Strichen wurden und sich als fünf Gestalten zeigten. Sie rückten näher.
„Wer sind die beiden anderen?“, wunderte sie sich.
„Die Zeit der Sandalenherrschaft ist zu Ende“, riefen die Trommler und schlugen mit Leibeskräften das gespannte Fell: „Rama und Sita kehren heim!“
Freudentränen flossen, als die Königin ihre beiden Söhne mit Sita eintreffen sah. Stolz, erhaben und durch die Askese im Dschungel geläutert schritten sie durch staunende Stammesleute. Die Königin musterte den vierten im Bunde. War das tatsächlich ein Affe, der wie ein Mensch einherschritt?
„Ich grüße die Mutter eines großen Kriegers!“, verbeugte sich die seltsame Gestalt vor ihr. Gewählt drückt er sich aus. Das ist kein gewöhnlicher Affe, dachte sie erstaunt.

Bharata, Ramas jüngerer Bruder, hatte Ramas Sandalen die langen Jahre über auf den Thron gestellt und das Volk beschworen: „Rama ist euer König, ich regiere nur, bis er wiederkommt. Ich bin nur sein Stellvertreter!“. Er umarmte seine Brüder und weinte ausgelassen vor

Freude. Dann huldigte er Sita mit einer Verbeugung und zwinkerte Hanuman zu. Sicher haben meine Brüder ein Zauberwesen mitgebracht, schmunzelte er und grüßte Vibishana ehrenvoll.
„Euer König ist zurückgekehrt!“, ließ er fröhlich unter den Stammesleuten verkündigen.

Ausgelassen feierte der Stamm viele Tage und Nächte. Rama, sein Bruder und Sita waren noch halbe Kinder gewesen, als sie fort ins Exil gegangen waren. Wie reif sie in der Wildnis geworden waren, verblüffte das Volk. „Wer ist der Affe?“, fragten viele Stimmen.
„Das ist Hanuman. Er gehört zur Familie“ antwortete Sita mit mütterlichem Stolz.
„Er ist mein Bote, er verbindet mich mit dem gesamten Kosmos!“, sagte Rama. Seine Worte klangen weise.
Als Sita und Rama sich schließlich auf den Bambusthron setzten, war er mit seltenen Gräsern geschmückt, die Hanuman für sie gepflückt hatte.

Glück gleicht aber nicht einer weiten Ebene, es gleicht eher dem Auf und Ab des Meeres, es kommt und geht in Wellen. Wenn alles unübertrefflich verläuft und das Glück seinen Höhepunkt erreicht hat, kommt ein Unwetter herauf und trübt das Ganze.

Der Verbleib der Statue aus Krishnamacharyas Haus war nach wie vor nicht geklärt. Man sprach einfach nicht mehr darüber, aber eine dunkle Wolke lag über dem Geschehen. Es beschäftigte mich unterbewusst die ganze Zeit. Ich hatte nämlich ausgerechnet an jenem Tag, als man sie entwendet hatte, eine der wenigen Möglichkeiten wahrgenommen, den großen Meister allein zu treffen. Etwas befangen hatte ich sein großes weißes Haus, inmitten eines Blumengartens gelegen, sachte betreten. Krishnamacharya hatte, auf etwas kauend, aufrecht auf seinem Stuhl gesessen und schien in Gedanken versunken gewesen zu sein. Nüchternes Neonlicht strahlte. Sicher trinkt er wie alle anderen Madrasis auch Kaffee zur richtigen Zeit. Also wird er mich wegen dem Kaffeeduft, mit dem ich seinen Vortrag parfümierte, nicht rügen wollen, hatte ich mich beruhigt. Ich konzentrierte mich auf die Fragen, die ich hatte: Wo ist das Gefühl, das ich in meiner Kindheit für Hanuman hatte? Wer und wie kann man *Siddhis,* yogische Kräfte, erkennen? Was genau suche ich eigentlich?

„Welche Texte lesen Sie gerade?“, hatte Krishnamacharya mich in Telugu, meiner Muttersprache, gefragt und mich gemustert.

„Das *Yogasutra*, dazu das *Ramayana,* um *dharma* und *bhakti* zu verstehen“, hatte ich zunächst aus trockener Kehle hüstelnd geantwortet.

„*Bhakti* kann man nicht verstehen, nur erfahren. Hanuman ist der Ausdruck von *bhakti,* die uneingeschränkte Hingabe an etwas Wesentliches. Daraus ergibt sich *dharma.* “ Nach einer Weile holte er etwas weiter aus:

„*Dharma* ist das, was aufrecht hält. Was dem Leben Sinn gibt, oder vielmehr, was dem Sinn Leben gibt. Wem das verborgen bleibt, der steht seiner Ganzheit und Unversehrtheit im Weg. Hanuman flog zu einem weit entfernten Berg, um Kräuter für den sterbenden Lakshmana zu holen. Kann ein Affe fliegen? Wo ist hier die Logik? Es ist Hanumans Hingabe, die ihm zeigt, was zu tun ist. Das nennen wir *dharma.* Er kann fliegen, weil er sich der Sache hingibt.“

Nach einer Pause hatte er gefragt: „Wie interpretieren Sie Hanuman in dieser Episode des Ramayana?“

Da war mir plötzlich eng in der Brust geworden, und ich fürchtete, keine Luft mehr zu bekommen und Asthma wieder heraufzubeschwören. Es könnte unerwartet hervorbrechen. Ich musste hilflos dreingeschaut haben. Doch da war plötzlich dieses Licht hinter seinem Haupt. Hatte ich mir das nur eingebildet? Ein Schein, der zur runden Wolke wurde, hatte auch mich auf einmal umhüllt. Wissen ist in einer Wolke, aus dem Kreis der Null, es ist abrufbar, ich muss nur hinschauen, hatte ich gespürt. Wie benebelt hatte ich dann geantwortet:

„Heilen liegt in der Wahrnehmung der Ganzheit. Das ergibt im weiteren Sinne ein Rund.“ Plötzlich erschien die Null vor mir und ich sagte zuversichtlich: „Somit gibt es auch keine Distanz zwischen dem Individuum und seiner Wahrnehmung, beide sind im Ganzen des Nichts.“

Der Meister blickte mich ruhig an. Die Wolke war verflogen und ich

erwiderte seinen Blick.
Es entstand eine Pause. Mit seiner hohen vibrierenden Stimme sagte Krishnamacharya:
„Verinnerliche die Aufmerksamkeit auf deine Halsgrube. Der Geist sitzt nicht nur im Gehirn!“ Auf Kannada, seiner Muttersprache, fiel er in einen poetischen Singsang.

„Enge der Kehle besiegen,
prana wiegen,
nichts bekriegen!
nichts betrüben!
Der Geist wird fliegen.“

Ist jede Zelle meines Körpers Geist, kann ich auch durch die Poren atmen, nicht nur durch die Kehle. Folglich muss ich mich nicht vor Asthma fürchten. Das war die Erkenntnis dieses Moments.
„Wenn du das verstanden hast, dann erfasse auch, es gibt andere wichtige Energiezentren in deinem Körper. Verinnerlichst du deinen Geist und lenkst ihn auf deinen Scheitel, den Endpunkt der Chakren an der Wirbelsäule, steht dir alles Wissen zur Verfügung. Zwischen den inspirierenden Gedanken, die deinen Kopf durchschwirren und denen, die im Kosmos sind, gibt es keine Wand mehr. Wissen ist abrufbar von außen und von innen und verbunden“, sagte der Gelehrte. Er hatte die Augenlider geschlossen. Wieder verfiel er in Singsang:

„Öffne erpicht die Fontanelle:
aus dem Schädel schnelle
Licht!
Wisse jetzt
um der Ur-Yogi Sicht.“

Dann saß er mit verinnerlichtem Blick vor mir, und mir wurde klar, dass die Sitzung beendet ist. Ich hatte mich vor dem Yogi niedergeworfen. Mein widerspenstiger Hippiegeist war verschwunden. Nicht vor seiner Person hatte ich mich verbeugt, sondern vor der Energie, die ihn umgab, die es ermöglicht hatte, eine Vision zu kreieren, die mir Enge und Angst genommen hatte. Für die großen Meister steht das Wissen wahrscheinlich zur freien Verfügung. Es begleitet sie auf Schritt und Tritt. Wie in ausgelagerter Form ist es vorhanden. Sie verbinden sich mit dem unendlich weiten Feld des Wissens und bleiben ganz bei sich in ihrem winzigen Raum hinter der Stirn.

Ich hatte den Raum rückwärtsgehend verlassen, um die Kristalle in den Augenhöhlen des alten Meisters glitzern zu sehen. Farblos. *„In dir selbst liegt die ganze Welt. Alles Wissen ist in dir. Der Schlüssel ist in deiner Hand ...“* Ich betete Krishnamurtis Worte nach. Alle Meister – trotz ihrer unterschiedlichen Sichtweise – verbindet etwas Gemeinsames. Ich könnte etwas erfinden, das Wissen abrufbar machen kann, und zwar jederzeit und für alle. Aber will ich weiterhin Mathematiker sein? Einige Fragen waren geblieben: Wie werde ich meine Angst vor dem Tod los? Krishnamacharya hätte wahrscheinlich wie Paati gesagt: Singe den Namen Rama! Diene der Vision, wie Hanuman seinem Rama gedient hat. Die Tempelstadt bist du selbst!

45

Böse Zungen behaupteten, die schöne Sita sei nicht mehr wirklich dem dharma des Stammes verpflichtet. Sie hätte zu lange am Hof des fremden Magiers gelebt und wäre in seine magischen Künste eingeweiht worden. Man müsse vor ihr auf der Hut sein, denn sie trüge Fremdes in sich!
Als Sita eines Tages von ihrer Gefährtin bedrängt wurde, zu beschreiben, wie Ravana ausgesehen hatte, zeichnete sie ein Bild von dem zehnköpfigen Rakshasa. In diesem Moment betrat Rama unangemeldet ihre Gemächer. Sita legte die Zeichnung weg und vergaß sie wieder.
Was für den einen unbedeutend ist, kann einem anderen wichtig werden. Eine Magd, die das Bild fand, zeigte es aufgeregt Rama.
„Warum denkt Sita an Ravana und bewahrt sein Bildnis unter ihrem Bett auf?“, wunderte sich die Magd vor Rama, der ihr gelassen zuhörte.

Als ihm aber immer mehr Gerede über Sita zu Ohren kam, beschloss er, sie irgendwann darüber zu befragen.
„Unser Stamm fürchtet, dass Fremdes, Unheimliches durch die Magie Ravanas in dir lebt. Beweis ihnen, dass es nicht so ist, Sita. Geh noch einmal durchs Feuer!" sagte er eines Tages zu Sita.
Sie sah Rama tief in die Augen und sagte: „Nein!"

Damit hatte Rama nicht gerechnet. Sie bot Widerstand! Eine Frau, die Widerstand in sich trägt, ist in den Augen des Stammes tollkühn und daher schutzlos ihrem Gespött ausgesetzt. Rama wandte sich zum Gehen.
Da flüsterte Sita Rama zu: „Ich trage dein Kind im Leib. Willst nicht du durchs Feuer gehen und für mich bürgen? Denn du bist in mir, also bin ich du."
Rama sah sie an. Er liebte sie, er würde alles für sie tun, sein Leben für sie geben. Das dharma als gerechter König forderte jedoch von ihm, das zu tun, was seine Untergebenen von ihm verlangten. Er war nichts anderes als das Symbol für des Volkes Willen.

Nur wer dem Unmut des Volkes mit Ernst zuhört, bleibt auf seinem Thron.

Im Bann des Wahrsagers, 1978

Im Juli 1978 wurde ein Telefon im Eingangsbereich unseres Hauses installiert. Radha liebte es, anzurufen. Ich teilte Nila unsere Nummer auf einer Postkarte mit und wartete. Ende Juli rief sie an: „Ich bin seit ein paar Tagen zurück. Die Proben haben begonnen!“ Wie lange sollten wir unser Versteckspiel vor der Familie noch weiterführen und unsere Beziehung verheimlichen? Beherzt lud ich sie zu uns nach Hause ein.

Als Amma hörte, ich hätte eine Tänzerin eingeladen, freute sie sich. Sie ahnte noch nichts von unserer gegenseitigen Zuneigung. Ich hatte ihr gesagt, Nila sei auch Studentin vom IMKY-Institut. Nur Radha wusste Bescheid.

Nila verhielt sich zurückhaltend beim Essen. Es war Sambar, ein traditionelles Linsengericht mit Tamarinde und Gemüse. Vater gab sich gesprächig und zeigte nichts von den Konflikten, die er mit mir austrug. Er bemühte sich, Nila gegenüber neutral zu sein. Er erzählte von seinen Erinnerungen an Rukmini Devi in jungen Jahren. Er hatte sie tanzen sehen, als er seine Ferien bei seinem Bruder, meinem trockenen Anwalt-Onkel, verbrachte hatte. Mein nüchterner Vater war zu Tanzveranstaltungen gegangen, bevor er Amma geheiratet hatte, nie hätte ich das von Vater erwartet. Appa erzählte lebhaft: „Damals waren die Zeitungen voll mit Bildern von Rukmini Devi. Für ihre erste Veranstaltung wurde eine Bühne in der theosophischen Gesellschaft aufgebaut. Sie hatte Kritiker, die schrieben: ‚Ein Brahmanen-Mädchen imitiert die Tänze der Devadasis. Wie geschmacklos und unerhört!’ Devadasis waren für die Allgemeinheit mysteriöse Damen. Andere Zeitungen berichteten über ihre Schönheit: ‚Ihre Blicke treffen wie Blitze. Sie hat große pechschwarze Augen, einen zartgliedrigen Körper und feine Finger.“

Mutter reichte Nila zum Abschied ein Gastgeschenk und die Dose mit rotem Kurkumapuder, das die Frau des Hauses traditionsgemäß einem weiblichen Gast darbietet, damit sie sich den Punkt auf die Stirn tupfen kann. Als sie fort war, war ich aufgewühlt. Fast fiebrig.

„Sie ist sehr schön und liebreizend“, meinte meine Mutter. „Sie hat ein

gutes Wesen." Erahnte Mutter unsere Verwicklung?
Radha hänselte mich: „In Irland sind die Leute Christen und glauben, dass St. George auf dem Pferd den Drachen bekämpft hat. Vielleicht solltest du reiten lernen, um sie zu beeindrucken!"

In Triplicane, nur eine Gasse weiter von uns weg, lebte in einem alten Haus mit klapprigen Fensterläden ein Wahrsager. Ich hatte ihn längst aufsuchen wollen. Jetzt hatte ich den Anstoß dazu. „Wie geht es mit Nila weiter?", bohrte es beständig in mir.
Sambranischwaden umnebelten einen kleinen Götterschrein am Anfang der Gasse, in der sich die Häuser Wand an Wand schmiegten. Herb riechende Kräuter wurden von Händlern auf Handkarren vorbeigezogen. Die Teeverkäuferin aus unserer Gasse, mein einstiger und erster heimlicher Schwarm, deren Milchtee mit Nelken, Kardamom und Kandis immer noch der beste in der Stadt war, hatte mir von dem Wahrsager mit rollenden Augen vorgeschwärmt: „Maharaja Swami hat meine entzündete Wunde am Fuß in zwei Tagen geheilt. Er kennt dich in- und auswendig und sagt dir, was kommt!" Das Anbetende in ihrer Stimme hatte mich neugierig gemacht auf diesen Mann.
Ich klopfte an die Tür des etwas heruntergekommenen Hauses. Ganze Planken fehlten, und der Anstrich war ziemlich abgeblättert. Die grünen Fensterläden waren geschlossen. Keine Antwort. Vermutlich hatte sich der Wahrsager vor der Nachmittagshitze tief ins Innere zurückgezogen. Ich suchte eine Klingel. Es gab keine, so wie in den meisten Häusern. Als ich die Klinke herunterdrückte, öffnete sich die Tür. Vor mir lag in schummrigem Licht eine große Halle. Sie war leer und ohne jedes Mobiliar. Eine Lichterkette aus kleinen, bunt blinkenden Glühbirnen zierte an der gegenüberliegenden Wand einen Bilderrahmen. Allmählich erkannte ich darunter einen nackten, nur mit einem Lendenschurz bedeckten Mann, der im Lotussitz auf einem Rehfell saß. Verfilzte Rastalocken fielen bis zum Boden. Er saß, als wäre er hier bis in alle Ewigkeit verwurzelt.
„Da bist du ja!", hörte ich seine heisere Stimme.
Ich hatte mich nicht angemeldet, und dieses ‚Da bist du ja' überraschte

mich. Unschlüssig stand ich herum und wusste nicht, was ich machen sollte. Ein Streichholz blitzte auf, und ich sah, wie der Wahrsager sich eine Beedi anzündete und sie zu paffen begann. Er winkte mich herbei. Jetzt erst sah ich seinen ausgemergelten Körper. Das Klischeebild eines Yogis, schoss es mir durch den Kopf. Er rauchte genüsslich und grinste mich herausfordernd an. Mit einer Geste wies er mich an, dass ich mich niederhocken sollte. Wir schwiegen. Verlegen schaute ich auf die Fotografie, die in dem Rahmen steckte, der von der ab und zu rot und grün blinkenden Glühbirnenkette umrankt war.
„Das ist Balayogi, mein Meister“, sagte der Wahrsager fröhlich mit seiner angenehmen, heiseren Stimme. „Er kommt nur einmal im Jahr aus seiner Höhle, um sich vor Tausenden von Menschen zu präsentieren und dann seine einzige richtige Mahlzeit des Jahres zu sich nehmen. Die übrige Zeit lebt er nur von Wasser und ein paar Körnern Reis.“
Allmählich hatten sich meine Augen an die Dunkelheit gewöhnt. Ich erkannte auf der Fotografie den langen Bart des drahtigen Yogis, die Ketten auf seiner Brust. Und plötzlich fasste ich Vertrauen zu dem Wahrsager. Er schien unter gutem Einfluss zu stehen. Seine Augen wirkten weise, sein abgeklärtes Antlitz ausdrucksstark und ebenmäßig. Er war auf seine Weise schön.
„Ich habe Probleme damit, was mein *dharma* ist“, begann ich. „Ständig habe ich Angst, dass ich das, was mir lieb ist, verlieren könnte. Bei einem Meister, den ich verehre, wurde eine Statue Vishnus gestohlen. Ich habe Angst, dass sie mich insgeheim verdächtigen.“
Der Wahrsager holte sich gleich eine weitere Beedi aus einer alten Blechdose, zündete sie an und zog langsam daran. Dabei betrachtete er mich derart unverfroren, dass es mir unangenehm wurde. Seine Fingernägel waren lang. Ein Magier oder ein Hexer, dachte ich und verlor mein Vertrauen wieder. Mir wurde ein wenig unheimlich. Der Schalk in den Augen, mit dem er über alles Menschliche zu lachen schien, auch über mich und meine Befindlichkeiten, irritierte mich. Es verging eine ganze Weile, ohne dass einer von uns etwas sagte. Ich spürte seine Wildheit. Wird er gleich aufbrausend und mich schlagen? Vor ihm lag ein Stock. Mit dem bestraft er sicher Leute, die unverschämte Fragen

stellen, solche, die mit dem Ego zu tun haben. Plötzlich erkannte ich meine Ängste als Egomanie.
Auf einmal begann der Wahrsager in hochklassischem Tamil zu sprechen: „Wenn du den Wind und das Wasser in dir spürst, kennst du dein *dharma.* Wenn du den Äther im Kosmos spürst, vergeht die Angst. Hierher kommen Bettler und Reiche, alle haben Probleme. Ich sehe verstümmelte Leprahände, Hustende, Leute mit ansteckenden Viruskrankheiten, Gelb-, Mager- und Alkoholsüchtige. Ich fühle ihren Puls. Ich gebe ihnen in Silberpapier verpackte Päckchen mit Medizinpulver. Aber nur wenn sie den Zusammenhang von Erde und Feuer mit den anderen Elementen begreifen und fähig sind zu lieben, werden sie geheilt. Wahre Liebe heilt die Angst, die das Streben nach Ganzheit, nach Heilung jeder Zelle, verhindert." Nach einer kleinen Pause sagte er mit einem leichten Schmunzeln: „Natur retten ist *dharma.* Was musst du da noch verstehen? Die gestohlene Statue ist dein Glück. Sie wird das, was verloren gegangen ist, wieder zurückbringen!" Ich verstand damals nicht, was er meinte. Ich hatte keine Ahnung, dass es mit Nell zusammenhing. Seine Vorhersagen klangen merkwürdig in meinen Ohren und gaben mir Rätsel auf. Er sah tief. Das spürte ich. Aber was meinte er mit dem Gesagten?
„Musik ist Medizin, Medizin entsteht mit Musik", fuhr er in einem Singsang aus Alt-Tamil fort: „Die kosmischen Schwingungen bringen die Heilkraft in allem zum Leben. Wenn wir keiner Melodie folgen, verirren wir uns und verwirren andere. Tamil, die alte Sprache der Draviden, hat eine befriedende Wirkung auf Menschen. Tamilen führten nie Angriffskriege. Wir haben unsere geheimnisvolle Siddha-Medizin. Hier!" Er zauberte ein Päckchen aus seinem Schoß. „Wenn du es einmal brauchst, nimm es."
Ich war unsicher, ob ich ihm einen Geldschein dafür geben durfte.
Als hätte er meine Gedanken gelesen, winkte er mich fort.
So neigte ich nur meine Stirn zu Boden, berührte seine Füße und stand auf.
„Komm dann wieder, wenn du weitergekommen bist, und berichte mir dann! Beende dein Verklären der Frauen. Sieh Schwestern in ihnen. In

den Bergen von Kerala gibt es eine Schwester, die dir nahesteht. Rette sie vor den Dämonen, dann wird sie dich faszinieren! Eine Yogini."
Aufgewühlt verabschiedete ich mich.
„Auch ich werde dorthin kommen und sie aufsuchen!", rief er mir nach, als ich rückwärts zur Tür ging.
Hinter mir kamen zwei Männer herein. Der eine von ihnen hustete ununterbrochen. Sie warfen sich vor ihm nieder und flehten: „Maharaja."
Doch der Wahrsager ignorierte sie und war noch ganz bei mir. Er winkte mich zurück an seine rechte Seite. Vor ihm lagen die Hilfesuchenden mit der Stirn am Boden und beteten den Wahrsager als ihren Siddhi-Heiler an.
„Sie gehört zu dem einzigen letzten geheimnisvollen Stamm", flüsterte er mir zu, „der jegliche Berührung mit der Außenwelt meidet. Selbst das Forest Department schützt sie vor Eindringlingen aus der Zivilisation. Sie kennen unsere Keime nicht und sie sind nicht immun gegen unsere vielen Zivilisationskrankheiten. Ich versuche die Erlaubnis zu bekommen, dich mitzunehmen, wenn ich an *shiva-ratri*, unsere Nacht der Feier, dorthin komme."
„Es sind noch sechs Monate bis *shiva-ratri.* Soll ich dann wieder herkommen?", fragte ich.
Er schaukelte den Kopf, was ja bedeutet, oder aber auch: wird schon geschehen.
„Denk an die Zeitungen!", sagte er noch und scheuchte mich mit einer abrupten Handbewegung fort. Dann wandte er sich den beiden Patienten zu.
In der Gasse schlürfte ich bei meiner Teeverkäuferin einen Milchtee. Sie war älter geworden, ihr Gesicht gegerbt. Was meinte der Wahrsager mit ‚Zeitungen?', grübelte ich. Was mit ‚Verlorenes kommt zurück'? Paati hat immer gesagt: ‚Vertraue.' In wen und was ich vertrauen sollte, war mir nicht klar. Aber ich stellte mir die Yogini in Kerala, die er erwähnt hatte, wie eine Elfe oder Nymphe vor und wurde neugierig auf sie. Schon wieder verklärte ich ein weibliches Wesen, noch bevor ich es überhaupt gesehen hatte. Ich bezahlte mit einem Schein und überließ der Verkäuferin das gesamte Rückgeld mit einem Winken.

Nilas Vater kam nach Madras. Er lud mich in sein Hotel zum Essen ein. Mr. Murali war rundlich, behäbig und nahm sich Zeit, mich zu taxieren. Seine Augen hatten etwas Verkniffenes. Ich war nicht standesgemäß. Ein verrückter Yogi oder gar ein armer Sozialarbeiter ist nichts für meine Tochter, hörte ich ihn denken. Ich trug ein weißes Hemd aus durchsichtiger Baumwolle, mein bestes, und einen weißen Dhoti und Flip-Flops. Hosen zu tragen war ein Statement, keine auch. Er trug, trotz der Hitze, eine Krawatte. Mit Halbglatze und guten Schuhen war er der Prototyp des im Ausland erfolgreichen Ingenieurs. Geschäftsmann dazu.
Wir speisten im vornehmen Restaurant des Hotels Taj. Es gab ein vegetarisches Nudelgericht. Seit Amerika hatte ich nicht mehr mit Besteck gegessen. Es blieb eisig zwischen ihm und mir. Nila wirkte abwesend. Später rief sie mich an und erzählte, ihr Vater sei gegen unsere Verbindung und würde ihr Druck machen.
„Und was hast du ihm entgegnet?“, fragte ich und hasste das neue Telefon.
„Gowinda, ich habe nichts entgegnet.“ Das klang in meinen Ohren fast nach einer Abfuhr, und sie stammelte: „Ich ... eh ... ich bin von Vater finanziell abhängig. Tänzerinnen verdienen doch kaum was.“ Ich schluckte und legte auf. Ich sah Nila über Wochen nicht. Sie war überfordert mit ihren Proben. Sie hatte ihre Traumrolle, die der Sita, bekommen. Sie schien sich nur noch für ihren Erfolg zu interessieren und ließ immer wieder vereinbarte Treffen platzen. Ich war frustriert und wusste nicht mehr weiter. Einen Tag vor dem Abflug mit der Kalakshetra-Truppe kam sie zum Chai-Shop, um sich zu verabschieden. Ihre Blicke waren abwesend gewesen, sie hatte sehr distanziert vor mir gesessen.
„Versteh Gowinda, jetzt darf nichts schief gehen!“
„Ja klar, verstehe ich“, sagte ich, lächelte sie an und verbarg meine Enttäuschung.

Der Monsun kündigte sich im Oktober an und veränderte auch am IMKY-Institut die Stimmung. Der Heiler misstraute mir. Ich hörte, wie er zu Sai sagte: „Er kapiert es nicht und sucht ein festverankertes Konzept. Er ist und bleibt eben ein Mathematiker. Die Körper-Übungen müssen passend geändert werden für die Menschen von heute. Es gibt keinen einzigartigen Stil, kein Erfolgsprogramm, Yogaüben ist immer ein Experiment für ein Individuum. In der Kampfkunst entwickelt er sich auch nicht weiter. Sein Körper ist nicht wendig genug. Und vor dem Wissen brauchen wir Intuition."

Ich spürte, dass seine Erwartungen mich einzwängten. Aus welchem Grund ich den Verdacht hatte, der Heiler hätte die Statue aus dem Schrein Krishnamacharyas entwendet, weiß ich nicht mehr. Wie gut kannte er den Meister? Hat er ihn vielleicht ausgerecht an jenem Tag aufgesucht, an dem ich später auch dort war? Will er gar experimentieren, ob eine geweihte Statue magische Fähigkeiten besitzt? Kurzum, ob sie sein Glück vermehrt? „Alter gerissener Schlaumeier, dir traue ich diesen Übermut zu!", fluchte ich laut. Er würde sie zu gegebener Zeit zurückbringen, überlegte ich und überlegte auch, wie ich solchen negativen Gedanken über den Heiler entkommen könnte. Mit niemandem konnte ich meine niederträchtigen Verleumdungen, die ich einem Mann gegenüber empfand, der mir viel Gutes wollte, teilen. Und Nila entglitt mir gerade. Sie war jetzt in Malaysia. Ich hasste ihren Vater und gab ihm die Schuld an ihrer Abkühlung mir gegenüber.

46

„Hanuman, begleite mich ein Stück zurück ins Wilde! Natur ist mein Wesen, ich möchte in den Wäldern sein und den Duft seltener Bäume atmen und das Nass reißender Flüsse spüren. Ich will mir treu bleiben. Diese Hofintrigen sind nichts für mich. Ich ersticke! Ich will den Menschen, die mich beäugen, und ihren Meinungen den Rücken kehren."

Hanuman stutzte, wollte sie etwa ohne Rama gehen? Nach Affenart schüttelte er sich, kratzte sich, schlug mit dem Schwanz und beugte sich schließlich Sitas Willen. Er würde sie aus dem Königreich zurück in die Wildnis führen.

Ein paar Tage später sah Rama seine beiden getreuen und liebsten Menschen in die Wildnis hinaus wandern.

Ein König, der seinem Volk dienen will, muss tun, was es von ihm erwartet. Das Volk jedoch ist unwissend. Es stachelt sich gegenseitig zu Unsinn an. Ein Einzelner mag klug überlegen, aber Gruppen, denen der Einzelne unterliegt, treffen seit Urzeiten meist seltsame Entscheidungen. Rama weinte nicht. Er litt stumm.

Das Haus am Adyar-Fluss, 1978

Sai merkte als Erster, dass zwischen mir und dem Heiler Missstimmung ausgebrochen war. Ich war wortkarg geworden im Institut und wich auch Sai aus. Ich vermied unsere üblichen Treffen im Chai-Shop, während er immer wieder versuchte, mich für gemeinsame Unternehmen zu gewinnen. Dass Sai massive Sorgen haben könnte, kam mir nicht in den Sinn. Wenn er sich verabreden wollte, log ich, dass ich mit meinem Vater hierhin oder dorthin gehen müsste. „Hast du Liebeskummer?“, fragte er mich einmal flapsig im IMKY.

An einem kühlen Dezembertag verfolgte er mich zu meinem Motorrad.

„Bruder, was ist los mit dir? Ich gehe nach Kerala, um an den Protestaktionen im Silent Valley gegen den Damm teilzunehmen!“

Das überraschte mich. Er würde für viele Wochen weggehen. Sai sagte weiter:

„Wenn du jemals etwas für Indien tun willst, dann jetzt. Es geht um die Erhaltung eines der letzten immergrünen subtropischen Regenwaldgebiete der Welt.“ Verblüfft entgegnete ich:

„Und was ist mit dem Heiler, dem Institut, unseren Verpflichtungen?“ Dabei wollte ich ihn nicht merken lassen, dass ich seit einiger Zeit den Heiler verdächtigt hatte, dass er Experimente mit religiösen Gefühlen anderer Meister trieb. Und da, aus heiterem Himmel, kam mir der Wink des Wahrsagers wieder in den Sinn: „Eine Yogini wartet in den Bergen Keralas auf dich. Rette sie vor den Dämonen!“ Laufen hier Fäden zusammen und mein *dharma* zeigt sich? Sai redete weiter auf mich ein:

„Ich habe mit dem Heiler schon gesprochen. Er war von meinen politischen Überzeugungen über die Gefahren der Industrialisierung und der Vernichtung der Regenwälder Indiens beeindruckt. Der Heiler ist ein verständiger und vorurteilsfreier, aber auch gewiefter Mann. Wir seien ersetzbar, meinte er und klopfte mir ermutigend auf die Schulter. Er habe andere Schüler, die an unsere Stelle rücken könnten.“

„Aha, wir sind also nicht so wichtig!“, erkannte ich nüchtern.

„Du, hör mal zu: Die Protestaktionen im Silent Valley sind die größten,

die es in Indien nach Gandhi-ji gab, Gowinda! Dort soll ein massiver Staudamm gebaut werden. Das Tal wird dabei geflutet. Ganze intakte Waldgebiete müssen abgeholzt werden. Zahllose Tiere und zig Eingeborene verlieren damit ihre Existenzgrundlage. Von überallher sind schon Menschen unterwegs und formieren sich zu Protestmärschen. Aufklärungskampagnen werden nötig sein. Wir werden gebraucht."
„Ich denke darüber nach. Ich muss das zuhause klären", sagte ich.
„Hey, die brauchen dich nicht. Deine Eltern sind nicht allein. Radha ist dort und Vinu. Aber du wirst dort jetzt gebraucht. Unsere Generation soll nachher nicht als Verlierer dastehen. Unsere Väter haben für die Unabhängigkeit Indiens gekämpft. Mein Großvater und vielleicht auch deiner sind mit marschiert beim langen Salzmarsch. Wir sind jetzt in der Pflicht und können nicht zusehen, wie das letzte intakte Naturgebiet Südindiens zerstört wird."
Hatte ein Gott mich erhört, dachte ich und war heimlich schon Feuer und Flamme, mitzugehen. Aus der ungeklärten Liebessituation und dem ‚Nichtgerechtwerden' gegenüber meinem Vater, und nun auch dem Heiler gegenüber, dem allem zu entfliehen war nämlich mein drängendes Anliegen geworden. Sai muss das seit langem gespürt haben. Er stand vor mir mit dem Ausdruck, der sagte: ‚Hey Mann, jetzt lösen wir den Schlamassel mit Vätern auf und widmen uns Neuem. Unserem Projekt!'
„In zwei Wochen starten wir zusammen mit zwei Bekannten vom SATBOT im alten Auto – Marke Ambassador – des Bekannten!", sagte er begeistert.
„Ich bin dabei!", platzte es aus mir raus.

Zunächst waren Radha und Vinu überrascht, als sie hörten, dass ich nach Kerala aufbrechen würde. Sie fanden es aber gut. Sie hatten über die Silent-Valley-Proteste in der Zeitung gelesen. Letzte Woche war ein Artikel im Hindu erschienen. Radha stand auf und kramte eine Zeitung hervor.
„Schau hier, ich habe ihn aufgehoben." Es waren zwei Seiten voll farbiger Fotos. Eins zeigte den Bartaffen. „Rettet ihn!" stand darüber.
„Hanuman", sagte ich lächelnd.

Radha stieß mich vergnügt in die Seite und sagte: „Na dann, viel Glück bei der Begegnung mit deinem Gott!“
Als ich dem Heiler mitteilte, mich für eine Weile verabschieden zu wollen, sagte er knapp: „Dachte ich mir! Ihr steckt eure Köpfe ja schon immer zusammen!“ Dann zeigte er sich von seiner sanften und einsichtsvollen Seite. Er war ein Jongleur zwischen Gestern und Heute, zwischen der Realität und den Idealen. Aber ob er unseren angehenden Aktivismus wirklich gut fand, war unklar. Immer im Spagat zwischen Ost und West. Ich schämte mich plötzlich, ihn verdächtigt zu haben, etwas mit der entwendeten Statue zu tun zu haben, und sagte deshalb zu ihm: „Sir, ich möchte die Bhagavadgita mit Ihnen studieren, wenn ich wieder zurück bin.“
„Du willst wissen, wie das Kämpfen ist? Dann fang jetzt damit an. Sei morgen um acht bei mir.“
Er will mich an sich binden, dachte ich. Um diese Zeit war ich normalerweise bei Dr. Nathan. Wusste er das?
„Drei Tage für die wichtigsten Verse der Gita. Komm mit Sai“, sagte er bestimmt.
Strebe nicht nach den Früchten deiner Taten, war der erste Gedanke, den wir am nächsten Tag analysierten. „Wie soll ich das verstehen in Bezug auf den Staudamm-Protest?“, fragte ich überrascht. „Wir brauchen doch ein klares Ergebnis.“
„Verbucht es nicht als euren Gewinn, was immer ihr tut, Gowinda. Handelt, als wäret ihr Teil eines größeren Gefüges!“

Amma, die längst gespürt hatte, dass etwas in mir brütete, war nicht überrascht, als ich mitten beim Sonntagsessen – sie servierte mit Radha Zitronen-Reis – ihr und Appa verkündete, dass ich mich dem Protest in Kerala anschließen und Hals über Kopf in zwei Wochen nach Kerala aufbrechen wollte. „Paati wird es gutheißen, wäre sie jünger, wäre sie dabei“, überraschte mich Amma mit ihrer unaufgeregten Art, schräge Ankündigungen anzunehmen.
„Aktivismus ist manchmal gut“, hörte ich zu meinem Erstaunen Appa sagen. „Schließlich geht es um ein Stück ursprüngliches Indien. Land

darf nicht enteignet werden. Es gibt genug unabgeschlossene Anklagen gegen Firmen, die Menschen vertrieben haben." Das verblüffte mich. Wieso lenkte Appa ein und fand plötzlich gut, was ich machen wollte? „Nicht alles darf dem Fortschritt geopfert werden", fügte ich dem hinzu und dachte: War er froh, mich loszuwerden und mich nicht mehr in seinem Umfeld zu haben?
Srini, der jeden Sonntag aus den USA anrief, meinte später am Telefon zu den Neuigkeiten: „Du bist und bleibst ein Spinner! Mir tut Vater leid."
Diesmal aber hatte ich die Oberhand. Ich sagte ihm nicht, dass Vater sogar begeistert war über meinen politischen Aktivismus, sondern antwortete nur frostig: „Dinge ändern sich!" Mein Bruder hatte keine Ahnung, welchen Rückhalt die Protestaktionen bereits in den unterschiedlichsten Bevölkerungsteilen Indiens schon besaß.

Nila traf ich am Spätnachmittag in der Bibliothek. Sie war von der Tournee zurückgekommen und glühte vor Stolz. Wir setzten uns in die Korbstühle, und ich hörte ihrem Bericht zu. Darauf, dass ich mehrere Monate nach Kerala gehen wollte, reagierte sie allerdings erstaunt:
„Was, du willst all deine Meister aufgeben? Und wie wirst du dich denn finanzieren?" Unfähig zu einer Antwort hatte ich nur den Kopf geschüttelt. Dann stieß sie mich zärtlich mit dem Fuß unterm Tisch an: „Gowinda, es ist doch toll, was du vorhast. Nächsten Sonntag muss ich meine Meisterin besuchen und du kommst mit. Du musst mit ihr über das Silent Valley sprechen. Athai ist eine Umweltschützerin im wahrsten Sinne und interessiert sich für Regenwaldgebiete." Ohne uns zu berühren, gingen wir nebeneinander her bis zum Ausgang.
Wir trafen uns eine Woche später am Haupteingang des Theosophischen Gartens. Sie sagte jetzt zu meinem Erstaunen:
„Der Freund meines Vaters arbeitet bei der Hindu-Zeitung. Sie suchen einen Reporter, der wöchentlich Berichte über das Silent Valley schreibt. Du sollst dich bei einem Mr. Janardanan melden."
Wie fürsorglich! Also hat sie mit ihrem Vater über mich gesprochen. War auch ihr Vater froh, dass ich erstmal von der Bildfläche ver-

schwinden würde? Wir gingen am Olcott-Bungalow vorbei. Dort hatte vor einem Jahr unsere Liebe begonnen. „An Freitagen finden beim Treffen der Okkultisten Séancen statt. Tische sollen sich von selbst in die Lüfte erheben. Skeptiker wie du können nicht dabei sein!“, sagte Nila. Es klang ein wenig spöttisch.
Nila wollte auch an diesem Sonntag keine körperliche Nähe in irgendeinem Busch, sondern führte mich geradewegs zum Haus ihrer Meisterin. Vor Rukmini Devis Anwesen wehte der Atem einer Epoche, in der Europäer in Indien Übersinnliches gesucht hatten. Groß und herrschaftlich war das Haus einst für die Omnipräsenz der Madam Blavatsky geschaffen worden, als diese ihrem Ruf, nach Indien zu reisen, mit der Instinktsicherheit einer Esoterikerin gefolgt war. Auch was die Lage des Hauses betrifft, hatte HPB Klugheit im Umgang mit Geld bewiesen. Denn die Gesellschaft besitzt heute dank ihres und General Olcotts Wirken ein einhundert Hektar großes Grundstück inmitten der besten Wohnlage von Madras.
Ich folgte Nila gespannt zu einer Eingangsflügeltür, die sich, aus zarten Lamellen aus edlem Holz gefertigt, in der Mitte einer langgezogenen Veranda befand. Wir legten unsere Sandalen ab und betraten einen sehr hohen, kühlen Raum.
„Athai“, rief Nila.
Es gab nichts Überflüssiges, der Raum war nur spartanisch möbliert, wobei jedes Möbelstück exklusiv und geschichtsträchtig schien. Kein Kleidungsstück lag herum, nirgends waren persönliche Dinge oder Erinnerungsstücke zu sehen. Die Leere war beruhigend und die Schlichtheit bestach. Die Meisterin zeigte Geschmack mit ihrer Einrichtung. In einer Vitrine behielt der tanzende Gott Shiva hinter Glas sein Geheimnis. Ein einziges Bild hing an der Wand. Es zeigte den Berg Kailash. Er wirkte wie ein großer Shiva-Linga.
„Hier“, kam die Antwort.
Wir betraten den nächsten Raum, aus dem die Stimme gekommen war. Zwei schmucklose Eisenketten hielten das Holzbrett aus altem Teakholz, auf dem die Tänzerin in einem orange- und gelbkarierten Sari in stoischer Ruhe, mit einem Bein unter dem Leib eingeschlagen, leicht

schaukelte. Die weißen Haare mit schwarzen Fäden darin fielen offen über ihre Schultern. Rukmini Devis rundliche Züge waren mild, offenbarten Einfühlsames, Zartes in ihrem Charakter, was im Gegensatz zu den Welterfolgen ihres umwälzenden Werkes stand. Um die Lippen hatten sich Falten eingeprägt, die auf Enttäuschungen mit der materiellen Welt hinzuweisen schienen. Sie muss einen idealistischen Charakter haben und von den Übeln der Welt schwer beunruhigt sein, dachte ich. Doch wenn sie lächelte, sah ich in ihren sanften Zügen, warum sie einst als die schönste Frau ihrer Zeit galt. Ich stellte mir vor, wie Dr. George Arundale, ein von den britischen Inseln stammender, wohlhabender Theosoph, sich in die Tänzerin verliebt hatte, als er der damals sechzehnjährigen grazilen Nymphe inmitten der Blumen dieses Parks begegnet war. Sicher konnte sie ihre Heirat mit dem vierundzwanzig Jahre älteren Ausländer nur unter großen Widerständen durchsetzen.

Vertraut winkte sie Nila zu sich auf die Schaukel und sah sie lange und besonnen an. Ich stand daneben und fühlte mich zunächst etwas überflüssig.

„Athai“, sagte Nila, „ich ging barfuß durch den Garten, um zu spüren, wie es sich als Sita anfühlt, dann, wenn sie durch die Wildnis geht.“ Bedächtig blickte Athai auf Nilas Füße und sagte: „Sita tritt wie eine Tigerin auf, lautlos und unmerklich.“ Nila zeigte auf mich: „Ein Freund. Gowinda ist Mathematiker, aber wird jetzt aktiv für die Protestaktion ‚Save Silent Valley‘ und geht nach Kerala.“ Den Studierenden der indischen Heilsysteme hatte sie nicht erwähnt.

Die Tänzerin sah mich prüfend an, und ich versuchte, ihre Gedanken zu erraten: ‚Ein junger Mann mit meiner wunderbaren Schülerin. Läuft da was? Schönheit will Erotik, will zu einem verschmelzen.‘ Diese verborgenen Gedanken, die ich bei ihr vermutete, weckten mein Begehren, und meine Lust entflammte. Doch Nila schaukelte, versunken in die Welt des Ramayana, neben ihrer Lehrerin. Der Duft des Sambrani-Steins weihte den Raum. Die Tänzerin schätzte ich auf Mitte Siebzig. Ihre schwarzen Augen waren in einer anderen Welt. Als sie mich anblickte, meinte ich, in eine andere Wirklichkeit zu schauen. Wobei Neugierde über allem lag. Wie viele ihrer Ideen hatte sie durchsetzen

können? Schließlich stammte sie aus einer konservativen Familie. Die Mudras beim Tanzen hatten ihre feinen langen Finger geprägt und sogar ihre nackten Füße wirkten durchgeistigt. Wie gemeißelt die Falten am Hals, die leicht hängenden Wangen zeigten etwas Widerstandsloses, das sich sofort flexibel in eine Situation einbringen könnte. Aggressivität konnte ich mir bei ihr nicht vorstellen. Doch die nach unten gezogenen Mundwinkel zeigten Durchsetzungsvermögen und eine Härte, die auf einen doch nicht so einfachen Charakter schließen ließen.
Rukmini Devi hatte die besten und ältesten Musikmeister und Tanzgurus des Landes als Lehrer für ihr Institut gewonnen. Nach dem *Devadasi Act* war Tempeltanz verboten, und sie hatte sich geschworen, die alte Kunst zu retten; sie hatte Sanskritgelehrte, Sänger, Musiker und Tanzmeister aus den letzten Winkeln der verarmten Provinzen nach Madras geholt und ihnen einen Platz zum Wohnen sowie Arbeit gegeben. Durch ihre Heirat mit dem späteren Präsidenten der Theosophischen Gesellschaft, Dr. George Arundale, hatte sie Zugang zur weiten Welt bekommen. Sie wusste ihre Beziehungen für eine große Sache, wie der Rettung des Tempeltanzes, erfolgreich einzusetzen.
Die Theosophen waren einstmals Vordenker, dachte ich. Vorausschauend hatte Rukmini Devi – wie auch einst Colonel Olcott und Blavatsky dieses große Grundstück –, ein weiteres Grundstück gekauft und darauf Kalakshetra gegründet. Sie blieb aber weiterhin in der Theosophischen Gesellschaft wohnen und war auch dort aktiv.
Mahatma Gandhi, der gegen die maschinelle Textilindustrie der Engländer vorgegangen war, inspirierte sie zum Aufbau einer Weberei, so hatte mich Nila aufgeklärt. Die berühmten Kalakshetra-Saris, nach einzigartigen Designs altherkömmlicher Muster gewebt, seien bei Frauen mit Kunstverständnis sehr begehrt. Mitglieder europäischer Königshäuser würden Kalakshetra besuchen, sowie auch Industrielle und einflussreiche Sponsoren aus der ganzen Welt.

Rukmini Devi stand von der Schaukel auf und stöhnte: „Sitaramaa, mein Knie!“
Ich stutzte einen Moment. Nanu, Paati hier? Meine Großmutter war wie

Rukmini Devi Witwe, aber vermutlich etwas jünger als sie. Paati lebte im Dorf, während Rukmini Devi in der ganzen Welt unterwegs gewesen war. Paati hat meine Welt beeinflusst und Rukmini Devi beeinflusst die ganze Welt. Die Tänzerin führte uns zur rückseitigen Veranda. Nila wirkte besonders schön in dem alten Korbsessel auf der Rückterrasse des alten, nach englischem Stil gebauten Herrenhauses. Ihre goldene Kette auf dem gemeißelten Brustbein schimmerte unter dem dünnen Saristoff durch. Ich wagte gar nicht, auf die zarten festen Brüste zu schauen. Ich versank in meinen Korbstuhl gegenüber von den Frauen und ließ meinen Blick über die steinerne Terrasse hinweg in den verwilderten Garten mit einem hohen alten Nagalinga-Baum schweifen. Der Garten endete am Mangrovenufer des breiten Adyar-Flusses. Das Licht spiegelte sich verheißungsvoll auf seinem Wasser und weckte in mir die Geborgenheit, wie einst jenes Licht in der Gasse meiner Kindheit. Auch jetzt verführte es mich zu Träumerei. Der Fluss, kurz vor seiner Mündung ins offene Meer, wirkte bleiern wie ein See. Seine baldige Auflösung im Ozean suggerierte die Lösung einer komplexen Aufgabe. Träge, beschaulich, friedlich und ohne Eile würde der Adyar sich im Meer ergießen. Zusammenkommen und sich mit Nila vereinen! pochte es an meine Stirn. Mit ihr irgendwohin entfliehen! Nur wie?
Nila sprach über die Rolle der Sita, während meine Aufmerksamkeit zu den Ranken, die an den Säulen hinaufkrochen, schwirrte. Blaublühend lenkten sie mich zu den alten Gespenstern um die Blavatsky. Sie hat hier gewohnt. Ich schaute auf die kleine Insel im Fluß. HPB war mir nah. Wird sie von hier aus ins Wasser gestarrt und Phantastisches beim Anblick der Mangroven gedacht haben? Auf der anderen Uferseite lag der Palast des Prinzen von Nawab. Kraniche standen ruhig im Wasser. Sie hielten Ausschau nach Fischen. Sie haben ein klares Ziel, dachte ich. Führt mich zu Nila! Schenkt mir eure verdammte Ausdauer! Doch die rosaroten Langschnäbel blieben nichtsahnend.
„Wie kommst du darauf, dich dem Protest anzuschließen?“, riss mich Rukmini Devi aus meiner Träumerei.
Ich blickte in ihre schwarz glänzenden Augen: Der reine Onyx, kühl am Grund mit beruhigender Tiefe. „Ich lerne derzeit Heilen und Yoga.

Mein Freund hat mich überzeugt, dass es wichtig ist."
„Bei Krishnamacharya?
„Auch."
„Jeder in der ganzen Welt braucht Yoga. Wie mechanisch gesteuert alles schon ist. Yoga wird einmal wichtig für die Welt werden. Dann, wenn Kriege und Zerstörung wieder überhandnehmen. Alle Religionen sind eins, Bäume und Tiere sind unsere Schwestern und Brüder."
Rukmini Devi war durch und durch Theosophin.
Nila wirkte hier wie eine Matrix aus Göttin, Verführerin, Unschuld und Kraft. Rukmini Devi konnte Konversation mit ihr machen. An mich gewandt sagte sie:
„Mrinalini Sarabhai, die bekannte Tänzerin aus Nordindien, hat schon ein Tanzdrama choreografiert, um für den Erhalt des Silent Valley zu werben. Ihr Tanz ist politisch."
„Ja, viele Künstler schließen sich der Bewegung an", sagte ich. Sie nickte und erhob sich. Damit machte sie ein Zeichen, dass unser Besuch beendet war.
Als Nila sich vor ihrer Lehrerin niederkniete, vollkommen in ihren Manieren als Schülerin dieser Frau, wollte ich mich auch vor ihr niederwerfen, ihr dienen und Rukmini Devi zu meiner Lehrerin machen, auch wenn die Realität eine andere war und die Umstände es nicht erlaubten.
Als wir langsam zur Tür gingen, nahm die alte Tänzerin aus der Schublade ihrer Kommode zwei goldenen Armreifen und wickelte sie in einen blauen Stoff. „Für Hanuman. Gib das Sugathakumari. Du wirst sie in Kerala treffen. Sie führt viele Meetings an. Sie weiß dann Bescheid. Grüße sie!", fügte sie hinzu, als ich sie verdutzt ansah. Völlig überrascht nahm ich das Geschenk und verbeugte mich tief. Ihr Vertrauen in mich, einen Unbekannten, bewegte mich.
Wir schlenderten zum Ausgang des Parks.
„Sie gab mir Gold."
„Sie vertraut dir, Gowinda!"
„Dein Guru ist überzeugend, aber auch überzeugt von sich und ihrem Tun", sagte ich.
„Ja, das ist sie. Die indische Kultur geht ihr über alles. Sie hat uns die-

sen Spruch eingebläut: ‚*Wenn sich das Individuum ändert, verändert es die Gesellschaft, denn die Gesellschaft besteht aus Individuen.*' "
„Interessant."
„Sie nennt Kalakshetra eine Stätte für Saundarya Yoga. Sie sagt dazu: ‚*Schönheit berührt und erhebt zu Größe. Wer sich mit Schönheit umgibt, verschönert sich selbst, und damit wird die Gesellschaft nobler.*' Trotzdem übt sie manchmal Druck auf mein Gefühlsleben aus!"
„Wie meinst du das?"
„Die Theosophen sind der Erotik gegenüber ambivalent eingestellt. Sie wollen sie ins Geistige sublimieren. Aber Tanzen erweckt die Sinne. Das Verlangen. Die Körpersäfte zehren sich nach Vermischung. Schweiß entsteht aus Wärme. In mir ist Feuer. Es will brennen und braucht Nahrung, verlangt nach dem Feuer eines anderen. Eine abstrakte Philosophie lässt eine Tänzerin unbefriedigt."
Ich war perplex. Vermisste sie unsere Liebestreffen doch? Aber nun war ich es, der mit meinem Aufbruch nach Kerala zum Abbruch der Liebschaft blies. Wir waren schon an der Pforte angekommen. Der alte Mann, der hier jeden kontrollierte, der aus- und einging, beobachtete uns. Also keine Möglichkeit für Intimität, und so antwortete ich philosophisch:
„Stimmt. Unser Körper besteht aus Wasser, Feuer, Erde, Luft und Äther. Und sie wollen sich mit genau den Stoffen des anderen mischen. Unsere Götterkulte sind da freizügig mit der Erotik. Gott und Göttin vereinigen wir in Ritualen und sehen darin die Überwindung der Dualität." Nila klang auf einmal nüchtern und überlebensklug:
„Der britische Geist weht in der Theosophie. Weißt du, manchmal denke ich, Athai lebt in einem Traum vom Idealen und sieht unsere Realität nicht? Sie kann sich nicht in die Ängste eines mittellosen Künstlers hineindenken. In Kalakshetra arbeiten die Künstler mit einem minimalen Gehalt und besitzen nichts, auch nicht die kleinen Häuser, die ihnen, solange sie dort arbeiten, zur Verfügung gestellt werden. Alles ist Rukmini Devis Besitz. Sie beutet arme Künstler aus, sagen manche Stimmen kritisch. Das zu sehr Gekünstelte wirft man ihr vor. Die Devadasis waren ja anders. Lust war Teil ihres Tanzes und Lebens. Deshalb wurde Rukmini Devi auch angegriffen, die Kunst gesäubert zu

haben. Aber ohne sie gäbe es mich nicht als Tänzerin." Sie lächelte. „Alles alles Gute für dich. Du wirst mit der Sita in Madras in der Music Academy richtig gefeiert werden. Nila, bis bald."
„Danke. Grüß Hanuman in Kerala. Bis dann."
Wir sahen uns lang in die Augen. Es schmerzte, wir spürten, dass es nicht weiter gehen würde zwischen uns, obwohl wir uns liebten. Nila schob ihr Fahrrad an der Pforte des Gartens vorbei und bog Richtung Süden ab. Ich sah ihr lange nach. Eine Elfe hatte tatsächlich mein Leben berührt, dachte ich verklärt. Dann brauste ich entschlossen mit der Enfield Richtung Norden.

Gleich am nächsten Morgen traf ich den Herausgeber des Hindu, der mich freundlich begrüßte und ohne Probleme als neuen Korrespondenten akzeptierte. Ich sollte von nun an wöchentlich über die Aktionen im Silent Valley berichten. Auch andere Zeitungen hatten schon ihre Leute dort und schrieben meist zugunsten der Protestierenden.
Unerwartet hatte ich einen Job. Er würde monatlich eine kleine Gage einbringen, genug, um dort meine sehr geringen Lebenskosten zu decken. Ich war erleichtert und dankte im Stillen Nilas Vater. „Der Wahrsager", flüsterte ich, „hatte Recht mit den Zeitungen. Und er hat andere Ereignisse vorhergesagt!" Trotz der bevorstehenden Trennungszeit von Nila war ich in froher Erwartungsstimmung.
Mit dem ersten Bus am frühen Morgen fuhr ich zu Paati.
„Paati, ich gehe nach Kerala und berichte im Hindu einmal wöchentlich über den Protest, bei dem viele Menschen sich gegen die Zerstörung des Regenwaldes wehren", bestürmte ich sie.
Neugierig hörte sie zu und war nicht aus der Ruhe zu bringen.
„Ich habe übrigens das Mädchen gefunden, das du mir prophezeit hast, es ist aber nicht erreichbar. Es kommt aus einer anderen Welt als wir und geht in eine andere Welt als ich."
Ihre Reaktion überraschte mich und beschäftigte lange Zeit mein Gedächtnis. *„Sitaramaa"*, hatte sie gemurmelt und dann in unmissverständlich scharfem Ton gesagt: „Geh nicht rückwärtsgewandt, Enkel. Lass das Alte los. Erkenne dein Vermögen! Was das Mädchen betrifft,

will ich dir eine Geschichte erzählen: Rama fühlte sich ohnmächtig, als Sita ging, und blieb stumm. Sita jedoch richtete sich bald häuslich in der Einsiedelei des Yogis Valmiki ein. Dort gab sie ihr Wissen in Pflanzenkunde und Sternkunde an ihre beiden Söhne weiter und lehrte sie die Kunst des Bogenschießens. Valmiki, der Guru, aber unterwies die Jungen in Meditation. Unverfälscht von Staatsinteressen erfuhren sie in dieser Einsiedelei auch die Geschichte ihrer Eltern. Sita war nun frei. Es war ihr *dharma,* wild in der Wildnis zu leben."
Je älter meine Großmutter wurde, desto fortschrittlicher schien sie zu denken.
„Geh mein Junge, geh mit Hanuman!", hatte sie gesagt, und als ich im Abendlicht das Haus verließ, wirkte ihr Murmeln von Sanskrit-Mantren wie das Rascheln von Gräsern und Blättern im Wind.

47

Sitas Füße ertasteten vorsichtig und langsam den schlammigen Boden. Die erneut Verstoßene, vor deren Bauch sich ein Hügel wölbte, sang ein schwermütiges Lied. Ihr schwarzes Haar floss wie eine Schleppe über den Rücken. Als sie das Ufer fand, stammelte sie: „Hin...geben!" Die Tiefe des kühlen Flusswassers zog sie lockend hinab. „Ich biete Zuflucht vor Schmerzen", murmelte es sanft aus dem Dunklen herauf.
„Erde hilf", stöhnte Sita und sank hin. „Allein werde ich hier sterben!" Dann ein schriller Schrei, mit dem sich ihre Scheide weitete. Ein Rinnsal floss, Wasser zu Wasser. Es kommt! dachte sie, und schon war das Kind da. Mit letzter Kraft zog sie das Wunder an ihre linke Brust und seufzte. Da drängte ein weiteres Wesen heraus. Sita drehte sich auf die Seite, zog es mit letzter Kraft zu ihrer rechten Brust und fiel in Ohnmacht.
Haben Frauen das Los, nachgeben zu müssen, um sich dem Weiten und Öffnen ihres Leibes hinzugeben?
Einem Yogi, den eine frühere Begegnung mit dem mächtigen Gott Vishnu in Schockstarre, nennt es Meditation, versetzt hatte; der in sich gekehrt, Augen und Ohren und alle anderen sieben Öffnungen des Kör-

pers fest verschlossen gehalten und bis dahin nichts von der Welt vernommen hatte, öffnete Vishnu in diesem Moment sämtliche Sinne. Er vernahm zuerst das hilflose Piepsen eines Vogels, das sein Männchen während des Liebens verloren hatte. Um die Reglosigkeit des Asketen war ein emsiger Ameisenhaufen entstanden, inmitten dessen der Erleuchtete die Gewaltlosigkeit, ahimsa, praktizierte. Doch nun, da Gott ihm die Augen öffnete, geschah das Wesentliche: Mitempfinden mit der Kreatur. Ob die Erde aber bei dem Schrei, der nun aus Sitas Mund zu ihm gedrungen war, bebte oder der Yogi selbst seine Kruste aufbrach, lässt sich nicht sagen. „Die Göttin der Erde ruft mich!“, murmelte er und: „Meine Askese hat Gehör gefunden!“ Zunächst noch wackelig auf den Beinen schwankte er blinzelnd in Richtung des Flusses. Unzählige Ameisen krabbelten auf dem Leib des Yogis. Täglich waren immer mehr Verehrer vor dem wachsenden Ameisenhügel auf die Knie gegangen. Valmiki, was Ameisenhügel bedeutet, nannten sie deshalb ihr Idol der Ruhe und Gelassenheit. „Es ist ein Wunder, dass er lebt“, sagten manche. Zweifler jedoch dachten insgeheim, er sei längst eine Mumie.

Als er langsam vor ihren Augen in Richtung Fluss walzte, brüllten sie erregt durcheinander: „Valmiki lebt! Der Asket bewegt sich!“ „Das Wunder ist geschehen!“

Haben Männer das Los, sich überwinden zu müssen, um zur Tat zu schreiten?

Valmiki erreichte Sita und sah zwei Wesen auf ihrem Leib liegen. Er trennte die Nabelschnüre und lächelte sie an. Sita erwachte vom krabbelnden Leben auf ihr und meinte, ein ganzes Tierreich sei zu ihrer Rettung herbeigeeilt.

Die Apostel, die ihrem Propheten der Selbstkasteiung hinterher getrottet waren, gafften und bestaunten das Wunder seiner Überlebenskunst. „Was glotzt ihr mich an?“, rief Valmiki. „Seht ihr Tölpel nicht, dass diese Frau Wasser braucht!“ und scheuchte sie als Wasserträger herum, während er einer Göttin diente.

Menschen werden vom Schicksal gezwungen, sich ändern zu müssen. Denn ein Wunder geschieht immer anders als man denkt.

Kerala, Silent Valley, 1979

Im Morgengrauen erreichten wir zu viert Kerala und parkten den Ambassador vor dem noch geschlossenen Forest Office, das in einer großen Blockhütte untergebracht war. Eine Schranke versperrte den steinigen Fahrweg zum Beginn des Regenwaldgebiets.
Tara, eine Freundin von Sai, war neben dem Fahrer die Vierte im Bunde. Eine zierliche Frau, die ayurvedische Medizin studiert hatte. Sai hatte sich die ganze Fahrt über auf dem Rücksitz mit ihr unterhalten. Sie ist bestimmt seine Geliebte, dachte ich. Also hat er doch eine Frau. Ich hatte vorne neben dem wortkargen Fahrer gesessen, und wir hatten uns mit dem Fahren abgewechselt.
Sai versuchte uns unterwegs über die Sachlage der Protestaktionen aufzuklären. „Wir werden zuerst Ayyappan aufsuchen. Er ist ein einfacher Eingeborener, Stammesmann, der den Protest losgetreten hat. Kaum zu glauben, aber er breitet sich nun wie ein Feuer aus. Ayyappan wird uns zunächst einführen und anleiten."
Allerdings wussten wir noch nicht so richtig, wo wir ihn finden könnten. Deshalb streckten wir uns nach unserer Ankunft erst einmal auf der überdachten Terrasse des Forest Office aus und dösten noch etwas.
Irgendwann weckte uns der Erste Forest Officer. Er wirkte unfreundlich. Wir fragten nach Ayyappan. Er wohne am Rande von Attapadi in einem Mudugal-Tribal Dorf, teilte er uns knapp mit. Bis dahin wären es ein paar Stunden Fußmarsch durch den Wald hinauf, denn die Straße sei viel zu schlecht für einen Ambassador. Also zogen wir mit unseren Rucksäcken an einem Nebenarm des Flusses Kunti entlang zu Fuß los. Meine Augen leuchteten, als wir den wilden hohen Berg vor uns sahen, in dessen Richtung wir nun marschierten.
„Traumhaft und genau das Richtige für Schwärmer wie dich hier, oder?", sagte Sai.
In einem reißenden Bach nahmen wir ein Bad. Tara streifte ungeniert ihre Jeans ab und sprang in das kalte Wasser, was für eine indische Frau ungewöhnlich ist. Ich schielte zu ihr hin. Sie trug eine rote Unter-

hose und ein weißes Hemd, unter dem sich ihre Brüste abzeichneten. Sie wirkte herrlich unkompliziert. Die vibrierende Schönheit der unberührten Schlucht erfasste mich. Vielleicht war ich Mathematiker, dann Yogalehrer und Student indischer Geheimlehren, aber in diesem Moment durchdrang mich wieder das Licht aus der Gasse meiner Kindheit, als würde mich etwas aus weiter, kosmischer Ferne rufen. Es war auch das Gefühl von Freiheit. Und als ich aus dem Dschungel, den ich mit Rama, Sita und Hanuman assoziierte, aus dem Verborgenen der Bäume im Blätterrauschen den Klang der Geschichten raunen hörte, fühlte ich zitternd meine Bestimmung: Ich werde mit Leib und Seele für den Erhalt dieser Schönheit kämpfen. Umweltaktivist nennen sie das. Mein *dharma.* Vishnu ist der Erhalter der Erde. Ich folge ihm schlafwandlerisch, beschloss ich. Wach. Leidenschaftlich.

„Seid still, ich habe gerade einen wilden Hund vorbei streichen sehen", sagte ich im Bann der Natur.

Nach zwei Stunden Anstieg zum Berg sahen wir einen Adivasi, einen Eingeborenen, vor uns stehen. Schwarzhäutig, mit einem roten Tuch um den Kopf gewickelt, sah er ruhig und still ins Tal, während wir vor Anstrengung keuchten,

„Ayyappan?", fragten wir. Er sah uns nicht an, sondern scheu an uns vorbei, zeigte aber mit der Hand auf einen Pfad, den wir nicht gesehen hatten. Der führte uns bald zu einer Ansiedlung aus einfachen kleinen Hütten. Ein drahtiger Mann mit Augen, die wie glühende Kohle brannten, nahm uns in Empfang. Es war uns sofort klar: Das kann nur Ayyappan sein.

Der Stammesführer dirigierte uns zu seiner Hütte. Seine Frau nahm uns kaum zur Kenntnis, servierte uns aber auf Blättern Hirsebrei. Die Ruhe und Bescheidenheit der Leute machten uns andächtig. Unter Ayyappans Anweisung bauten wir in der Nähe der Hütte auf einem von Ayyappan angewiesenen Platz ein kleines Camp, das aus einem Zeltdach und Seitenwänden aus geflochtenen Zweigen und Blättern bestand. Weiter unten war ein Lehm- und Schotterweg mit aufgerissenen Schlaglöchern und Steinbrocken, der nur mit Jeeps zu befahren war. Es war der einzige Zufahrtsweg, der weiter hinauf über den Pass ins Silent Valley führ-

te. Ayyappans Ansiedlung besaß einen Laden, in dem man Tee, Zucker Milch, Reis und Hirse kaufen konnte. Auch einige Kosmetikgegenstände, Seife zum Kleiderwaschen oder Haarshampoos, in winzige Plastikbeutel verpackt, waren erhältlich. Etwas Plastikmüll türmte sich am Rand zu einem Haufen und wirkte fremd in dieser Idylle.
Am nächsten Tag wanderten wir mit Ayyappan einen steilen Weg hinauf Richtung Silent Valley bis zu einem Holzblockgebäude, einem weiteren und letzten Außenposten des Forest Office. Daneben befand sich eine geschlossene Schranke.
„Hier arbeiteten die Regierungsbeamten nach eigenem Gutdünken", sagte einer der Forest Officers in einer khakigrünen Uniform, der Ayyappan offensichtlich kannte und ihn vertraut freundlich begrüßte. Also stehen Regierungsbeamte hier doch hinter dem Anliegen der Stammesleute, bemerkte ich erfreut.
Das Silent Valley breitete sich mit dichtem, immergrünem Laubwald vor uns aus. Verschiedene Grüntöne, soweit das Auge reichte. Knallrote Punkte darin wie kleine Boote in einem Meer. „Ist das Flame of the forest?" Sai wusste es nicht, und Ayyappan stand woanders. Es verschlug mir den Atem. Vibrierende Natur: Eine in sich bebende Stille, lebendig, frisch, unergründlich. „Die Baumgruppe aus weißen Stämmen dort drüben, das sind Rosenholzbäume", wusste Sai. Ihre zierlichen rispenartigen, hellgrünen Blätter lispelten: Schau uns nicht so kalkulierend an. Wir sind schlanke Könige. Komm uns nicht zu nah. Wer uns fällt, kommt ins Gefängnis. Ich sah einen runden gelben Blütenteppich um einen Baum. Ich bückte mich und hob eine der weissrosa Blüten auf. Wie eine Orchidee. „Der Kumlibaum ist den Adivasis heilig", sagte Sai. Die dunkelgrünen festen Blätter der Jackfruitbäume zeigten unzerstörbare Substanz. „Beste Nahrung für Elefanten!" Sai schien sich auszukennen. Unsere Augen schweiften über den Wald. Es sind die gelben Bambushaine darin, die die Grünschattierungen auflockern. „Sandelholzbäume sind bescheiden und unauffällig im Wald. Sie wachsen an felsigen Stellen, wo wenig Wasser ist", erklärt Sai. *„Ich möchte tausend Augen haben, um deine Schönheit, oh Rama, zu sehen"*, sang Paati mit Amma vor dem Altar. Das empfand ich jetzt. Der Grundton

der Natur war ein konstanter Klangteppich aus Summen, Zwitschern, Zirpen, Gurren, Klappern und Pochen, dazwischen ein gellendes Eeeh des Pfaus. Nie mehr weg von hier, dachte ich. Das hier offenbart das, was ich als Kind empfand. Nicht das Wuseln der städtischen Zivilisation, mit den Abgasen, dem Lärm, dem Dreck, sondern es war das Reine in den natürlichen Vorgängen. Das Unberührte, was ich hinter der Null vermute. Unschuldig und unbedarft lag mir das Laub zu Füßen. Allmählich hörten die Gedanken auf, und ich kam in Zustände, die ich seit meiner Kindheit nicht mehr gekannt hatte.
Wir durchstreiften den Wald und folgten Ayyappan. Sai sagte bei jedem Ausblick: „Das muss gerettet werden! Leute, schaut euch diese Baumriesen an!"
„Bevor ihr die Bäume hier rettet, solltet ihr die Frauen retten!", unterbrach ihn Tara nüchtern.
„Was meinst du damit?"
„Ihr seid hier so hin und weg. So verknallt in die Bäume. Wisst ihr, wie schwer es die Frauen hier haben? Auch sie werden von so manchen Eindringlingen gepflückt und missbraucht. Das ist ein dunkles Kapitel hier!"
Tara störte mein Glück. Ich war in Gedanken jenseits der menschlichen Gesellschaft verankert. Sie schaute mich an, und ihre Augen leuchteten, während Sai keinerlei Anzeichen zeigte, dass er mit Tara zusammen war. Ihr herausfordernder Blick gab mir so ein fragendes Gefühl: Will sie meine Aufmerksamkeit? Die Nacht verbrachten wir zu viert in unseren Schlafsäcken unter einem Zeltdach aus Blättern. Tara lag neben mir. Sie lächelte mich keck an, bevor wir einschliefen. Gefiel ich ihr?
Am nächsten Morgen ging Tara mit Amma, wie wir Ayyappans Frau anredeten, ins nächste Dorf. Tara wollte Hebammen treffen. Sie hatte gehört, dass es hier in den Stämmen noch kundige Hebammen gab, die das Wissen von ihren Müttern hatten.
Nach einer Woche wanderten wir drei wieder mit Ayyappan hinunter zum Ersten Forest Office zu einem Meeting. Viele Leute fanden sich ein. Dort trafen wir erstmals Sugathakumari, und ich konnte ihr endlich Rukmini Devis Armreifen überreichen. Ihre Züge waren fein, klar und

einnehmend. Sie trug einen rostbraunen Sari, hatte große, goldene Ohrringe und traf auf das zu, was ich mir unter dem Kerala-Matriarchat vorstellte: imposant, dabei schlicht, fast bescheidend auftretend, doch Gewissheit verbreitend. Sie nahm die in ein Tuch eingewickelten Goldarmreifen, ohne sie vor den anderen auszupacken, an und nickte bedächtig. Ich schätzte sie nur wenig älter als Mutter ein. Dass sie eine erstaunlich mutige Frau sein musste, zeigte der Respekt, mit dem alle ihr begegneten.
„Eine wichtige Sprecherin der Bewegung“, flüsterte einer der Forest-Officer. Die Beamten sorgten für Ordnung. Manche sympathisieren mit dem SSV, obwohl sie neutral sein müssen. Immer mehr Leute kamen. Sugathakumari, die Poetin, die Seminare in den Städten Keralas organisierte und den Protest anführte, sang jetzt mit ihrer Altstimme unerwartet eine Ode an die Bäume:

Bruder Baum!
Seele der Dichter,
Beschützer der Erde,
Bewahrer des Wassers,
Erhalter der Lüfte,
Erzeuger der Düfte.
Bruder Baum!
Seele der Dichter,
du nährst uns.

Wir standen vereint. Wir waren an diesem Tag etwa hundert Leute. Unser Ziel war anvisiert. Tara war hin und weg von Sugathakumari, die laut und klar durch ein Mikrophon sprach: „Nicht nur die Menschen, die wir lieben, gilt es zu erhalten, sondern auch das, worauf der geliebte Mensch geht, wovon er sich ernährt und worauf er sich zur Ruhe bettet – dieses wilde Fleckchen ursprünglicher Erde.“
Als die Versammlung sich auflöste, bemerkte ich die Anwesenheit einiger Polizisten. Meine Blicke kreuzten sich mit denen eines Polizeibeamten. Da war Hohn, der mich bis ins Mark traf. Er war eine unange-

nehme Erscheinung. Breitbeinig grinsend stand er da und fand unsere Sentimente für den Wald offensichtlich albern. Er brannte für seinen Auftrag, für Ordnung zu sorgen.
„Ach, der!“, sagte Ayyappan, als ich ihm von diesem Eindruck erzählte. „Das ist Mohan, ein Ekel. Er versucht immer wieder, unsere Frauen zu erniedrigen“, ergänzte Ayyappans Frau.
Unsere Gegner waren hochrangige Regierungsvertreter Keralas, die gemeinsame Sache mit den Elektrizitätswerksbetreibern machten. Sie versprachen, dass Jobs und Fortschritt mit dem Staudamm kommen würden. Dabei ging es ihnen nur um die Maximierung ihres Profits. Symbolisch gesehen geht es dabei auch immer um Herrschaft über die Erde. Als wäre es bedrohlich, wenn ein noch kaum erforschtes Gebiet bestehen bliebe, das nicht unter Kontrolle gebracht werden könnte. Das Wilde erscheint unheimlich, dämonisch. Wollen Menschen deshalb erobern, zivilisieren und ausbeuten, wobei sie das Ganze als demokratisch entstandenen Gewinn für die Menschheit deklarieren? Es beschämte mich.
Nach einer Woche fühlte ich mich in den Bergen zuhause. Maren, Ayyappans kleiner Sohn, kletterte mit mir über den Bach die Felsen hinauf, als ich das erste Mal den seltenen Bartaffen sitzen sah. Er blickte von einem Ast auf uns herunter. Die kleinen Knopfaugen und das von einem weißen Bart umrahmte Gesicht verliehen ihm einen weisen Ausdruck, und er sah aus wie ein alter Einsiedler. Ich verliebte mich spontan in ihn. Maren sprach ihn mit merkwürdigen Lauten an, und er hörte aufmerksam zu.
Bebend vor Leben, ein Konzert aus vielen unterschiedlichen Vogel- und anderen Tierstimmen, geheimnisvoll und undurchdringlich umringte uns der Urwald. Die Luft war von unbekannten Düften durchzogen und so voller Sauerstoff, dass wir berauscht wurden. Dieses Paradies dürfen wir niemals aufgeben! Dafür wollte ich kämpfen und war bereit, auch persönliche Opfer bringen.
Sai und ich fuhren ohne Tara, die eine unausgebildete Hebamme, Mutter von acht Kindern, kennengelernt hatte und mit ihr in ein abgeschiedenes Dorf losgewandert war, im Bus in die nächste große Stadt nach

Palghat. Unser Fahrer war mit dem Ambassador zurück nach Chennai gefahren. Er wollte dort vor dem SATBOT berichten, was er erlebt hatte. Er wollte für die Aktivitäten des analphabetischen Ayyappans werben, die sich gegen die mächtigen Regierungsverbände in Kerala richteten. Wir aber suchten in Palghat das Aktionsbüro SSV – Save Silent Valley – auf.

Ein älterer Mann erklärte uns aufgeregt: „Unsere Petition gegen den Baubeginn vom Staudamm wurde gerade abgelehnt. Sie pochen darauf, dass das Silent Valley kein ausgezeichnetes Naturreservat und nicht einmal als Naturschutzgebiet gelistet sei. Folglich dürfe dort gebaut werden, behaupten sie jedenfalls. Zehn Bagger seien soeben angerückt und hätten vor dem Eingang zum Valley geparkt. Mit ihnen wollen sie bald die Erde aufreißen, um Anlieferstraßen zu bauen. Das werdet ihr sehen, wenn ihr zurückgeht! Sie blockieren die Straße vor dem Ersten Forest Office. Es werden derzeit tausend Hilfsarbeiter gesucht, um eine Zufahrtstraße zum Valley zu bauen. Sie wollen dafür die Stammesleute anheuern. Als nächstes sollen Quartiere für die Fremdarbeiter gebaut werden, die sie aus den armen Dörfern Nordindiens holen wollen. Als drittes sollen die Dörfer am Kunti Fluss, in denen unberührte Adivasis, Naturmenschen, im Umland des Valleys wohnen, zwangsumgesiedelt werden. Die Regierung droht, mit dem Militär anzurücken. Es wird einiges los sein in den nächsten Monaten. Wir müssen Sitzblockaden planen, um zunächst den Straßenbau zu verhindern!“

Das klang entschlossen, und wir waren von der Organisation und den vielen freiwilligen Helfern ermutigt. Eine Frau reichte uns Kaffee und Dosais. Viele Leute, die von weit hergekommen waren, um sich den Aktionen anzuschließen, betraten das Büro. Es waren Gastfamilien aufgelistet, die diese Unterstützer unterbrachten.

„Die Familie von Rechtsanwalt Nair, die sich auch an Aktionen beteiligt, wird euch beherbergen“, sagte der Leiter des SSV-Aktionsbüros zu uns.

Ich schlug vor, eine Kampagne an Schulen zu starten, um die Schulkinder für die Vielfalt des Lebens im Silent Valley zu begeistern.

Am Abend erreichten wir zu Fuß das typisch schmucke Haus wohlhabender Bürger Keralas. Es lag in einem weitläufigen, mit Kokospalmen bepflanzten schattigen Grundstück und hatte über der üblichen unteren Etage noch ein zweites Stockwerk. Mr. Nair empfing uns und führte uns durch eine beeindruckende Eingangshalle. Mahagoni-Säulen stützten das hohe Dach.

Dr. Nair, der in etwa im Alter meines Vaters war, kam gleich zur Sache: „Jungs, es geht weiter. Keine Sorge. Wir kämpfen. Mittlerweile ist die Presse landesweit auf unserer Seite, und wir haben nicht nur viele berühmte Leute hinter uns. Wir haben auch viele Professoren, die neue Gutachten erstellen. Wir haben die Nature Conservation Society, die Friends of Trees, die Natural History Society aus Bombay und die Geological Society hinter uns."

Seine Begeisterung wirkte ansteckend, und er schien zuversichtlich.

„Aber setzt euch doch", bat er uns. Wir setzten uns auf ein elegantes Sofa. Die passenden Sessel im englischen Stil hatten Lehnen aus üppig geschnitztem Mahagoniholz.

„Zudem haben sich internationale Organisationen wie das WWF und IUCN in den Kampf eingeschaltet", fuhr er fort. „Und heute Abend spricht meine Tochter Prema auf einem Meeting."

In diesem Moment betrat sie den Raum. Prema war eine typische Keralaschönheit. Weißer Musselin-Baumwollstoff mit edler Goldborte, gepflegtes langes Haar zu einem Knoten im Nacken gebunden.

„Namaste", sagte sie höflich und erklärte dann mit natürlicher Bescheidenheit: „Beim letzten Treffen haben sie Vater das Mikrophon einfach abgestellt. Jetzt schickt er deshalb mich vor. Ich soll die Techniker mit weiblichem Charme dazu bringen, nicht mehr auf die Leute von den Electricity Board zu hören, die uns mundtot machen möchten, die uns als ‚Fanatiker und Rückwärtsgewandte' bezeichnen, die ‚gegen den Fortschritt' seien."

„Das sind doch alles Gauner, die nur nach ihrem kleinen Vorteil, ihrem Gewinn bei der Sache lechzen", warf Dr. Nair ein. „Satish Chandra Nair spricht auch heute Abend. Er ist mein Verwandter und hat das Forest Research Institut hinter uns gebracht", fügte er stolz hinzu.

„Ja, wir haben erfahren, dass die meisten Forest Officer auf unserer Sei-

te stehen“, sagte Sai und an Prema gewandt: „Der Tee ist vorzüglich.“ Prema lächelte unmerklich und zeigte uns unsere Zimmer. Es war eine luxuriöse Unterkunft. Die Zimmer hatten große Betten und eingebaute Spiegelschränke.
„Das ist mal eine Frau!“, lachend ließ Sai sich aufs Bett fallen. Mir war klar, ihr luxuriöses Leben gepaart mit ihrer Offenheit hatten Sai beeindruckt.

Noch bevor das Abendprogramm losging, formierten sich Menschen zu einem Massenprotest. Wir waren bald umringt von Leuten, die von überall angereist kamen. Das Polizeiaufgebot war groß. Aber die Zufahrtsstraßen waren durch die Sitzblockaden schon unbefahrbar, so dass die Regierungssprecher diesmal nicht durchkommen würden.
Prema eröffnete die Veranstaltung. Wieder ganz im weißen Kerala-Sari, der aus zwei Teilen Stoff besteht, dem Wickelrock und dem über die Brust geworfenen lang nach hinten hängenden Stoffteil, mit ihren langen offenen Haaren, die kurz über dem Po zusammengebunden waren, fing sie die Aufmerksamkeit ein und überzeugte mit ihren Argumenten: „Das Silent Valley ist ein fünfhundertdreißig Hektar großes, ökologisch wertvolles Regenwaldgebiet. Es vibriert, hält Wasser, reinigt die Luft und bewahrt Kerala vor Erosion. Er wirkt sich günstig auf den Regenfall aus. Krishna Warrier, Prof. Joseph John und Gopalakrishna Nair haben soeben ein erneutes Stay Order bei Gericht beantragt.“
Pfiffe der Zustimmung kommentierten ihre Rede. Sai lauschte andächtig. Er war offensichtlich sehr beeindruckt von Prema. Keine Kritik, keine zynische Bemerkung. Ungewohnt. Alle applaudierten.
Dann betrat Sugathakumari in einem einfachen rostroten Sari, ohne Schmuck, die Bühne. Sie sprach nur ein paar einfache und klare Sätze. „Kunti Fluss ist eine Frau in der Mythologie, sie ist wie Sita. Auch Flüsse sind unsere Mütter, wir dürfen sie nicht ihres natürlichen Wesens, der Mütterlichkeit, berauben!“ Dann sang sie:

„Mutter Natur –
zerstören wir dich,
antwortet das Universum
und zerstört uns."

Pathos kam auf. Heimat, dachte ich, ist nicht das Nationale, es ist das Gegenteil, nämlich das Unberührte in der Natur über Landesgrenzen hinaus.
Salim Ali, ein wichtiger Unterstützer, der ‚Birdman of India' und Autor vieler Bücher war der nächste Sprecher. „Wir geben uns nicht geschlagen", rief er leidenschaftlich mit erhobener Faust, „die Nation wird sich hinter uns stellen. Wir sind das Land Mahatma Gandhis. Wenn wir marschieren, bringen wir persönliche Opfer, aber wir geben nicht auf."
Anschließend trat der in Indien geborene, doch von amerikanischen Eltern abstammende Schlangenexperte Rom Whitaker auf. Ein Naturschützer, der seit Jahren schon mit seiner indischen Frau und den zwei Kindern in Madras lebte und dort gerade den Schlangenpark gegründet hatte. Mit vielen Stammesleuten, die er dort angesiedelt hat, entzieht er, ohne sie zu töten, den Schlangen das Gift, um wichtige Medizin und Antiviren, also Gegengift, zu produzieren. Die Schlangen bleiben in Tontöpfen und werden nach einiger Zeit wieder in die Natur entlassen. Er arbeitete seit vielen Jahren mit den Adivasis zusammen und war im Zirkel indischer Naturverfechter sehr angesehen. Der große Mann trug sein Haar etwas länger, sprach mit seinem amerikanischen Englisch über die schützenswerten Tiere im Silent Valley, zum Beispiel die seltenen Bartaffen, wie einzigartig sie seien und vom Aussterben bedroht. Er beendete die Kundgebung mit:
„Silent Valley is not an emotional thought, it is a historical, social and ecological matter."
Als ich vor die Halle trat, um nach Sai Ausschau zu halten, traf ich auf dem offenen Gelände wieder auf den etwas fettleibigen Polizeibeamten, dessen Blick mir schon bei der Versammlung am Forest Office unangenehm aufgefallen war. Er schien ein höheres Tier zu sein, denn dort hatte er seine Kollegen harsch herumbefohlen, bevor die Reden began-

nen. Sein geöltes Haar kräuselte sich schmierig unter dem Ohr hervor, sein Kinn hatte ein Grübchen. „Wir zeigen es euch schon noch!“ strahlte sein herrisches Verhalten aus, eine Überlegenheit, die mich erschreckte.

„New whispers in Silent Valley“ war die Schlagzeile der Zeitung, mit der uns Prema ein paar Tage danach am Morgen des einundzwanzigsten Januars 1979 zum Frühstück begrüßte. Es war der Geburtstag Daves. Ich dachte wieder öfter an ihn. Er ist in ähnlichen Sachen unterwegs gewesen oder ist es noch immer.
„Court announces stay order: Alle Aktivitäten für den Bau sind ab sofort stillzulegen!“, sagte Prema triumphierend und umarmte Sai vor meinen Augen. Ich staunte. Hatte ich etwas verpasst? Was hatte sich zwischen den beiden entwickelt?
„Sir“, wandte ich mich an Dr. Nair, „ist ihnen auch dieser fettleibige Polizist aufgefallen? Er machte einen sehr unangenehmen Eindruck auf mich.“
„Oh ja, das ist der Chef der Palghat Polizei!“, erwiderte Dr. Nair. „Ein übler Hund, der überall mitmischt. Die Leute vom Elektrizitätswerk, die an dem Staudamm das große Geld verdienen wollen, schmieren die Regierungsbeamten, und die schmieren wiederum ihn. Ein elender Filz ist das.“
„Und über allem steht die Weltbank und macht mit denen gemeinsame Sache“, ergänzte ich.
„Klar, und die internationale Einmischung in Industrieprojekte dieser ganzen Schurkenstaaten ist das Schlimmste!“
„Dämonenreiche“, flüsterte ich.
„Was meinen Sie?“, fragte er nach.
„Ach nichts, nur so eine Rückbesinnung.“
„Lasst uns vorwärtsschauen“, lächelte Dr. Nair optimistisch. „Wir werden diesen Protest gewinnen, wenn wir ein Bewusstsein für die Zukunft schaffen. Der Regenwald hält als grüne Lunge die Welt in Balance.“
So wie Rama, dachte ich, und sah Paati siegesgewiss lächeln, wenn sie über ihren Gott sprach.

„Es sind schon so viele einflussreiche Menschen dabei, und wir werden die Bevölkerung Keralas hinter uns bekommen“, sagte Dr. Nair.
Seine Zuversicht beeindruckte mich.

Später am Nachmittag forderte Sai mich auf:
„Komm mit zu dem Kali-Tempel! Ich meine den, von dem alle begeistert und mit weit aufgerissenen Augen erzählen. Ich muss mit dir reden. Das ist eine Bitte!“ Ich wunderte mich, dass Sai, der nie Tempel besuchte, mich zu so etwas animierte. Ich nickte, denn ich war neugierig, was er nun an einem eher düsteren Platz loswerden wollte. Kali war schwarz. Gläubige suchen sie in ihrem Schrein auf, wenn eine Krankheit ausgebrochen ist oder sich ein Unfall ereignet hat.
„Komm, lass uns gleich losfahren. Ich habe ein Motorrad gemietet.“
Auch seine Eile erstaunte mich.
Wir fuhren aus Palghat hinaus durch dichte Kokosplantagen an Wasserstraßen und großen Gärten vorbei, in denen kaum sichtbar die Familienanwesen ganzer Clans lagen. Der Tempel lag unter hohen alten Teakbäumen neben einem See und war von einer Außenmauer umgeben.
„Man sagt Kali hier Kräfte nach!“, sagte ich.
Wie die meisten Kerala-Tempel war er aus Holz gebaut und verbreitete einen harmonischen Anblick, ein wenig von buddhistischer Architektur beeinflusst. Bescheidener und unscheinbarer als die Tempel Tamil Nadus. Wir trafen dort niemanden an, nicht mal einen Priester. Die Tür zum Schrein war mit einem Gitter verschlossen. Die brennende Flamme vor dem schwarzen Stein, aus dem die Figur der Kali gehauen war, machte ihre Augen aus runden goldenen Platten und den Mund aus einer silbernen Mondsichel deutlich sichtbar. Rotes Kumkuma lag auf dem weißen Tuch, das man ihr als Rock drapiert hatte, und ich assoziierte für einen Moment Blut. Fruchtbares, lebensspendendes Blut der Frau. Wir läuteten die Glocke, verneigten uns und gingen über den weiten Vorhof des Tempels bis zur Außenmauer zurück und setzten uns auf den Boden. Der mit alten Granitsteinplatten nur mäßig befestigte Hof bis zum Schrein wirkte um diese Zeit desolat. Priester und Betende kommen erst zur Abendandacht.

„Also jetzt mach dich auf etwas gefasst“, begann Sai ungewöhnlich ernsthaft. Dann schwieg er wieder. Blickte zu Boden und sagte leise: „Ich habe die Statue aus Krishnamacharyas Haus entwendet.“ Er schaute mich nicht an. Sein Blick blieb dem Boden verhaftet.
„Waaas...?“ Mir stockte der Atem. Ich bekam Angst vor der Krassheit weiterer Enthüllungen.
„Ich habe das nicht geplant, mich überkam eine Art Wahn. Unser verdammter Heiler hatte mich aufgefordert, ihn zu Krishnamacharya zu begleiten. Es war genau an dem Tag, an dem du auch beim Meister warst. Er hätte da Fragen, hatte er zu mir gesagt. Als sich die Meister unterhielten, schwirrten meine Gedanken fort und offenbarten mir meine Nichtigkeit. Ich trat um die Ecke, gab vor, mein Heft aus der Tasche, die ich am Eingang abgelegt hatte, zu holen. Der Zwang, wissen zu wollen, was geschehen würde, wenn ich die heilige Statue packe und einfach mitnähme, hatte mich im Griff.“ Er schwieg und sah mich an. Ich nahm etwas Dunkles in seinen Augen wahr.
„Wie kamst du nur zu einem derart abartigen Verhalten?“
„Vielleicht wollte ich mich befreien von den Tabus, der Dominanz der Gurus, sie widerlegen, einmal übertreffen. Oder vielleicht wollte ich die Worte des Heilers, ‚Gott sei nicht in der Skulptur und Indien müsse sich von diesem Aberglauben befreien’, widerlegen. Tempeldienst sei veraltet. Das hatte mich innerlich beschäftigt, denn Krishnamacharya sagte, Gott sei auch im Stein, eben in jeder Materie.“
„Das ist Wahnsinn!“ stammelte ich vor mich hin.
Sai äffte den Heiler nach: „All der religiöse Klimbim muss weg von Yoga, Kalari und Marma!“
Die Angst, sich damit einen Fluch aufzuhalsen, ist für uns alle präsent, dachte ich und sagte:
„Du hast Krishnamacharya geschädigt, wie betroffen muss er gewesen sein!“ Mir grauste, als ich mir das Gesicht des alten Meisters bei der Entdeckung vorstellte. „Nur, um für dich eine Wahrheit zu finden, schädigst du andere?“, fragte ich.
Sai blieb still. Ich starrte auf den geschlossenen Schrein. Er wirkte abweisend. Kalis schreckliche Augen blickten mich im Geist an.

Sai seufzte und sein Körper beugte sich vorwärts. Er hielt die Hand an die Stirn. Er schämte sich. Ich bekam Mitleid mit ihm.
Wir tragen alle diesen Konflikt: Glauben wir wie unserer Ahnen, beten wir, wie die Tradition es vorschreibt, oder brechen wir auf zu etwas Neuem. Shiva ist der Zerstörer. Kali die Zerstörerin. Sie zerstören, um Raum zu schaffen für die neue Kreation. Zerstörung ist in uns veranlagt und kulturell abgesegnet. Ich dachte an Nila, die ohne Furcht sich dem Tanz hingibt, ohne Konflikt lebt. Sie würde sogar unsere Liebe dafür opfern. Ohne Tränen. Ich sehe sie hier in weiß gekleidet vor der Statue Kalis stehen: vollkommen, rund, mit ihrem in sich geschlossenen Gesichtsausdruck, bereit Kali anzubeten, nein aufzunehmen und selbst Kali zu werden. Sie hatte keine Angst davor, ihre Göttlichkeit anzunehmen.
Die Situation war beklemmend.
„Mann, das ist so krank, was du gemacht hast. Wem wolltest du imponieren?“ Weiter sagte ich: „Wir alle haben das Bedürfnis, von unseren Vätern Anerkennung zu bekommen. Und dann ordnen wir uns einem Heiler unter, der will, dass du denkst, was er denkt. Siehst, was er sieht. Dabei sind wir erwachsene Männer.“
Wieder sagten wir eine Weile nichts. Warum begehrte ich Nila und sah sie als die Rettung aus diesem Schlamassel hier? Ich brauche diese Frau ganz dicht bei mir, brauche ihre weiche Haut, denn ich frage mich, was ich in diesem verlassenen Tempel mit einem anderen Verrückten, der wie ich ein Zweifler ist, bloß mache. Wieso habe ich Madras verlassen und Nila einfach abgehängt? Ich habe die Zerstörung einer Liebe vorangetrieben. Zerstörung, die befreit. Befreit von was? Bedrängnis und Begehren brauchen sich gegenseitig und lösen sich dann auf.
Einerseits war ich enttäuscht von Sai, andererseits bewunderte ich auch seinen Mut, sich von Zwängen zu befreien. Die Umstände, die er in Kauf nimmt. Er geht aufs Ganze und riskiert etwas. Er ist kein Zauderer, so wie ich, der alles richtig machen will.
„Ich jedenfalls sehe Gott mehr und mehr in der Natur! Es gefällt mir bei Ayyappan!“, sagte ich leise und bedacht, um mich von Sais Aktion zu distanzieren. Doch Sai schien mit seinen Gedanken woanders.
„Es ist gefährlich, mit etwas Geweihtem Schabernack zu treiben!“, rüt-

telte ich ihn auf.
„Nichts ist mehr so, wie es sein sollte. Aber wie soll es sein in dieser verrückten Zeit?“, fragte Sai mich und sah mitgenommen aus.
„Sag mir, wo also hast du die Statue hingebracht, Sai?“
„Jetzt kommt das ganze gewaltige Problem. Es ist tatsächlich, als hätte ich durch die Entfernung der geweihten Statue sofort einen Fluch auf mich gezogen. Es ist auch einer der Gründe, warum ich hier bin. Ich muss was machen, etwas wiedergutmachen.“
„Dann bring die Statue umgehend zurück, was soll das, wenn du hier jammerst.“
„Na, ja, das ist eben das Problem. Ich bin noch nicht fertig. Höre zu: Ich wollte sie in Mahabalipuram, wo die Eltern ein leerstehendes Haus haben, verstecken. Na, ja, und dann...“ Er schwieg und an seinem Ausdruck erkannte ich, dass etwas auf mich zukam.
„Dann spann mich nicht so auf die Folter!“
„Als ich am Morgen danach in aller Früh mit dem Auto meines Vaters die Küstenstraße hinunter nach Süden gefahren bin, habe ich einen alten Mann angefahren. Ich hielt an. Er lag da wie tot. Vom Kopf strömte Blut. Und da bin ich durchgedreht. Ich hab’ den Mann liegen lassen und bin einfach gerannt. Wie von Dämonen besessen bin ich gerannt, bis ich zu einem Laden mit einem Telefon kam. Das Auto meines Vaters hatte ich mit offener Tür auf der Landstraße stehen lassen. Ich habe meine Mutter angerufen und ihr alles erzählt. Meine Mutter hat dann meinen Vater angerufen, der gerade in Madras zu tun hatte, und der hat seinen Fahrer geschickt. Ich bin zurück zur Unfallstelle. Der Mann war nicht tot, aber schwer verletzt. Der Fahrer hievte den Verletzten auf den Rücksitz, um ihn ins Krankenhaus zu fahren, dabei sah ich, dass meine Umhängetasche mitsamt der Statue weg war.“
Sai atmete schwer. „Wir fuhren ins Krankenhaus, und der Fahrer kümmerte sich um weiteres. Ich fuhr nach Hause. Mein Vater hat dann die Sache in die Hand genommen und seinem Fahrer, den er seit Jahren kennt und dem er vertraut, vorgeschlagen, er solle der Polizei gegenüber angeben, er habe am Steuer gesessen und den Unfall verursacht und die Schuld auf sich nehmen. Dafür wolle er ihn reichlich entlohnen,

sogar seiner Familie ein Apartment kaufen. Die wohnten nämlich in recht beengten, slumartigen Verhältnissen. Vaters Fahrer war einverstanden. Die Geldstrafe und Schmiergelder für die Polizei zahlte Vater. So wurde die Sache gelöst. Alle Seiten bekamen etwas. Vater hat dem Verletzten die Krankenhausrechnung gezahlt und ihm ein Schmerzensgeld gegeben. Über das alles fühle mich so schlecht. Meine Selbstachtung ist dahin."

Ich saß mit offenem Mund da und wusste nicht, was noch kommen würde. Sai redet weiter: „Ich kann meinem Vater nicht mehr in die Augen sehen. Ich habe mein Leben damit verpfuscht. Gowind! Und ehrlich gesagt, deshalb bin ich auch hier. Aber das Verrückte ist: Die Statue ist seitdem spurlos verschwunden."

Jetzt wurde mir klar, warum er so merkwürdig gewesen war in den letzten Monaten im IMKY-Institut. Es entsetzte mich aber auch, dass ich nicht bemerkt hatte, wie mein Freund litt. Wie dumm von mir, zu denken, er wäre verliebt. Dabei hatte er einfach seinen Sarkasmus gegenüber Frauen aufgegeben. Und das war gut für ihn.

„Und was willst du jetzt machen?", fragte ich.

„Ich will mich unbedingt bei einer wertvollen Sache einbringen, um das wiedergutzumachen. Dazu ist noch etwas passiert, Gowind. Ich habe mich in Prema verliebt, wo ausgerechnet alle in der Familie Anwälte sind."

„Dann dachte ich mir's doch." Mein Lachen war befreiend.

„Gowinda, ich war nie in so einer Lage, ich habe komplett den Überblick über mein Leben verloren. Vielleicht kann ich in einem entlegenen Dorf im Silent Valley helfen, einen Brunnen auszugraben, mich irgendwie nützlich machen und schwere körperliche Arbeit verrichten."

„Weglaufen geht nicht. Du machst mit mir die Schulkampagnen und merkst dir eins: Götterstatuen haben auch einen großen materiellen Wert. Sie stehen überall auf der Welt in den Museen. Deine Handlung spielt diesem ganzen imperialistischen Verhalten zu und unterstützt den Handel mit unserem Kulturgut. Ich dachte, du seist politisch ausgerichtet?"

„Ich habe viele Fehler gemacht. Sag mir, was ich machen soll."

„Vorerst ist es ja gut gegangen. Alle haben anscheinend etwas davon

gewonnen. Wer weiß, zu welchen Läuterungen du noch kommst. Lass uns erst mal darüber schweigen. Mit der Zeit kommt eine Lösung.“ Es klang wie aus Paatis Mund. Die ersten Gläubigen kamen, und zwei Priester waren damit beschäftigt, das Gitter zu öffnen und Wasser zu bringen. Sie würden die Statue mit Blumen schmücken und mit Mantren huldigen. Davon versprachen sich viele Gläubige Linderung ihrer Nöte und Sorgen.
„Geh das mit Nairs Tochter vorsichtig an! Halt dich zurück, okay?“
Wir brausten weg.

48

Was war, bevor Valmiki Dichter wurde und das ganze Ramayana-Epos aufschrieb? Was war er, bevor er zum Yogi im Ameisenhaufen geworden war?
Ist nicht das, was jetzt ist, etwas anderes als das, was war und werden kann? Kann eine dunkle Vergangenheit zu einer so lichten Zukunft werden? Ja, sie kann.
Valmiki war nämlich, bevor er Valmiki hieß, ein Räuber und hatte Vorbeiziehende überfallen und ausgeplündert. Er wurde in einer kargen Berglandschaft geboren und wuchs im Geröll einer Steinwüste auf, wo nicht einmal Ziegen überlebten. Denn in dieser Ödnis holte sie der Schneeleopard, bevor sie stark genug waren, ihm zu entlaufen. Valmiki war also bettelarm und nahm einst jedem, der sich in diese Gegend wagte, Hab und Gut ab, um es seinen alten Eltern, seiner Frau und seinen zahlreichen Kindern zu bringen.
Eines Tages war Gott Vishnu in Gestalt eines Asketen in der steinernen Ödnis an dem lagernden Dieb vorbeigelaufen, um ihn zu testen: „Nimm einfach alles von mir! Aber frag mal zuhause nach bei jenen, mit denen du deine Beute teilst, ob sie auch dein Karma mit dir teilen möchten.“
Zuhause in ihrer steinernen Behausung hörte Valmiki von den Seinen im Chor: „Du hast das alles geraubt und dafür sogar gemordet? Nein, damit haben wir nichts zu tun. Dafür wirst allein du büßen müssen, das ist deine Sache!“

Die Einstellung seiner Familie hatte ihn damals bis ins Mark erschüttert. Er war in die Berge gegangen und hatte sich auf einen Stein gesetzt und begonnen, nachzudenken. Bis er nur noch saß und nichts mehr dachte und allmählich die Ameisen kamen, um auf seinem Leib ihren Hügel zu bauen. Und bald war er vollkommen umhüllt gewesen von einem ununterbrochen krabbelnden Völkchen.
Nach einer Ewigkeit war Gott Vishnu, der Auslöser des Ganzen, erneut vorbeigekommen. „Ei, dieser Ameisenhügel, der in der Zwischenzeit entstanden ist, scheint ein Geheimnis zu bergen!“, sagte er und bohrte kurzerhand mit seinem Stock zwei Löcher hinein.
Von da an sah der einstige Gauner wieder ins Licht der Welt und sah im Moment des Erwachens, wie ein Jäger einen von zwei Vögeln inmitten ihres Liebesspiels erschoss.

„Wer Liebende stört,
hat nie vom Frieden gehört.
Ihm nur die Klage bleibt:
Einsamkeit ist öd und weit!“
dichtete er seine ersten Verse und schloss wieder die Augen. Menschen handeln eigensüchtig, hatte er erkannt und wollte sich wieder in die Meditation zurückziehen. Noch war seine Dichtung nicht ausgereift gewesen, als er die wehklagende Göttin Sita vernahm.

Tage später diskutierten wir mit Jugendlichen einer High-School über das Silent Valley. Die Schüler standen ganz auf unserer Seite. Während unseres ersten Aufklärungsprogramms, das Sai und ich sorgfältig konzipiert hatten, erwähnte Sai wie nebenbei in der Pause:
„Es sieht aus, als wären Prema und ich füreinander bestimmt! Ich habe ihr das mit der Statue und meiner durchgeknallten Reaktion erzählt.“
„Und was hat sie gesagt?“
„Sie hat mich nach der Ursache gefragt. Und da habe ich erkannt, dass ich den Heiler immer hinter seinem Rücken kritisiert habe, aber nie den Mut hatte, ihn direkt zu konfrontieren.“
„Dann hat sie aber viel psychologische Kenntnis! Und scheint auch in

dich verliebt zu sein.“ Ich beschloss sofort, mich aus seinen Angelegenheiten rauszuhalten, nur erinnerte ich ihn nochmals:
„Du musst dich aber bei Krishnamacharya entschuldigen.“
„Mit Krishnamacharyas sprechen, niemals!“, rief Sai erschrocken. „Er ist eine Säule, die aus seinem enormen Wissen gebildet ist, auch dank der Kraft seiner Rituale. Jeder fürchtet ihn. Es ist irrational, aber ich fürchte mich vor ihm. Der Fluch eines Yogis könnte mich treffen!“
In diesem Moment wurden wir von Jugendlichen mit Fragen bestürmt und konnten unser Gespräch nicht fortsetzen.
Am Ausgang der Schule lagen Flugblätter von den Befürwortern des Projekts. Auch die Regierungsbeamten, zusammen mit den Lobbyisten der Elektrizitätswerke, waren für ihre Ziele unterwegs. „Affen oder Menschen?“ stand dickgedruckt als Slogan auf den Flugblättern. Darunter war zu lesen, wie wichtig der Staudamm für den Fortschritt Keralas sei. 10.000 Jobs würden geschaffen, das Land käme vorwärts, neue Industrien könnten sich ansiedeln. Die Bartaffen seien zähe Biester, sie würden nicht aussterben. Wie könne man sich gegen seine eigene Spezies entscheiden und das Affenleben dem Menschenleben voranstellen?
„Wer diesen Text formuliert hat, kann damit nicht punkten. Die Menschen hier heiligen Hanuman, einen Affen, als Gott“, sagte ich im Bus auf dem Weg zu den Nairs zu Sai.
„In der Tiefe unseres Bewusstseins glauben wir doch, dass das Tier dem Menschen gleichgestellt ist. Wir überlassen es sich selbst, auch wenn es als räudiger Hund auf den Straßen herumstreift!“

Am späten Nachmittag mietete ich ein Motorrad und fuhr noch einmal zum Kali-Tempel. Ich verdankte Sai viel. Aber wie konnte ich seine Unverfrorenheit tolerieren, die ihn solche Dinge hatte machen lassen? Ich haderte mit dem Freund und betete nach langer Zeit wieder einmal inbrünstig zu Hanuman. Ich beschloss, eine Weile auf Distanz zu Sai zu gehen.

Am nächsten Morgen packte ich meinen Rucksack und verließ Palghat mit dem Bus. Sai war bei den Nairs zurückgeblieben. Ich stieg im letzten Dorf aus, um zu Fuß zum Forest Office zu wandern. Dort waren tatsächlich schon Bagger bereitgestellt und noch nicht wieder abgezogen worden, trotz eines neuen Gerichtsbeschlusses gegen sie. Noch vor Einbruch der Nacht erreichte ich Ayyappans Dorf. Tara hatte die Nächte vor Ayyappans Hütte mit dessen Frau verbracht. In dieser Nacht ging sie mit mir zurück in unser selbstgebautes Zeltlager, das wir anfangs neben Ayyappans Hütte errichtet hatten. Wir liebten uns sofort. Ich brauchte ihren Körper, und sie verlangte nach meinem. Sie war anschmiegsam und weich. Klein gebaut wie meine Mutter und Großmutter war sie mir so vertraut. Und sie war eine erfahrene Liebhaberin. Dem Begehren nachzugeben hebt Beklemmung und Besorgnis auf. Nila war weit weg gut aufgehoben im Himmel bei den Ur-Tänzerinnen.

49

Valmiki baute mit seiner Gefolgschaft einen Ashram, sorgte für Sita und ihre Zwillinge und dichtete, denn täglich inspirierte Sita ihn mit ihren Erzählungen dazu. Sie wurde seine Muse. So begann er, den Weg des Rama – das Ramayana – aufzuschreiben. „Wie sonst sollen Lava und Kusha über ihrer Herkunft und Abstammung Bescheid wissen", sagte er. Mit seinen liedhaften Geschichten, die tragisch, doch zugleich voller Komik sind, wurde Valmiki zum Urdichter der Menschheit.
Der erste Vers des Ramayana lautet:

Vogel,
beim Vögeln mit deiner Liebsten
vom Pfeil des Jägers getroffen,
Vogel,
ein toter Leib liegt unter dir
voll der Klage du nun,
zirpend:
rrr rr rra ... rrr rr ramuu rrr rr rama

Tara und ich verbrachten anstrengende Tage in den Bergen und paradiesische Nächte in unserer selbstgebauten Laubhütte. Tara war wild auf Sex. Und sie war so nah dran am Leben. Ständig hinterfragte sie Entschlüsse der Männer. Auch Ayyappan mochte sie. Ich verdrängte jeden Gedanken an Nila, die Göttin. Tara war hier, und ich musste sie nicht vergöttern. Sie glaube nicht an Götter. Sie sei Anarchistin, sagte sie einmal lachend. Ihre Eltern hätten längst aufgegeben, sie zu beeinflussen. „Meine Lebensentschlüsse habe ich von klein auf allein getragen, und sie erwarten nichts von mir."
Tara war wie ich und für mich ein Kumpel. Nie zuvor hatte ich Lieben so problemlos empfunden. Rauschhaft, gleichzeitig erfüllend und ohne hinterher eine melancholische Leere zu verspüren. Sie war drei Jahre älter als ich, und wir probierten ungewöhnliche Positionen beim Liebesspiel aus. Einfallsreich und witzig konnte sie ihre Bedürfnisse artikulieren, während draußen der Uirapuru sang und das Wasser rauschte.

50

Winde bliesen in die Hütte herein. Valmiki fabulierte den ganzen Tag über Wege im Regen, Regenbogen, ein Leuchten und Sonnenschein; über brummende Käfer und Mücken, Motten, Stachelscheine, Schlangen, Affen, Tiger und Elefanten; über das Entzücken, die dunkle Nacht, die kleine Mondsichel, Schwärze, das Grausen und das Entsetzen; über die Morgenröte, Liebe und Kampf, Glaube und Zweifel, über Folter und Wonne, Bambus und die Flöte, Treue und Verrat. All das besang er in Strophen, während Stürme die Gräser wogen.
Alltägliches wurde Gedicht in einem langen Gesang über Rama und das Göttlichsein. Das Göttlichwerden. In den Jahren im Bauch eines sandigen Hügels hatte Valmiki nichts gesehen, ganz erden blieb er auch jetzt beim Hören. Dichter darf niemand stören.

„Die Mächtigen pokern schon wieder mit neuen Gutachten, die beweisen sollen, dass ein kleiner Staudamm der Natur nicht so viel anhaben könnte“, sagten uns Aktivisten, die Tara und ich vor dem Forest Office trafen. Wir waren auf dem Weg nach Palghat, und von dort wollten wir den Nachtbus nach Madras nehmen. Tara musste zurück. Sie sagte nicht, warum. Auch ich wollte zurück, um bekannte Künstler aus Madras für ein Festival als Teil einer groß geplanten Protestaktion einzuladen.

Ohne Sai, den ich unbedingt meiden wollte, gesehen zu haben, fuhren wir im Nachtbus zurück nach Madras. Die Sitze waren hart. Tara hatte ihren Kopf an meine Schulter gelehnt. Ich genoss ihre Nähe und fasste Mut, endlich das zu sagen, was mir schon seit Wochen auf der Seele brannte: „Ich muss dir etwas sagen, Tara. Ich habe eine Freundin in Madras. Aber wir sind dabei, auseinanderzugehen. Sie ist Tänzerin und hat große Pläne, ich passe nicht dazu.“ Endlich war es heraus.

Tara setzte sich aufrecht hin. Schweigend starrte sie aus dem Fenster. Sie schien beleidigt. Ich konnte nichts gegen ihre Eifersucht tun. Tara hatte mir erzählt, dass ihre Eltern aus Tamil Nadu stammten und dann in Nagaland ein Imperium mit dem Brauen von Bier aufgebaut hatten. Sie seien Christen, aber sie selbst hätte keinen Glauben, hatte sie erklärt. Tara hatte ein Medizinstudium abgebrochen und in Kerala sechs Jahre Ayurveda studiert und einen Doktortitel erworben. Deshalb sprach sie gut Malayalam, die Sprache Keralas. Wir sprachen kein Wort mehr miteinander. Jeder döste vor sich hin oder schlief etappenweise fest.

Der Busfahrer weckte uns mit einer lauten Radiomelodie: „Mein kleines Vögelchen gib mir ein Kuss!“ sang eine ölige Baritonstimme ein schmalziges Lied. Uns war nicht danach. Als wir uns verabschiedeten, gab sie mir aber ihre Adresse. „Ich wohne im Stadtteil Adyar, allein, nur mit einer Köchin“, sagte sie knapp. Ab und zu würden nur Mitglieder ihrer großen Familie bei ihr ein- und ausgehen. Ich seufzte. Meine Eltern würden dann doch eher eine Muslimin als Schwiegertochter akzeptieren als ‚das Kind eines Liquor Barons’, dachte ich und schlummerte ein.

Madras war heiß und feucht. Triplicane eng und schmuddelig. Die Zivilisation wirkte wie ein Moloch nach der Zeit im Regenwald. Appa fragte nach vielen Details und wartete auf Erfolgsmeldungen. Amma blieb still und hörte gern meine Beschreibung von Sugathakumari. Am

nächsten Morgen brachte Vinu die Zeitung. „Einigung zwischen Regierung und den EK, den Elektrizitätswerken Keralas“, las ich. „Der Staudamm wird gebaut. Er wird 240 Megawatt Strom erzeugen können.“
Ich ließ die Zeitung sinken. Mein Blick traf Appas Blick.
„Euer Protest war also erfolglos!“, sagte er.
Ich schaute ihm voll in die Augen. „Nein, Appa“, sagte ich selbstbewusst. „Der Kampf beginnt jetzt erst!“
Ich startete die Enfield, die ich Vinu überlassen hatte. Ich wollte zuerst den Heiler besuchen. An der Bushaltestelle vor der Adyar Brücke stand Dharmraj. Welch ein Zufall! Er sei auf dem Weg zu einem SATBOT Meeting im IIT. „Steigen Sie auf, ich fahre Sie dahin. Vorher trinken wir einen Chai.“ Ich hielt im Chai-Shop, und er fragte als erstes nach Sai. „Ja, ja, dem gehts gut“, log ich ein bisschen. Dann erzählte ich von unseren Aktionen. Er begann, engagiert zu reden: „Silent Valleys Artenvielfalt ist einzigartig auf der Welt. Es dürfen keine zig Tausend Leute umgesiedelt werden, keine Neuordnung der Ländereien zugelassen werden, Frauen darf nicht ihre Lebensgrundlage entzogen werden, der Gemüse- und Getreideanbau und das Sammeln von Kräutern und Honig im Wald. Männer würden entwurzelt, Kinder heimatlos gemacht. Unter dem industriellen Zeitalter dürfen nicht die leiden, die nichts davon haben.“ Nach diesem Redeschwall nahm er mich in den Arm: „Ich bin stolz auf dich, Gowinda! Denn du setzt dich gegen unsere imperialistisch gewordene Regierung ein. Du bist für mich wie ein Sohn.“
Ich war gerührt. Er machte mir Mut und fuhr fort: „Unsere höchsten Ressourcen sind die Regenwälder. Es ging den Kolonialmächten nur darum, kommerziell leicht auszubeutende Territorien zu bilden. Sie schufen Grenzen passend zu ihrem kurzzeitig gedachten Profit. Und jetzt setzt die indische Regierung dieses Denken fort. Die Gehirne unserer Regierenden sind von diesem kolonialen Denken infiziert. Ein Trauerspiel, Gowinda. Aber ich muss los. Wir geben nicht auf!“
Der Heiler hingegen empfing mich kühl. Seine Zeit sei knapp. Er hörte meinem kurzen Bericht zu und gab eine kurze Antwort: „Wir brauchen junge Leute wie dich, die unsere indischen Werte propagieren.“ Dann ergänzte er leise: „Gowinda, du bist von marxistischen hin zu yogischen

Ansichten geschwenkt und nun zum Aktivisten für die Umwelt. Bedenke, Menschen wollen zuerst Bequemlichkeit. Scheitert ihr, wird es kein Zurück für dich in die bequeme Zivilisation geben."
Was wollte er mir damit sagen? Irgendwie wirre, seine Ansagen, rätselte ich, als ich wieder draußen vor dem IMKY-Institut stand. Meinte er, unser Verhältnis sei damit beendet?

Ich hatte mich mit Nila am Nachmittag am Besant-Nagar-Strand hinter der Adyar-Brücke verabredet. Ich war früh da und blickte aufs offene Meer. Es lag bleiern da und wirkte unwirklich türkisfarben. Die schwüle Luft machte mich ruhig und schwer. In der Weite brauten sich dunkle Wolken zusammen. Nila kam zu Fuß. In einem weißen Sari. Mir schien, als ob sie schwebte.
„Na, du seltener Paradiesvogel", begrüßte ich sie leise. Entweder hatte sie es nicht gehört oder sie ignorierte meine schwärmerische Anrede. Der Wind blies eine frische Brise vom Meer herüber. Wir standen auf der menschenleeren Strandstraße, auf der ich ihr einst das Fahrrad repariert hatte und wir uns dabei kennen gelernt hatten. Sie stützte die Hände auf meinem Motorrad ab. So selbstsicher das auch wirkte, beschrieb es doch ihre Unsicherheit. „Du warst lange fort, und viel ist passiert." Es klang bedeutungsgeladen, ich war auf alles gefasst, angesichts meines eigenen Treibens mit Tara. Sie seufzte und dann sagte sie, als wäre es ein Geständnis: „Ich gehe zum Film." Ich war sprachlos. Das hatte ich nicht erwartet.
„Ich habe die Rolle der Sita gelebt, gefeiert, getanzt. Jetzt kommt etwas völlig Neues in meinem Leben. Morgen ist schon der erste Drehtag. Sie haben mir einen Dreijahresvertrag angeboten. Ich bin darauf eingegangen, denn ich werde sehr gut verdienen, Gowinda. Ich habe lange gehadert, aber ich plane, später zum Tanz zurückzukehren."
„Das ist eine andere Welt! Ich dachte, du hättest deine Seele der hohen Kunst des klassischen Tanzes verschrieben. Filme sind doch billige Unterhaltung!" Auch sie enttäuschte mich, ähnlich wie Sai. „Hoffentlich triffst du dort ein paar kultivierte Leute", fügte ich leicht ironisch hinzu.
„Ich war von Kalakshetra abhängig. Für eine Solokarriere fehlte mir das

Geld. Jetzt schaue ich nach vorne. Ich wurde entdeckt, ich habe es mir nicht ausgesucht. Ich sehe es als Glückssträhne für eine Weile. Klar, wir werden einfache Tanzszenen vor Wasserfällen drehen, ich muss in Reisfeldern rumhopsen, wobei die Kamera ausschließlich auf meine Pobacken unter nassen Gewändern gerichtet sein wird!“, konterte Nila. „Aber ich werde mir damit finanzielle Unabhängigkeit erkaufen.“
Sie sah mich einen Moment um Verständnis flehend an. Fast wäre ich dahingeschmolzen. „Vater kommt morgen mit“, fuhr sie fort. „Mutter zieht aus Irland her und wird mich später immer begleiten und bei allen Dreharbeiten dabei sein.“ Sie zog die Nadel aus dem langen, pechschwarzen Haar, so dass es bis zur Hüfte fiel, steckte die Haarnadel zwischen die Lippen, wickelte sie es dann um das Handgelenk, manövrierte es hoch zu einem turmartigen Knoten und steckte die lange Nadel wieder hindurch.
Frauen verbergen mit solchen Aktionen ihre Nervosität, dachte ich, und machen Männer noch nervöser. „Richte deinem Vater meinen Dank aus. Beim Hindu hat es geklappt!“
Nila verschaffte sich Luft. Sie blinzelte mit ihren Lidern, um dann ruckartig die Augen zu öffnen. Ich war hingerissen. Egal ob Filmstar oder eine Bettlerin, ich verehrte sie. Es war nach wie vor etwas Undefinierbares, das mich mit ihr verband. Sie fragte mich nicht nach Silent Valley, und ich war froh darüber. So musste ich nichts über Tara sagen. Nilas Blick wanderte in die Ferne. „Das Meer liegt da wie Blei. Es bewegt sich kaum. Ruhe vor dem Sturm. Sie haben für heute Nacht einen Zyklon angekündigt.”
„In der Tiefe des Meeres ist Unruhe. Wie in mir! Der Mond beeinflusst das“, sagte ich.
Sie beugte ihr Gesicht leicht zurück und schaute zu mir auf:
„Deine Unruhe brauchst du für den Kampf ums Silent Valley“, zischelte sie kaum hörbar.
„Du bist der Mond“, flüsterte ich und küsste sie flüchtig und sanft, als sei es Zufall, auf die Wange. Mehr war hier in der Öffentlichkeit nicht möglich.
„Willst du sagen: Der Mond nimmt zu und ab und beeinflusst damit

Ebbe und Flut oder andersrum? Was du als Unruhe bezeichnest, kommt durch das, was magisch zusammenhängt und nie getrennt werden kann."

„Wenn das so wäre, dann blieb mir auch für uns Hoffnung." Dann sang ich ein Lied:

„Angel came down from heaven yesterday,
She stayed with me just long enough to rescue me,
And she told me a story yesterday,
About the sweet love between the moon and the deep blue see ...
Fly oh fly sweet angel fly out in the sky."

„Ah, Jimy Hendrix! Das Lied spielten sie im Pub in Irland", sagte sie mit einem stillen, leicht distanzierten Lächeln.

Ich sah in Nila für einen Moment eine seltene, weißgestreifte Schneeleopardin. Unbezähmbar. Unerreichbar. Ihre fahrigen Bewegungen drängten zum Aufbruch und waren doch geschmeidig. Den Schneeleoparden nennt man auch die Geisterkatze, weil man sie so selten sehen kann. So wird es mir mit Nila gehen. Der Schmerz lag wie ein schwerer Felsbrocken auf meiner Brust. Ich hatte keine Ahnung, wann und ob wir uns wieder begegnen würden.

„Du meine Schneeleopardin", seufzte ich.

„Und du bist ein Adler. Sie fliegen so lange im Kreis, bis sie ihr Ziel finden. Dann stürzen sie herab und nehmen sich die Beute. Ich sehe dich im Silent Valley umherfliegen. Du bist frei, Gowinda, und ich bin verkauft."

„Nila, sag so was nicht, ich werde an dich denken und dir diesmal bestimmt schreiben. Du bist meine Schneeleopardin, die Einzelgängerin, die bald am Filmset zwischen gefährlichen Klippen und Abgründen umherstreifen wird. Ich werde diesmal berichten, dich teilhaben lassen an meiner Welt dort draußen! Wenn ich einen Leoparden sehe, mache ich ein Foto für dich."

„Unverzagt hat Hanuman Unmögliches gewagt!"

Sie sang die Strophe eines alten Tamil-Liedes und sagte, sie müsse los. Ich nickte stumm und sie brach auf. Ich lief ein paar Schritte hinter ihr, als wollte ich sie festhalten.
Da drehte sie sich um. „Fahr heim, Gowinda. Ein Unwetter könnte aufziehen“, mahnte sie mich.
„Mach ich. Ich will nicht nass werden!“
Der Abschied war furchtbar für mich. Dieses Endgültige darin. Es wurde dunkel in mir. Dabei war ich es doch, der sie längst betrog. Tat ich das, um mich gegen das Verlassenwerden zu wappnen? Der Tod kommt irgendwann, aber verlassen zu werden ist viel schrecklicher. Nila lächelte nichtsahnend und drehte sich weg.
Sie flog in ihrem weißen Gewand davon, und ihr Seidenschal blähte sich im Wind zu Flügeln.

51

Sita zeigte den vaterlosen Söhnen, kaum dass sie laufen und sprechen konnten, wie die Äste sich vom Baum biegen. Ein Zweig und Schilfgras wurden zu Pfeil und Bogen, mit denen ihre Söhne spielten. Sita zeigte auf einen Stein und befahl den Knaben: „Mitten hinein ins Geschehen! Hand und Bogen verbinden, Feinde überwinden!“
„Feinde, was ist das?“, fragte Kusha.
„Pst, pst“, antwortete Sita und legte den Finger auf den Mund.
Doch auch Lava wollte es wissen und bettelte: „Was ist Feinde, Mama, sag es, sag!“
Sita lächelte und wisperte. „Feinde sind immer das Geheime, was sich niemals offen zeigt, sondern sich verstellt, vielleicht verzaubert ist und von hinten angreift.“

Am nächsten Morgen fuhr ich zu Krishnamacharyas Haus. Der kurze Zyklon in der Nacht hatte Bäume umgestürzt und Wassermassen vom Himmel geschüttet, die der trockene Boden nicht aufnehmen konnte. Aber die Sonne schien wieder. Ich vermied es krampfhaft, an die entwendete Statue zu denken. Ein Orkan ist über sie hinweggefegt und hat

sie fortgespült, sagte ich mir. Im Eingangsbereich spielte seine Enkelin auf der Vina.
„Großvater kommt gleich, setzen Sie sich“, sagte sie mit einem lässigen Ton. Sie wird das öfters schon zu Besuchern gesagt haben. Ich wartete lange. Dann erschien der Meister, und ich berichtete in knappen Worten von meinem Aktivismus und dass ich dort weiterkämpfen würde und bleiben wollte. Krishnamacharya sagte:
„Der von Menschenhand unberührte Wald ist nicht nur für die Tiere und Pflanzen ein Segen, er ist der wahre Schrein, der unserer Erdkugel Würde gibt. Er bildet für Yogis und Seher seit Urzeiten den Nährboden, sich zu besinnen, in Askese zu üben, und den Geist zu entfalten. Allein in der Wildnis zeigt sich, ob ihr Bestreben wahrhaft ist. Urwald gehört zur yogischen Kultur. Dort konfrontieren jeden die mächtigen Dämonen der Ängste. Yogis in den Urwäldern halten das Gleichgewicht im *kaliyuga,* dem Zeitalter der Zerstörung. Solange es diese Dschungel gibt, und darin Sucher nach Prakriti, wird die Zivilisation fortbestehen. Das Silent Valley ist für Indiens spirituelle Zukunft nötig.“
Es waren ermutigende Worte. Ich legte mich flach auf den Boden vor ihn, so wie es ein Schüler macht, wenn er den Segen des Meisters für sein Vorhaben erbittet.
An *shiva-ratri* wollte ich im Silent Valley zurück sein, um an der Feier der Adivasis, auf die mich schon der Wahrsager hingewiesen hatte, teilzunehmen; ich hatte also nur noch diesen einen Tag, um mein Vorhaben zu realisieren und für eine große Veranstaltung Jesu Das, einen populären Sänger, für einen Auftritt zu gewinnen. Er würde die Massen anziehen. Mir schwebte ein freiliegendes Gelände in Palghat für ein Open-Air-Konzert vor. Daneben gab es ein großes, altes Gebäude, das sich zur Ausstellung von Fotografien eignete.
Ich suchte aber zunächst den Eingang zum Haus des berühmten Fotografen M. Krishnan. Man sagte, dass er sehr kapriziös sei. Seine Wildlife-Fotografien, die sogar in internationalen Hochglanzmagazinen veröffentlicht wurden, waren mehrfach ausgezeichnet worden. Dazu war er ein sich öffentlich bekennender Gegner des Staudammbaus. Ich wurde zum Hinterhaus verwiesen und kletterte eine Außenstiege an einem

alten Gebäude hoch.
Der etwa achtzigjährige Fotograf saß in einem alten Liegestuhl. Konventionell trug er einen weißen Dhoti und hatte Diamanten in den Ohren. Die langen Haare waren im traditionellen Brahmanenstil zum Dutt hinten aufgewickelt. Er sah aus wie Großvater, aber er rauchte ein Beedi, was für Brahmanen ein Tabu war.
Er blieb lässig sitzen, ein Bein über das andere gelegt, und sagte: „Du bist ein Protestler!" Wie er das erkannte, kann ich nicht sagen.
Ich erklärte: „Stimmt. Fürs Silent Valley. Ihre Fotografien würden Menschen berühren, und Sie würden sich in den Bartaffen verlieben und wären vielleicht zu bewegen, für dessen Lebensräume zu kämpfen. Also möchte ich eine Ausstellung Ihrer Bilder dort organisieren."
Krishnan lächelte unbestimmt: „Erst mal möchte ich wissen, wer du bist." Ich leierte wenig enthusiastisch die Eckdaten meines Werdegangs herunter. Er unterbrach mich: „Bist du verheiratet?"
„Nein!", schüttelte ich den Kopf, worauf er fragte:
„Warst du schon einmal mit einer Frau zusammen? Kennst du Liebe?"
„Ja", sagte ich.
„Mit einer oder mehreren?", fragte er mich. Ich grinste verlegen. Er sagte: „Gut, ich mach es!"
„Das ist wundervoll. Danke. Ich möchte den populären Sänger Jesu Das für unser Projekt gewinnen. Er würde viele Tausende anlocken. Wir könnten neue Sympathisanten für den Protest gewinnen."
„Ich ruf ihn an. Ich kenne ihn. Keine Sorge, ich organisiere das", sagte M. Krishnan knapp. „Wann soll die Veranstaltung sein?"
„Im Mai oder Juni."
„Mai ist Regenzeit, also planen wir Ende Juli." Er lächelte frech und ich vertraute ihm. Es würde sensationell werden. Ich hatte eine Trumpfkarte mit ihm gezogen.

„Ich werde mit der Enfield zurück nach Kerala fahren", sagte ich zu Vinu.
Zu meinem Erstaunen war Appa positiv eingestellt: „Ich hoffe, ihr habt bald Erfolg. Ich sage dann eben zu meinen kritischen Verwandten:

Mein Sohn ist unterwegs, die Welt zu retten!“
„Aber warum willst du abends aufbrechen?“, fragte Amma besorgt. Ich verschwieg Tara.

Die Nacht verbrachte ich in Taras großem Haus in Besant Nagar. Sie hat tatsächlich sehr reiche Eltern, um so zu leben, dachte ich. Als sie hörte, dass zu der geplanten Ausstellung M. Krishnan kommen würde und sogar Jesu Das bei diesem Protestfestival auftreten würde, sagte sie, sie würde auch zu dieser Veranstaltung anreisen.
Früh morgens um vier Uhr startete ich von Taras Haus aus. Ich fuhr aus der Stadt hinaus gegen Süden und bog dann ins Landesinnere, bis ich spätmittags den Fuß der Nilgiri-Berge erreichte. Eine kurvige Straße führte hinauf. In einer kleinen Stadt machte ich Pause und fand einen Dosai-Laden. Um sieben abends hielt ich an und schlief auf der Bank einer Bushaltestelle. Noch bevor das erste Licht am Morgen kam, war ich wieder unterwegs. Ich spornte mich an: ich muss vor Mittag zurück am Forest Office in Mannargadu sein.

Als ich kurz vor Mittag über die zerlöcherte Straße zum Dorf von Ayyappan hochfuhr, sah ich von weitem Maren winken. Er war beeindruckt von dem Motorrad, und wir versteckten es in den Büschen. Ein kurzes Nickerchen, ein Bad mit Wasser aus dem Schlauch, ich zog mich um und war bereit. Maren war in seinem Feiertagsgewand. Ayyappan und andere Adivasis waren schon in den frühen Morgenstunden zur *shiva-ratri*-Feier losgewandert. Maren hatte auf mich gewartet. Wir waren die letzten, die die Ansiedlung verließen.
„Ich habe keine Genehmigung des Forest-Officers, in die innere Zone des Dschungels zu wandern“, fiel mir plötzlich ein, kaum dass wir einen Kilometer gewandert waren.
Maren schüttelte den Kopf. „Nicht nötig. An *shiva-ratri* kommen viele von außerhalb.“ Der Wahrsager in Triplicane fiel mir ein. Er hatte doch eine Yogini erwähnt. Aber ob er nun diese, genannt *Akka,* meinte und ob er auch da sein würde, wusste ich noch nicht.
Ich vertraute Maren und lief hinter ihm her. „Maren kennt viele selte-

nen Pflanzen und vor allem die verschlungenen Pfade“, hatte Ayyappan gesagt.
Beim zweiten Forest Office stand ein Jeep. Maren grüßte den Officer, dem wir erzählten: „Wir schauen uns den Bestand der Medizinpflanzen auf dieser Seite an.“ Er fuhr uns daraufhin die letzten zwanzig Kilometer des steinigen Zufahrtsweges bis zu dessen Ende in Serpentinen und über große Schlaglöcher hinauf. „Wenn du *Mudugal tribals* siehst, beachte sie nicht. Lauf weiter!“, war seine strenge Anweisung. Er fügte hinzu: „Gehe nicht hinüber über den Fluss. Das ist dort ein Sperrgebiet für Fremde.“
„Natürlich nicht!“, log ich.“
„Halte dich daran und sei abends zurück in der Ansiedlung von Ayyappan“, befahl er noch durchs geöffnete Fenster während des Wendens.
An *shiva-ratri* war das Office ab Mittag geschlossen, also würde niemand hier mehr kontrollieren. Dass wir die Waldmenschen nicht ansprechen durften, da es lautlose Menschen waren, die die Zivilisation nicht kannten und nicht gegen unsere Zivilisationskrankheiten resistent waren, war allgemein bekannt unter uns Aktivisten. Aber heute ist eine Ausnahme, redete ich mir ein. In der Nacht, in der Shiva tanzt, werden so manche Schranken fallen.
Wir trugen unsere Trinkflaschen und ein paar Kekse als Proviant in einer Stoffumhängetasche. Auf einem Trampelpfad unter den alten Teakholz-Baumriesen wanderten wir in das dichte Unterholz hinein. Maren war flink. Behände kletterte er den Berg hoch. Da ich viel langsamer als er war, wartete er an Wegbiegungen hockend auf mich. Ich musste immer wieder Verschnaufpausen einlegen und auch schauen. Das Auge verliert sich im Grünen. Anschauen wird hier eine Weltanschauung, die nicht auf Bildung basiert, sondern auf der völligen Leere des Geistes, der sich der Natur hingibt, dachte ich. Das Unterholz vibrierte mit Leben: Schlangen, Skorpione, Spinnen – geschwind verschwanden sie vor unseren trampelnden Füssen. Der Boden brachte zahlreiches kleines Leben hervor.
Maren ging nicht zur Schule. Sie war zu weit weg. Er lernte nicht nur die Pflanzenkunde von seinem Vater, sondern auch Rechnen und sogar ein

wenig Schreiben. Seine Augen strahlten, wenn er mir eine unbekannte Heilpflanze zeigte. Wir pflückten nichts. Die Vielfalt und Üppigkeit der Regenwaldgewächse sättigten beim Sehen. Das Vollkommene kann man nicht ordnen. Ich vergaß die Konflikte, die das Lieben mit sich bringt, war im Frieden mit mir und zuversichtlich, dass es schon irgendwie wird mit den Frauen. Nila verlor sich tanzend im Sonnenlicht, und Tara beugte sich zur Erde, berührte ein Blatt und verschwand darin.

Von einer kleinen Erhebung aus blickten wir hinunter auf die Kunti. Sie floss an felsigen, dann flachen Ufern mit Sandbänken und großen Kieselsteinen vorbei und hatte ein malerisches Tal gebildet. Wir sahen keine Menschenseele, Bienen umschwirrten uns. Hier und da ein großer bunter Schmetterling. Es duftete nach unbekannten Wohlgerüchen. Die Nachmittagshitze ließ mich immer langsamer werden, und Maren musste viel hocken. Doch zeigte er bald hinüber auf eine kleine Siedlung in der Ferne auf der anderen Seite der Schlucht. „Dort wohnen die *Mudugal tribals*. Meine Großmutter lebt dort und *Akka*, die Yogini. Vor der Dunkelheit müssen wir dort sein. Auf geht‘s!“ Dabei sah er mich bewundernd an: „Du warst schon in Amerika?“

Wer hatte ihm das über mich erzählt? Ich sah ihn das erste Mal lachen, als er mit den Armen das Fliegen des Flugzeugs nachmachte und ausgelassen herumsprang. Mir wurde klar, dass er noch ein Kind war. Aber auf die Yogini war ich gespannt und überlegte, ob es tatsächlich die ist, von der der Wahrsager erzählt hatte.

„Lass uns über den Bach fliegen zu meiner Großmutter!“ Maren hopste über die Steine eines Rinnsals hinunter, das sicher dort unten in die Kunti münden würde. Ich strengte mich an, Schritt zu halten. Licht, das Leichtigkeit in meine Glieder brachte, funkelte durch die Bäume auf dem Wasser. Ein Schimmer Zuversicht – das Abenteuer des Lebens, suggerierte der Glanz, der aus dem reinen Dunst der ausatmenden Bäume entstand. Die Zukunft liegt unbeschwert und unbekannt vor einem, wenn man sich diesem Urwald hingibt. Ich sah mich in Maren widergespiegelt und hüpfte ihm nach, so gut ich konnte.

Je näher wir kamen, desto unruhiger wurde ich über die bevorstehende Begegnung mit den Waldmenschen. War ich nicht gefährlich für sie?

„Ich komme gerade aus der Stadt und bin bestimmt voller schädlicher Bakterien für deine Leute!“, sagte ich.
Maren pflückte daraufhin ein kleines, neugewachsenes, gelbes Blatt und gab es mir: „Kauen. Es schützt dich und uns.“
Das Blatt schmeckte adstringierend, wurde bitter und brannte im Rachen. Wahrscheinlich tötet es alle Keime, dachte ich.
Endlich lag die Kunti vor uns. Maren führte mich zu einer Hängebrücke aus Seilen. Schaukelnd und in atemberaubender Höhe führte sie uns hinüber auf die andere Seite, wo uns ein weiteres dichtes Waldgebiet empfing. Weiße und rote Orchideen rankten sich an den Zweigen der Bäume. Viele sumpfartige Bäche strömten hinunter zur Kunti. Meine Beine waren voll mit Blutegeln. Maren hatte keine. Ich drehte sie immer wieder heraus. Der Junge bückte sich und zeigte auf kleine grünlich gelbe Pflanzen. „Die sind für *shiva-ratri*!“ Sorgfältig pflückte er die reifen Blätter, ohne die Pflanze und ihre jungen Triebe zu beschädigen. „Sieh hier, wenn sie reif und ausgewachsen sind, erzeugen sie Glücksgefühle.“ Der Kleine wusste also schon über Drogen Bescheid. Er sammelte vorsichtig große gelbe Blätter und band sie zum Bündel.

Als wir weiter hochkletterten, tauchten drei Waldmenschen vor uns auf. Sie gingen leichtfüßig und still vorbei, ohne uns anzusehen. Ihr langes Haar hielten rote Bänder zusammen. Ich betrachtete sie aus den Augenwinkeln. Zwei der Männer trugen eine khakifarbene Uniform, die sie vermutlich einmal jährlich aus dem Forest Office bekamen. Einer der drei war jedoch nur mit einem Lendenschurz bekleidet. Nach einer Weile drehte ich mich um. Einer der Männer war stehen geblieben und sah stumm ins Tal hinunter.
„Er hat ein Tier gewittert, vielleicht einen schwarzen Leoparden“, sagte Maren.
Das Dorf erreichten wir am frühen Abend. Niemand schien uns zu beachten. Die Menschen waren scheu und vermieden jeden Blickkontakt mit mir. Marens Großmutter saß vor ihrer Hütte. Sie war fast blind, und ihre Zähne mit großen Lücken dazwischen blinkten. Ich hockte mich erschöpft nieder, während die alte Frau sich erhob und das Feuer schür-

te. Sie bereitete ein Gebräu aus Getreide zu. Maren gab ihr die grünlich gelben Blätter, in denen die Substanz des Rausches verborgen war. Die Greisin befühlte sie langsam und ausgiebig und hängte sie dann an die Spitze einer Lanze, die in der Erde neben ihrer Hütte steckte. Sie senkte sich langsam, fast elegant in die Hocke nieder. Stühle gab es hier nicht. Ruhig und bedacht sah sie in meine Richtung. Wie ein Tier witterte sie mich. War ich der erste Fremde in ihrer Hütte? Die Langsamkeit von Bewegung verringert den Herzschlag, dachte ich.
Ich sah Gesichter, die man in der zivilisierten Welt nicht mehr sieht. In sich gekehrt, ihrem Tun gewidmet. Sie schienen immer wieder abzuwarten, bevor sie fortfuhren, die alltäglichen Dinge auszuführen. Ayyappan kam mit seiner Frau herbei. Wir bekamen den dickflüssigen Brei, ich aus einem Stahlbecher, die anderen tranken aus getrockneten zusammengewickelten Blättern. Er schmeckte ein wenig salzig. Ayyappan verneigte sich vor seiner alten Mutter, deren Antlitz einer Landkarte mit vielen Linien glich, unzählige Wege in einem verrunzelten Gesicht. Dann gab es aus einem großen Messingtopf Honig in die hohle Hand. Die Lautlosigkeit ergriff mich. Wir hockten einfach da und glotzten gedankenleer in die Bäume.
Nach Einbruch der Nacht band die alte Frau die gelbgrünen Blätter von der Lanze ab, während sie Ur-Laute sang. Licht kam aus einer alten Petroleumfunzel. Dann verteilte sie die Blätter. Ich machte nach, was die anderen machten, und kaute genauso viel wie die anderen von den trockenen Blättern. Unmittelbar danach nahm ich Stillstand wahr. Als würde ich auf ein Bild schauen, das sich nicht mehr veränderte. Es war eine tiefschwarze Neumondnacht. Ursache und Wirkung waren durch diese Droge wie ausgeschaltet, folglich auch das Verlangen, das ja einen Auslöser braucht. Ayyappan stand vor mir mit einer Fackel. Als wäre dem ein Kommando vorangegangen, bildete sich eine Menschentraube um ihn. Ein paar Petroleumlampen brachten kaum Licht. Ayyappan bewegte sich wie aus dem Bild heraus, und alle folgten ihm. Maren nickte mir zu als Zeichen, mitzukommen. Wir gingen vorsichtig zu einem nah liegenden Felsen. Vor der Höhle setzten wir uns nieder, alle saßen jetzt mit gekreuzten Beinen, niemand hockte. *Akka* kam her-

aus. Sie war nackt unter einer übermäßigen Masse an schwarzem Haar. Ich spürte Scham und wollte keineswegs auf sie starren oder sie ergründen. Wie nebenbei hatte ich aufgenommen, dass ihre Brüste schwer und rund waren, aber hochstanden. Ihr Gesicht war klein und die Stirn niedrig. Ihre Pupillen verschwanden fast im oberen Lid des Auges, so dass fast nur das Weiße des Augapfels sichtbar war. Sie hatte sehr feine Handgelenke und bewegte sich mit Gesten. Ich fürchtete mich, überhaupt hinzusehen, doch auch sie wurde Teil von einem Bild.
Singsang ertönte. Manche begannen sich leicht zu bewegen, traten plastisch aus dem Bild heraus. *Akka* schüttelte sich tranceartig. Ihr Haar schwang sich in Kreisen. Ein Bartaffe saß über dem Felsvorsprung, ohne sich zu rühren. Allmählich verwandelte ihn meine Wahrnehmung in einen Weisen, der *Akka* gelehrt hatte, unverbraucht zu bleiben. Ewig jung. Unberührt. Er wurde zu Hanuman, der mit göttlicher Kraft das gesamte Tal schützte. Ich sah *Akka* nicht mehr. Hanuman war alles: *Akka* war seine Nase, Maren sein Mund, Ayyappan und seine Frau die Augen. Sein Körper war der Berg. Ich prüfte vorsichtig die Tragfähigkeit des Bodens, als ich mich zu den Tanzenden gesellte. War alles ein Trugbild? Dann erinnere ich mich nur noch, wie Ayyappan eine Decke über mich legte und ich im Arm Hanumans einschlief.
Als ich am Morgen erwachte, lag ich vor dem Vorsprung der Höhle. Niemand war da. Die Sonne ging über der weiten Landschaft auf. Es war mein Geburtstag. Ich wurde dreißig Jahre alt und war glücklich. Ich setzte mich hin und dachte, diese Droge, diese Blätter von gestern Nacht können die Gier verschwinden lassen, weil man in der reinen Betrachtung bleibt.
Akka kam und reichte mir Wasser. Ich konnte ihr Gesicht ganz nah vor mir sehen und tief in ihre schwarzen Augen blicken. Sie war in diesem Moment Tochter, Mutter, Retterin, Mitfühlende, Göttin. Im Zustand der Unschuld ist es unwichtig, ob jemand bekleidet ist oder nicht. Es fällt gar nicht mehr auf. S*hiva-ratri*, die Nacht des Shiva, hatte das tanzende Universum offenbart. Ich habe Stille gespürt. Und Nila war mir nah gewesen. Sie muss durch meine Träume gewandert sein, war also tief in meinem Unterbewusstsein zuhause. Nila ist Blavatsky, ist Rukmini De-

vi, ist wie *Akka,* ein ursprüngliches Weib, das ein Mann nicht besitzen kann, das der höheren Macht dient und damit allen gehört. Meine Sehnsucht nach Nila, ja nach Frauen überhaupt, war durch die Wirkung der gelben Blätter besänftigt. Nila schwebte über dem Tal wie das Gemälde, das sich nicht bewegt, aber in dem alles zusammenhängt, mein ganzes Erleben. Und wie aus der Stille dieses Bildes langsam sich alles herauslöst und Teil eines unendlichen Tanzes wird, in dem wir alle mittanzen, wenn wir atmen, sprechen, hören, schmecken und fühlen.

52

Macht verändert denjenigen, der sie besitzt. Verändert er sich nicht, bewegen sich die Dinge so geschwind um ihn, so dass er das Nachsehen hat.

„Wer regieren will, muss sein Territorium sichern, muss erobern, beschützen und verteidigen!“, rieten die Minister Rama. „Wir brauchen die Union der verbündeten Völker“, sagte Bharata, der Vizekönig.

Rama war ohne Sita jedoch in den Grundfesten seiner Macht erschüttert. Zaudert ein Führer, bricht der Zusammenhalt in seinem Reich zusammen. „Rama gibt sich Gefühlen hin“, fürchteten seine Berater. „Das darf ein Herrscher nicht. Was, wenn er seinen Liebeskummer öffentlich zugibt? Das könnte Unruhen im Volk hervorrufen.“

„Um Unheil abzuwenden, muss das große Ritual des Ashvameda Yagna, das Pferdeopferritual, ausgeführt werden!“, sagte der Schamane des Stammes.

Umgehend wurde ein Pferd eingefangen. Rama zog dessen Kopf zu sich herunter und flüsterte ihm etwas ins Ohr. Niemand verstand, was er sagte. Dann beschworen Priester den jungen wilden Hengst mit heiligen Mantren.

Rama war längst nur noch Rad im Getriebe des Hofstaates. Warum nur war er Mensch geworden? Er, der ewig Ruhende, war aus seinem fortdauernden Schlummerzustand gerissen worden, um in einer Inkarnation als Rama in menschliches Dilemma verwickelt zu werden.

Protest als Festival, 1979

Tara kam abends in Palghat an. Wir wohnten zusammen in einem Hotel. Ich konnte ihr meine Begegnung mit *Akka* nicht schildern. Die Nacht des Shiva lag zwischen uns. Eine mächtige Erinnerung. Plötzlich war ich woanders angedockt, nicht bei Tara. Sie spürte das. Auch als Sai und Prema uns am Nachmittag vom Hotel abholten, die beiden waren mittlerweile offiziell verlobt, spürte ich Sais spöttisches Lächeln, als er uns als Paar wahrnahm. Er muss gedacht haben: Gowinda, dieser Frauenheld! Wir schlenderten die Straße entlang zu dem weitläufigen Gelände des Festivals. Unter freiem Himmel war die Bühne aufgebaut. An die tausend Menschen hatten auf den ausgelegten Matten Platz genommen. Das Kulturinstitut Keralas hatte sich eingeschaltet und die Veranstaltung bezuschusst. Seine Bedingung war, dass auch die Befürworter des Staudamms sprechen durften. Ich nahm das in Kauf, und obwohl ich auf eine Protestveranstaltung hingearbeitet hatte, durfte der Leiter des Elektrizitätswerks gleich nach den einführenden Worten des Leiters vom Kulturinstitut die Eröffnungsrede halten. Auf wessen Seite der Kulturamtschef stand, zeigte er nicht, aber ich spürte, insgeheim auf unserer. Der schmierige Polizist demonstrierte sich als Chef und bugsierte andere Polizisten herum. Er begrüßte mich erstmals übertrieben freundlich und stellte sich als Mohan vor. Ich fand es sehr unangenehm, dass er sich so wichtig nahm. Die Leute verhielten sich friedlich.

„Fortschritt und Wohlstand ist unser Motto“ war wie erwartet die Einleitung in der Rede des Geschäftsführers des Elektrizitätswerks, der die Zuschauer bald mit technischen Details langweilte.

Wie gut, dass Dr. Nair als nächstes sprach und den Faden aufnahm: „Die Zukunft und das Wohlergehen ist auch unser Motto, und das geht nur, wenn wir die grüne Lunge Südindiens erhalten. Ein in sich geschlossenes Regenwaldgebiet beeinflusst das Klima. Der Monsun kann ausbleiben, wenn sich aus dem Dunst des Waldgebietes keine Wolken entwickeln. Bleibt er aus, hat das verheerende Folgen für die Bauern. Dazu können ohne Waldgebiete Erdrutsche entstehen, wenn es gewalti-

ge Regenschauer gibt.“ Er sprach einfach und klar.
Laurie Baker, ein in Indien anerkannter Architekt aus England, der in Kerala Lehmhaus-Siedlungen entworfen hatte, dessen Häuser die traditionelle indische Bauweise aufnahmen, hatten wir auch für unser Projekt gewonnen. Er sagte: „Folgt der Sprache und den Inhalten Indiens und nicht denen des Westens, der mit seinem Fortschrittsglauben der Industrialisierung blindlings verfallen ist, ohne an die Umwelt zu denken. Indiens Epen und der Urglaube seiner Bevölkerung sehen in der Natur die Götter.“
Sechs Jugendliche der Palghat Schule, in der ich mit Sai einen Aktionstag durchgeführt hatte, führten einen Sketch auf, wie die Tiere sich vor den Menschen fürchten, genauso wie die Menschen sich einst vor den Dämonen gefürchtet hatten.
Sugathakumari war wie immer das Highlight. Sie erklärte, was ein heiliger Hain ist. Ein großes Naturgebiet, das den *tribals* als Tempel der Erde diente, in dem ein ausgesuchter Baum mit Lanzen umstellt wurde. „Dieses Bewusstsein der Heiligkeit der Erde ist unser *dharma* als indische Nation. Wenn ihr Religion wollt, dann macht die Erde wieder zu eurem Gott und vergesst den Himmel. Der Himmel ist weit, unberührbar und nicht zu ermessen. Er ist unser Traum, beflügelt unsere Phantasie, aber die Erde ist unsere Realität. Sie ist das Begreifbare und kann ergreifen. Sie weckt Gefühle, unsere Wälder und die einzigartigen Tiere darin. Die Blumen und die Heilkräuter sind verletzbare Wesen. Lasst das Paradies in unserem Land, den letzten feuchten Regenwald seiner Art unberührt von der ordnenden planenden Hand, die von Gier gesteuert ist.“
Ihre sehr emotionale Rede bekam brausenden Applaus. Danach sang sie zusammen mit Jesu Das, der neben ihr auf die Bühne gekommen war, a capella die „Ode an den Wald“. Das Publikum tobte vor Begeisterung.
Als ich mit den Freunden zur Fotoausstellung von M. Krishnan schlenderte, beglückwünschte mich der Geschäftsführer des Elektrizitätswerks auf dem Weg zu dieser gelungenen Aufführung:
„Ich habe gehört, Sie sind Mathematiker. Wir brauchen dringend Leute wie Sie. Kommen Sie zu uns, dann können Sie es mitsteuern, wie wir,

ohne viel Schaden für die Natur anzurichten, den Staudamm bauen. Sie würden sofort ein eigenes Haus im Silent Valley und ein ausgezeichnetes Gehalt bekommen. Auf diese Weise könnten Sie ihre Liebe zum Valley am besten einbringen!"

„Vielen Dank! Ich denke darüber nach", sagte ich zurückhaltend. Der Polizeichef begleitete ihn zum Wagen, vor dem wütende Demonstranten mit Plakaten standen: „Wenn der letzte Baum weg ist, gibt es nichts mehr zu essen!"

„Der hat sie doch nicht alle!", sagte ich zu Sai. „Er hat mir gerade einen Job angeboten. Ich soll an der Zerstörung des Valleys mitarbeiten. Er ist so von der Großartigkeit seines Staudammprojekts überzeugt, dass er von all unserem Protest wirklich gar nichts begriffen hat."

„Nimm doch den Job an!" hänselte Sai. „Du bist doch gewohnt, dich wie ein Blatt im Wind zu drehen." Tara gefiel die Bemerkung nicht.

Prema hingegen sagte: „Eingenommen von Geld, dieser Elektrizitätstyp. Ich werde mal nachprüfen und ermitteln. Ich wittere Korruption."

Wir betraten hintereinander die Ausstellungsräume. Kaum sah M. Krishnan mich, rief er laut: „Na, hat sich dein Repertoire an Schimpfwörtern erweitert, während du das hier organisiert hast?"

„Geschäftsführer, Polizei und Regierung sind eine Herde Drecksäue!", flüsterte ich ihm ins Ohr, kaum dass ich neben ihm stand.

Wohlwollend klopfte er mir auf die Schulter.

Tara nahm mich an der Hand und führte mich zu einem großen Foto mit Elefantenmüttern und ihren Kleinen beim Bad am Fluss. „Schau, sie sind so süß!", sagte sie. Das erste Mal an diesem Tag lächelte ich und entspannte mich. Die Natur und die Tiere im Bild wurden lebendig.

Am nächsten Tag hielt der Schriftstellerverband von Kerala ein Seminar ab. Von überallher im Land waren Schriftsteller angereist und sprachen über die Beziehung zur Natur in der traditionellen indischen Literatur, Denkweisen, die im Konflikt mit der progressiven modernen gesellschaftlichen Entwicklung standen. Silent Valley sei ein gesellschaftliches Thema geworden. Ein Schriftsteller betonte: „Das Ausbeuten der Natur, das Einteilen der Erdoberfläche in kommerzielle, industrielle, kulturelle und bewohnbare Gebiete, dazu in wenige geschützte Zonen –

dieser alles auseinandernehmende Blick ist unser Verhängnis und wird zum Untergang für unser Land werden." Ein anderer Teilnehmer fügte hinzu: „Die Literatur hatte das Erleuchtungsorientierte und nicht das Leistungsorientierte im Vordergrund."
Tara sagte danach: „Hoffentlich bewirken diese Intellektuellen etwas."
„Sei nicht so skeptisch. Fakt bleibt, dass Wissenschaftler die Folgen ihres Schaffens nicht absehen können – wollte Einstein Atombomben auf Hiroshima? Die Trennung der Naturwissenschaften von der Natur ist ja einer der Gründe gewesen, warum Sai und ich aus der wissenschaftlichen Welt ausgestiegen sind. Diese Schriftsteller haben es auf den Punkt gebracht."

Am selben Abend lud Dr. Nair zum Dinner. Tara kam in einem eierschalenweißen Sari mit einer zarten Goldborte. Als ich Dr. Nair über das Angebot des Geschäftsführers des Elektrizitäts-Werks berichtete, sagte er: „Warum bin ich noch nicht selber draufgekommen? Wenn du hierbleiben willst, brauchst du natürlich eine passende Unterkunft. Und ich habe eine Idee. Nach dem Forest Office fährst du die Straße weiter, dort steht links in einem verwachsenen Estate seit Jahren ein Haus leer. Es diente nach Abzug der Teepflanzer eine Weile als Schulhaus, bevor auch die Schule aus Mangel an Lehrern geschlossen wurde. Das Grundstück gehört einem Freund von mir. Ich werde ihn gleich fragen, er steht da vorn." Tara fragte: „Willst du dich etwa hier niederlassen?"
Kurze Zeit später kam Dr. Nair mit seinem Freund auf mich zu. „Natürlich kannst du da wohnen", sagte der Fremde. „Allerdings ist es in einem desolaten Zustand, und du müsstest dort alles selbst reparieren."
„Kein Problem", sagte ich. „Was muss ich an Miete bezahlen?"
Der Freund schüttelte den Kopf. „Nichts. Von Aktivisten, die fürs Silent Valley kämpfen, nehme ich nichts."

Am nächsten Morgen brachte ich Tara zur Zugstation. „Alles Gute", winkte ich ihr hinterher. Sie hatte große berufliche Pläne in Madras und wollte ein modernes ayurvedisches Krankenhaus eröffnen. Wir würden uns erst mal nicht wiedersehen.

„Du kannst in deiner neuen Bleibe einen Garten für Medizinpflanzen anlegen", winkte sie aus der offenen Tür zurück, um dem Abschied eine leichte Note zu geben. „Ich komm dann und helfe dir."
„Na ja, ich muss das Haus ja erst einmal besichtigen", rief ich noch, als der Zug ausrollte. Innerlich war ich froh, dass sie erst mal weg war. Vor mir lagen große Aufgaben in Kerala.
Meine geliebte Enfield, die ich fast achtzehn Stunden über die Berge nach Kerala gefahren hatte, war jetzt ungeheuer nützlich. Denn so konnte ich mir am selben Vormittag problemlos das von Dr. Nairs Freund angebotene Haus ansehen. Das Estate bestand aus einer verlassenen Teegartenlandschaft, und das Haus war über einen zugewachsenen Pfad aus wilden Büschen zu erreichen. Ein recht großes Haus, die Holzfensterläden waren kaputt. Einer fehlte ganz. Dort war auch das Fenstergitter verbogen, und ich konnte hineinschauen. Ich besah das verlassene Haus von allen Seiten und stieg mit einem mulmigen Gefühl durch das Loch in dem Gitter ein. Trotz der mit Affen-, Mäuse- und Fledermauskot verunreinigten Räume ahnte ich hier enthusiastisch eine Zukunft. Es stank. Ich würde aufräumen müssen. Hinter dem Haus lag ein Becken, groß genug, um darin zu schwimmen. Zweige von einem halb abgebrochenen Guavenbaum hingen hinein. Es war einst ein herrschaftliches Gebäude, von einem Teeplantagenbesitzer gebaut. Jetzt wirkte es gruselig schön. Über allem lag dieses Verwunschene. Um dieses Gebäude wohnlich gestalten zu können, würde ich Hilfe brauchen. Ich war auf einmal unschlüssig, ob ich das alles bewältigen könnte und das Haus annehmen sollte.
Als ich wieder zurückfuhr, sah ich auf der Landstraße zum Forest Office zwei Gestalten laufen, und bevor ich denken konnte, es seien Gespenster, ergriff mich eine Böe aus längst Geschehenem, so dass ich abrupt bremste. Das ist doch Nell, dachte ich vollkommen überrascht. Sie stand mit einem jungen Mann am Straßenrand, als wollten sie trampen. Ich schob meine Maschine ein paar Schritte rückwärts und schaute in das Gesicht der Frau.
„Hi", sagte sie. Sie sah Nell tatsächlich verblüffend ähnlich. Sie trug kurze abgeschnittene Jeans und auf dem Rücken einen Rucksack. Das

lange schwarze Haar hatte sie zu einem Zopf gebunden, der ihr seitlich über die Schulter fiel. In ihren Ohren baumelten rote Ringe. Sie wirkte selbstbewusst, ein wenig wild. Der junge Mann hatte hüftlange Rastas und war schmal und lang gewachsen. Er trug eine bestickte Weste über einem safrangelben Lungi, ging barfuß und trug ein Instrument auf dem Rücken, eine große Stoffumhängetasche über der einen Schulter und einen zusammengerollten Schlafsack über der anderen. Als ich fragte, wo sie hinwollten, sagte sie ganz selbstverständlich: „Silent Valley." Genau der gleiche Akzent im Englischen, den Nell gehabt hatte.
„Woher seid ihr?", fragte ich.
„Aus Spanien, Valencia", antwortete sie bereitwillig. Sie reichte mir die Hand. „Ich heiße übrigens Carmen. Und Gabriel ist aus Wien."
„Fürs Valley brauchen Touristen eine Genehmigung", sagte ich und merkte, wie blödsinnig das in ihren Ohren klingen musste.
„Wir sind keine Touristen", sagte sie.
Ich dachte, meine kalifornische Vergangenheit kehrt mit diesen Hippies zurück. Es war der gleiche Geist. „Ich schlafe in einem Dorf der Adivasis in einer Hütte", sagte ich zu Gabriel und befahl ihm knapp: „Steig auf, ich nehme dich mit zum Forest Office. Dort fragst du, ob ihr mit mir hinauf gehen dürft. Danach hole ich Carmen ab. Das Forest Office liegt nur ein Kilometer entfernt von hier."
Ohne zu zögern schwang er sich aufs Motorrad, während Carmen sich einen Platz zum Warten suchte.
Das Forest Office war an diesem Tag geschlossen. Gabriel schien es nichts auszumachen. Er setzte sich auf die Veranda, als sei sie sein Eigentum. Als ich mit Carmen ankam, hatte er es sich gemütlich gemacht. Wir setzten uns dazu, und sie berichteten abwechselnd über ihr abenteuerliches Leben. Sie reisten seit fünf Jahren quer durch Indien und hatten irgendwann ihre Pässe weggeworfen. Sie glaubten nicht an politische Systeme von Staaten und bezeichneten sich als „global children". Ich war fasziniert: Sie beanspruchen einen Freiraum für sich und sind weder an Politik noch an dem Einfluss der Gesellschaft interessiert. Indien lässt Aussteiger gewähren. Ich fühlte mich sofort mit ihnen verbunden, obwohl ich wusste, dass sie gegen das indische Gesetz verstie-

ßen. Aber sie weckten ein Drängen in meinem Herz: Freiheit. Welt ohne Zäune. Ich werde mich um sie kümmern, nahm ich mir vor. Ein wenig auch tat ich es für Nell.
„Schlaft heute Nacht vor dem Forest-Office. Ich habe da so eine Idee“, sagte ich.
Ich fuhr nach Palghat zurück und traf Dr. Nairs Freund noch bei ihm im Haus an. „Ich nehme das Haus“, bestürmte ich Dr. Nairs Freund und bekam auch seine Genehmigung, die beiden Fremden mit mir dort einziehen zu lassen.
Dr. Nairs Freund wohnte gleich ums Eck. Wir gingen gemeinsam zu ihm und er gab mir den Schlüssel. Er wirkte froh. „Wie gut, dass das Anwesen Bewohner findet. Ich komme demnächst mal vorbei.“

53

Das eingefangene weiße Pferd glich einer Wolke, die unberechenbar heraufzieht, sich aufbäumt, bedrohlich wächst und sich wieder in die Weite des Himmels verflüchtigt. Herrscher sind mit solch einem weißen Pferd zu vergleichen, unlenkbar und kapriziös. Das weiße Pferd repräsentierte die Macht des Königs. Über mehrere Tage wurde das festgebundene Pferd Zaubersprüchen ausgesetzt und sensibilisiert. Nach den Ritualen wurde es wieder losgelassen.
Sofort galoppierte das Huftier, froh, wieder frei zu sein, mit dem Banner von Ramas Stamm davon. Unberechenbar trabte es durch unwegsame Gegenden mitten hinein in die Gebiete fremder Stämme.
„Achtung, es ist ein Orakelpferd, es trägt auf sich das Banner der Macht! Wer es fängt, wird zum Feind des Königs Rama! Wer es ziehen lässt, wird zu seinem Verbündeten! Lasst es uns wohlwollend anschauen!“, riefen Stimmen in den fremden Stämmen, als sie es heran traben sahen.
Ramas Krieger waren dem weißen Pferd gefolgt, um das Geschehen aus der Ferne zu beobachten. Sie ritten durchs Grasland der Steppen und sahen andersartige Sippen dem weißen Pferd zuwinken und sich

somit Rama unterwerfen. „Sie essen wenig und trinken kaum. Sie leben wie das Pferd von Kräutern im Gras“, berichteten Späher von Rama an dessen Hof über die Verfolger des vollblütigen Schimmels.
Ein Mondwechsel war vorüber, als plötzlich wie aus dem Nichts zwei junge Burschen zu Fuß das Pferd umkreisten. Das scheuende Tier wurde auf einmal ruhig. Der eine bestieg es, der andere flüsterte ihm ins Ohr. Das weiße Pferd wieherte und gab sich mit diesen jungen Kerlen zufrieden. Ramas Krieger preschten herbei und fragten: „Wer seid ihr, dass ihr dieses Tier zähmen konntet? Wisst ihr nicht, dass ihr damit zum Widerstand gegen den Herrscher ausruft?“
„Hier herrscht niemand. Wir leben frei“, antwortete einer der beiden unerschrocken. In diesem Augenblick trat Valmiki hinter den Bäumen hervor und sprach zu den Kriegern: „Ruft die beiden Jungen, Lava und Kusha heißen sie, an euren Hof. Sie werden euch Lieder singen und können Ramas Taten in Strophen darbringen!“
Denn die Wahrheit ist oft erstaunlicher als das, was sich im Realen zeigt. Verwandte werden sich, ohne es zu erwarten, auf eigentümliche Weise dann wiederfinden.

Es war schon Nacht, als ich zurück zum Forest Office kam. Mit einer kleinen Batterielampe hatten sich Carmen und Gabriel einen Lagerplatz hergerichtet. Sie rauchten einen Joint.
Ich gesellte mich dazu. „Rauchen ist hier verboten, wir müssen da aufpassen wegen der Waldbrände.“
Carmen nickte. „Keine Sorge, ich pass schon auf.“
Ich erzählte von meinem Plan. „Es gibt ein altes Gebäude, zu dem ich die Schlüssel habe!“
„Oh!“ rief Carmen erfreut aus.
„Wo?“, fragte Gabriel.
„Es ist aber zu groß für mich allein. Habt ihr Lust, mit einzuziehen? Es ist zwar noch etwas unwirtlich da und nicht gerade sauber, da es jahrelang leer stand, aber gemeinsam könnten wir schon was draus machen.“
Gowinda beschrieb ihnen das Anwesen.
Carmens Augen leuchteten: „Genau davon habe ich geträumt. Wie ich

im großen Landhaus einer verwilderten Teeplantage aufräume.“
Auch Gabriel schien erfreut über die Idee. „Bisher ist es in Indien immer so gelaufen mit uns: Wir hatten eine Vision und pilgerten darauf los, und sie erfüllte sich. Deshalb lieben wir Indien. Wir sind frei hier.“
Ich streckte mich bei ihnen aus, und wir redeten, bis wir auf dem Boden langsam wegdösten.
Mit dem Morgenlicht fuhr ich zuerst Carmen zu dem Anwesen. Auf der Fahrt fragte sie, wo man auf dem Weg Besen, Putzlappen und Seife bekommen könne. Ich machte einen Abstecher nach Mannarkadu, wo wir sogar einen Plastikeimer kaufen konnten. Carmen betrat das Haus und besah es mit einem derart praktischen Blick, dass ich aus dem Staunen nicht herauskam. Während ich Gabriel abholte, machte sie sich schon an die Arbeit. Und als wir ankamen, war das erste Zimmer gleich neben dem Eingang bereits sauber. Zunächst richtete sie draußen eine offene Feuerstelle als Herd aus Backsteinen ein.
Während der nächsten Wochen, in denen Carmen pinselte, putzte und scheuerte oder sonst etwas reparierte, spielte Gabriel auf seiner Vina. Das Musizieren hatte er bei den Sufis in Delhi und Rajasthan gelernt. Fand Carmen einen Baumstumpf, wusste sie einen Tisch daraus zu machen. Aus dem Wald kam sie mit Astgabeln zurück, die sie polierte und Garderobenständer daraus kreierte. Sie war auch handwerklich begabt, konnte Wasserhähne reparieren, und sogar die Elektrizitätsleitungen in Ordnung bringen, so dass wir Licht hatten. Sie wusste sofort, wo sie im Haus die Küche einrichten würde. All das verblüffte mich und machte mich neugierig auf ihr Vorleben. Gabriel half mir, die Wände zu streichen. Für die Schlafräume, die er zuvor ausgeräuchert hatte, besorgte ich dünne Matratzen aus Kokosfaser, Kissen und Decken.
Eines Tages stieß der junge Vel zu uns. Er hatte morgens im Türrahmen gestanden und nach Arbeit gefragt. Er kam aus dem nächsten kleinen Dorf Mannarkadu und erwies sich bald nicht nur als ein begabter Gärtner, sondern auch als ein Allroundtalent. Durch ihn erfuhren wir auch, was in seinem Dorf so los war. Bald schon sprach sich unser neues Domizil als Guesthouse für anreisende Aktivisten herum. Und am Abend, wenn Gabriel die kleinen Öllampen angezündet hatte, stellten

sich immer häufiger Besucher ein.
Von Gabriel erfuhr ich einiges über Carmen. „Sie hat schon unsere Höhle an der Westküste von Karnataka zu einem Palast gemacht, und auch im Dschungel hat sie unser Tipi in einen magischen Wohnort verwandelt.“ Gabriel hatte Carmen, die neben ihm saß, dabei zärtlich und anerkennend angelächelt. „Wir haben auch schon in einem Baumhaus gelebt im Dschungel von Orissa. Carmen hat dort die Kräuterkunde von den Tribals gelernt.“
„Habt ihr nicht Angst, ohne Pässe zu leben?“
„Wir haben aufgehört, mit dem Staat zu verhandeln. Indien hätte uns kein Visum gegeben, und wir wollten nicht zurück. Unsere Pässe sind in Varnasi am Ganges mit einer Leiche zusammen verbrannt.“
Ich holte tief Luft, denn ich machte mich strafbar, sie zu beherbergen. Dieser fiese Polizeioberinspektor Mohan, der gern herumschnüffelte und Gegner des Staudamm-Projekts aggressiv anging, könnte sie entdecken und ausfragen. Ich war deshalb froh, dass die beiden Vielgereisten nur selten das Gelände verließen, auch gern im Haus blieben und sich unauffällig verhielten. Carmen und Gabriel waren wie Chamäleons, sie passten sich völlig an die Landschaft an. Carmen glich außerdem einer Nordinderin. Und Gabriel hatte etwas von einem Sadhu. Beide waren mit allen Wassern gewaschen, und wenn Gäste kamen, die sie ausfragen wollten, zeigten sich die beiden als eingeschweißtes Team. Gabriel hielt dann einen komplizierten Vortrag über Musik, und Carmen wurde kurz angebunden. Sie zeigte, dass sie hier die Chefin war und nicht gefragt werden wolle, wer sie sei, wie sie hierhergekommen war oder auch in welcher Beziehung sie zu mir stünde. Ich beschloss trotzdem, bei Gelegenheit mit Prema zu reden, welche Möglichkeiten es gab, sie mit legalen Papieren auszustatten.
Carmen sorgte nicht nur fürs Praktische, sondern kümmerte sich auch um die kleinen Dinge, die ein Heim verschönern, indem sie jeden Tag das Haus mit frischen Blumen dekorierte. Und bald hatten wir auch weitere Bewohner, denn sie sammelte zwei streunende Hunde ein, pflegte sie, und auch einer Katze gefiel es bei uns. Selbst als Köchin überzeugte Carmen. Sie konnte sehr leckere Paella und andere spani-

sche Reisgerichte kochen, so dass unser Haus ein wöchentlicher Treffpunkt der Aktivisten wurde. Am Eingang stellte sie eine Kasse auf und bat die Teilnehmer um Beiträge für ihre Kochkünste. In Indien verletzt so etwas zwar die stets großzügige Gastfreundschaft, nie käme man darauf, Geld für Essen in einem Privathaus zu bezahlen, aber Carmen sagte: „Wir werden bald ein Restaurant und sind kein privates Haus." Ich musste ihr Recht geben.

In den folgenden Wochen restaurierte Carmen die noch unbewohnten Räume und schuf dort einen Bereich für Gäste. Gabriel rauchte schon morgens seinen ersten Joint und übte dann den ganzen Vormittag verborgen in einer Felsenhöhle oben auf dem Grundstück auf der Vina. Zum Mittagessen kam er herunter, spülte danach das Geschirr als seinen Beitrag zur Gemeinschaft ab, machte ein paar astrologische Berechnungen und verschwand am Nachmittag wieder zum Musizieren.

Carmen übte bald eine gewisse Kontrolle auf mich aus, die mir gefiel. Sie will sich ihr Heim sichern, hat den Überblick hier, gut für mich, dachte ich und überließ ihr den Küchenbereich und das Haus. Sie konnte eine Anarchistin sein, weil sie die ganz kleinen, alltäglichen Dinge fest strukturierte. Ich war oft in Palghat und arbeitete im Aktionsbüro des SSV. Kam ich zurück, hatte ich ein sauberes, mich willkommen heißendes Heim mit den beiden.

Ein paar Monate waren vergangen und es wurde wohnlich. Carmen hörte gern Musik, deshalb hatte ich einen alten Kassettenrekorder gekauft. Sie hatte ein paar Lieblingskassetten wie seltene Schätze auf ihren abenteuerlichen Reisen im Rucksack mit sich getragen.

Our house is a very very fine house
With two cats in the yard
Life used to be so hard
Now everything is easy cause of you ...

Ihr glattes, etwas hartes Gesicht mit den großen dunklen Augen wirkte gelöst, wenn sie ihre Musik hörte. Ich umschwirrte sie. Die Dringlichkeit, mit der sie kleine Dinge anpackte, übertrug sich auf mich. Sie verlieh mir

Tatkraft, und ich hatte Lust, ein noch größeres Festival als Protest für den SSV in Coimbatore zu organisieren. Ich begann aufzuforsten, wo das Land brach lag. Carmen hatte gute Ideen für den Garten und fing an, Gemüse anzubauen, und zeigte auch unternehmerischen Geist.

„Meine Eltern betrieben in Spanien eine Tapas-Bar, ich saß auf Barhockern, als ich noch ganz klein war, und habe dort, seit ich laufen kann, mitgeholfen. Wir werden uns hier bald selbst versorgen, und ich werde beginnen, Pickles herzustellen, die wir vielleicht in Palghat vertreiben können. Wäre eine gute Einnahme für uns."

Wir hatten dem Anwesen inzwischen auch einen Namen gegeben und es Lion-Tail-Estate genannt, denn es war gebogen wie der Schwanz des *liontail monkey,* des Bartaffen. Ich wünschte mir, dass er sich hier bei uns ansiedeln würde.

Eines Morgens sah ich Carmen nass und nur mit einem Handtuch bekleidet am Teichrand sitzen und ihr Haar trocknen. Sie hatte den Teich sauber gemacht und schon in der Frühe dort gebadet. Sie wirkte auf mich wie ein starkes, in diesem Landstrich verwurzeltes Gewächs, wild und erdig. Mein erstes eigenes Zuhause in Indien, und eine Spanierin hat das Sagen, schmunzelte ich. Nell winkt mir durch sie zu. Carmen verlangte nicht viel von mir. Nach getaner Arbeit genoss sie es, sich zu bekiffen und hockte vor dem Haus mit einem mit Marihuana bestückten Beedi. Den Stoff gab es hier überall. Dabei begann sie, mich mit ihrem Körper, ihren Blicken zu locken, als wollte sie mich verführen. Sie gestaltete das Leben für mich angenehm, und das wusste sie, denn sie genoss das ihre.

Oft saßen wir nachts zu dritt und redeten. Und auch über Gabriels Leben erfuhr ich nach und nach einiges. Er kam aus Wien und war drei Jahre älter als ich. Mit zwanzig war er erstmals nach Indien gekommen. Er hatte einen neuen Mercedes Benz auf dem Schiff nach Bombay gebracht und so verkauft, dass er mit dem Geld ein Jahr in Indien umherziehen konnte, um an den Lagerfeuern der Sufis in Nordindien das Spiel auf ihren Saiteninstrumenten zu lernen.

„Ich habe schon als Kind Gitarre gespielt", erzählte er eines Abends. „Mein Onkel René hat mich zu den Heurigen mitgenommen. Onkel

spielte die Violine wie der Teufel, und ich begleitete ihn auf der Gitarre. Beschwingt vom vielen Wein verdiente ich schon mit vierzehn Geld." Er kannte also den Rausch seit der Kindheit, dachte ich.
„Eigentlich wollte ich Musik studieren und hatte schon an der Musikhochschule Wien angefangen. Aber in den ersten Semesterferien machte ich diese Indienreise, tja und dort war es dann um mich geschehen. Ich war vom ‚Indienfieber', dieser großen Sehnsucht, infiziert und wollte unbedingt diese Musik lernen. Und so blieb ich immer länger in Indien und führte jährlich einen neuen Benz aus Deutschland über Italien herüber und erneuerte jedes Mal mein Visum. Und dann hörte ich eines Tages Mustafa Ali Khan, den berühmten Rudravinaspieler, im Radio. Ich war wie verzaubert. Nichts hielt mich auf! Ich fuhr nach Delhi und drang auf abenteuerliche Weise in das gut bewachte Aufnahmestudio von All India Radio ein, wo Mustafa Ali Khan gerade Aufnahmen machte. Den Musiker, der stets an ungewöhnlichen Menschen interessiert war, hatte das amüsiert, und er nahm mich auf. Der Unterricht begann nachts neben den Verbrennungsplätzen, wo Kali ihr Unwesen treibt und das Magische in die Musik einfließen lässt."
Carmen war acht Jahre später, auch mit zwanzig, mit einer Freundin mit dem Überlandbus auf dem Hippie Trail über Istanbul via Afghanistan und Pakistan nach Indien gereist. „Gabriel saß auf den Stufen des Ghats, als er uns Mädels auf ein Boot steigen sah, und sprang spontan dazu", erzählte sie lachend. „Der Fährmann hatte zunächst mit dem Ruder gefuchtelt, aber uns dann zum Klang der Shenai im Morgenlicht hinübergesetzt."
„Ach ja! Die verheißungsvolle Melodie der Shenai und die Ganga, die Übermutter, dazu Carmens Augen, die sagten: Du kannst bei mir landen", ergänzte Gabriel. „Das hat uns zusammengeschweißt!" Er erzählte mit jenem schwärmerischen Blick, den ich oft bei jungen Leuten aus dem Westen sah, wenn sie Indien bereisen. Carmens Lebensmut hätte ihre Zusammentreffen bald in eine Verbindung geführt. Anstelle zu heiraten, hätten sie das alles, den bürgerlichen Kram, mit ihren Pässen verbrannt und sich auf ein Leben als Nomaden eingeschworen.
„Als ich eine Weile mit den Derwischen umherziehen und mich in die

Männergemeinschaft, die Mystik und Musik praktizierte, begeben wollte, hat Carmen dann ihren ersten Saftladen in Delhi aufgemacht. Ihre Initiativen beeindruckten mich immer wieder. Mustafa Ali Khan, dieser hochgewachsene Mann mit seinem schwarzen Schnurrbart, den streng zurückgekämmten, halblangen Haaren und den leuchtenden Augen, die neugierig schauten und dann unmittelbar woanders waren, als wäre gerade eine Inspiration geschehen, die ihn mit anderen Welten verband, bleibt aber mein Vorbild. ‚Üb erst einmal zehn Jahre lang allein und beschäftige dich mit dem Instrument, dann komm wieder!' So schickte er mich los. Ich beschloss damals, Südindien kennenzulernen. Musik ist eine Reise ins Unbegreifliche, ins Weite, ins völlig Unbekannte, sie entsteht durch das Loslassen der materiellen Welt. ‚Lebe wie ein Derwisch!' war das Motto, das Guru Mustafa Ali Khan mir mit auf den Weg gab. Gleichzeitig sagte er tröstend: ‚Sufi-Mystik ist unergründbar, also versuch gar nicht erst, sie zu ergründen!' Seitdem ziehen Carmen und ich umher. Meine Rudravina ist immer dabei."

Im Oktober, als es kühler wurde, kündigte Tara ihren ersten Besuch an. Schon als Tara unser Haus betrat – ich hatte sie vom Nachtzug in Palghat am Morgen abgeholt –, las ich aus Carmens kühlem, fast berechnenden Blick: Was will die hier? Als Tara um Tee bat, sagte Carmen abweisend: „Ich habe die Milch noch nicht abgekocht, ich muss hier erst den Boden wischen. Essen gibt es um dreizehn Uhr." Tara, die es gewohnt war, um zehn Uhr eine warme Mahlzeit einzunehmen, musste notgedrungen mit leerem Magen warten. Ich hielt mich raus. Küchenbelange waren von Anfang an in Carmens Hand. Ich wusste, dass sie ab und zu Geld aus Spanien aus einer Vermietung bekam. Ihre Schwester schickte es. Über ihre Eltern wusste ich nur, dass sie bei einem Unfall ums Leben gekommen waren, und fragte nie weiter nach. Ich verdiente ein wenig durch die journalistische Tätigkeit und war dazu gut von der Kulturinstitution bezahlt worden, so dass ich Lebensmittel, Benzin und die Elektrizitätsrechnung, sowie das Gas, das wir bald in einem Zylinder bekamen, bezahlte. Carmen war sich bewusst, dass sie die Frau war, die blieb und das Haus im Griff hatte und damit in

gewisser Weise auch mich.
Die Nacht verbrachte ich mit Tara unterm Sternhimmel bei den Felsen weit ab vom Haus. Endlich umfing mich wieder ihr geschmeidiger Körper mit diesem besonderen Duft nach Moschus-Parfüm. Ich hatte das Gefühl, sie zum Höhepunkt ihrer Gefühle und Sinne zu bringen. Eine Frau glücklich stöhnen zu hören, war erfüllend. Aber als Tara schnell danach eine schmollende Miene aufsetzte, fragte ich mich: Was will sie noch? Wollte sie mich besitzen? Das würde ich nicht zulassen.
Carmen ignorierte völlig, dass Tara meine Liebhaberin war, und behandelte sie wie einen fremden Störenfried. Sie folgte uns auf Schritt und Tritt und hatte immer irgendwelche Probleme: die Wasserpumpe ginge nicht, der Reis sei bald aus oder im Bad fehle eine Glühbirne.
Am nächsten Tag fuhr ich mit Tara nach Palghat. Sie wollte nicht mehr zurück zu unserem Anwesen kommen. „Ihr kifft zu viel", sagte sie pikiert. Wir frühstückten bei den Nairs. Es gab die leckersten Idlis und Dosais, dazu Kokosnuss-Chutney.
Sai hatte sich ganz bei Premas Familie eingelebt, nach der Sitte des Kerala-Matriarchats ziehen Schwiegersöhne bei der Familie der Frau ein. Die Hochzeit wurde gerade im großen Stil geplant. Sai wollte eine Zweigstelle des Geschäfts seines Vaters hier aufmachen. Also muss er sich mit seinem Vater ausgesprochen haben. Seine Fahrerflucht schien gekittet. Ich hätte gern einmal unter vier Augen mit ihm gesprochen, doch er wich mir aus.
„Der erste Film mit Nila ist in den Kinos, lass uns nachher zusammen hingehen", sagte Sai.
Ich war natürlich neugierig, aber innerlich abgeneigt, mit Tara vor der Leinwand zu sitzen und diese schöne, jetzt unerreichbare Frau vor mir zu sehen. Ich wurde aber überredet, mit hinzugehen. Schon das Poster vor dem Kino stieß bei mir auf Ablehnung: Ihr Gesicht, hingegossen an die Brust eines Schauspielers, hing überall als Plakat an den Wänden. Der Film war banal und kitschig, und Nila war für mich eine Fremde auf der Leinwand. Ich sah hinter jeder ihrer Szene Kalkül des Regisseurs. In einer Szene warf sie ihrer Tanzschellen auf den Boden und schrie: „Ich werde nie mehr tanzen!" Das tat mir weh, nicht ihr Schrei, aber der Auf-

prall von etwas, was ihr bis dahin heilig gewesen war. Sai sagte hinterher: „Sie wird ganz schön verheizt!“ Tara sagte nichts. Sie war sicher eifersüchtig auf alles, was ich getan hatte und tun wollte. Als sie am Abend in den Nachtzug einstieg, sagte sie nur: „Diese spanische Frau dominiert deinen ganzen Haushalt!“ und machte eine unfreundliche Miene.
„Tara! Lass sie doch. Ich habe ja nichts mir ihr!“, sagte ich und wollte versöhnlich klingen. Der Zug rollte fort. Weg ist sie, Abschiede sind nicht so schlimm, dachte ich erstmals.

„Ein Derwisch besitzt die größte Visualisierungskraft unter den Muselmanen, und er gestaltet die Zukunft mit einer Vision“, begrüßte Gabriel mich, als ich nachts zurückkam. Meist lebte er in seiner eigenen Welt, war still und wirkte wie unsichtbar. Dann gab es Nächte, wo er gern und lange quasselte. Jetzt suchte er mal wieder das Gespräch:
„Ich sehe Gutes für das Lion-Tail-Estate!“
„Inwiefern?“, frage ich neugierig.
„Wir sollten mehr über die gelben Blätter, die die *tribals* benutzen, rausfinden. Sie sind eine noch völlig unbekannte und von der Welt unentdeckte Droge. Alles, was wir tun müssen, ist zu überlegen, wie wir das Geld außen vorlassen können, denn es darf niemals eine Rolle spielen, das nämlich kriminalisiert die Sehnsucht des Menschen nach Transzendenz.“
„Gabriel, meine Erfahrung an *shiva-ratri* habe ich dir mit der Bitte um Geheimhaltung erzählt. Es ist streng verboten, sie zu pflücken, zu ernten und aus dem Silent Valley herauszuschmuggeln. Die Forest Officers sind zwar oft nicht da, aber sie machen gemeinsame Sache mit den Stammesleuten, und die wissen genau, was im Silent Valley passiert. Sie sind hellsichtig und beobachten jeden Eindringling. Lass bitte dieses Thema.“
Gabriel hockte sich nieder und rauchte eine Beedi. Er grübelte.

Im November nieselte es leicht, obwohl die Regenzeit längst vorbei war. Alles war grün. Ich beobachtete heimlich, wie Carmen die Regentropfen genoss. Sie trug Shorts. Wie sie Gesicht und Hals dem Nass vom Himmel entgegen reckte, wie sie im Wasserbecken planschte, fesselte meine Aufmerksamkeit. Als sie mit nassen Haaren in die Küche kam, standen ihre Brustwarzen unter dem engen Baumwollhemd hervor. Sie machte sich einen Kaffee und brachte auch mir eine Tasse. Dabei sah sie mich an. Sie hockte sich mit gespreizten Knien auf den Boden. Ihre schwarzen Augen fixierten mich. Zwischen ihren kräftigen Beinen sah ich den Weg bis zum Eingang in die weibliche Höhle, und ich verlor meinen letzten Rest Widerstand. Meine Geduld war zu Ende. Ich nahm Carmen am Handgelenk und führte sie in mein Schlafzimmer. Ihr Körper war fest wie eine Wand, die Geborgenheit bot, ihre Klitoris hingegen so weich und ihre Schenkel rutschig, dass ich ungeheure Lust empfand.

Ab diesem Tag konnte ich ihr nicht mehr widerstehen, flog täglich zu ihr wie die Motte zum Licht. Küsste ich sie, trieb es mich weiter zu ihr hin, in sie hinein. Wir wanden uns auf dem nackten Boden. Ich schüttete einen Kübel Wasser über sie und liebte sie mit allen meinen Sinnen. Saugend, schmeckend, riechend, hörend und sehend wurde ich eins mit ihr. Unser Sex war intensiv, und es zog mich täglich auf Carmens Lager. Wir kamen uns sehr nah, denn wir redeten nicht über Liebe oder Gefühle, darüber, ob es eine Zukunft gäbe zwischen uns oder nicht, wir genossen das Jetzt.

Anfangs hatte ich Schuldgefühle wegen Gabriel. Der tat zunächst, als merke er nichts und schien sehr gelassen. Eines Tages jedoch sagte er unvermittelt:

„Carmen muss glücklich sein, das ist für mich das wichtigste. Ich schlafe schon lange nicht mehr mit ihr, ich praktiziere derzeit Kundalini-Meditation. Und sie braucht Sex."

Ich nickte ihm zu, sagte aber nichts. Er schien tatsächlich frei von Eifersucht.

Vel und unsere Nachbarn auf dem Land mochten Carmen und akzeptierten sie längst als Frau des Hauses. Zusammen wollten wir die tote, durch den langjährigen Tee-Anbau ausgelaugte Erde am Fuße des Felsen in einen Regenwald zurückverwandeln. Wir pflanzten und ackerten und suchten nach den heimischen Bäumen. Bald hatten wir über zweitausend Bäume ausgepflanzt. Zum Ende des Jahres 1979 hatten wir die Bachläufe befreit und einen Heilpflanzengarten angelegt. Ein ganzes Jahr verging.

Zum Jahreswechsel von 1980 zu '81 lud ich meine Familie ein. „Amma, bitte komm vor Pongal, an Weihnachten, zu uns. Ich lebe mit zwei Menschen, denen Weihnachten noch was bedeutet. Nein, sie sind keine Christen", schrie ich in den Hörer des einzigen Telefons in der ganzen Umgebung. „Sie kennen unsere Hindu-Bräuche."
Meine Mutter schien erfreut: „Du, es passt. Paati ist auch hier. Sie hat schon nach dir gefragt und möchte sicher mitkommen. Radha auch."
„Ja, bitte, bitte kommt, wir haben viel Platz. Bringt Vinu und Appa auch mit."
Zwei Wochen später war es soweit. Carmen hing rote und bunte Weihnachtssterne auf, als ich mit dem gemieteten Taxi losfuhr. Coimbatore lag ungefähr sechzig Kilometer weiter östlich, und ich fuhr am Tag zuvor hin, um noch einen neuen Wasserhahn zu kaufen und andere Besorgungen zu machen. Die Nacht wollte ich im Hotel in Coimbatore verbringen.
Frühmorgens am Gleis sah ich zuerst Paati. Sie ließ sich beim Aussteigen nicht helfen, sondern hievte sich langsam die Treppe herab. Sie strahlte, als sie mich sah, und rief: „Das Knie will nicht mehr!" Nach ihr stiegen Amma und Radha aus und zuletzt Vinu mit dem Gepäck.
„Appa lässt ausrichten, er komme das nächste Mal mit. Du kennst ihn. Er will erst horchen, was wir berichten!", begrüßte mich Amma.
„Es ist wunderbar, dass ihr gekommen seid! Es wird euch gefallen", sagte ich.

Vel, unser Gärtner, der mittlerweile sein schlechtes Englisch in besseres Englisch verwandelt hatte und auch unser Tierpfleger war – denn wir hatten eine Kuh gekauft – war auch Wächter und noch vieles mehr. Er sprang auf, als wir im Lion-Tail-Estate ankamen. Seltsam aufgeregt lief er uns entgegen. Warum stand Carmen nicht zur Begrüßung auf der Veranda, um uns zu empfangen? Ich war verärgert. Schließlich ist es in

Indien Sitte, hohe Gäste, wie meine geliebte Paati, vor dem Haus zu erwarten. Das müsste sie doch wissen.
„Ich muss dich unbedingt sprechen, bitte!“, sagte Vel plötzlich. Er erschien mir sehr aufdringlich in diesem Moment, also winkte ich unwirsch ab:
„Bring erstmal meine Paati ins Haus.“
„Schau nur diese roten Blumen und dort die Orchideen!“ Amma lief entzückt durch den Garten, den Carmen angelegt hatte, bevor sie mir mit Radha ins Haus folgte. Vinu trug mit Vel das Gepäck.
„Wo ist sie?“, fragte ich Vel.
„Weg!“ Dabei schüttelte er wie ein Verrückter den Kopf.
„Wie weg?“, fragte ich verwirrt. Etwas stimmte nicht.
Ich ging mit Vel wieder hinaus, und da berichtete er mir, was vorgefallen war.
„Polizeioberkommissar Mohan ist am Nachmittag gekommen und hat überall rumgeschnüffelt. Als er Gabriel sah, hat er gleich gebrüllt: ‚Wo sind deine Papiere, dein Pass? Lass mich deine Aufenthaltsgenehmigung sehen!‘ Gabriel hat ihm gesagt, er ginge sie holen und ist nach oben zur Höhle verschwunden. Mohan ist dann in die Küche zu Carmen gegangen, und ich bin ihm gefolgt. Er hat sie in ein Gespräch verwickelt, was sie denn da mache und so. Sie sagte, sie würde Essen für den Abend vorbereiten. Als er an ihrem Akzent feststellte, dass auch sie Ausländerin ist, hat er auch sie nach ihren Papieren gefragt. Ich war stolz auf Carmen, wie sie ihn an der Nase herumgeführt hat. Ich habe nicht alles verstanden, aber ich glaube, sie sagte, das Essen brenne an, und er solle doch abends wiederkommen. Der Polizeikommissar hat Carmen ziemlich unverschämt am Po getätschelt und gesagt: ‚Kein Problem, wir kommen heute Abend zum Essen vorbei und bringen ein paar Flaschen Rum mit. Zieh dir was Hübsches an, Mädel. Dann tanzt du auch was vor!‘ Er hat das mit vulgären Tanzbewegungen vorgemacht. Mir ist das furchtbar peinlich gewesen, dass ich nichts dagegen tun konnte. Aber ich hatte einfach Angst.“
Vel zitterte fast, als er das erzählte.
„Und wo sind sie jetzt?“

„Kaum war Mohan weg, haben Carmen und Gabriel hektisch gepackt. Sie wirkten ängstlich. Ich habe sie nie so gesehen. Sie müssen diesen Polizisten gefürchtet haben, denn sie wollten sofort zur nächsten Busstation aufbrechen. Da habe ich ihnen vorgeschlagen, sie erst einmal zu Ayyappan zu bringen. Dort sollten sie bis zum nächsten Morgen bleiben, denn die nächste Busstation liegt ja gegenüber dem Polizeigebäude, und das wäre unklug gewesen, dort auf den letzten Bus zu warten."
„Und was habt ihr dann gemacht?"
„Gabriel ist mit Carmen und ihren gepackten Sachen mit deinem Motorrad zum Forest Office gefahren. Und von dort die holprige Straße ins Dorf zu Ayyappan."
„Oh nein!!", rief ich.
„Ayyappan hat das Motorrad gerade vorhin erst zurückgebracht und ist dann zu Fuß zurückgegangen. Er war völlig außer sich!", erzählte Vel weiter. „Ayyappan hat noch gesagt, dass er Carmen und Gabriel abends nacheinander noch fast zum Ende der Straße gebracht und vor dem Posten des zweiten Forest Office abgesetzt hätte. Maren habe sie dann von dort das letzte Stück zu Fuß bis zum Dorf der Großmutter geführt, wo Ayyappan die beiden für die Nacht sicher glaubte."
„Und weiter?", fragte ich, denn ich, spürte das Wichtigste hatte er noch nicht erzählt. Und so war es tatsächlich. Aufgebracht erzählte Vel, während seine Frau Munni niedergeschlagen neben ihm stand.
„Am Abend ist dann Mohan mit einem anderen Polizisten tatsächlich völlig betrunken bei uns hier angekommen. Und als sie feststellten, dass Carmen nicht da ist, sind sie laut grölend ‚Auf zum Heiligen Hain, wo sich alle schönen Frauen verstecken!' wieder weggefahren. Am nächsten Tag kamen die beiden Polizisten nochmal hierher und fragten völlig aggressiv nach Carmen und Gabriel. Sie bedrohten mich und meine Frau, weil sie Carmen und Gabriel da oben im Dorf der Heiligen nicht gefunden hatten. Uns wurde ganz komisch und ich sagte: Sie seien mit dem Bus nach Madras gefahren. „
Munni legte ihre Hand auf seinen Arm. „Wir hatten wirklich große Angst", sagte sie.
„Geh bitte in die Küche und mach uns Essen", sagte ich mechanisch

zu ihr.
Doch Amma, die aus dem Hintergrund mitgehört hatte, was geschehen war, ging in die Küche und übernahm das Kommando.
Ich aber wollte wissen, wie die Geschichte ausgegangen war, und schwang mich aufs Motorrad. „Ich fahre zu Ayyappan." Mir schwante Übles.
Als ich die Ansiedlung von Ayyappan erreichte, kam er mit verstörter Miene aus seinem Haus.
„Was ist passiert?", fragte ich.
Er kratzte sich im Haar. „Carmen und Gabriel sind früh vor Sonnenaufbruch von Großmutters Dorf über den Kamm Richtung Landstraße nach Coimbatore losgewandert. Maren hat ihnen den Pfad hinüber zu der anderen Seite gezeigt. Sobald sie Coimbatore erreichen, sind sie in Tamil Nadu. Die Kerala-Polizei kann da nichts ausrichten. Maren hat ihnen geistesgegenwärtig die Adresse deiner Eltern gegeben. Er konnte sie auswendig. Dinge aus der großen Stadt, die er nicht kennt, speichert Maren ab."
Sofort war mir klar: Die beiden schlagen sich durch. Sie wissen, was zu tun ist, und ziehen einfach weiter. Als Ayyappan fortfuhr, erwischte es mich kalt.
„Der Kommissar hat hier rumgebrüllt: ‚Wo liegt das verbotene Dorf? Wo ist das Weib, das illegal im Land ist? Wenn ihr solchen Leuten Unterschlupf gewährt, macht ihr euch strafbar. Wer hat sie versteckt? Los, zeig mir den Weg!' Dann hat er sich Maren geschnappt und mich gezwungen einzusteigen, und ich bin mitgefahren. Wir mussten sie zu unserem Dorf bringen, obwohl es im Sperrgebiet liegt."
Starr vor Schreck sagte ich nichts.
„Bis zum zweiten Forest Office ging es im Polizeijeep hoch, dann haben sie alles kaputtgefahren, als wir sie über den alten, überwucherten Fahrweg, bis fast zum Dorf *Akkas* gebracht haben. Mohan brüllte, als er die letzten Meter laufen musste und leuchtete mit seiner Taschenlampe Maren mehrmals in die Augen: ‚Wo ist das Ausländerpack?' Als wir im Dorf angekommen waren und sie weiter herumbrüllten, sagte meine Mutter ruhig: ‚Die Fremden sind hier nur durchgewandert und sind

längst wieder fort.' Das hat Mohan nur noch mehr aufgebracht: ‚Was fort?', schrie er und suchte dann in allen Hütten nach ihnen." Ayyappan verstummte plötzlich, als wäre es für ihn zu schwer, das Folgende zu erzählen. Dann sah er mich mit einem Blick an, den ich niemals vergessen werde, und fuhr so leise, dass ich es kaum verstehen konnte, fort: „In der Höhle haben sie dann *Akka* gefunden. Sie haben das Mädchen brutal herausgezerrt und geschrien. ‚Wir ficken alle eurer Frauen, wenn ihr Leute schützt, die illegal in unserem Land sind! Ihr habt hier kein Recht, ein Hort für Kriminelle zu sein!' Es sei gegen das Gesetz, wenn ein minderjähriges Mädchen nackt in einem Raum zusammen mit einem anderen Minderjährigen sei. Denn unter achtzehn sei sexueller Kontakt strafbar. Und dann haben sie sie mitgenommen." Ein Zittern schüttelte Ayyappan. Tränen liefen über sein einprägsames Gesicht. „Sie haben *Akka* einfach am Handgelenk gepackt und gesagt: ‚Du kommst mit uns mit.'" Ayyappan schaute auf den Boden und sagte nichts mehr.

Ich ahnte, dass er sich schämte, sie nicht beschützt zu haben. Doch er konnte nicht anders handeln. Er war ein sogenannter Kastenloser, ein Stammesangehöriger, der sich in der zivilen Welt nicht behaupten kann, das wusste er. Er fürchtete Polizeibeamte wie Mohan mehr als einen wilden Tiger oder eine giftige Kobra. Er konnte nur ein paar Jahre die Schule besuchen, sie war zu weit weg. Folglich konnte er nur schwer und langsam lesen. Er würde sich einem Regierungsbeamten nicht entgegenstellen können. Das würde für ihn im Gefängnis enden.

„Wo ist sie jetzt?", fragte ich.

„Sie haben sie durch den Urwald bis zu ihrem Polizeijeep mitgezerrt", sagte Ayyappan.

„Niemand konnte etwas tun, unsere Leute waren unter Schock und gelähmt", sagte Maren, der zugehört hatte, traurig. „Wir waren einfach ohnmächtig vor Angst."

Ich startete das Motorrad und sagte zu Ayyappan: „Steig auf."

Ich wollte zur Polizeistation nach Mannarkadu. Obwohl sie meist geschlossen war, hoffte ich auf ein Wunder.

54

„Das Orakelpferd ist ein Opferpferd, gebt es her!", befahl der Anführer von Ramas Spähern. Einer der Jünglinge flüsterte dem Hengst zu: „Du bleibst bei uns, wir opfern keine Tiere." Das Pferd wieherte als Antwort, und nicht mal zehn von Ramas Leuten konnten es von der Stelle bewegen. Bald fürchteten sie, dass die Jungen Zauberkräfte hätten.
Valmiki, Poet und Weiser, erschien und sprach: „Menschen sind Tieren ebenbürtig. Wir unterhalten uns mit ihnen und sind auch mit Pflanzen im Dialog. Die beiden Knaben müssen noch Verse zu Ende lernen. Und selbst das Pferd ist begierig darauf, uns zu lauschen. Richtet eurem König aus, das Orakelpferd wird ihm bald Freude bringen!"
Angesichts Valmikis Autorität zogen sich die Krieger zurück.
Als Rama aber vernahm, dass zwei Jünglinge das Pferd eingefangen hätten, sagte er: „Kinder können keine Feinde werden."
„Die Burschen sind kundig in Versen und Gesängen, dazu Meister als Bogenschützen. Sie schossen Blüten von den Bäumen, um damit den Gaul zu bekränzen", sagte einer der Verfolger des Pferdes.
Da ahnte Rama schwermütig: Sita ist ihre Lehrerin! Als er aber vernahm, dass jener Guru, den sie Valmiki nannten, versprochen hatte, die Jünglinge mit dem Pferd an seinen Hof zu senden, sah Rama ein Ereignis voraus. Sofort befahl er den Handwerkern, eine große Bühne aus Bambus aufzubauen. „Dort werden die jungen Barden ihre Lieder singen und ihre Verse vortragen, um danach gegen die Besten des Stammes in einem Wettbewerb mit Pfeil und Bogen anzutreten. Wer gewinnt, dem gehört das Pferd!"
Und nicht nur das, auch das gesamte Reich! dachte er.
Rama, der mit den Tieren kommunizierte, wusste, dass diese Knaben, wenn sie wirklich Sitas Schüler wären, seine Höflinge ohne Ausnahme besiegen würden.
Denn wer die Natur versteht, bleibt letztlich der Überlegene eines jeden Geschehens.

Im Feuer des Urwalds, 1980

Seit ich erwachsen geworden war, hatte ich Dämonen für eine Erfindung gehalten. Als ich Mohan gegenüberstand, erkannte ich, dass sie als Gier unter der Haut mancher Menschen leben.
„Wo ist sie?“, fragte ich ihn.
„Jetzt mal langsam. Erstens haben Sie sich strafbar gemacht und Ausländer ohne Papier in Ihrem Estate untergebracht“, sagte Mohan hochnäsig und zwirbelte seinen schwarzen speckigen Schnurrbart erst rechts dann links an den Enden hoch. Der schwammige Polizist hatte schwarze glänzende Pupillen in rein weißen Augäpfeln, die keinen Ausdruck hatten. Sie waren feucht und erschreckten mich. Er grinste herablassend.
„Ich will die Frau sofort frei haben. Wie hoch ist die Kaution?“
„200.000 Rupien“, sagte er.
„Lassen Sie mich telefonieren.“
„Dort vorne ist der Apparat.“
Ich rief Prema in Palghat in der Kanzlei ihres Vaters an. Sie nahm nicht ab. Es war zu spät am Nachmittag.
Dann musste ich eben so tun, als wäre jemand da. „Bitte“, rief ich in den Hörer, „du musst kommen. Es ist etwas Schreckliches passiert. Hier ist eine Tribalfrau eingesperrt, die völlig unschuldig ist. Dazu das Übliche. Wir brauchen dich, Prema.“
Ich ging zurück zu Mohan. „Die Anwältin kommt!“, log ich.
„Soll sie doch kommen. Ist sie hübsch?“, fragte er süffisant.
„Ich zahle mit dem Goldarmreif meiner Mutter. Ich nehme das Mädchen sofort mit.“
„Erst die Kaution“, sagte Mohan.
Ich schrieb einen Zettel und bat Ayyappan, mit meinem Motorrad ins Lion-Tail-Estate zu fahren und den Zettel Amma zu geben. Der Kommissar kratzte sich. Meine Aufsässigkeit und mein schnelles Handeln irritierten ihn. Er war hier in dem kleinen Ort Mannarkadu die Autorität, die aus Palghat kam und die alle fürchteten. Ich hatte Angst, sie würden Akka noch einmal vergewaltigen, denn ich mutmaßte, dass sie

das schon einmal gemacht hatten. Deshalb würde ich diese Polizeistation nicht ohne Akka verlassen, schwor ich mir.
Ich nahm draußen auf einer Holzbank Platz. „Diese grausamen Männer! Von Anfang an hatte ich befürchtet, dass er ein übler Typ ist. Mein Pazifismus führt da nicht viel weiter. Ich werde Mohan vernichten!“, sagte ich vor mich hin.
Nach einer gefühlten Ewigkeit kehrte Ayyappan mit den goldenen Armreifen meiner Mutter zurück. Mittlerweile war es dunkel geworden. Mohan prüfte die Goldarmreifen auf Echtheit. Er schien zufrieden und machte eine ruckartige Bewegung mit dem Kopf in Richtung Tür.
„Ich muss noch mal telefonieren“, sagte ich.
Mohan gestattete es.
Diesmal nahm Prema ab, und ich erklärte ihr alles.
„Nimm die Frau mit, wir kommen morgen früh“, sagte sie bestimmt.
Ein junger Beamter, Typ unterwürfiger Polizist, brachte die Schlüssel. Mohan schloss selbst den Raum auf. Akka hockte zitternd am Boden eines winzigen dunklen Verlieses ohne Möbel. Ihr Gesicht hatte blutige Stellen. Hier auf dem Boden hatten sie sie letzte Nacht malträtiert. Zu zweit, zu dritt? Als ich sah, wie sie sich mit einem dreckigen Fetzten die Brust bedeckte, war ich entsetzlich beschämt. Mohan rieb sich auch jetzt ungeniert durch den Stoff seinen Penis, als er die fast nackte, eingesperrte Frau ängstlich bebend vor sich sah. Diese Männer sind keine Tiere. Sie sind Dämonen. Roh und böse, dachte ich.
Akka blickte nicht auf, als wir kamen. Ayyappan legte sein Handtuch, das er um die Schultern trug, über ihre nackten Schultern und führte sie wie eine Tochter zum Motorrad. Erschreckt starrte sie mich an. Der Taxifahrer, der uns aus Coimbatore abgeholt hatte, war wieder zur Stelle. Amma musste das arrangiert haben. Da ich nicht zurückkam, aber nach ihren Goldarmreifen geschickt hatte, musste sie geahnt haben, dass ich in Schwierigkeiten steckte. Daraufhin hatte sie das Taxi wieder ausfindig gemacht. Sechster Sinn meiner schlauen Mutter. Ich fuhr auf dem Motorrad dem Taxi, in dem Akka mit Ayyappan saß, hinterher. Wir fuhren zum Lion-Tail-Estate.
Amma erwartete uns auf der Veranda, als wir ankamen. Akka sagte

kein Wort, sie weinte, als wir ausstiegen.
„Ich bringe morgen deine Familie hierher, Akka. Du bist bei Gowinda in Sicherheit“, sprach Ayyappan beruhigend auf sie ein. „Ich bleibe auch hier heute Nacht.“
Amma sah mich an, sie wusste Bescheid. Frauen wissen, was mit Frauen geschehen kann. Sie kümmerte sich sofort um Akka und nahm sie mit ins Bad. Radha und Paati schliefen längst. Ich überließ Amma die Verantwortung, das Mädchen zu beruhigen.
Da Ayyappan die Nacht hier verbringen würde, holte ich eine Matte und gab sie ihm. Wir setzten uns vor dem Haus nieder.
Vinu kam hinzu und sagte: „Ich finde, Indien wird ein Land der Schande! Kein Wunder, dass aus jeder Familie die begabtesten Söhne und Töchter nach USA auswandern!“
Ich sagte nichts, mir war nicht nach einer Diskussion zumute.
Ayyappan antwortete: „Nicht Indien, aber die, die Macht bekommen in Indien, sind infiziert vom Bösen.“ Für einen Stammesangehörigen aus dem Silent Valley hatte er viel Einsicht. Wir wurden bald müde und gingen in den vorderen Flügel des Hauses hinein, um auf den ausgerollten Matten zu schlafen. Ich fühlte mich wie ein Wachhund. Nilas Film lief vor meinen Augen nochmal ab: Ein Bandit wollte sie vergewaltigen und riss ihr theatralisch die Kleider vom Leib, während sie vor Angst bebte. Als er seine Nägel in ihre Kehle grub, erschien ihr halb entblößter Busen im Großformat auf der Leinwand. Die Zuschauer waren erschüttert, doch als ein edler Held die Tür eintrat, den Bandit zusammenschlug und sie rettete, pfiff der ganze Saal. Es folgten Tänze. Ein normaler indischer Kitschfilm, in dem Sex in Form von Gewalt gefeiert wird, aber Kuss- und Nacktszenen mit glücklich Liebenden zensiert werden. Sind wir ein Land von Perversen? Ich muss im Halbschlaf laut aufgeschrien haben: „Warum nur macht sie sowas?“
„Was?“, fragte Vinu. „Träumst du?“
„Ach!“, stöhnte ich und dachte nur: Warum nur müssen talentierte Menschen wie Nila dem Geld hinterherlaufen? Und dabei solche Gewaltszenen als Unterhaltung für die Massen verbreiten? Warum gibt es so viele Frauen, die arm sind, solche Unschuldigen, solche wie Akka,

die sich nie verteidigen können in diesem Land? Eine Carmen schlägt zurück. Sie ist mit Gabriel längst in Sicherheit, das spürte ich. Sie war zwar auch fast mittellos, aber kannte das Leben. Sie sagte einmal zu mir: „Ich traue keinem Mann!" Klug von ihr, sie ist schon rein prophylaktisch auf der Hut. Sie wetzt ständig ihre Messer und beobachtet scharf, gerade weil sie aus dem Rahmen der uns auferlegten Konventionen ausgestiegen ist. Sie pfeift auf Dinge wie *dharma* und belacht jede Form von Moral als aufgesetzten Schwachsinn. Sie macht, wozu sie Lust hat, und ist alert. Weil ich meine beiden Hippies in Freiheit und irgendwie auch außer Gefahr wusste, schlief ich wieder ein.

55

Ramas Volk konnte das Gaffen nicht lassen, als Sitas Söhne auf dem weißen Pferd herbei geritten kamen. Die edlen Züge der Knaben wirkten wie eingemeißelt, ihre Haltung königlich, und doch umwehte sie das Wilde. Tierknochen statt Goldschmuck zierten ihre aufrechte Haltung und grobe Kleider aus Rinde, mit Federn verziert, umhüllten anstelle feingewebter Roben ihre zarten Körper.

Lava und Kusha knieten vor der Bambuskönigin nieder, ohne zu wissen, dass diese Frau ihre Großmutter war. Die Bambuskönigin jedoch erkannte hellsichtig ihre Enkelsöhne und krönte sie im Geist heimlich zu den neuen Königen.

Trommeln wurden geschlagen und Hörner geblasen. Sita hatte ihre Söhne gebeten, die ersten Strophen in hohen Tönen zu singen, um Mitleid, Karuna, an Ramas zu Hof bringen. Ihre Knabenstimmen ergriffen die Hörer schon beim ersten Vers:

„Kein Ruhm dem niederträchtigen Jäger
in endloser Zeit sei je beschieden
wenn, wie ein Schwächling, er
mit grausamer Hand die Liebe der Zarten tötet
und gedankenlos niederschießt
eine der beiden spielenden Schnepfen."

Alle waren still. Die Weise war voller Melancholie. Rama weinte. Jedoch folgte sogleich ein fröhliches Lied, das die Erde als göttliche Frau und die Taten eines Königs – mutig genug, um Dämonen zu besiegen –, beschrieb. Mit lyrischen Geschichten erzählten die beiden von einem Helden, der im Krieg gegen Lanka auch unschuldiges Blut vergossen hat.
Da erkannte Rama, dass er selbst der Held ihrer Geschichten und Lieder war. „Die Knaben sind meine Söhne", flüsterte er und blickte zurück auf all seine menschlichen Fehler.

Amma und Radha standen mit Akka morgens oben an den Felsen vor der Höhle, wo früher Gabriel die Rudravina gespielt hatte. Paati betete in der Küche. Ayyappan war mit meinem Motorrad und mit Vinu in sein Dorf gefahren. Beide wollten hinauf wandern und Akkas Eltern informieren. Ich nahm an, einer der Forest Officer würde sie dann mit dem Jeep zu uns herfahren, denn die Geschichte hatte sich sicher herumgesprochen.
Ich setzte mich allein vor die Stufen hinters Haus. Das Wasserbecken lag grünlich blau schimmernd, verlassen da. Keine Nymphen. Sind Frauen die besseren Menschen? fragte ich mich. Alle, die ich bisher geliebt hatte, waren vor mir weggelaufen oder waren gezwungen worden, sich auf und davon zu machen. Seit Nell war es mir so ergangen. Dabei wusste ich nicht, welcher Frau ich am meisten nachtrauern sollte. Ich liebte sie alle gleichermaßen. Ist das ein Fehler? fragte ich mich. Episoden der Mythen schwirrten über dem Teich, und ein Knistern war in der Luft. Da war sie wieder, die alberne Nymphe und streckte mir ihre Zunge raus. Schnippisch rief sie: „Was sitzt du da wie ein blöder Ochse? Handlungsunfähig. Hat eine Nation nicht auch ein Dharma? Indiens Menschen sind handlungsunfähig." Ich hörte Taras Worte über dem Gelispel der Feen und Faune. „Wenn ihr was tun wollt, rettet zuerst die Frauen, dann die Bäume!"
Der Motor eines Autos durchbrach die Stille unseres Anwesens. Ich ging ums Haus und sah das weiße Auto Dr. Nairs einfahren. Er stieg mit Prema aus, gefolgt von einem Mann mit langen Haaren, die zum

Pferdeschwanz gebunden waren.
Als sie näherkamen, rief Dr. Nair mir zu: „Hier ist jemand, der behauptet, dich zu kennen, Gowinda! Er kam vor ein paar Tagen mit einer Delegation des Umweltschutzverbandes aus den USA!"
Ich sah diesen unverwechselbaren geschmeidigen Gang und starrte ihm ins Gesicht. Es konnte keine Täuschung sein. Es war tatsächlich Dave, und das mitten in diesem Chaos!
„Das ist jetzt nicht wahr! Du ... Mann!", rief ich vollkommen fassungslos.
„Flying Monkey!", brüllte Dave
„Eagle Spirit!", brüllte ich zurück.
Dann lagen wir uns nach einer gefühlten Ewigkeit wieder in den Armen.
„Das SSV hat mich zu dir geführt!" sagte Dave. Ich schüttelte weiter ungläubig den Kopf. Prema und ihr Vater staunten über die Wiedersehensfreude. Der indianische Schamane war genau zum richtigen Zeitpunkt eingetroffen.

56

„Halt still! Vertrau mir! Ich bring dich hier lebend raus", flüsterte Lava dem weißen Pferd ins Ohr und streichelte es.
„Sie wollen ein Kunststück sehen! Wer den Pfeil über das Pferd schießen kann, ohne es aufzuscheuchen, wird gewinnen, so sagen sie. Wir schaffen das!"
Das Pferd wieherte leise.
Kusha hingegen sagte laut: „Spring über die Hürde. Wenn dein Schweif fliegt, schieße ich ein Haar heraus, sie wollen eine Mutprobe sehen. Danach bist du frei!" Er tätschelte das Huftier und es schnaubte fröhlich.
Staunend betrachtete das Volk die Jünglinge und ihre Geschicklichkeit mit dem Pferd. „Oh!" und „Ah" raunte es bewundernd in der Menge.
Rama trat vor sein Volk und sprach. „Wir werden den Wettbewerb abbrechen, denn niemand kann diesen Knaben das Wasser reichen. Sie sind unschlagbar, denn sie sind meine Söhne! Das Reich gehört jetzt

ihnen. Sie sind die neuen Lenker des Geschehens!" Der König bekränzte und segnete die verblüfften Zwillinge.
„Du bist unser Vater? fragten sie im Chor und freuten sich über den schönen König. Der sagte weise:
„Tiere sind meine nächsten Gefährten, und wer sich mit dem Tiergeist verbinden kann, ganz so wie ihr, der nimmt auch die schwerste Hürde."

Dave wusste über Mohan Bescheid, Prema musste ihm die Sache geschildert haben. Er wollte mit zur Polizeistation ins Dorf fahren, um diesen Mann zu treffen.
Dr. Nair mahnte: „Erst mal keine Ausländer!"
Dave verstand. Er sollte vorerst im Haus bleiben. Paati blickte ihn unverblümt an. Jetzt würde er endlich meine Paati und den Rest meiner Familie kennenlernen, dachte ich. Dave, überwältigt von dem Chaos, in das dieses schreckliche Erlebnis uns verwickelt hatte, wandte sich Paati zu.
Ich hörte beim Hinausgehen noch, wie sie ihn mit Gesten und ein paar Brocken Englisch fragte: „Indianer? Pferde?" Ich hatte ihr Dave als Adivasi aus Amerika vorgestellt. Ich dachte, bestimmt wird sie ihm gleich eine Geschichte von Rama erzählen, die Radha übersetzen muss.

Wir fuhren zur Polizeistation nach Mannarkadu. Sie war geschlossen, also mussten wir nach Palghat fahren. Dort saß Mohan geschäftig vor seinem Schreibtisch, als wir eintraten.
Prema wandte sich als erste an Mohan: „Was soll dieser Vorgang? Sie haben ein unschuldiges Mädchen verhaftet?"
Der Polizist blieb gelassen. „Erstens ist es gegen das Gesetz, Ausländern illegal Unterschlupf zu gewähren. Ich kann auch den hier" – dabei zeigt er auf mich – „verhaften, so wie ich dieses nackte Weib verhaften ließ. Sie wurde mit einem minderjährigen Knaben von uns in einer Höhle überrascht."
„Erstens, wie wollen Sie beweisen, dass die Leute in meinem Haus, eine Spanierin und ein gebürtiger Österreicher, kein Visum für Indien hatten? Die beiden sind vor ihrer rohen Gewalt und ihren grausamen

Methoden geflohen."
Mohan erwiderte nichts darauf.
„Zweitens: Was Sie mit der Tribalfrau gemacht haben, ist unzulässig."
„Sie hat sich unbekleidet in der Öffentlichkeit gezeigt, das ist strafbar."
„Sie wissen doch, das Mädchen ist für die Tribals dort oben eine Heilige. Sie haben deren Gebräuche zu respektieren."
„Nein. Das da oben bei den Unberührbaren ist Aberglaube und Zauberei."
„Ich beantrage ein Verfahren gegen Sie am High Court. Geben Sie sofort den Goldarmreifen zurück, sonst bekommen Sie noch größere Schwierigkeiten! Das Mädchen hat Verletzungen!"
Mohan wurde kleinlaut. Er schloss eine Schublade auf und gab den Goldreif ohne weiteren Widerstand zurück. Wir hatten einen ersten Teilsieg errungen und ihm erst einmal etwas Angst eingejagt.

Zurück im Lion-Tail-Estate setzten wir uns zunächst alle zum Essen. Amma hatte mein Lieblingsessen Okraschoten mit Kokosbutter und Joghurt gekocht. Dr. Nair war von Amma beeindruckt. Sie war in einen handgewebten, rost- und purpurrot gestreiften Sari gewickelt und servierte das Essen mit jener würdigen, schlichten Haltung, die Frauen meiner Familie ausstrahlen. Jede Behausung verwandeln sie in etwas Kultisches, und das Essen ist immer eine geweihte Speise. Ich war stolz. Und Radha, die an jenem Tag besonders hübsch anzusehen war in ihrem gelbem Seidensari, fragte Prema, wie sie mit Sai, einem Tamilen auskäme. Ob sie seine exzentrischen Allüren schon gezähmt hätte? Amma sah sie strafend an. Aber Paati kam ihr zur Hilfe und sagte: „Die Männer müssen erst durchs Feuer, um sich zu beweisen." Wir lachten und Dave wollte wissen, was Paati Schlaues gesagt hätte. Ich übersetzte.
„Stimmt, woher weiß Paati so was?", fragte er. Paati sah ihn an und antwortete auf Tamil: „Manche Frauen in Indien können nicht lesen und schreiben, aber sie wissen so manche Dinge!" Ich übersetzte weiter.
Warum kommt großes Glück und großes Leid oft zum gleichen Moment? Wie oft hatte ich mir diese Frage schon gestellt. Und auch jetzt

kam sie mir in Anbetracht dieses unglaublichen Zusammentreffens wieder in den Sinn. Wie immer erwartete ich letztlich keine Antwort darauf.

„Wie geht es Akka?“, fragte ich.

„Sie schläft“, sagte meine Mutter, die sich den ganzen Vormittag um sie gekümmert hatte. „Sie steht unter Schock, lasst sie in Ruhe. Es ist gut, dass sie schläft.

Noch waren Ayyappan und Vinu nicht zurückgekommen.

Nach dem Essen hatten Dave und ich endlich Zeit füreinander. Ich führte ihn zu den Felsen hoch. Tausend Fragen gingen mir durch den Kopf.

Dave ahnte meine Neugier. „Keine Sorge, Mann, ich bleib einige Wochen hier. Wir haben noch genug Zeit zum Reden. Lass uns erst das Mädchen beruhigen. Ich würde gern das indianische Heilritual ausführen, morgen früh vor Sonnenaufgang und sobald ihre Eltern da sind. Nachdem ich aus dem Gefängnis kam, hat der Schamane unseres Stammes es an mir damals ausgeführt.“

„Mann, Dave, die Umstände sind ganz schön verrückt, unter denen wir uns treffen!“

„Govi, du weißt, wir sind zwei Krieger!“

Dave hatte sich nur wenig verändert. Ich fühlte mich ihm so nah. Ich konnte mir nicht verkneifen, ihn nach Nell zu fragen.

„Nell? Sie hat ein gut gehendes Yogastudio in San Francisco aufgemacht!“

Ich war von dieser Nachricht ganz schön baff und beschloss, ihn bald mehr darüber zu befragen.

„Die Protestaktionen im Silent Valley sind für uns Indianer ein besonderes Ereignis. Ich möchte rausfinden, wie ihr so viele Menschen mobilisieren konntet, auf eurer Seite zu stehen und zu kämpfen.“

„Noch haben wir nicht gewonnen, Dave. Aber du weißt, es geht mir um das Überleben von Hanuman!“

„Ja“, lachte er, „seine Statue steht im Büro für Red Indian Affairs in San Francisco. Ich leite es seit kurzem. Bei dir in Indien hoffe ich sehr, einen der seltenen Bartaffen zu sehen.“

57

„Mein dharma ist erfüllt. Ich habe den Dichter zum Dichten inspiriert, den Söhnen Wissen und Kenntnisse vermittelt und dem Geliebten Freude und Leid geschenkt", sagte Sita. Aber als sie aus der Ferne Rama rufen hörte: „Wo ist Sita? Bringt sie herbei!", aber gleichzeitig auch das Volk hörte: „Wo ist ihre Reinheit? Der Dämon Ravana hat sie befleckt!", rief sie: „Genug! Ist die Erde rein? Ein Gemisch aus vielen Schichten, durchwirkt von der Schärfe der Edelsteine und dem lodernden Feuer, dem Brausen des Wassers und dem funkelnden Licht der Lavamassen. Sie ist nicht rein!"
War Rama zu lange Rama und sie zu lange Sita? Hat ihrer beider Göttlichkeit, als Menschen inkarniert, die Balance zwischen Dämonen und Menschen ins Wanken gebracht? Verwischten sich Gut und Böse?
„Genug!", schrie Sita erneut. Da öffnete sich die Erde und ein Abgrund klaffte auf. Heraus schoss kristallen ein mit Gold und Rubinen besetzter Thron. Sita sank auf den Herrscherinnensitz, seufzte: „Oh!", lächelte: „Ah!" und fuhr in die Erde hinab. Feuerregen sprühte, Blätter und Blüten wirbelten umher, als Sita hinein in den Bauch der Erde, als gäbe es da einen Schlitz in der Welt, entschwand. Holte sich die Erde ihre Essenz zurück?
„Sita, die aus Asche Entstandene, geht zurück in die fruchtbare Scholle!", rief jemand, als Sita vor aller Augen verschwand. „Sitas Erdfahrt sei uns eine geheiligte Vision!" Dann vollendete Val-miki seine Hymne:

Wer Sita sah,
sah auch,
Kriege werden nichts bezwecken
als
Erde werden durch verfrühtes Sterben.

„Nun seht, nun hört: ‚Genug!' – dieses Wort einer Frau, wenn es denn gehört wird, kann die Erde öffnen!", tröstete der Urbarde weiter. Dann

sang und tanzte er ekstatisch: „Das Epos Ramayana bleibt ewig bestehen, die Liebe von Rama, Sita und Hanuman wird niemals aus diesem Weltenraum vergehen!“

Am späten Nachmittag kam endlich Ayyappan mit Vinu auf meiner Enfield zurück. Akkas Eltern folgten im Jeep des Forest Officer. Befangen und ängstlich drängen sich die Eltern zunächst an die Wand der Großküche und warteten auf unsere Ansage. Wie ein verletztes wildes Tier hatte Akka sich in eine Ecke des Raumes verkrochen. Wir beschlossen, Eltern und Tochter am besten allein zu lassen, und begleiteten Prema und Dr. Nair zu deren Wagen, um sie zu verabschieden. Dr. Nair war vorsichtig mit dem, was er zum Ausgang dieser schrecklichen Geschichte zu sagen hatte:
„Die Polizeibeamten werden sich decken und gegenseitig Alibis geben. Alle Religionen machen gemeinsame Sache, wenn es darum geht, ihre Schandtaten zu vertuschen. Sie können ihre eigene Ethik und Religion kurz verleugnen und die Tat auf die Religion des anderen Polizisten schieben. Da sagt beispielsweise der Christ: ‚Moslems finden nackte Frauen schlimm, daher haben wir sie hart angefasst, damit der Kollege nicht beschämt ist’ und anderen Unsinn. Wir können die Leute im Tribal-Dorf nicht noch mehr da hineinziehen und als Zeugen befragen, denn in unseren Polizeistationen herrscht finsteres Mittelalter. Dort wird man erzählen: Die Tribals halluzinieren und nehmen seltsame Drogen. Sie werden behaupten, dem Mädchen nichts getan zu haben. Und den Aussagen der Polizisten wird Recht gegeben.“
Wir standen an Dr. Nairs Auto: „Grüße mir Sai. Wo ist er eigentlich im Moment?“, fragte ich Prema.
„Gerade sehr beschäftigt in Cochin“, antwortete sie mit einem glücklichen Lächeln. „Nimm Akka und ihre Familie erst mal bei dir auf“, sagte sie dann.
Ich nickte.
„Jedenfalls zeige ich ihn an, und er wird auf alle Fälle erst einmal versetzt werden.“
Und irgendwann bringen Dave und ich ihn um, schwor ich mir heimlich.

„Morgen früh führen wir Rituale für Akka aus. Ihr schlaft hier“, wies ich Akkas Familie an und gab ihnen Matten und Decken. Wir zogen uns zurück. Munni kochte auf dem offenen Feuer draußen Reisbrei für uns alle. Nach dem Essen ging Vel, eine geeignete Ziege für Dave zu holen.

Als ich am frühen Morgen noch vor Sonnenaufgang die Küche betrat, waren Amma und Radha frisch gebadet und prunkvoll gekleidet beim Vorbereiten einer eigenen Zeremonie in der Küche.
„Wir haben Akka und ihren Eltern neue Saris gegeben und sie angewiesen, sich an der Pumpe am Wasserteich zu waschen. Ich will die Kampferflamme um Akka schwenken sobald sie kommt und die Zeit stimmt!“, sagte Amma. Wird das Feuer die grausamen Taten aufzehren, fragte ich mich. Als Akka hereinkam, führte Patti sie vor die Statue der Göttin Lakshmi, die Amma aus Lehm geformt hatte und gerade mit Blumen und Schmuck symbolisch zur Göttin erkor. Das ‚Böse Auge’ wird sich von ihr abwenden, aber sein Karma muss der Polizist schon alleine tragen, damit haben wir nichts zu tun, dachte ich, als ein gellender Laut aus dem Dickicht herüberdrang.
„Das ist Dave! Führt euer *Puja* zu Ende und bleibt dann hier in der Küche. Ich geh zu Dave.“ Ich folgte den Lauten ins Gebüsch. Die Zweige kratzen mich. Auf einem freigeschnittenen kreisförmigen Platz wippte Dave mit der an den Beinen gefesselten Ziege auf dem Rücken im Kreis herum und stieß Urlaute aus. Ayyappan, selbst ein Jäger, wohnte der Zeremonie bei, und ich spürte, wie noch andere Augenpaare aus dem Buschwerk uns still beobachteten. Dave ging in einen Singsang über und warf die Ziege mit Wucht über die Schulter auf den Boden. Ayyappan reichte ihm das Beil, und mit gekonntem Schlag trennte Dave deren Kopf vom Rumpf. An den Baststrähnen im Unterholz klebte Blut. Der verwilderte Ort war ganz dem Indianer ausgeliefert. Er kniete und sammelte das Blut in einem Topf auf. Sein Singsang klang wie Wolfsgeheul. Ich stand starr, bis das Gestrüpp vom ersten Licht der Sonne gestreichelt wurde. Dann schüttelte ich mich und merkte, wie erschöpft ich war. Wie sehr ich fror! Die Natur ist unsere Mutter, sie nimmt das Blut, und wir schöpfen Kraft aus den Zeichen ihrer Steine,

die sie einst als Tränen geweint haben wird, um dann Dämonen töten zu können. Aber plötzlich hatte ich abstruse Gedanken: Heilung besteht aus Schwingung. Gab es starke Gedanken, die Schwingungen hervorriefen und Materie bewegen oder verändern könnten? War nicht sogar Nikola Tesla, Erfinder des Wechselstroms und Elektromotors, gedanklich umhergereist, um Materie zu bewegen? Und hatte er nicht gesagt, wir müssen uns die Naturkräfte nutzbar machen?
Ja, Tesla, Erfinder der drahtlosen Energieübertragung, du bist für mich hier präsent. Dass Strom kommt und wir telefonieren können, was für uns mit vielen anderen Errungenschaften selbstverständlich geworden war, umgab damals ein gewisses Transzendentes. Und nun stehen wir hier und hoffen, weiterzukommen. Dave beendete seine wahnsinnige Tat mit einer Salutation an die Sonne. Er ging zügig mit dem Topf auf die Küche zu. Ich folgte ihm und wollte ihn vom Betreten der Küche abhalten. Mit Blut in das Brahmanische Ritual zu treten erschien mir als Schrecken für alle. Doch Dave blieb im Freien stehen. Auf ein Zeichen von ihm ging Ayyappan hinein und brachte Akka heraus. „Sie hat hohes Fieber“, sagte er. Dave betupfte ihre Stirn mit dem Blut, genau dort über das Kumkuma aus Kurkuma, das Amma schon hingetupft hatte. Zwei Kulte auf ihr, dachte ich, und, oh, jetzt darf nichts schief gehen.
„Bringt die Familie in die Höhle oben, dort werde ich das Feuer machen und die Ziege braten. Sobald sie essen, bekommen sie wieder Kraft. Das Fieber wird sich senken, sobald sie oben auf den Felsen am Wald ist. Da oben ist für sie eine ihnen gewohnte Umgebung.“
Meine Familie hatte noch nie einer Schlachtung beigewohnt. Unsere Kaste pflegt eine mehr als tausendjährige Tradition des Vegetarismus. Aber der rituelle Charakter der Tötung hatte auf mich hypnotisierend gewirkt. Währenddessen hatte Amma die Küche in ihre Hochburg verwandelt, und niemand getraute sich hinein. Sie kochte und dabei verbreitete sie Autorität.
„Wir haben in dieser Natur ein Stück Ursprünglichkeit bewahrt, aber was die Leute hier machen und denken, ist erschreckend. Es kann doch keine Zukunft für die Menschheit geben, wenn Männer, die in solchen

Positionen sind, solche brutale Gewalt an den unschuldigen Tribals ausüben. Tiere behandeln ihresgleichen nicht so“, sagte ich zu Paati, die im alten Korbsessel saß, und kniete mich neben sie.
Sie legte ihren Arm auf meinen. „Ich verstehe solche Gewalt auch nicht, Gowinda.“ Sie seufzte: „Ach, gegen das Böse gibt es noch keine Medizin.“
Ich horchte auf und hatte eine Eingebung: Die gelben Blätter, die Maren mir gezeigt und die ich ausprobiert hatte. Könnten sie zur Therapie eingesetzt werden?
„Vielleicht finde ich eines Tages eine solche Pflanze, und ich pflanze sie als seltenes Medizinkraut im Medizingarten an“, sagte ich und klang vorwitzig. Paati ging darauf ein und antwortete: „Wusste ich es doch, du bist ein ganz Schlauer.“
Akka muss mir helfen, dachte ich, aber ich wusste auch, dass das Kraut süchtig machen konnte. Wir kommen nicht frei von den Geistern unserer Vergangenheit. Sie gehen zurück bis zu Ravana.
„Und Gowinda, du solltest einen kleinen Schrein für Hanuman installieren auf diesem Land! Schau mal, da drüben fände ich das großartig! Als Hanuman Rama aus den Sümpfen führte, wird sich dieses Drama genau hier, in dieser Gegend, vor langer Zeit abgespielt haben. Hanuman ist auch der Schutzpatron der Kräuter“, sagte Paati und schaute zufrieden in den Garten. Die Götter schienen besänftigt.

Dave kam erst am späten Nachmittag wieder von der Felsenhöhle zurück. Er sah geläutert und reingewaschen aus. „Mit Feuer bekämpfst du Feuer, mit dem Blut einer Ziege die Gier und dann mit dem Einverleiben des Fleisches den Makel“, sagte er und hockte sich, die Knie umklammernd vor Paatis Stuhl. Paati lächelte ihn anerkennend an.
In der Abenddämmerung schlenderte ich mit Dave langsam hinauf zur von taubem Grün umgebenen Höhle. Doch sie war leer. Die Waldmenschen waren weg. Sie hatten Fleisch von der Ziege gegessen und den Rest wohl den wilden Hunden und den Hyänen überlassen. Ohne eine Spur ausgelegt zu haben, waren sie fort. „Akka gehts gut“, besänftigte mich Dave. „Lass sie. Erde zu Erde, Wasser zu Wasser, Luft zu den

Geistern und Menschen …?“ Ich ahnte: Menschsein ist woanders.
„Sie sind in den Wald geflohen vor uns. Welch Omen. Die Göttin des Stammes war fort, dafür aber war ein Häuptlingssohn aus Übersee angekommen“, ich klopfte Dave auf die Schulter.
Wir kletterten hinunter zurück zum Haus und hörten Paatis Erzählstimme in der Dämmerung.
„Komm schnell, Dave“, sagte ich, „alle hocken schon im Kreis auf dem Boden und lauschen Paatis Geschichte.“

58

„Noch sehen wir den König um Sita klagen, bevor er Selbst untergeht!“, verkündete der Schamane des Stammes und sprach weiter:
„Seht, noch klingen in Ramas Ohren die glockenreinen Stimmen seiner Söhne. Mit den Liedern kommt er der Wahrheit näher: Sie werden die neuen, weisen Könige sein!
‚Ich habe Ravana besiegt. Das dämonische Zeitalter ist vorbei!‘ schreit Rama.‘“
Die Vision des Schamanen waren erschütternd. Mit unwirklicher Stimme fing er wieder an:
„Auch Götter irren sich! Nichts ist je zu Ende. Seht doch.“ Er nimmt die Karaffe, hebt sie, spricht einen Segensspruch und lässt sie fallen. Blitzschnell fängt Lava sie auf und zeigt: Ich bin ein geistesgegenwärtiger Krieger!
„Seht jetzt den König!“ Rama wünscht sich die Frucht oben vom Baum. Kusha schießt, trifft den Stängel, ohne die Frucht zu beschädigen, und zeigt: Ich bin ein flinker Bogenschütze!
„Hört, Stammesleute, wie Rama, fast wirr geworden, fragt: ‚Wo ist eure Mutter, wo ist Sita?‘ Hört, wie Rama ruft: ‚Bringt Sita herbei!‘„
Dann verstummte sein medialer Geist. Die Stammesleute lauschten dem Heulen des Windes.
„Oh, verlorener König. Sita weilt nicht mehr auf Erden!“, hallte die Stimme des Schamanen aus den Bergen wider.

Rama aber wollte nichts von all dem wahrhaben.
Und so irrte der große Anführer Rama verloren und verzweifelt umher.
Er trug schwer an seiner Schuld, Sita einst schwanger in den Dschungel verbannt zu haben.
Verschwindet das Weib aus dem Reich, ist der Untergang des Herrschers absehbar.

Noch vor Tagesanbruch zog ich mit Dave los. Akkas Dorf war gegenüber am Berghang sichtbar. „Bis dorthinauf gehen wir“, sagte ich zu Dave. Endlich fanden wir Zeit zu dieser gemeinsamen Wanderung.
„Dieses satte Grün, Mann! Hier möchte man Büffel sein. Gibt‘s die eigentlich hier, Govi? Magisch, dieser Regenwald!“ Dave begeisterte sich.
„Hier gibt es wilde Büffel. Aber pass auf, die Pflanzen fassen nach dir!“, sagte ich beim Abstieg ins Tal. Ich bückte mich und zeigte auf eine kleine, gelblich leuchtende Pflanze. „Auf dem Rückweg kauen wir die Blätter. Sie berauschen!“
Wir überquerten den Kunti-Fluss. Dave blickte hinunter, ich betrachtete von der Seite sein ebenmäßiges braunes Gesicht, seinen lebendigen Blick, der jedes Detail aufnahm und es wieder zurück an die Natur zu geben schien. Ich dachte: Dave passt hierher. Einen Indianer gibt es nicht oft in Indien.
Mitten auf einer schwankenden Seilbrücke fragte er mich plötzlich: „Hast du keine Frau gefunden?“
„Und ob, viele!“, sagte ich leichthin.
Dave schaute mich zweifelnd an. „Pass bloß auf, Frauen können einen ganz schön verwirren.“
Auf einem Felsplateau, kurz vor Akkas Dorf, das eine gigantische Aussicht auf das Silent Valley freigab, erzählte ich von Nila.
„Sie ist indische Tänzerin und was Besonderes. Ihr Vater Inder, die Mutter Irin. Wie sie tanzt, berührt. Für mich ist sie dann wie eine Mystikerin. Sie war eine Inspiration für mich. Aber sie steht selbst zwischen Welten. Sie wollte emanzipiert sein und Geld verdienen. Aber Künstlerin in Indien, das kannst du vergessen. Die brauchen einen Mäzen.

Tanzaufführungen, so wird das erwartet, sind umsonst. Die Tänzer bezahlen den Saal, das Beleuchtungspersonal und Gagen für die Musiker, die sie begleiten. Die Idee mit Eintrittskarten, ne, das kennen unsere Leute nicht."

„Diese indischen Tänze würde ich gern mal sehen. Gibt es eine Möglichkeit?"

„Na, ja, das ist selten geworden. Vielleicht in Coimbatore, der nächsten Großstadt."

„Wie weit ist es bis dahin?"

„Zwei bis drei Stunden. In Madras, in Kalakshetra, kannst du sehen, wie hart und diszipliniert Tänzer arbeiten."

„Und was war dann mit Nila?"

„Sie ist plötzlich zum Film gegangen. Es macht mich traurig, wie ihr Talent bei albernen Filmchen verheizt wird. Aber sie kommt an das große Geld. Sie hat den Spagat zwischen Kommerz und Kunst gewagt und arbeitet in einer völlig anderen Welt als der, in der ich hier zurechtkommen muss mit dem minimalen Einkommen. Sie bleibt eine Traumfrau. Doch ich sehe es als aussichtslos an, dass wir noch mal zusammenkommen, es sei denn, es geschieht ein Wunder."

„Ach Govi, wenn dir Tänzerinnen und Schauspielerinnen gefallen, wundere dich nicht, wenn die ihre eigenen Wege gehen", lachte Dave.

„Komm lass uns weitergehen."

Wir kletterten weiter die Anhöhe hinauf. „Nein, ich wundere mich nicht, Govi."

„Naja, dann kam Tara, eine ayurvedische Ärztin, in mein Leben. Es begann so leicht mit ihr. Sie ist ein Kumpel, selbständig, reif. Sie würde dir gefallen, Dave. Gerade eröffnet sie ein kleines Krankenhaus für ayurvedische Medizin. Da läuft sie gegen das Patriarchat an, in dessen Hände Ayurveda liegt. Aber sie ist tapfer und zäh. Wir sind nicht wirklich getrennt. Sie will auch wieder herkommen und den Medizingarten weiter anlegen. Ich fürchte mich jedoch ein wenig vor ihr. Sie ist ein Dickkopf und eifersüchtig auf alles, was ich mache. Zu besitzergreifend, das ertrage ich nicht gut. Trotzdem finde ich sie immer noch reizvoll."

Dave grinste. „Ganz schön umtriebig, Flying Monkey!"

„Und dann trat Carmen, eine feurige Spanierin aus Valencia, in mein Leben. Ich gabelte sie eines Tages mit ihrem Freund Gabriel, einem Österreicher, auf der Straße auf. Die beiden zogen sofort bei mir ein, und das war ein Glück, denn ohne sie hätte ich das mit dem Haus hier nicht geschafft. Carmen ist pragmatisch und praktisch und war immer für mich da. Sie sieht Nell ähnlich, aber nur auf den ersten Blick. Sie hat das Lion-Tail-Estate mit mir aufgebaut. Waschechte Hippies, die beiden. Sie nehmen alles locker. Der Sex mit ihr ergab sich eher zufällig." Ich machte eine Pause. „Du bist doch verheiratet, oder?"
„Ja klar."
„Ist es die, mit der ich dich bei euch im Indianerdorf damals tanzen sah?"
Dave nickte.
„Und wie ist sie so?"
„Phantastisch. Meine erste Liebe. Ich hatte nie Zweifel!"
Wir sagten nichts. Dave war gradlinig. Trotzdem verstand er mich.
„Carmen und Gabriel sind wegen diesem fiesen Monster von der Polizei über Nacht auf und davon. Er hat Carmen bedrängt und dann seinen Frust, sie nicht zu bekommen, auf Akka abgewälzt."
Wir japsten nach Luft. Die letzte Etappe zu Akkas Dorf hinauf war steil. Keuchend fragte ich: „Dave, was bringt Polizisten dazu, solche Taten zu begehen, einfach eine hilflose Frau sexuell zu erniedrigen und sie mit Gewalt zu nehmen? Mohan hat Frau und Kinder. Was ist das für eine Lust? Was er genau gemacht hat, wissen wir nicht. Wir können Akka jetzt noch nicht befragen. Aber wir wissen, dass sexuelle Übergriffe geschehen sind."
„Ich kenne diese Sorte Männer vom Gefängnis. Da triffst du Sadisten. Da ist was falsch gelaufen. Entweder wurden sie als Kinder missbraucht und missbrauchen später selbst, oder sie sind zuhause vollkommen unterdrückt und müssen Dampf ablassen bei solchen Taten. Man sollte sie kastrieren. Die können nicht anders. Sie wiederholen sonst solche Taten."
„Wieso warst du im Gefängnis, Dave?"
„Erkläre ich dir später." Als wir an den ersten Hütten in Akkas Dorf

vorbeigingen, enttäuschte uns die Ablehnung, mit der man uns begegnete. Die Leute schauten weg und taten, als wären wir Luft. Wir suchten Akkas Paati. Sie hockte vor ihrer Hütte.
„Verehrte Großmutter, wissen Sie, wo ist Akka?“, fragte ich.
„Sie sind nicht zurückgekommen“, war alles, was sie sagte. Sie wollte nicht reden. Schweigend bot sie uns Wasser an.
Wir dankten und machten uns lieber wieder auf den Rückweg.
„Es erinnert mich an die Indianerreservate. Doch während wir dort rumgeschubst werden, lässt man diese Menschen hier noch in Ruhe. Eure Protestbewegung SSV ist einzigartig. Es sei denn, so ein Übergriff wie von diesem Polizisten kommt dazwischen. In den USA werden unsere Stämme vom FBI bewacht“, sagte Dave düster.
Im Unterholz entdeckte ich die gelben Blätter. „Es ist Mittag, Dave, lass uns eine Pause machen.“ Wir setzten uns. Vor Einbruch der Dunkelheit hatten wir genug Zeit, zurück beim Motorrad zu sein, das am Forest Office stand.
„Mach dir keine Sorgen um das Mädchen, Govi. Das Ritual ist stark. Sie wird sich mit ihren Eltern versteckt halten und in der Abgeschiedenheit reinigen, das braucht der Geist der Stammesleute. Sie sind uns gleich.“
Ich bot ihm die gelben Blätter zum Kauen an. Doch Dave lehnte mit entschiedener Geste ab. „Zuerst will ich das noch loswerden: Ich habe mich dem American Indian Movement, dem AIM, angeschlossen. Einer meiner Freunde in San Francisco war Mitbegründer. Du hast ihn flüchtig gesehen, der Gutaussehende mit dem Indianerschmuck, der damals auch einmal zu unseren Meetings am Oak-Drive oben erschienen ist. Das ist Russell Means. Er hat mit seinem Vater und der AIM das Gefängnis Alcatraz besetzt, einst die Geisterinsel der Indianer.“
Ich erinnerte mich an das markante Gesicht des Indianers und nickte.
„Karmisch würdest du das nennen. Wieder passierte es in Wounded Knee, diesmal, 1973, war ich dabei. Danach wurde ich verhaftet. Dort hat es schon 1890 ein Massaker gegeben. Damals war es der Anfang vom Ende unseres freien, selbstbestimmten Stammesleben. Geschichte wiederholt sich.“

„Sag Dave, was habt ihr gemacht, wie kamst du ins Gefängnis? Du hast dich sofort von mir abgeschnitten, wie Nell die Zeit zuvor. Als ich in Boston war, habe ich vergeblich auf ein Zeichen von dir gewartet.“ Dave wirkte sehr traurig und still. Dann holte er aus:
„Wounded Knee liegt heute im übrig gebliebenen Land des Dakota-Sioux Stammes und ist ein Reservat. Das FBI hatte sich einen Indianer des Stammes, den sie Dick Wilson nannten, gekauft. Dieser Wilson betrog regelmäßig sein völlig desolates Volk, das keinen Zugang zu Bildung und nur das schlechteste und unfruchtbarste Land in der Gegend zugeteilt bekommen hatte. Die wichtigste Ansiedlung Park Ridge bestand aus drei festen Häusern: dem Indianer-Museum, der Poststation und dem Supermarkt, der mit Alkohol aufgefüllt war. Die Lebenserwartung der Leute war bei siebenundvierzig Jahren. Die Frauen knüpften Handwerk und verkauften es an das Museum in Park Ridge für fünfzehn Dollar, das Museum verkaufte diesen Indianerschmuck für einige hundert Dollar, nur dass du eine Ahnung bekommst, was da lief. Die Schecks der Regierung zur Erhaltung des Reservats, der Infrastruktur und ähnlichem, das, was andere Gemeindeverwaltungen in den USA auch erhielten, kam mit der Post. Dort behielt dieser Dick Wilson, der vom FBI eingesetzte Häuptling, die Schecks gleich ein und gab den Leuten aus dem Supermarkt umsonst Alkohol und das Nötigste zum Essen fürs nackte Überleben. Wir von der AIM haben diese drei Häuser besetzt. Die Ladenbesitzer kamen freiwillig als Geisel zu uns, denn sie waren teilweise auf der Seite der betrogenen Stammesleute. Doch das FBI verbreitete im ganzen Land als Schlagzeile in Zeitungen: ‚Schreckliche Geiselnahme von weißen Ladenbesitzern durch Indianer!‘ Daraufhin rückte auf Befehl des FBI eine Polizeitruppe an. Russell Means, der den Protest der Indianer anführte, sagte zu der Polizeieinheit: „Lasst uns verhandeln.“ Nach einundsiebzig Tagen aber überwältigte die Polizei uns alle, obwohl eine Geisel bestätigte, sie sei freiwillig bei uns, den Mitgliedern der AIM, und wolle mit ihrer Aktion die Aufmerksamkeit auf die brutale Korruption hier lenken. Zwei Indianer wurden getötet. Dann auch ein Polizist. Danach war Schluss. Die Polizei verhaftete uns alle von der AIM.“

„Aah, ich versteh jetzt, warum du im Gefängnis gesessen hast.“
„Ja, drei Monate war ich da drin. Zu unserem Prozess kam Marlon Brando und hörte zu. Übrigens hat der Schauspieler seinen Oscar deswegen abgelehnt. Er hat eine sehr schöne Indianerin im indianischen Gewand mit Federschmuck hingeschickt. Als sein Preis verkündet wurde, ging sie anstelle von Marlon Brando auf die Bühne und erklärte, der Schauspieler würde den Preis nicht annehmen, wegen der schlechten Behandlung der Indianer im Filmgeschäft und den aktuellen Vorgängen am Wounded Knee Indianer Reservat. Marlon Brando, du kennst ihn von dem Film ‚Der Pate’, stand wie viele Amerikaner auf unserer Seite. Ich kam frei und bekam das Büro für Indianische Angelegenheiten in Frisco angeboten. Was ich heute leite. Aber es gibt zu tun. In der Nähe von Rolling Thunders Reservat in Nevada finden Atomtests statt. Unser Land wird als Müllhalde für giftige Abfälle benutzt und als Lager alter Waffen. Jetzt verstehst du unseren Aufstand. Und warum ich dabei war.“
Ich war schockiert. „Oh, Dave. Ich fürchte Amerika heute mehr als England. Es gibt sich selbst den moralischen Auftrag zur Weltpolizei.“
Wir schwiegen und schauten zu den Bäumen hoch. Der Wald hat den Menschen viel voraus. Die Wurzeln unter dem Boden kommunizieren miteinander, weit oben sind sie frei und eigenständig und drängen zum Licht.
„Govi, wir können von euch lernen. Wie ihr die unterschiedlichen Gruppierungen hier zu einem gewaltlosen Protest zusammenbringt, das ist einmalig. Du musst in die USA kommen und über den SSV-Protest zu meinem Stamm sprechen. Wie das SSV es schafft, Stammesleute, Akademiker, einen promovierten Mathematiker wie dich, Anwälte, Künstler, einfache Leute und sogar einige Angestellte des Forest Office zu vereinen, bewundere ich. Dein Einsatz hierbei überzeugt mich. Würdest du das tun?“
Ich nickte. „Es wäre mir eine Ehre.“ Ich dankte heimlich dem Geist von Mahatma Gandhi. Er lebte. Ich hakte aber bei Dave nach:
„Aber was ist die karmische Geschichte von Wounded Knee? Was meintest du damit?“

„Bist du bereit für diese Horrorgeschichte?“ Ich nickte: „Schieß los, Mann!“
„Vor langer Zeit, 1890, hat es mit dem Tanz angefangen. Der Medizinmann eines Payote-Stammes Wowoka, eine Art Prophet, wollte alle Stämme vereinigen und prophezeite: Frieden würde kommen, und wir müssten uns nicht mehr fürchten vor den grausamen Soldaten der Einwanderer. Er war ein Mystiker und predigte: ‚Reinigt euch, entsagt Alkohol, seid gewaltlos im Herzen und beginnt den Tanz. Streift euch das weiße Gewand über und tanzt den Ghost-Tanz! Keine Kugel des weißen Mannes kann euch mehr verletzen!’ Dieser Tanz, Govi, der die Geister der Ahnen rief, wurde zu einer Bewegung. Tausende, Männer, Frauen, Kinder, tanzten in großen Kreisen, fielen in Trance, standen auf, tanzten weiter. Überall im Land tanzten die Mitglieder unterschiedlichster Stämme. Aber die Soldaten im Fort interpretierten das als neu ausbrechende Unruhen unter den Stämmen, fürchteten Aufruhr. Ja, sie fürchteten die Einheit der unterschiedlichsten Stämme, als sie hörten, wie unermüdlich wild getanzt und getrommelt wurde.
Diese Art des Tanzens war den Soldaten nicht geheuer. ‚Fegt sie von der Erde weg, diese unzähmbaren, ungezähmten Wilden, sie sind von einem Geist besessen’, soll einer der Verantwortlichen im Fort gesagt haben. Sicher hat er gefürchtet, es könne erneut zur Aufruhr gegen die Besetzer ihres Landes kommen. Die Indianer waren erst an der Schlacht am Little Big Horn niedergeschlagen worden. Sitting Bull, der große Häuptling und Anführer, hatte aber ausgerufen: ‚Wo ich jetzt stehe, werde ich nie mehr kämpfen.’ In Wirklichkeit fürchteten alle Weißen sich vor der Irrationalität dieser Tanzenden, die der Rationalität einer überwiegend aus Engländern bestehenden Armee gegenübertrat. Aber letztendlich gewinnen die strategischen Planer, weil sie in der Übermacht sind. Das geht schon ewig so.“
Es war still im mittäglichen indischen Dschungel. Friedlich, als wären Dämonen, solche wie Ravana, schon vor tausenden von Jahren ausgerottet. Ich spielte mit den gelben Blättern in meiner Hand. Dave fuhr fort:
„Damals ritt eine überproportional große Armee nach Wounded Knee, wo Little Foot, Häuptling der Lakota, mit seinem Stamm die Tänze

praktizierte. ‚Die Indianer sind verrückt geworden. Sie tanzen wild im Schnee. Verhaftet ihre Anführer! Bringt sie her!', hatte der Oberbefehlshaber der Armee befohlen. Seine Soldaten umstellten das Indianerdorf von Little Food. Sämtliche Lakota gaben ihre Waffen freiwillig ab. Den Frauen nahmen die Soldaten die Küchenmesser und ihre Beile ab. Obwohl niemand sich wehrte und sie immer wieder wiederholten: ‚Es sind Friedenstänze, wir wollen Frieden und in Ruhe in unserem Land leben!' waren die Soldaten rabiat. Es gab nur einen Indianer, der taub war und sich gerade ein Gewehr für teures Geld erstanden hatte, der sich weigerte, es den Soldaten zu überlassen. Im Gerangel mit einem Soldaten um diese Waffe löste sich ein Schuss. Das hat den nervösen Befehlshaber veranlasst, den Schussbefehl zu geben. Erst trafen sie den Häuptling mit gezieltem Kopfschuss, dann die spielenden Kinder, dann die Frauen und Mädchen. Sie schlachteten die Wehrlosen ab. Sie waren wie Gras, über das die Sichel hinwegfegt. Zweihundert bis dreihundert Leichen im weißen Friedensgewand lagen rot von Blut im Schnee."

Dave schwieg eine Weile. Affenbanden stießen grelle Schreie aus. Als Dave fortfuhr:

„Das war der Dolchstoß gegen unsere Kultur. Der Senator in Washington, der für Landrechte zuständig war, befahl, die Indianer in Reservate zu schicken. Dort wurden einzelnen Familien zwar Grundstücke zugewiesen, die aber weit auseinander lagen, so dass die einzelnen Familien vom Stammesleben getrennt waren. Damit wurde der Verbund unserer Leute aufgelöst.

Landbesitz kannten unsere Stämme bis dahin nicht. Stämme besiedelten und bestimmten im Verband darüber, wie Land zu nutzen sei. Die wilden Büffel, die sie verehrten und nur töteten, um zu überleben, wurden im Verband einmal jährlich gejagt. Jetzt wurden sie von den Eindringlingen spaßeshalber abgeknallt. Demokratie mit jedem Lebewesen war Motto der Indianer. Profitdenken ist zentral für die Weißen, Gowinda. Damals ist die materialistische Weltanschauung der fremden Eindringlinge auf die unserer Naturvölker getroffen. Es konnte nicht gut gehen. Indianer mit Ritualen, mit einem animistischen, symbiotischen Naturverständnis auf der einen Seite, auf der andern Seite die Einwanderer, die selbst wegen der Folgen des vom mechanistischen Denken geprägten Materialismus aus ihren Länder geflohen waren. Europäer sind vor dem Hunger und dem Wettbewerb um Anerkennung aus in sich zusammenbrechenden Monarchien weggelaufen und in Scharen damals in unser Land gekommen. Mann, wir haben ihnen unbedarft zunächst friedliches Zusammenleben angeboten. Aber sie waren infiziert von der unmenschlichen, undemokratischen Ordnung ihrer Heimatländer. Sie trauten niemandem, schon gar nicht uns. Die amerikanische Demokratie ist eine Lüge, denn sie basiert auf dem Glauben, dass der Stärkere siegt."

„Oh je, Dave, und ich dachte völlig ignorant, nur Indien hätte unter den angelsächsischen Völkern gelitten!"

„Nee, Govi, wir hatten die Hölle bekommen. Unsere Kinder wurden von ihren Eltern getrennt. Nonnen nahm sie in Zwangsobhut. Sie wurden gezwungen, Englisch zu sprechen und den christlichen Glauben anzunehmen. Ihnen wurde auf den Mund geschlagen, bis sie bluteten, wenn sie ihren indianischen Dialekt sprachen. Man kreierte in Amerika eine unterste Kaste, die der Unberührbaren, und das waren wir, die Indianer. Wir seien dreckige, halbverrückte Heiden. Primitiv, war die verbreitete Meinung." Dave hielt wieder eine Weile inne.

„Was für eine Ungerechtigkeit! Karma wird wüten. Jetzt verstehe ich dich endlich."

Dave lächelte: „Ich werde das Flugticket für dich organisieren. Sprich auch über Karma zu unseren Stämmen und schenk ihnen Hoffnung. Etwas vom Geist deiner Paati. Dann kannst du auch meine Frau und meinen kleinen Sohn kennenlernen."

Ich gab Dave ein paar der gelben Blätter, und wir fingen an, sie zu kauen. Dave begann von sich aus mit dem Thema, das mich brennend interessierte, ich aber bisher vermieden hatte:

„Und du wirst Nell wiedersehen. Ich habe sie zufällig in San Francisco vor meinem Büro für ‚Native Indian Affairs' getroffen. Wir sammeln dort Berichte von Erhaltungsmaßnahmen für weltweit ursprüngliche, unberührte Naturgebiete. Dort hatte ich auch von eurer Bewegung SSV

gelesen. Und dann kam ja dein Brief als Antwort auf meine Hochzeitseinladung, und ich las, dass du auch dabei bist. Ich war so froh von dir zu hören, Mann, und hatte daraufhin beschlossen, nach Indien zu kommen. Ich wusste ja, dass ich dich über das SSV finden würde."
„Und wie gehts Nell?" Ich bemühte mich, neutral zu klingen. „Wo hast du sie wiedergetroffen?"
„Vor meinem Büro in San Francisco. Ich hatte gerade eingeparkt. Sie erkannte mich und kam auf mich zu, denn ich hatte zu der Zeit immer noch den alten Truck mit der wilden Bemalung. Sie war sehr gut gekleidet, scheint vermögend zu sein, fuhr ein Cabrio. Ist aber nicht verheiratet, denn ich fragte sie sofort danach. Aufgeräumt erzählte sie mir, sie hätte ein paar gute Rollen im Fernsehen gehabt. Jetzt betreibe hautsächlich ein Yoga- und Aerobic-Center. Es liefe gut für sie. Ein paar Prominente kämen zu ihrem Unterricht. Da ich gar nicht darauf gekommen war, dass sie auch Kinder haben könnte, meinte sie ganz von sich aus: ‚Ich hab übrigens zwei Jungs.' Und dann hat sie auch nach dir gefragt."
Das Gesagte wirkte wie eine Bombe auf mich. Nicht mehr die Nell, die ich gekannt hatte, oder vielmehr doch die Nell, die ich in ihr vermutet hatte. Während wir unseren Weg fortsetzten, begann die Droge allmählich zu wirken. Nell, etabliert und aufgestiegen, lächelte im weißen Anzug auf mich herab. Wie ein Geist war sie in all den Jahren immer wieder in meinem Kopf umher gespukt. Nun schien sie ganz nah. Plötzlich war sie die entführte Sita, ein Dämon hat Besitz von ihr genommen. „Warum bin ich nicht wie Rama?", rief ich, und die Felswand gegenüber echote zurück: „Rama!" Ich versuchte Nell in meiner Erinnerung zu fassen, so wie man eine verlorene Liebe in sich sucht und dann wie ein Ertrinkender nach ihr greift, wenn sie sich wieder zeigt. „Hat sie einen Guru, von dem sie Yoga gelernt hat?", hörte ich mich fragen.
„Keine Ahnung", sagte Dave. „Nell ist eine Naturbegabung. Sie schaut sich die Dinge ab. Das weißt du besser als ich."
Dass sie sich in Sachen Yoga bewegte, überwältigte mich sehr. Ich sah es als ein Zeichen einer geheimen Verbindung. Und dazu ist sie zweifache Mutter! Wer wohl der Vater sein wird? Vielleicht sogar ein Indien-Freak, der sie zu Yoga brachte? Oder doch ein reicher Fernsehprodu-

zent, der ihr Rollen verschafft hat? In ihren Augen habe ich versagt, dachte ich. Plötzlich linste er aus dem Gestrüpp hervor: der Bartaffe. „Dave“, flüsterte ich. „Schau mal dort, Hanuman!“
Wir betrachteten ihn gebannt. Er sah uns traurig an, als wollte er sagen: Was seid ihr für verlorene Gesellen. Allesamt Dämonen. Er fletschte die Zähne, machte eine abfällige Geste und turnte davon. „Diese weisen kleinen Knopfaugen“, flüsterte ich.
„He Flying Monkey, du ewiger Wanderer zwischen Dingen. Verfolge eine der möglichen Frauen! Und bleib dran! Sieh dir den stolzen Waldbewohner an!“, mahnte Dave.
„Bartaffe, sei du mein Guru! Ich folge deinen Sprüngen von Ast zu Ast! Komm Dave!„ sagte ich im Rausch der Droge.
„Weltenwanderer, wir gehen jetzt zurück zu deiner Familie, komm, hier gehts lang.“ Er nahm mich am Arm und lenkte mich. Dave, aufrecht und stolz, konnte keine Droge vom Weg abbringen. Er folgte seinem inneren Tiergeist, während ich ihm kichernd hinterherlief. Der hier völlig fremde brachte mich instinktsicher zurück zum Motorrad und fuhr uns zurück ins Lion-Tail-Estate.

Eine Woche war vergangen. Die Abreise meiner Familie stand bevor: „Das Haus ist viel zu groß für dich, du brauchst eine Frau, Gowinda!“, sagte Amma. Meine Mutter wollte mich einfach verheiratet wissen.
Paati fügte nichts hinzu, sah mich aber groß an und lächelte verschmitzt, als würde sie signalisieren: Freigeister sind wir beide, nicht wahr?
„Amma, ich kann mir keine Frau vorstellen, die hierher passt. Keine wird kommen. Es sei denn eine wie Sugathakumari. Aber sie ist alt. Sie spricht übrigens heute Nachmittag in Coimbatore. Wir gehen hin, bevor ihr in den Zug steigt. Auch Paati wird sie mögen.“
Ein paar Tage später brachen wir auf nach Coimbatore und besuchten zunächst die Protestveranstaltung. Vinu sagte abends beim Einsteigen in den Zug zu mir: „Ich finde Dave Spitze. Ich wollte, ich hätte so einen Freund.“
„Wenn du fertig bist mit dem Examen, komm hierher. Geh es langsam

an und suche dir den richtigen Job aus“, ermutigte ich ihn.
„Herr Oberguru, bei dir war es sehr lehrreich. Endlich weiß ich was über Naturvölker!“ Radha klang altklug.
Paati sagte mit einer zufrieden schaukelnden Kopfbewegung: „Mir hat Sugathakumari sehr gefallen. Sie hat eine großartige Stimme!“ Nur Amma fragte leise: „Willst du nicht zurück zu uns kommen, Gowinda?“ Sie, die mich immer verstanden hatte, verstand mich nicht mehr. Das schmerzte.

Dave blieb dann zwei Monate. Er kam zu vielen Veranstaltungen des SSV mit. Eines Spätnachmittags saßen wir oben bei den Klippen vor der Höhle und schauten auf die samtgrünen Täler. Er sagte:
„Ihr bringt den Menschen die Natur nah. Egal, aus welcher Schicht sie stammen, sie verstehen die Notwendigkeit, ein geschlossenes Biotop wie das Silent Valley zu erhalten! Ich bewundere dich, Govi. Ich hätte das nie von dir gedacht. Statt zum Mond zu fliegen und Berechnungen über die Sphären anzustellen, bist du hier auf dem Boden gelandet. Wie kam dieser krasse Wandel?“
„Mmm … ich bin ein paar ungewöhnlichen Gurus begegnet. Plötzlich wurde mir klar, ich will den Sinn des Seins ergründen.“
„Klar, den offenbaren wilde Pflanzen und scheue Tiere mehr als das abstrakte Denken. Und wenn du ein Sinnsucher bist, na klar, dann hier. Mich beeindrucken Ayyappan und seine Frau, aber auch Vel und Munni. Ihre Herzlichkeit zeigt, wie Menschen sein können. Und natürlich Akka, sie ist was ganz Besonderes.“
„Ich mach mir Sorgen um sie. Hoffentlich zieht sie mit ihrer Familie nicht in die Städte! Das wäre katastrophal für sie.“
„Die nicht. Ihr Instinkt ist intakt. Warts nur ab, die kommen zurück zu dir. Sie sind dir dankbar und werden es zeigen wollen.“

Ich wartete aber vergeblich auf ein Zeichen von Akka. Niemand hatte sie gesehen. Am Tag von Daves Abreise – ich brachte ihn auf dem Motorrad nach Palghat – trafen wir uns mit Sai am Bahnhof.
„Das ist also der berühmte Dave!“, grüßte er. „Also du bist der, der

Govi hierher ins Valley gebracht hat."
„Nee, den bringt man nirgends hin. Der hat einen Dickschädel und macht, was er will." Wir lachten. Sai wirkte leicht sarkastisch, wenn er über mich sprach. Ich war immer noch sein gefährdeter Asthma-Patient. Dave hingegen blickte auf mich mit Zuversicht und Vertrauen. „Ich werde alle Hebel in Bewegung setzen, dass er nach Amerika kommen und über den SSV sprechen kann", sagte Dave zu Sai.
„Das ist eine gute Idee. Er ist frei und hat Zeit!", hänselte Sai ein wenig.
Als der Zug losfuhr, winkte Dave aus dem Zugabteil und rief optimistisch: „Ich besorge dir eine Einladung nach Kalifornien, versprochen! Mach's gut, Flying Wind mit den Monkeys!"
„Und nichts mehr mit Gefängnis, Little Rock! Bleib friedlich!", rief ich dem ausrollenden Zug nach Bombay hinterher. Doch Dave hörte das nicht mehr.
„Komm mit nach Hause. Es gibt Neuigkeiten", lächelte Sai. Wir fuhren auf der Enfield zu den Nairs. Dort schob mir Sai ein Kokosbällchen in den Mund und sagte:
„Prema ist schwanger!"

Schreibend, kochend und meditierend gewann ich der Einsamkeit inspirierende Gedanken ab. Vel und seine Frau Munni halfen mit, das Estate zu pflegen. Vel wollte sehr viel lernen. Ich gab ihm mehr Englischunterricht. Morgens früh übte ich Yogasanas: Glieder verbanden sich mit der Weite, kein Wollen, aus meinen Blutbahnen strömte feine Energie hinaus, durch meine Haut konnte der Äther des Kosmos in mich eindringen – meine Energie konnte sich mit der des Kosmos verbinden. Das Leben würde ich vielleicht eines Tages verstehen; doch unfassbar blieb für mich die Zeit. Es war heiß und schwül und schon im Mai kamen die dunklen Wolken wie mächtige Geister herangezogen.

Akka kam mit den ersten Regentropfen. Sie hatte die Arme weit ausgebreitet, ihr Haar gelöst und ihren Mund geöffnet. Wie lang stand sie schon so? Ihre Blöße war mit Sträuchern bedeckt, ihr ganzer Leib von Zweigen umrundet, sie wirkte wie eine Buschtonne. Gelbe, trockene

Blätter hatten sich im Haar verfangen. Ihre Eltern hielten sich still im Abseits. Als sie mich sah, stieß sie einen gellenden Schrei aus und tanzte wie ein Pfau auf der ausgedörrten Wiese. Sie drehte sich im stärker werdenden Regen und kam näher ans Haus. Feuchtigkeit mischte sich mit dem Boden und duftete nach frischer Erde. Akka betanzte die Veranda und kam unterm Vordach zum Stehen. Die Pupillen waren hochgedreht und versanken unter den Augenlidern. Sie krächzte leise: „Morgen werden die Winde ein Bienenvolk mitbringen!“ Ihre Eltern schienen nicht beunruhigt über ihr Verhalten. Im Gegenteil, sie sahen erleichtert aus. „Der schamanische Geist ist in ihren Leib zurückgekehrt“, flüsterte ich vor mich hin. Und als ich ihr lange ins Gesicht sah, kam ihr Blick zurück und sie sah mir mit einer Intensität in die Augen, die mein Innerstes aufrüttelte: „Deine Frau wird kommen und du wirst heiraten!“ prophezeite sie, schüttelte sich, dass das Wasser spritzte. Ihre Mutter fragte mich nach Tüchern. Ich war erstaunt, aber froh. Akkas Seele hatte sich von der Vergewaltigung befreit. Munni, die in der Küche hantierte, holte Akka und ihre Mutter in die Küche. Nach einer Weile sah ich Akka zum ersten Mal gekleidet in eine *Mundu.* Die Leichtigkeit ihrer Schritte legte Heiterkeit über das Anwesen.

Als der Regen wie aus Kübeln schüttete, wärmte uns das Herdfeuer in der Küche. Munni hatte ein warmes Reisgericht gekocht, das Akka auf Blättern aß. Behutsam und langsam formte sie mit der Hand jedes Bällchen Reis auf dem Blatt und warf es in den Mund. Wie zierlich sie aß machte Freude.

„Ich will für dich arbeiten“, sagte Akkas Vater. „Wir wollen hier leben!“

Akkas Mutter nahm den Besen, der an der Hauswand lehnte, und kehrte die Küche. Ich verstand, dass sie nicht mehr in ihr Dorf zurückwollten.

„Oben ist die Felsenhöhle. Dort hat schon ein Freund die meiste Zeit gelebt und musiziert. Lasst euch dort nieder! Wenn es aufhört zu regnen, fahre ich nach Mannarkad und kaufe euch das Nötigste“ sagt ich.

„Akka wird *Mundus* tragen, besorg ihr welche in orangener Farbe.“ Das war ein Befehl von Akkas Mutter ausgesprochen, und ich führte ihn gern aus. Sie würde sie als Tücher über dem Busen zusammenwickeln.

Sie würde nicht mehr nackt leben wollen. Bisher werden sie nur mit Fetzen, die sie am Leib getragen haben, durch den Wald geirrt sein. Vielleicht waren sie auch eine Weile in ihrem Dorf gewesen. Auf alle Fälle werden sie den Sinn ihrer Existenz, auf andere Weise als ich, hinterfragt haben. Und sie haben diesen Platz auserwählt. Ich fühlte mich geschmeichelt. Das Lion-Tail-Estate beherbergt ab jetzt eine Schamanin.

Ein paar Tage hausten sie auf der Veranda. Aber als der Regen aufhörte, weihten wir ihre neue Bleibe ein. Von Gabriel war noch eine Bastmatte zurückgeblieben, sowie ein paar Kultgegenstände. Ich gab ihnen Decken und Matten aus dem Haus und hatte Tücher, Lungis und ein paar Kochutensilien in Mannarkadu besorgt. Wir saßen mit Vel und Munni im Kreis und knabberten an süßen Laddu-Bällchen, als das Motorengeräusch eines Autos zu uns hochdrang. Ich schickte Vel hinunter, um nachzusehen, wer das sein könnte. Kurz darauf kam er mit zwei Frauen hochgeklettert. Der Boden war noch nass, und im Gras spiegelte sich das nackte, gleißende Licht der Mittagssonne. Die Frauen gingen sehr vorsichtig und schienen Stadtfrauen zu sein. Eine rothaarige Frau in einer blauen Kurta kam zuerst und hinter ihr eine jüngere mit Jeans und T-Shirt modern gekleidet. Ich dachte, das darf nicht wahr sein. Das kann nicht sein. Eben erst ist Dave aufgetaucht und nun bilde ich mir das hier ein. Wahrscheinlich halluziniere ich und bin unter Akkas Zauberspruch. Als die Ankömmlinge vor mir standen, hörte ich *Akkas* Stimme in meinem Inneren sagen: „Deine Frau wird kommen, und du wirst heiraten!"
„Oh, Gowind, was haben wir alles unternommen, um dich hier zu finden!" strahlte Nila mich an.
„Nila?" fragte ich immer noch ungläubig. Schweiß musste ich von der Stirn wischen. Ich freute mich wahnsinnig.
„Was machst du in dieser abgelegenen Gegend zur Monsunzeit?"
„Wir drehen ein paar Szenen in der Natur im Regen nicht weit von hier. Ich habe in Palghat im SSV-Büro deine Adresse bekommen. Heute ist mein erster drehfreier Tag, es regnet ja nicht!" Vel und Munni starrten sie an. Ob sie sie von den Plakaten, die in Mannarkadu vor der Polizei-

wache gehangen hatten, erkannten?
„Ich komme, um zu sehen, wie du die Welt rettest!“ sagte Nila mit ihrem Schalk und schaute amüsiert in mein verblüfftes Gesicht. „Ich habe so gehofft, dass du da bist.“ Sie zeigte auf die Frau neben ihr.
„Das ist Claire, meine Mum, sie ist Tierschützerin. Sie wollte auch unbedingt kommen und sehen, wie du in der Natur lebst.“
Ich nickte Claire zu: „Das ist eine unglaubliche Überraschung!“ Ihr weißes Gesicht leuchtete mit der blauen Kurta um die Wette. Ihr Blick war zurückhaltend und abwägend, sie rührte sich nicht von der Stelle.
Es war viel geschehen, seit wir uns am Strand getrennt hatten und sie wie ein Engel davongeflogen war. Aber war sie nicht die Liebe meines Lebens? Dieses Lächeln. Die nach unten gesenkten Wimpern. Die zarten Mondsicheln auf ihrem lieblichen, rundlich weichen Gesicht. Der Erfolg hatte sie noch selbstbewusster gemacht. Ich war so erstaunt über unser Zusammentreffen, dass ich unfähig war zu reagieren. Sie fragte: „Willst du uns nicht einen Tee machen?“
„Ja, gern. Aber schaut euch doch zuerst unsere Zeremonie an. Akka zieht gerade in die Höhle hier ein.“
Ich erklärte ihnen kurz, wer Akka war, und überließ meine neuen Nachbarn sich bald selbst. Wir gingen hinunter zum Haus. „Ist das die Schauspielerin Nila?“, fragte Vel. „Pst“, sagte ich. Er nickte. Munni machte Tee und bediente Nila, wie man einen Filmstar bedient: Mit Anbetung und Verwunderung. Ich erzählte kurz Akkas Geschichte.
„Wie schrecklich. Gut, dass du ihr ein Zuhause gibst. Du musst sie unbedingt unterrichten, sie muss lesen und rechnen lernen“, meinte Claire mit dieser Bestimmtheit, mit der sich ausländische Menschen in Belange hier gern konkret einmischen. Nila nickte. Ich biss auf die Lippen. Warum eigentlich nicht? Im Grunde könnte ich schon morgen damit beginnen. Der Enthusiasmus der beiden Frauen hatte mich überrumpelt. Auch Maren könnte teilnehmen. Und dann würden vielleicht auch andere Kinder und Jugendliche kommen. Rückblickend gesehen war dies tatsächlich der Anfang meiner Schule im Lion-Tail-Estate.
Munni begann sofort mit den Vorbereitungen für ein Festmahl, während die Frauen die Küche bewunderten. Sie konnten nicht wissen, dass

Carmen sie eingerichtet hatte.
„Wir möchten gern das Silent Valley sehen. Kannst du das arrangieren?“, fragte sie.
„Ja, bestimmt. Ich fahre gleich zum Forest Office, um einen Jeep zu organisieren.“ Munni, beeindruckt von der Schönheit und dem Auftreten Nilas, zeigte ihr das Haus und wäre am liebsten mitgekommen.
Der Forest Officer, der uns nach einer Weile abholte, wusste sofort Bescheid. Dass Nila, der Filmstar, auf Besuch war, hatte sich wie ein Lauffeuer verbreitet. Während der Fahrt drehte er sich immer wieder zur Rückbank um, um einen Blick auf Nila zu erhaschen, so dass ich ihn schon mahnen musste, das sein zu lassen. Eingestaubt vom primitiven Fahrweg kamen wir oben auf der Anhöhe an. Majestätisch lag das Silent Valley vor uns. Die Schwingung, die es verbreitete, berührten Nila, und ihre Ausstrahlung lullte mich wie immer ein, so dass ich ihr nur noch zu Diensten sein wollte. Sie war genauso im Ramayana beheimatet wie ich. Was ich tat und wer ich war, wusste sie besser als jede andere Frau. Aber sie war aufgestiegen, während ich ausgestiegen war. Und doch gewann ich aus ihrer Gegenwart Mut. Ich wünschte, ihr Besuch würde nie zu Ende gehen, als wir nebeneinander ins Valley blickten.
Claire mahnte in bestimmendem Ton zur Rückkehr zum Haus. „Nila muss essen.“ Sie hatte offensichtlich das Zepter in der Hand. Der Wert ihrer Tochter war ihr bewusst. Als wir zum Jeep kamen, lag ein Hundebaby davor. Wahrscheinlich wünschte sich jemand im Dorf, dass Nila es adoptieren würde. „Das nehmen wir mit“, sagte Clair sofort, ohne eine Widerrede zu dulden.
In der Abenddämmerung duftete es nach Munnis Essen aus der Küche. Nila und ich standen am Teich und sahen zu, wie Claire zusammen mit Vel den Hund badete. Meine früher zugelaufenen Hunde beschnupperten ihn und wedelten mit dem Schwanz.
„Nila, hier lebe ich mit der Natur. Sie hat das Sagen. Akka ist ein ungewöhnliches, medial begabtes Mädchen. Wir dürfen ihr mit unseren Gedanken und Ideen von Bildung nicht zu nahetreten. Sie hat andere Talente.“

„Ach, du bist und bleibst ein Träumer, Gowinda. Aber du lebst ungewöhnlich hier. Was Akka betrifft, hast du Recht. Ich habe sie neben dem Felsen hocken sehen. Zunächst dachte ich, sie sei ein Gewächs, so still saß sie da. Fast nicht sichtbar. Sie zieht Kräfte aus der Erde."
Überwältigt von ihrer Nähe wollte ich Nila an mich ziehen und küssen. Doch sie entzog sich sanft. „Es ist so …" Sie sah mich mit einem in die Ferne gerichteten Blick an, den ich bisher so nicht an ihr kannte. Sie schien sich innerlich einen Ruck zu geben, dann sagte sie nüchtern: „Gowind, ich werde heiraten!"
„Was?! Wen?", entfuhr es mir entsetzt.
„Sanjay, den Sohn von Ismael Khan." Das traf.
„Ismael Khan? Er ist eine Schauspielerlegende?"
Sie nickte. Für Ismael Khan hatte schon Amma geschwärmt. Sein Sohn Sanjay ist auch längst zum Halbgott in der Filmwelt aufgestiegen. Es klang in meinen Ohren, als würde sie sagen: Ich werde Königin und sitze bald auf dem Thron. Sie würde in eine Dynastie einheiraten. Also war es doch unwirklich, und es war nicht meine Nila, die gekommen war, sondern eine andere, künstliche. Wir schwiegen lange. Und ich fragte mich, ob es geklonte Wesen gab und ob sie ein Duplikat von Nila war und ich in eine Täuschung verstrickt. „Liebst du ihn wenigstens?", auch meine eigene Stimme klang fremd.
„Ja, er ist das Beste, was mir passieren konnte. Er hat diese mystische Ader, freitags singt er Sufi-Lieder. Seine Gläubigkeit hat etwas Absolutes, ohne geringsten Zweifel. Das hat Magie und hat mich angezogen und mein Vertrauen geweckt."
„Sie sind Muslime. Ist das kein Problem?"
„Nein, ich passe mich an und trage freitags das Kopftuch zum Gebet."
Wir starrten auf das Wasser. Schwarz und morastig lag es im Abendlicht. Ein Nährboden für Träume.
„Ich werde durch die Heirat Respekt bekommen. Das brauche ich, um in der Filmwelt zu überleben. Niemand wird mich anrühren. Sanjay ist sehr großzügig. Ich freue mich auf mein neues Leben. Wir werden in Hyderabad wohnen."
„Ach", sagte ich ernüchtert. Deshalb war sie also gekommen. Wie an-

ständig von ihr. Wir hatten uns getrennt, aber ich hatte trotzdem die Hoffnung nie verloren, dass wir einmal in ferner Zukunft zusammenkommen könnten. Aber dieser Filmfuzzi war überzeugt von seinem Glauben, von der Welt, in der er lebte, während ich sie anzweifelte. Sollte ich mich nun für diese Märchenprinzessin freuen und denken, sie habe es verdient, oder war sie eine indigoblaue Nixe, die mich in den Abgrund schubste? „Gratuliere!", sagte ich schließlich matt.
Erst als sie nach dem Essen, während dessen ich keinen Appetit hatte, weg waren, wurde mir schlagartig klar, dass ich sie nie mehr wiedersehen würde. Nila hatte fröhlich mit dem Schal gewinkt, der sie im Fahrtwind umflatterte. Das Leben flattert einfach weiter, verfliegt wie der Schal dieser Frau, dachte ich. Manche sagen, Zeit sei unfassbar, weil ewig. Andere sagen: Die Zeit ist um. Nilas und meine gemeinsame Zeit – in diesem Augenblick schon alte Erinnerung. Wie ein Greis sah ich auf den Boden und stand unbeweglich da. Sie hat mich endgültig verlassen. Mit jemanden, der ihr Sicherheit vorgaukeln kann. Etwas, das ich nie tun werde. Ich sehe immer die Vergänglichkeit und fürchte mich. Akka hat eine Illusion kreiert mit ihrer Falschmeldung: Meine Frau käme … Sie ist nicht echt, keine wirkliche Schamanin. Alle verlassen mich, fluchte ich.
„Retten! Das Silent Valley bleibt!", schrie ich und ballte meine Fäuste. Munni, die in der Küche mit den Töpfen klapperte, verstand mein Englisch nicht. Und auch sonst begriff sie meinen Schmerz nicht.

Am nächsten Tag weckte die Sonne mich. Ich hatte ungewöhnlich lang geschlafen. Wieder kam ein Taxi, wieder stiegen die beiden aus, doch gefolgt von einem Mann. Was wollten sie? fragte ich mich und stand ungelenk, ungewaschen im Eingang. Munni nahm die vielen Süßigkeiten und Snacks entgegen. Auch Vel stand adrett bereit und suchte mit Munni nach Behältnissen, um die Mitbringsel zu verstauen.
„Gowinda, das ist unser Regisseur!"
Wir nickten uns zu. Sicher dachte er, ich bin ein verpennter Freak.
„Sag mal, würdest du uns hier ein paar Tage drehen lassen? Du bekämst natürlich Tagesmiete. Du kannst auch sicher sein, dass wir nichts

zerstören. Und Akka bekommt eine Rolle, wir haben so ein Mädchen wie sie für einige Szenen gesucht."
Das geht ja hier weiter wie in einem Roman, dachte ich verblüfft und sagte zu, denn ich würde Nila wenigstens noch ein bisschen sehen können, sehen, wohin ich sie verloren habe. Obwohl ich Filmindustrie verachtete. Sie würden morgen schon beginnen wollen, sagten sie und fuhren davon.

Zwei Wochen lang lagen in der Küche Kabelrollen, Beleuchtungskörper. Die Zimmer daneben waren zum Schmink- und Kostümraum umfunktioniert. Munni und Akkas Mutter kochten dreimal täglich für das zehnköpfige Filmteam. Das Haus wurde zur Kantine, zum Aufenthalts- und Umkleideraum. Nila und ihre Mutter zogen für ein paar Nächte sogar in Carmens ehemaliges Zimmer ein. Ich fuhr in der Zeit öfters nach Palghat und wohnte einmal bei Sai und den Nairs und erledigte meine Arbeit im SSV Büro.
„Die Miete der Filmfirma geht an dich, dank dir sind sie da und du machst dort prima Arbeit", sagte der Freund Dr. Nairs, der mir das Estate mietfrei überlassen hatte.
Als ich nach ein paar Tagen zurückkam, sah ich bei den Dreharbeiten mit Akka zu. Sie saß im orangefarbenen, um den Busen gewickelten *Mundu* vor ihrer Höhle und schürte im Feuer. Der Rauch verklärte die Szene. Der Kameramann war ganz begeistert von der Örtlichkeit und ihrem Gesicht. Sie ließ sich nicht aus der Ruhe bringen. Nila kam auf mich zu und sagte:
„Wir wollten ihr Goldschmuck anlegen, sie hat sich geweigert. Sie sollte in einem seidenen langen Rock mit Schärpe über die Steine klettern, sie hat sich geweigert. Sie sitzt stoisch da, und es kümmert sie offenbar nicht, dass wir sie so ganz in ihrem alltäglichen Tun filmen."
Am Abend sprach ich mit Akka und ermutigte sie, doch ihre Kletterkünste einmal vorzuführen. Ich sagte ihr, es ist gut für unseren Ort, denn sie bezahlen mich, und wir können uns das Land hier mit Geld besser sichern. Sie verstand mich. Am nächsten Morgen kam der Regen zurück und sie filmten Akka, wie sie einen umwerfenden Salto rück-

wärts aufführte, während Nila herausgeputzt und geschminkt ihr dabei im Regen zusah. Die Frau aus der Stadt träumt vom Landleben, erklärte mir jemand die Szene. Auch das wurde mehrmals wiederholt. Dazwischen wurden die beiden Frauen neu geschminkt, die Schweißtropfen abgetupft und die Kleider zurechtgerückt. Ich bewunderte, wie Akka jetzt doch mitmachte. Sie hatte sogar die Tracht angelegt, so wie es von ihr gefordert wurde. Und mit welcher Ausdauer, fast Gleichgültigkeit Nila das alles durchhielt. Wie ein Objekt wurde sie herumgeschubst. Akkas Akrobatik würde berühmt werden, ich fürchtete um unsere Ruhe hier. Alles fürs Silent Valley, sagte ich zu Akka und ihren Eltern. Welch katzenhafte Geschmeidigkeit Akka hatte! Ihr Gesicht war im Hier und Jetzt und hübsch wie alle Kerala-Tribals. Nila musste später dann vor meinem Teich ihren Traum vom Landleben tanzend zum Ausdruck bringen. Auch das wurde immer wieder unterbrochen und hatte keinen Fluss. Es war Attitüde und unwirklich.

Als wir am letzten Abend beim Abendessen saßen, sagte Nila: „Ich möchte von meinem Einkommen etwas für die Bildung von Akka abgeben, Gowinda.“ Dabei wirkte sie erschöpft und leer. Ich hatte erstmals gesehen, wie viel Arbeit in einen Film gesteckt wird. Nila war von früh morgens bis spät nachts in Bereitschaft, sich in Szene zu setzen. Sie trug etwas Schläfriges, Unbeteiligtes im Gesicht beim Warten. Sie verbrauchte ihre Schönheit nicht und trotzte dem Leben keine Intensität mehr ab. Sie hatte den Sprung von Kunst zu Kommerz geschafft. Und ich begriff, sie war gelandet. Im Kommerz. Sie würde nie zum klassischen Tanz zurückkehren.

Nila machte an dem Abend einen überraschenden Vorschlag: „Wenn dein Besitzer verkauft, könnten wir das ganze Lion-Tail-Grundstück in deinem Namen kaufen. Was hältst du davon? Damit unterstützen wir deine Arbeit, und du hast den Freiraum, deine Schule auszubauen. Vielleicht drehen wir hier noch ein paar andere Filme dafür. Akka und ihre Familie sollen auch ein Stück Land auf ihrem Namen bekommen. Du musst ihr die Papiere dafür beschaffen. Schaffst du das? Was meinst du? Ich habe mit Sanjay gesprochen, er findet es eine sehr gute Idee

von mir.“
„Krasser Gedanke, von dir gefördert zu werden“, antwortete ich gerührt.
„Na, ja. Es ist für die Erhaltung von Hanumans Welt!“, sagte sie bestimmt und sah an mir vorbei.

Nachdem der ganze Rummel mit den Filmleuten am nächsten Morgen vorbei war, räumten wir tagelang Müll auf. Danach begann ich eine kleine Gruppe zu unterrichten. Ab und zu kam auch Maren vorbei und blieb über Nacht. Ich lehrte sie englische Buchstaben und Worte, bald ganze Sätze, und konnte sie auch fürs Rechnen begeistern. Ich erläuterte ihnen das Prinzip der Null in einer Zeichnung.

Ich sprach eine Woche später mit dem Besitzer und erklärte ihm meinen Plan, Schulunterricht für Jugendliche abhalten zu wollen. Er war begeistert von der Idee und wollte gern an mich verkaufen. Er würde einen guten Preis dafür bekommen, weil Filmleute von ihm kaufen würden, hatte ich ihm gesagt. Neben der Felsengruft beauftragen wir bald schon Vel mit anderen Leuten aus dem Dorf, ein Haus aus Lehm und Stein als kleinen Tempel neben der Quelle unweit der Höhle für Akka zu bauen.

Ich konnte das Ganze, das in einer unglaublichen Schnelligkeit um mich herum passierte, kaum fassen und befahl meinen Gedanken, Nila zu vergessen. Ich liebte das Bild, das ich mir von Nila als Tänzerin gemacht hatte, und sah ein, dass sie andere Seiten hatte, mit denen sie für sich das große Los gezogen hatte. Sie wollte für die Dreharbeiten zu einem anderen Film wiederkommen. Die Aussicht, wenigstens ab und zu in ihrer charismatischen Gegenwart zu weilen, stimmte mich optimistisch. Sie hatte einen träumerischen, unwirklichen Elan, mit dem sie erstaunliche Dinge bewegte.

Akka half oft mit bei der Gartenarbeit. Sie blickte auf die Setzlinge. Die Samen der gelben Blätter waren neben jungen Bäumen aufgegangen. Akka pflanzte sie vorsichtig, fast zärtlich ins wilde Buschwerk. Am nächsten Tag gärtnerte sie mit einigen Frauen ihres Stammes, die zu Besuch gekommen waren, denn sie hatten gehört, die Göttin spreche wieder aus Akka. Die Frauen legten ein Hochbeet mit Setzlingen aus Gemüse, Blumen und Kräutern an. Da sah ich Akka wie eine Königin auf der Erde zwischen den Pflanzen thronen und in die Luft starren. Sie hatte sich wieder in ein unnahbares, unantastbares Wesen verwandelt.

Bald kamen die ersten Patienten zu ihrer Höhle hinaufgeklettert. An der einfach gebauten Lehmhütte, die als Tempel und Behandlungsraum diente, wurde noch das Dach gerichtet. Akka behandelte sie vor dem unfertigen Bau. Sie berührte Heilsuchende mit einem Büschel aus getrocknetem Gras und stieß dabei Pfauenschreie aus. Manche Leidenden fielen daraufhin in Ohnmacht. Akka weckte sie mit Wasser wieder auf, und die Kranken wirkten befreit. Ich staunte. Ihre Kräfte wirken bei manchen, aber nicht bei mir. Hatte sie mir nicht „meine Frau" prophezeit, und war es daraufhin nicht zu einem enttäuschenden Wiedersehen mit Nila gekommen?
„Anna", was älterer Bruder bedeutet, sagte sie, als ich eines Abends zu ihr hinaufgeklettert war und mich vor die Höhle hockte, „ich danke dir für das, was du für uns tust. Ich spüre, wie die Göttin wieder zu mir spricht. Aber ich möchte da nie wieder mitmachen müssen, bei den Filmleuten. Sie sind so laut." Als sie es sagte, ergriffen mich ihre schlichten Gebärden, ihr Ausgerichtet-Sein auf Wesentliches, auf Einfaches.
„Oh nein, das musst du nicht. Ich will sie auch nicht mehr hier!" sagte ich zu ihr. Obwohl ich die Landpapiere für den Kauf für Nila ordnete und ich akzeptiert hatte, dass sie mein Leben förderte, fraß mich die Wut auf. Sie hatte mich einfach aus ihrem Leben radiert. Akka drehte die Augenbälle nach oben, die Pupillen schoben sich unter die Lider: „Deine Frau kommt!", stieß sie hervor mit ihrer gellenden Stimme, mit der sie ihre Vorhersagen machte.
Sagte sie das nur, um mich zu trösten, oder meinte sie das? Jedenfalls würde ich künftig bei Verlusten kein Asthma mehr bekommen. Der Regenwald hatte mich geheilt. Und Akka saß wie ein Fels vor mir.
Nach wenigen Wochen war die Tempel-Hütte fertig. Akkas Vater hatte

sie mit Gräsern kunstvoll bedeckt. „Akka, hier ist jetzt auch dein Zuhause. Und du bestimmst mit, wie wir es gestalten.“ Sie schloss die Lider, und ihre Mutter brachte mir von ihrem Essen. Nachdem ich die Landübertragung auf meinen Namen geregelt hatte, was ein ziemlich anstrengender Papierkrieg gewesen war, der meine Zeit über Monate geschluckt hatte, schrieb ich einen Dankesbrief an Nila und berichtete ihr, dass jetzt Akka als Schamanin auf ihrem Land praktiziere.
Nila schrieb ans SSV zurück: „Lieber Gowinda, es ist euer Land. Wir haben es an euch übertragen und die Verantwortung in eure Hände gelegt. Nila.“ Die Botschaft war klar. Sie distanzierte sich. Wir hier, die sich so großmütig für die Natur einsetzen, wurden von dummen Filmen finanziert, dachte ich verstimmt. Das war für mich ein seltsames Ende einer großen Liebesepisode.

59

„Oh Erde, oh Sita, wie finde ich dich?“, stöhnte Rama und jammerte: „Ich habe ihr Gesicht vergessen ... Ich höre sie lachen und weinen, ich rieche, schmecke, spüre ihren Körper, ihre Stimme berührt meine Seele, aber ich habe ihr Gesicht vergessen ... Es gibt keinen Boden unter meinen Füßen mehr. Die Erde ist mir entglitten. Ohne sie hat mein Dasein keinen Sinn!“
Rama, die Inkarnation des ewigen Vishnu, trat vor seinen Stamm und verkündete: „Ich werde sofort abdanken und das Reich unter meinen Söhnen aufteilen.“
Mit Rama schien es zu Ende zu gehen. Es war zu allen Zeiten so, wenn der Entschluss abzudanken angekündigt wird, wenn die Verantwortung abgegeben ist, ist auch der Tod nicht mehr weit weg.

Die Regenzeit war vorbei und die Sonne glühte Anfang September. Mitten in der Nacht wurden wir von einem Brand geweckt. Vor dem Haus schlugen hohe Flammen in den Himmel. Wir löschten die ganze Nacht hindurch mit einem langen Schlauch und einer Motorpumpe, die

Wasser aus dem Teich pumpte. Viele junge Bäume waren nicht zu retten. Es war nichts Ungewöhnliches. Waldbrände gab es, wenn die Sonne wieder brannte. Aber es war nicht Trockenzeit, und ich befürchtete, dass der Brand an der Straße mit Petroleum gelegt worden war. Da das Unterholz neben der Einfahrt noch feucht war, konnte das Schlimmste verhindert werden. Auch Ayyappan, der am nächsten Morgen die Verwüstung begutachtete, war skeptisch. „Es war Brandstiftung", sagte er. Wurden unsere Feinde stärker? War unser Leben bedroht? Mohan war versetzt, aber seine Verwandten ärgerten sich sicher, dass sie ihren Heimatort hatten verlassen und in Trivandrum, einer fremden Großstadt, zurechtkommen mussten. Haben sie was mit dem Feuer zu tun? fragten wir uns. Oder war es ein vom Elektrizitätswerk beauftragter bezahlter Pöbel? Oder gab es noch andere Befürworter des Staudamms?
Plötzlich stand der Leiter des Elektrizitätswerks im Anzug und feinen Schuhen vor meiner Tür. Ich bat ihn nicht herein.
„Ich kann nicht für Ihre Sicherheit garantieren", sagte er feindselig. „Wir wollen den Staudamm bauen, und Sie blockieren mit diesen rückständigen Leuten die Entwicklung in Kerala. Nehmen Sie doch Vernunft an. Wir haben Ihnen sogar die Zusammenarbeit angeboten. Es gibt mehr Befürworter für das Projekt als Gegner!"
Ich antwortete nicht und schloss die Tür vor seiner Nase.
Es wurde bekannt, dass ich mit der Planung einer weiteren Großveranstaltung, die in Coimbatore stattfinden sollte, beauftragt worden war. Ich bat Nila in einem Schreiben um ihre Mitwirkung. Eine solche Veranstaltung mit ihr würde Massen anziehen, wusste ich. Sie könnte mit Sugathakumari die Hymne an die Bäume singen. Das Gerücht musste sich schon verbreitet haben, auch dass sie das Lion-Tail-Estate unterstützte.
Sai kam zehn Tage nach dem Brand und sah sich den Schaden an.
„Du solltest vielleicht für eine Weile zu uns ziehen. Du scheinst hier nicht mehr sicher zu sein. Sie fackeln dich noch ab!"
„Und was geschieht dann mit Akka und ihren Eltern?"
Er überlegte und wirkte besorgt um mich. Er schien sehr ausgeglichen und freute sich, bald Vater zu werden. Die Geschichte mit der Statue schien ihn nicht mehr zu tangieren.

„Sie werden dich nicht in Ruhe lassen. Der nächste Brand kann euch das Leben kosten. Ich komme erst mal ein paar Tage hier raus zu dir. Ich will auch zusehen, was ihr pflanzt. Es braucht hier mehr Präsenz, mehr Leute vor Ort, die ihre Augen offenhalten!"
Ein paar Tage später rückte er in seinem Jeep mit seinem Rucksack an. Er hatte sich von seinem Geschäft freigemacht. „Ach Kumpel, endlich mal wieder in der Natur", sagte er. So sieht Solidarität aus, dachte ich beglückt.
„Es gibt einen Mob aus Unzufriedenen im Land. Denen ist es egal, ob ein Staudamm gebaut wird oder nicht. Sie wollen einfach nur Stress machen. Wenn sie hören, dass du im Streit mit der Polizei, den Regierenden oder den Bossen des Elektrizitätswerks stehst, sehen sie doch gleich eine Gelegenheit, ihren Frust auszudrücken. Alle Aktivisten vom SSV sind gefährdet. Wir müssen die Hetzer auf frischer Tat ertappen", sagte er und organisierte am selben Nachmittag noch Leute aus der Umgebung, die sich auf dem Grundstück aus Blätterwerk kleine Schutzhütten errichteten.

60

„Teilt das Reich unter euch auf! Denkt an die unterschiedlichen Vorlieben, wenn ihr das Volk voneinander abgrenzt!", befahl Rama seinen Söhnen.
Doch Lava und Kusha wollten keine Grenzen. „Wir regieren gemeinsam. Einer im Norden, der andere im Süden. Jedes Jahr wechseln wir die Gegend und übernehmen die Verantwortung des anderen. Regieren bleibt so immer aufs Ganze gerichtet."
Bestimmt hatte Valmikis Einfluss sie zu dieser ungewöhnlichen Entscheidung veranlasst, dachte Rama voller Stolz auf seine Söhne.
Doch durch den Stamm ging ein Murren.
„Nichts ist für immer, auch kein König. Wer sich rechtzeitig daran gewöhnt, gelangt zur Weisheit!" verkündeten die neuen Herrscher.
Die Aussicht, Künstler als Stammesfürsten zu bekommen, die mit Gesängen und poetischen Diskursen zu unterhalten wussten, stimmte das

Volk bald zu ihren Gunsten um. „Es wird eben zwei Meinungen zu allem geben!“ Das schien den Stammesleuten bald gerecht und wurde als eine neue, aussichtsreiche Regelung angesehen.
Bei der Inthronisierung Lavas auf dem Nord-Thron schwor Kusha seinem Bruder, ihm als treuer Ritter zu dienen, und bei der Inthronisierung auf dem Süd-Thron von Kusha schwor Lava, seinem Bruder ein treuer Ritter zu sein.
Der fliegende Gott Hanuman würde sowieso gleichzeitig beide Könige beraten können.

Am Vollmond im September wurde jedes Jahr ein Fest für die Göttin Kali im Heiligen Hain, der nicht weit vom Lion-Tail-Estate entfernt lag, gefeiert. Um Mitternacht würde dort Kalis schützende Energie unter einem Baum zu spüren sein. Rund um diese Kultstätte steckten Speere im Boden, die der Göttin geweiht waren. Der Baumtempel lag eine Stunde Fußmarsch von unserem Anwesen entfernt im Dschungel. Alle gingen an jenem Vollmondabend dorthin: Vel und Munni, die Leute, die sich zum Schutz vor Brandstiftern bei uns niedergelassen hatten, und auch Akkas Vater, der seine Tochter mit ihrer Mutter oben in der Höhle neben dem Hütten-Tempel zurückließ.
Sai und ich hatten uns gerade gemütlich am Wassertank hinterm Haus ausgebreitet. Wir betrachteten den Vollmond. Grillen zirpten, und es roch nach trockenem Gras. „Schön wäre es, mal wieder einen Joint zu rauchen! Ist dir klar, dass ich, seit ich mit den Nairs lebe, nicht mehr rauche?“, fragte Sai.
„Ich habe mit Carmen und Gabriel ab und zu mal gekifft, aber seit sie weg sind, nicht mehr. Hast du mal die gelben Blätter probiert? Sie haben eine kurze, heftige psychedelische Wirkung!“
„Hier bei deinen Nymphen am Teich muss das ein großartige Erfahrung sein. Hast du welche?“
„Ja, wir haben ein paar winzige Pflanzen aus Samen gezogen und ausgesetzt, aber die sind noch nicht soweit.“
In diesem Moment sahen wir oben am Hügel bei Akkas Höhle Rauch aufsteigen.

„Hey, es brennt!“, rief Sai erschrocken.
Wir sprangen hoch. „Bring den Motor aus der Küche, ich hole den Schlauch. Wir müssen hoch! Oben ist eine Quelle mit Wasser!“ Wir rannten den steinigen Pfad hinauf, ich schleppte eine dreißig Meter langen, auf einer Rolle aufgewickelten Schlauch und einen Eimer voll Wasser, Sai den Motor und auch einen Eimer voll Wasser. In wenigen Minuten standen prasselnd Teile des Waldes über uns in Flammen. Der Rauch drang in unsere Lungen, als wir zum Feuer vordrangen. Wir stellten ab und begannen, mit Zweigen auf das Feuer einzuschlagen.
„Akka und ihre Mutter sind in den Flammen!“, brüllte ich. „Wir müssen sie retten!“
Sai zog sein Hemd aus, band es sich kurzerhand vor den Mund und raste mit nackter Brust – den Eimer Wasser in der linken Hand, aus dem er mit der rechten Hand Wasser in den Weg spritzte – durch die Baumfackeln in Richtung der Frauen. Tropfen, die dem gefräßigen lohenden Schlund gleichgültig waren, dachte ich kurz, und ich schlug wild weiter mit den Zweigen, um das Gezüngel am Boden zu ersticken. Noch war der Pfad unter den Bäumen frei. Aber bald würde der Qualm die Luft besitzen. Ein Würgeschlinger hatte einen trockenen, toten Baum entzündet, und sein Ast brach. Ich hörte das Krachen und sah ihn auf Sai stürzen. Ich ließ die Zweige fallen und flog die ewig erscheinende Strecke zu ihm hin. Er rührte sich nicht und war mit dem Gesicht zur Seite gedreht, der Ast lag auf seiner Hüfte. Ich zerrte verzweifelt am Ast, doch war er zu schwer, um den Freund darunter hervor zu zerren. „Sai!“, schrie ich verzweifelt. Ein Ende des Astes brannte. Ich rannte wie von Sinnen zurück, schnappte den Eimer, schwirrte zurück und schüttete die lächerlich geringe Menge Wasser auf Sai. Dann trat ich auf das brennende Ende des Holzes, bis es erlosch. In diesem Moment kamen Akka und ihre Mutter vom Berg den Pfad entlang, über ihnen leuchteten die brennenden Bäume. Sie eilten zu Hilfe. Zusammen schafften wir den glühenden Ast ein wenig zur Seite und zerrten Sai hervor. Er war bewusstlos. Ich trug ihn mit Hilfe von Akkas Mutter hinunter zum Haus und legte ihn an den Teichrand. Akka netzte ihn mit Wasser. Aber Sai reagierte nicht. „Wie soll ich Hilfe holen? Oben ragen

Feuersäulen in den Himmel. Welches Opfer forderst du, Kali“, schrie ich in die Rotglut. „Alle unsere Leute sind jetzt bei dir!“
Hilflos stand ich mit den Waldmenschen an Sais Lager neben dem jetzt nutzlosen Wasserspeicher. Ich suchte nach einem Lebenszeichen von ihm. Akka nahm sein Handgelenk und fühlte seinen Puls. Sie sah ihre Mutter ernst an, und sie flüsterten etwas. Akka sauste hinaus und kam mit Aloe Vera Kakteen zurück. Ich hastete, ohne zu denken, wieder nach oben. „Lass mich den Brand mit Zweigen bändigen oder ein Gegenfeuer legen, so dass er nicht in Richtung unseres Gebäudes kommt“, sagte ich vor mich hin. Es knackte und war dermaßen laut, dass ich nichts mehr hörte. „Hanuman“, betete ich. Fast wie eine Antwort auf mein Flehen kam eine gewaltige Böe des Windes, die sich vom Haus weg zum Berggipfel über die Höhle bewegte, schwenkte den Brand mit einer wahnsinnigen Gewalt in einer Sekunde in eine andere Richtung. Über der Felsenhöhle waren keine Bäume, nur noch Büsche. „Das Feuer scheint abgewendet, vorerst!“ stammelte ich und ging zu den Freunden. Schwarze Flocken schneiten herbei und bedeckten den Boden. Pechschwarz. Unheimlicher Regen aus finsterer Welt. Akka und ihre Mutter saßen am Beckenrand und murmelten Sprüche. Sai lag auf den Rücken gedreht, ein Tuch um den Kiefer gebunden. Er war tot. Der Ast muss sein Genick gebrochen haben. Das Licht des Feuers hatte ihn in den Himmel geholt.

Zwei Tage später wurde seine Leiche verbrannt. Hunderte von Menschen kamen, vor allem von der SSV-Bewegung. Prema, weißgekleidet, im achten Monat, blieb mit Sais weinender Mutter zurück im Lion-Tail-Estate. Sais Vater, zwei seiner Onkel und ich trugen die Bahre mit seinem mit Blütengirlanden bedeckten Körper die Straße entlang. Feierlich schritten wir zum Verbrennungsplatz in der Nähe des Forest Office. Dort, wo die Erde Menschen namenlos zu sich zurücknimmt. Sai muss im Dschungel verbrannt werden. Dort war sein Herz, hatte Prema entschieden. Ich war vollkommen gelähmt, unfähig zu reden oder zu denken. Ich war unter der Last meiner Vorwürfe und den damit verbundenen Schuldgefühlen wie erfroren. Sai war mir zu Hilfe gekommen, und jetzt ist er tot, ratterte es in meinem Kopf. Ich hatte so oft an diesem Freund gezweifelt, dabei war er es, der all das, was ich jetzt tat, was ich war, bewirkt hatte. „Ich verdanke ihm alles!“, flüsterte ich. „Dabei habe ich ihn oft so kritisch betrachtet.“

Die Bahre wurde auf den Haufen aus Zweigen gelegt, die Flamme wurde gezündet, und bald flackerte sie lichterloh, während meine Glieder vor Kälte erstarrten. Auch mein Herz war wie Eis.

Die Lücke, die er in mein Leben reißen wird, kann nie mehr gefüllt werden. Mir erschien nun alles sinnlos. Unser Protest gegen den Fortschritt, unser Einsatz für das altindische Wissen, Heilung, mathematische Bildung, für Yoga und Yogis, nichts machte mehr Sinn. „Wer dieses Feuer gelegt hat, ist ein Dämon!“, schrie ich tonlos. Als Sais Körper in Flammen aufging, musste man mich festhalten. Der Anblick war unerträglich für mich. Da sah ich, wie mein Freund aus dem brennenden Haufen die Hand hob und mir zuwinkte, als wollte er sagen: „Mach’s gut Alter, das war’s dann!“

Es gab keinen Trost. Tagelang saß ich, ohne zu essen, vor meinem Wasserteich hinterm Haus. Munni reichte mir Wasser, versuchte mir Essen einzuflößen. Ich schlief sitzend und wachte liegend. Selbst Tara, die mit Sais Eltern gekommen war, hatte mich nicht trösten können. Sie reiste ab, ohne dass wir irgendetwas gesprochen hatten. Ich war nicht mehr klar im Kopf. Der Schock hatte meinen Geist verwirrt. Ich verschloss mich in mich selbst.

Erst nachdem wir Sais Asche in einer Totenzeremonie vierzehn Tage nach seinem Tod in den Kunti-Fluss gestreut hatten, kam ich wieder zu mir. Es war Ayyappan, der mich aufweckte aus meinem Leid. „Gowinda, wach auf, wir brauchen dich!“, sagte er sanft. „Wenn wir jetzt aufgeben, war alles umsonst! Auch Sais Arbeit!“

Der Mann hatte Recht und gab mir Motivation zu leben und zu kämpfen zurück. „Ich werde mit dem Einsatz meines Lebens die Unberührtheit des Silent Valley verteidigen“, schwor ich feierlich. „Das bin ich meinem Freund schuldig!“

61

„Die Zeit meiner Söhne ist gekommen!“ Rama stand am Ufer eines tiefen, reißenden Flusses. „Wasser, du spendest Leben, nimm es auch wieder fort!“, sagte er feierlich.
Neben ihm standen seine Brüder und all seine Getreuen aus seinem Stamm. Noch lobten sie die Segnungen des Wassers mit ihren Liedern:

„Hinweg ihr Gedanken ins strudelnde Gewässer,
fließt fort
Wasser, nimm den Schmutz! Reinige uns!
Weihe! Erfrische!
Wasser, nur du lebst ewig weiter! Ungebändigt!“

Schritt für Schritt gingen sie gemeinsam in die Wellen. Bald versanken sie und waren untergegangen.
Im großen Weltenmeer liegt die unzerstörbare Essenz als Vishnu im yogischen Schlaf. In seinem Traum existiert die Welt. Erwacht er, gibt es nichts mehr, und alles zerfällt wie ein Trugbild in den Wellen des Meeres.
Wasser ist Ursprung. Hatte der ertrinkende Rama noch auf seine Abenteuer geblickt, seine Liebe zu Sita gefühlt, seine Schreie bei dem Sieg über Ravana gehört und sein Bemühen, es allen rechtzumachen als König, noch einmal durchlitten? Hatte sein dharma, das er gelebt und erfüllt hatte, hier noch irgendeine Bedeutung?
Die Geschichte war zu Ende erzählt. Das kosmische dritte Auge der Weltenseele, des tanzenden Shiva, betrachtete ruhig, wie Rama in Vishnu aufging und damit die Dualität zwischen Gott und Mensch erlosch.

San Francisco, 1982

Prema hatte ein Mädchen geboren und es Sita genannt. Ein Wunder an Freude. Jeder Fortschritt der Kleinen machte uns alle glücklich. In ihren Augen glaubte ich bald die Augen des Freundes zu sehen und in Premas Geduld die Geduld meiner Mutter. Ich verbrachte viel Zeit bei den Nairs. Prema und ich trauerten gemeinsam. Wir schwiegen zusammen und sahen Sita beim Schlafen, Weinen und Lachen zu. Anfang des neuen Jahres kam sie mit der Kleinen zum ersten Mal ins Lion-Tail-Estate. Akka segnete sie und sagte ihr eine glückliche Zukunft voraus. Endlich fand ich Gelegenheit, über meine Schuldgefühle zu sprechen.

„Gowinda, das ist doch Unsinn. Du trägst doch keine Schuld an seinem Tod. Du bist nicht die Ursache der Welt. Niemand trägt die Schuld eines anderen. Auch nicht das Lion-Tail-Estate."

Prema sprach entschieden zu mir, und ich konnte diese fetzenartige Wiederkehr der Bilder des Brandunfalls, die wie ein Orkan durch mich hindurch fegten und die meinen Zustand immer wieder verdunkelten, allmählich aus meinem Gedächtnis vertreiben. Ich weiß nicht woher Prema die Kraft bekam, ihre Trauer zu bewältigen.

Dave und ich schrieben uns regelmäßig. Ich berichtete ihm über Sais Tod und schrieb mir meine Betroffenheit von der Seele. Er versuchte, meine Einladung in die Staaten von dem Büro für Indian Affairs durchzubekommen, damit meine Flugreise bezahlt würde. Es dauerte aber bis zum Ende des Jahres, bis der Brief mit dem Beleg über die bezahlte Flugreise kam.

Zwei Jahre nach Sais Tod, am 30. September 1982, landete ich nach vierzehn Jahren wieder in den USA. Das Licht war golden, und ein starker Wind blies, als ich von der Landebahn zum Flughafengebäude ging. Eine merkwürdige Vorahnung sagte mir: „Du bist angekommen!" Das bezog sich nicht auf den Ort, sondern auf einen inneren Zustand. Ob ich Nell nach all den Jahren wiedersehen würde? Ich würde wie vom Himmel gefallen vor ihr erscheinen, dachte ich kurz und erkannte

Dave unter den Wartenden. Am liebsten hätte ich laut „Dave!!!“ jubiliert. Aber Amerika verlangte Coolness.
„Flying Monkey! Good to have you here!“, sagte Dave zur Begrüßung, ohne mich zu berühren.
Wir stiegen in seinen nagelneuen roten Truck und fuhren zu seinem Büro. San Francisco sah viel sauberer und aufgeräumter aus, als meine Erinnerung es abgespeichert hatte. Auch standen wir im Stau, ich hatte den Verkehr fließend in Erinnerung, und die Autos schienen mir noch größer als damals. Daves winziges Büro im Erdgeschoss eines hübschen Reihenhauses am Hang war mit Tatamis ausgelegt. In der Ecke lagen ausrollbare Futons zum Schlafen. Eine Hängematte hing quer durch den Raum.
„Hier schlafe ich, hier denke ich, und hier entwickle ich Visionen für meine Leute!“, sagte Dave.
Auf dem Regal erblickte ich die Hanuman-Statue, die ich ihm damals bei der Abreise geschenkt hatte. „Du hast mich zurückgeholt, du alter Schlingel!“ winkte ich dem fliegenden Gott zu und stellte meine Reisetasche ab.
Dave rollte den Futon aus und reichte mir eine handgewebte Indianerdecke. „Dein erster Vortrag ist in drei Tagen auf dem Festival draußen in den Ausläufern der Sierra. Jetzt schlaf dich aus. Ich habe noch zu tun.“
Der Jetlag ließ mich früh aufwachen am nächsten Morgen. Ich ging vor die Tür. Dave, der in der Hängematte schlief, wachte nicht auf. Frisco war angenehm warm. Ich dachte an die Menschen, die ich hier kannte, und an Nell. Mich drängte es, sie endlich zu fragen, warum sie mich verlassen hatte, ohne sich zu verabschieden. So viel im Leben bleibt unverständlich, aber vielleicht könnte ich Nells Verschwinden nun verstehen und aufklären. Da wollte ich anknüpfen.
„Ich würde gern Nell treffen. Meinst du, das geht?“, fragte ich Dave als er aufwachte.
„Ja klar, Mann, machen wir’s doch gleich. Überraschen wir sie!“
Dave schenkte mir nach dem Frühstück ein weißes Hemd, das mit roten und schwarzen Adlermotiven bestickt war.

„Das verkaufen unsere Frauen im Reservat“, sagte er.
Ich zog es an und ließ es locker über meine alten Jeans hängen. Dave zeigte den Daumen nach oben und schmunzelte. „Damit machst du bestimmt Eindruck bei ihr! Ich hoffe nur, sie ist auch da!“
Wir fuhren gegen Mittag die Mission Street hinauf durch das mexikanische Viertel mit einladenden Restaurants. Auf der Anhöhe gingen die eher schmucklosen Reihenhäuser in ein elegantes Wohnviertel über. Dave parkte in einer Nebenstraße, von der aus sich ein imposanter Blick auf Downtown San Francisco auftat, auf die vielen stahl- und chromverzierten Dächer der Hochhäuser. Es roch nach Reichtum und sah nach Überfluss aus. Künstliche Beleuchtung in unzählbaren Stockwerken am Mittag.
„Hier irgendwo muss es sein!“, sagte Dave. Er fragte eine Passantin nach dem Yogainstitut. Sie schickte uns ein paar Straßen weiter. Ich war von den hübschen Vorgärten angetan. Blauregen und Wein schmückten die Fassaden. Vor einem mächtigen grauen Natursteinhaus, einer Art Villa mit großen Glasfenstern, blieb er stehen. Eine ausladende Steintreppe führte zur Eingangstür.
„Das ist es!“, sagte er.
Auf der Mauer stand ein elegantes Schild mit dem Sri Chakra auf goldenem Messing und IYI – International Yoga Institute eingraviert. Durch die hohe schwere Holztür betraten wir den Vorraum. In Glasvitrinen waren neben Kosmetika edle antike indische Götterstatuen und Objekte ausgestellt. Was ist das für eine neue Welt? dachte ich und dachte sehnsüchtig zurück an die Tage mit Sai im IMKY. Hinter einem runden Empfangstisch aus Rattan saß eine hübsche junge Frau mit langen blonden Haaren.
„Wir wollen eine dieser Yogastunden besuchen“, flachste Dave.
Die junge Frau reichte uns freundlich einen Zettel.
„Es gibt gerade Zehnerkarten im Angebot. Die erste Stunde ist kostenlos. Hier ist der Stundenplan.“ Ich nahm ihn entgegen und schaute interessiert darauf.
Dave foppte sie: „Hi, wir sind Fortgeschrittene!“
„Dann die um acht Uhr abends.“

„Naja, der hier ist ein Meister des Yoga!“, dabei klopfte er mir lässig auf die Schulter, und meinte sanft vorgelehnt: „Wir möchten lieber eine Privatstunde mit Nell Rodrigues buchen! Ist sie da?“
„Dafür müssen Sie erst ein Vierteljahr bei uns die Gruppenstunden besuchen. Danach kann ich Ihnen eine Privatstunde mit Nell anbieten.“ Sie bemühte sich entgegenkommend zu sein, wurde aber eher abweisend glatt.
„Oh! Aber wir haben beste Referenzen“, scherzte Dave weiter.
Sein übermütiger Ton irritierte die blonde Empfangsdame allmählich, und sie zog die Augenbrauen hoch.
„Wir kommen auf Empfehlung! Wir sind nämlich sehr gute, alte Freunde von Nell.“
„Ach so. Sie ist in zehn Minuten fertig. Wen soll ich denn melden?“
„Es ist eine Überraschung“, beendete Daves seine Anpflaumerei.
„Bitte, setzen Sie sich doch. Ich mache Ihnen Tee.“ Sie führte uns in einen weiteren Raum, in dem eine rote Eck-Couch stand. An den Wänden hingen künstlerische Schwarz-Weiß-Fotografien, die Körperausschnitte von Yogaübenden zeigten. Mal sah man einen gebeugten Rumpf und einzelne Wirbel, mal Beine oder ein abgewinkeltes Knie. In einer Nische, neben einem gelben Rosenstrauß, vor der eine Kerze brannte und Visitenkarten vom IYI lagen, stand eine Vishnu-Statue.
„Vishnu mit dem Pferdekopf, eine sehr seltene Figur!“, entfuhr mir laut. Ich stand auf, um sie näher zu betrachten, und mir blieb vor Schreck der Mund offen. Sollte das etwa jener Hayagriva sein, den Sai einst aus Krishnamacharyas Haus entwendet hatte? Begegnete ich hier Sais dummen Streich?
In diesem Moment spürte ich Nell hinter mir. „Schön, nicht wahr? Ich habe sie in einem Antiquitätengeschäft in Downtown gekauft.“
Ich drehte mich um. Klänge und Klamotten, dachte ich als erstes. Denn eine sanfte Musik ertönte, als Nell in einem engen, regenbogenfarbenen Wickelkleid, das ihre schlanke, drahtige Figur betonte, vor mir stand. Ich sah ihr in die Augen, feurige schwarze tiefgründige Augen. Ihren langen Hals betonte eine indianische Kette aus Türkisstein. Als sie mich erkannte, sagte sie gedehnt und leise: „Go… wind!“ Verlegen

blickte ich zu Dave. „Oh mein Gott, das grenzt an Wunder! Ich habe heute Nacht von dir geträumt und denke seit langem daran, dich zu kontaktieren!“, sagte sie. Es klang merkwürdig unaufgeregt.
„Naja, deshalb bin ich ja jetzt hier.“ Ich schaute überwältigt in die Luft. Und auch sie schien hilflos, fing das auf, indem sie fragte:
„Wollt ihr meinen Laden anschauen?“
Ich will *dich* anschauen, dachte ich, sagte es aber nicht.
Dave wollte lieber erst was essen: „Lasst uns in eins dieser hervorragenden mexikanischen Restaurants in Mission-Street gehen und dann deinen Laden anschauen.“
Nell war einverstanden.
Beim Mexikaner bestellten wir Enchiladas. Ohne mich zu fragen, wo ich die ganze Zeit gewesen und wieso ich plötzlich wiederaufgetaucht war, sagte Nell unvermittelt: „Ich habe übrigens Zwillinge. Sie sind mein Ein und Alles.“
„Oh! Wie alt sind sie?“, fragte ich.
„Sie sind zwölf.“ Stolz und Zärtlichkeit klang aus Nells Stimme.
Ich erschrak: „So alt schon!“ Dann bekam ich einen Schweißausbruch. Es sind noch keine dreizehn Jahre vergangen, seit ich sie das letzte Mal gesehen hatte, und jetzt hat sie zwölfjährige Kinder!
„Und, lebst du mit ihrem Vater zusammen?“, fragte ich.
„Der flog mit dem Wind davon“, antwortete sie betont lässig.
Mir blieb die Sprache weg. Das war zu viel. Das hier war alles zu viel für mich. Meine Kehle wurde eng. Ich schaute auf den Boden und sah Kreise. Was hatte ich alles verdrängt? Habe ich dreizehn Jahre lang die Wirklichkeit ausgeklammert?
Dave griff ein: „Hast du sie allein großgezogen?“
„Ja, sie sind in Mexiko geboren. Ich lebte bei meiner Mutter. Als sie drei Jahre alt waren, habe ich aber beschlossen, erst einmal allein wieder nach San Francisco zurückzukehren. Ich bekam ein paar Fernsehrollen und verdiente Geld. So konnte ich meine Mutter mit den Zwillingen nachholen. Yoga war im Kommen, und ich wollte gleich von Anfang an dabei sein. Parallel zu meinen Fernsehrollen baute ich dann das Zentrum hier auf. Ich bekam zum Glück viel Unterstützung.“ Nell

hob ihr Glas und prostete uns vergnügt zu. „Auf unser Wiedersehen, Jungs!"
Es kam keine alte Vertrautheit auf, ein innerer Wirbelwind fegte die Jahre vor mir her: Nell als alleinerziehende Mutter, ein Kind im Tragetuch, das typische Bild aus der Hippie-Zeit der Bay-Area. Doch sie hatte zwei Kinder! Ich fasste Mut:
„Kann ich die Zwillinge treffen?"
Nell biss sich auf die Lippen. Sie reagierte nicht. Sie wirkte abweisend wie ein nicht erklimmbarer Achttausender des Himalayas. Ich schluckte verlegen und verstummte.
Wieder kam Dave mir zu Hilfe:
„Gowinda hält übermorgen einen Vortrag. Kommst du, Nell? Er wird über den großen Zusammenhalt seiner Organisation in Indien, dem SSV, sprechen. Sie setzen sich für die Rettung von Teilen des Urwalds ein."
„Männliche Seilschaften", sagte sie. Es klang bitter. „Aber bist du nicht Mathematiker geworden?"
Ich war so aus der Fassung geraten, dass ich etwas trocken vortrug:
„Ich habe in Boston promoviert. Zurück in Indien hatte ich schweres Asthma. Nichts stimmte dort für mich mehr. Ich wandte mich den indischen Wissenschaften und Heilsystemen zu. Ich lernte und unterrichtete übrigens auch Yoga."
„Das glaub ich jetzt nicht! Aber es tut mir leid, dass du krank warst. Dann hatten wir beide keine leichte Zeit. Und wo lebst du jetzt?"
„In einem der letzten Regenwaldgebiete der Welt in Kerala. Dort, wo es wunderschön ist."
„Hast du eine Frau?"
„Nein."
Dave schritt jetzt wieder ein:
„Gowinda hat eine große Farm in Indien. Er gibt Stammesleuten, den Adivasis, Unterschlupf und unterrichtet arme Kinder. Unser Flying Monkey lebt tatsächlich mit den Affen und wirkt in einer großen Widerstandsbewegung mit. Ein aufbrausender Wind ist unser Go-wind geworden."

Nells Blick wurde weicher. „Erzähl!“, sagte sie, und ich sah, wie ihre Augen feucht wurden. Bestimmt hatte auch sie inzwischen andere Liebesbeziehungen gehabt.
„Auf seinem Land lebt eine Schamanin. Sie sind für den Umweltschutz unterwegs“, quasselte Dave fröhlich weiter.
„Ah … klingt interessant. Lebst du auf deinem eigenen Land?“
„Ja und nein.“
Nell musterte mich, glich einem schwarzen Panther, der mich gleich anfallen würde. Doch plötzlich warf sie ihren Kopf in den Nacken. Ihre goldenen Ohrringe blitzten: „Yogalehrer? Dann musst du in meinem Studio sprechen. Ich habe berühmte Schüler. Die warten nur darauf, einen indischen Guru zu treffen.“
„Das mach ich gerne“, sagte ich erleichtert und froh, irgendetwas zu tun, das sie etwas milder stimmen könnte.
„Ich dachte, Indien ist noch ursprünglich und braucht keinen Naturschutz.“ Ich sah jetzt eine Gelegenheit, mich zu rechtfertigen:
„Wir versuchen ein Stück Urwald in Kerala zu bewahren. Was Menschen anrichten, ist erschreckend. Die in höheren Positionen wenden brutale Gewalt an den Waldmenschen an. Alles, was ihnen im Weg steht, räumen sie einfach weg. Adivasis, die noch im Einklang mit der Natur leben, werden brutal in die Einöde gedrängt.“
„Dann also“, sagte Nell, „bist du wie Dave sozialpolitisch unterwegs. Da gibt es einige hier, die so etwas in Indien unterstützen wollen! Ich werde die richtigen Leute zu deinem Vortrag einladen.“
„Ich lebe auf einem Land, das eine Freundin gekauft hat. Als die letzten englischen Besitzer 1944 gestorben waren und es keine Erben gab, bestimmte die indische Regierung nach der Unabhängigkeit im Zuge der Landreform, das Land an landlose Bauern aus dem Flachland zu verteilen. Bedingung war, das englische Herrenhaus in eine regierungsgeförderte Schule umzuwandeln. Die Bauern hatten viele Kinder und waren hier nicht verwurzelt. Sie teilten das Land in weitere Parzellen für ihre Nachkommen, die untereinander zerstritten waren. Dann verkauften sie alles in den siebziger Jahren an einen Städter aus Palghat. Er verkaufte wiederum vor einem Jahr mit einigem Gewinn den Besitz an Filmleute,

die unsere Arbeit unterstützen und das Land auf meinen Namen übertrugen."
„Das klingt wirklich komplex! Und ich dachte, in Indien ist alles leicht und friedlich!", sie lachte erstmals und wirkte befreit.
Dave fügte hinzu: „Govi hat seine Erkenntnisse bei den größten Gurus Indiens gesammelt."
Nell blitze mich an. Ich war betroffen und mir schwante mein Unvermögen. So lenkte ich das Thema ins Politische.
„Wir kommen nicht frei von den Geistern unserer Vergangenheit. Yoga gehört zu Indien, es geht zurück bis zu Yogi Valmiki, der das Ramayana aufschrieb. Es handelt von Dämonen. Und ich bin ihnen begegnet. Ich habe meinen besten Freund im Feuer verloren. Und lebe immer noch dort, wo vor unendlich, unmessbar langer Zeit die Göttin Sita von einem Dämon entführt wurde.", sagte ich.
Dave kicherte: „Gowind will sie zurückgewinnen!"
„Ja, Govi, deine Geschichten habe ich schon vermisst, damals. Aber indische Frauen scheinen ein seltsam grausames Los zu haben", sagte Nell.
„Das ist ein Klischee. Sie sind stärker, als du denkst. Sita hat die Erde mit ihrer yogischen Kraft einen Spalt breit geöffnet und tief hineingeblickt, bevor sie selbst zu Erde wurde. Wir respektieren alle Frauen als Sita."
Nell sah mich herausfordernd an.
Ich wich ihrem Blick nicht mehr aus. Komme, was wolle. In diesem Moment beschloss ich, Nell nach Indien zu locken.
„Höchstwahrscheinlich sind sie meine Söhne!", sagte ich zu Dave, als wir wieder allein waren. Er sagte nichts.

Der Vortrag in der Sierra war ein Erfolg. Ich wurde wie ein Guru gefeiert. Vor mir trat eine Band auf. Es waren viele Leute da, nicht nur Indianer. Ich stand auf der Bühne im indischen Gewand, weiße Kurta und Dhoti, und begann:
„Indianische Brüder und Schwestern und Freunde der amerikanischen Wildnis, hört die Geschichte des Lion-Tail-Estate, das ich gegründet habe: Im Jahr 1884, vor knapp hundert Jahren, es war ein Freitag, ka-

men die englischen Eroberer und ergriffen Besitz von einer gesamten Bergregion, die mit Urwald bedeckt war. Damals gab es niemanden, den sie vertreiben mussten. Unsere Adivasis oder Stämme zogen sich still und ungesehen in den Urwald zurück. Die Engländer begannen umgehend, den Wald zu fällen. Unzählige Teak-, Rosenholz- und Kumulbäume fielen ihren Äxten zum Opfer. Die mächtigen Riesen stöhnten, als sie auf die Erde krachten. So zerstörten die Engländer den heiligen Hain der Erdgöttin. Sie sollen gesagt haben: Der Hexenaltar muss weg. Eine Frau, die den Hain hütete, wurde vergewaltigt, als Sklavin gehalten und später getötet, wurde gesagt. Es war der Anfang der großen Teeplantagen. Sechzig Jahre lang wurde alles vernichtet, was nicht Teepflanze war.

Alles Ursprüngliche, ob Mensch, Tier oder Pflanze, wurde dem Nutzen untergeordnet, und die ehemalige englische Familie lebte in großem Reichtum. Fanden sie Waldmenschen, machten sie diese zu ihren Butlern. Sie mussten sich an den Umgang mit feinem Porzellan und Silberbesteck gewöhnen. Tiere wurden abgeschossen. Das Leopardenfell wurde als Teppich ausgelegt. Das Wasser wurde hauptsächlich für die Anpflanzung der Teesträucher genutzt. Nach der Unabhängigkeit Indiens fiel das Land in die Hände indischer Kleinbauern. Sie bauten weiter Tee an und waren unter sich uneinig. Bald verkauften sie ihren Besitz. Das Land wurde allmählich zum Spekulationsobjekt für Reiche.

Um die Ausbeutung der natürlichen Ressourcen der Erde zu stoppen, haben wir den SSV gegründet und kämpfen um den Erhalt der Ursprünglichkeit eines Teils dieses riesigen Urwaldgebietes, in dem das Lion-Tail-Estate liegt. Die Gegend, für die wir kämpfen, das Silent Valley, dessen innerer Kern ein 9100 Hektar großes Gebiet aus ursprünglichem Regenwald ist, ist nicht im privaten Besitz, sondern Staatsland. Es gibt den Plan, es teilweise zu roden, um Straßen und einen Staudamm anzulegen. Doch dort leben noch Adivasis, die von der Zivilisation unberührt sind. Wir haben uns mit vielen Menschen unterschiedlichster Herkunft, egal welcher Religion sie angehören, verbündet.

Auch hier auf der amerikanischen Erde gilt das gleiche. Verbündet euch gegen die, die unsere Erde ausbeuten, sie nicht als Göttin sehen, sondern sie für ihren eigenen egoistischen Gewinn ausbeuten, um wenigstens einige unberührte Gebiete zu schützen und zu erhalten."

Auf ein Zeichen von mir betraten die Bandmitglieder die Bühne und schlossen ihre Musikinstrumente an. Die Zeit, die sie dazu brauchten, ging im tosenden Klatschen und begeisterten Pfeifen der Zuschauer unter. Ich hatte dem Bandleader kurz vorher das Lied von Sugathakumari auf einem Tonband übergeben. Er hatte es sich sicher angehört, denn er legte mit der Band los und improvisierte die Hymne an die Bäume. Ich sprach das Gedicht laut dazwischen:

Bäume, ihr seid Brüder
Beschützer von Erde Wasser und Luft
unser Feuer nährt ihr
und mit euren Düften
die Liebe
und so nährt ihr uns.

Der Sänger begann: „*Trees ... brothers ... love ... life, oh trees you are our life.*"

Wie sie es mit elektrischen Gitarrenklängen begleiteten und mit gigantischem Sound improvisierten – Klänge aus solchen Lautsprecheranlagen hatte ich noch nie vorher gehört. Einige der Zuschauer tanzten und riefen nach Zugaben. Wir feierten bis in den nächsten Morgen hinein mit verschiedenen Musikgruppen.

Als ich zwei Wochen später in Nells Studio zum Vortrag kam, überraschten mich viele gut gelaunte Leute. Ich sagte nicht dasselbe wie auf dem Festival, aber ähnliches. Zum Schluss dachte ich an Sai und seinen Diebstahl der geweihten Figur aus Krishnamacharyas Schrein. Hat er sich damit selbst verflucht? Ist es wiedergutzumachen? Es würde nie eindeutige Beweise geben, ob diese Statue hier in Nells Studio mit jener entwendeten identisch wäre. Skulpturen haben Duplikate. Ich schloss meinen Vortrag mit den Gedanken ab:

„In früheren Zeiten, wenn die Erde von den Menschen durch Kriege bedroht wurde oder wenn sie bebte, wenn Trockenheit und Dürre Todesopfer forderte, wenn es den Frauen schlecht ging oder ihnen Gewalt angetan wurde, flüsterte es mit dem Wind von überall zu: Etwas Wichtiges wurde verletzt. Das einmal Geweihte, auch wenn es nur ein Stein ist, hat ein Eigenleben. Hütet euch, Dinge, die anderen heilig sind, anzurühren."

Es gab gedämpften Beifall. Die Zuhörer schienen berührt.

Zwei Buben kamen auf mich zu. „Stanley und Druv", sagte Nell, die hinter ihnen stand. Sie sahen indisch aus. Ich sah meine Söhne und konnte kein Wort hervorbringen. Es war beschämend. Ich wandte mich ab und beantwortete die Frage eines Zuhörers.

Dave, der dabei war, rettete wieder einmal die Situation. Er flüsterte mir ins Ohr: „Mann, sprich die Jungen an und lade sie mit ihrer Mutter zu einem Ausflug ein. Du kannst meinen Truck ausleihen."

Nervös fuhr ich am Wochenende darauf mit Nell und den Jungen in Daves rotem Truck über die Golden Gate Brücke. Wir steuerten den Platz an, an dem unser letztes Date stattgefunden hatte. Ich hatte mich damals danach abgesetzt. Dann war sie verschwunden gewesen. Jetzt saß sie neben mir, selbstsicher, schön, unerreichbar, und zwei Zwölfjährige bestürmten mich vom Rücksitz aus mit Fragen: „Reiten in Indien Kinder auf Elefanten in die Schule?", „Gibt es dort fliegende Affen?"

Vor uns lag der feine weißliche Sandstrand in jener Bucht, in der wir uns einst geliebt hatten. Es blies der gleiche warme Wind, es schien die gleiche strahlende Sonne. Es war das gleiche Meer, nur wir waren anders. Wir setzten uns in den Sand. Stanley und Druv zogen sich umgehend aus und tobten ins Wasser. Nell hatte eine Decke ausgebreitet. Kaum saßen wir darauf, kam sie, ohne dass ich sie erst fragen musste, auf das Thema, das mich seit unserem Wiedersehen umtrieb.

„Da du dich nicht mehr gemeldet und dich in Berkeley zurückgezogen hattest, ging ich nach Mexiko. Dort entdeckte ich, dass ich schwanger war. Ich wollte das Kind bei meiner Mutter auf die Welt bringen, denn ich brauchte Unterstützung. Es kamen Zwillinge, und ich nannte den

Erstgeborenen Druv nach dem Nordstern, der einsam am Himmel steht. Ich dachte dabei an dich, denn ich fand, ein indischer Name würde passen. Dann kam Stanley. Es sind deine Söhne, Gowind. Ich hatte keinen anderen Mann."

Es entstand ein langes Schweigen zwischen uns. Ein steinernes, unbewegliches Gefühl von Aussichtslosigkeit drückte auf meine Brust. Das Asthma, das Weglaufen, stand vor meinen Augen. „Ich ... äh … das verflixte Examen damals, heute nützt es nichts. Ich ... ich dachte, du wärst mit dem Pantomimen zusammen."

„Mit dem? Niemals! Er war ein Freund und war in eine Frau verliebt und saß ständig mit seinem Liebeskummer bei mir auf dem Bett. Ich habe ihn damals nur getröstet."

Nell spürte, wie sehr betroffen ich war, und wollte mir etwas Zeit geben. „Gowind, wenn die beiden aus dem Wasser kommen, gehe ich mit ihnen klettern, dort die Felswand hoch. Und wenn wir nach einer Stunde zurück sind, haben wir Hunger. Im Korb ist ein Picknick. Bereite es dann schon mal vor."

Ich blickte weder Druv noch Stanley an, als sie aus dem Wasser kamen und sich abtrockneten. Deprimiert hockte ich im Sand und blickte aufs Meer. Erst als Nell mit ihnen zum Felsen verschwand, schaute ich ihnen nach, wie sie kleiner und kleiner wurden, bis ich sie nur noch als Punkte wahrnahm und nicht mehr als Menschen. Die Sinnlosigkeit meiner Existenz starrte mich an. Mathematik, mentales Hobby, Abwechslung, Selbstbefriedigung des Intellekts. Yoga, ein weites Feld. Nell hat Models und Reiche um die Idee des Yoga versammelt, um meine Söhne zu ernähren. Und was mache ich? Beschäftige mich damit, was das Wesen des Yoga denn sei, ob es Sinn macht für die Welt. Yoga sei was für Asketen und Einsiedler und Heilige, vielleicht für Menschen, die dem Materiellen entkommen wollen oder vor dem Alltag eines eintönigen Familienlebens fliehen. Aber bei Nell triffst du Models und Filmsternchen in feinen Sachen. Ihr Center for Yoga ist auch Boutique. Cremes, Klänge und Klamotten. Geweihte Götterstatuen als Nippes, als Puppen, reine Ware. Und doch ist sie dem *dharma* viel näher als ich. Sie steht mitten im Leben. Nell vermittelt nicht nur

Yogasanas, sie vermittelt Wohlgefühl und auch noch Energie und Freude.
Vatersein ist *dharma,* und ich habe das verfehlt. Ich dachte an das Ende des Gottes Rama. Ein Ende, das mir immer so pessimistisch erschienen war. Es war ein Selbstmord, der einen Massenselbstmord mit sich gezogen hatte, dachte ich. Aber auf einmal verstand ich, warum diese Geschichte tragisch enden musste. Rama hatte sein *dharma* als Vater verletzt.
Als Nell mit den Zwillingen zurückkam, überraschte mich der vorlaute Druv, indem er sagte: „Wir wissen, dass du unser Vater bist. Mum hat gesagt, dass du in Indien den Urwald rettest und wir dich bald besuchen können!“ Noch kann ich die Tragödie Ramas abwenden, dachte ich.

Stanley sagte nichts, schaute mich aber schüchtern an. Beide Jungs wirkten offen und frei und schienen mich nicht zu verurteilen. „Du kennst Mutter von früher“, platzte es aus Druv heraus.
„Ja!“, sagte ich.
„Mum hat immer gesagt, unser Vater sei in Indien und käme irgendwann mit dem Wind angeflogen. Wir haben immer gewartet, aber du kamst nie!“
Ich spürte nun doch Enttäuschung in Druvs Stimme und schämte mich.
„Dafür bin ich jetzt da. Hier und jetzt.“ Ich schaute die Zwillinge an und versuchte ein Lächeln. Beide waren sehr hübsch. „Ich bin froh, dass ich euch endlich treffe! Und bald könnt ihr mich in Indien besuchen.“ Die Zeit der Träumereien war vorbei. Ich war von einem Moment zum anderen Vater geworden. Ich dachte an Paati. Was würde sie wohl hierzu sagen? „Ich will euch eine Geschichte erzählen. Meine Paati, eure Urgroßmutter in Indien, hat sie mir einst erzählt.“
„Oh ja“, riefen die Zwillinge begeistert.
„Aber lasst uns erst essen“, sagte ich. Während des Picknicks flüsterte ich tonlos: „Paati, das Wunder, von dem du sprachst ist, geschehen! Ich habe wunderbare Söhne. Sie kamen aus dem Meer auf mich zu!“
Danach lagen wir im Sand. Während die Sonne sich langsam dem Meer zuneigte und sich in eine orangefarbene Scheibe verwandelte, begann

ich meine Geschichte:
„Prinz Rama und Prinzessin Sita hatten einen Boten, durch den sie sich verständigten, wenn sie getrennt waren. Er hieß Hanuman und war ein Affengott."
„Wie kann ein Affe ein Gott sein?", kicherte Druv.
Ich merkte sogleich, meine Märchen würden nicht so leicht ankommen.
„Kann ein Fisch auch ein Gott sein?", fragte Stanley leise, verträumt aufs Wasser blickend.
„Ja!", sagte ich und begann auszuholen:

62

Einst gab es die alles mitreißende Sintflut. Beim Urprophet lebte damals dieses kleine Fischlein Matsya. Er hatte es vor den Fängen der Monsterfische, die es auffressen wollten, gerettet. Es gedieh in seinem heimischen Tümpel und wurde immer größer.
„Die Meereswellen werden hochsteigen und das Land überfluten. Die Erde wird untergehen", sah der Urprophet voraus.
Da sprach der Fisch Matsya zu ihm: „Nimm ein Boot und belade es mit zwei Pflänzlein, einem Krabbentierpaar, einem Säugetierpaar und einem Menschenpaar!"
Der Urprophet besorgte sich ein großes Boot, spähte umher und sah ein gewitzt aussehendes Paar, der Mann wie eine Art biblischer Noah, und rief: „Kommt umgehend zu mir und bleibt hier beim Boot!"
Als der Regen ohne Ende vom Himmel floss, wuchs aus den Kiemen Matsyas ein Stab. „Binde dein Boot an meinem Horn fest", rief der Fisch dem Urpropheten zu, „und singe laut ein fröhliches Lied!"
Die beseelte Melodie des Urpropheten lockte ein Antilopenpaar, ein Affenpaar, ein Löwenpaar, ein Spinnenpaar und ein Schneckenpaar herbei. Von ihrem Instinkt angetrieben, stiegen sie in die Arche. Als die Flut kurz darauf mit Windeseile hereinbrach, wurde Matsya zum Riesenfisch. „Steigt auch Ihr ins Boot!" rief der Urprophet dem Menschenpaar zu. Als das Boot geladen war, schwamm der Fisch in den

Fluten davon und hielt das Boot über Wasser.
Der Urprophet sprach: „Das Wissen der Devas ist in die Hände der Dämonen gelangt in diesem Tohuwabohu. Sie haben es auf den Grund des Meeres mitgenommen!“
„Sei still und warte“, flüsterte Matsya, der Fisch und zog die Arche in sichere Gewässer. Als die Stürme nachließen, band der Urprophet das Boot vom Horn des Fisches ab. Sofort verkleinerte sich Matsya vor ihren Augen und tauchte hinab auf den Meeresgrund. Bald tauchte Matsya wieder auf. Er trug auf seinem Fischmaul die Bücher der Veden, in denen das Wissen der Devas aufgeschrieben stand, nach oben und überbrachte sie dem Urpropheten. Dieser lehrte dem Menschenpaar sowie all den überlebenden Tierpaaren die vedischen Verse. Noch während sie die Verse rezitierten, verwandelte sich Matsya, der Fisch in seine wahre Gestalt zum allmächtigen Weltenlenker Vishnu.
Seht: Durch die Poesie von Versen sehen Menschen das Wunder.

Nell lud mich nicht zu sich nach Hause ein, als ich sie davor absetzte. Aber wir verabredeten uns. Wir trafen uns im Golden Gate Park mit den Zwillingen. Sie blieb distanziert und förmlich. Einige Tage vor meiner Abreise holte ich sie von ihrem Yogazentrum ab, und wir spazierten ein paar Schritte die Straße entlang. Unter uns glänzte San Franciscos Reichtum: Menschen sind dort weit gekommen, alles funktioniert. Sie leben inmitten der Fülle der Dinge. Automatische Treppen, Waren hinter Glas. Hohe Bankentürme, in denen viel Geld verwaltet wird. Und doch schien es mir, als läge über allem der Traum, noch ein Stück höher zu gehen, sei es mit weiteren ausgefallenen, neuen Gedanken oder mit noch größerem Besitz.
„Du hast dich weiterentwickelt seit damals, Nell. Wie du alles bewältigst, bewundere ich. Vielleicht möchtet ihr ja einmal zu mir nach Indien kommen?“ sagte ich beherzt, als wir auf dem Rasen des Parks wandelten.
Nell blieb stehen und schaute mir in die Augen. Schwarze Löcher, die mich anzogen. Wie könnte ich diesen Sog je vergessen? Als suchte sie in meinen Augen nach etwas, das ihr noch fehlte. Wir schlenderten

Richtung Meer. Hier waren die Siedler aus Europa nicht mehr weitergekommen. Doch ihr Antrieb weiterzukommen muss geblieben sein: ‚Wir wollen weiter, wir wollen höher … fliegen müsste man!' Weiterdenken über die Norm hinaus ist in dieser Stadt, wie in keiner anderen, zuhause. Ich sagte:
„Mit der Statue in deinem Zentrum hat es etwas Besonderes auf sich. Sie vermittelt denen, die an sie glauben, ein Weiterkommen in ihrem Innern. Sie wurde in Indien sicher einmal angebetet und war geweiht. Sie hat mehr als das, was man mit Geld erwerben kann."
„Gowind, das ahnte ich und respektiere es, seitdem ich sie gekauft habe." Wir gingen weiter, und leise sagte sie vor sich hin: „Ich habe oft vor ihr gebetet, gebetet, dass ich dich eines Tages wiedersehen werde und die Kinder dann wüssten, wer ihr Vater sei. Indien war für mich so weit weg wie der Mond. Die Statue hat mir diesen Wunsch erfüllt. Sie ist deshalb heilig."
Sprachlos stellte ich fest, dass Nell mir wieder voraus war. Während ich mit Sai Stunden verbracht hatte, den Wert der Religionen, ihrer Götter und deren Symbole als Objekte zu diskutieren, sie in Frage zu stellen, sie durch einen dummen Diebstahl zu testen, hat sie gebetet und geglaubt. Und sie hat mich nicht vergessen. „Und, kommt ihr nach Indien?"
Nell zog nachdenklich die Stirn hoch. „Dein Vortrag hier in der Yogaschule war ein Erfolg. Ich kenne jemanden, der dich bald einladen und etwas Größeres organisieren möchte. Komm noch einmal hierher. Dann sehen wir uns wieder und können uns mehr austauschen! Und die Jungen würden sich freuen, einen Vater zu haben."
Sie forderte mich heraus. Ich sollte mich bemühen.
„Das möchte ich auch, Nell. Und ich möchte für die Jungen ein Vater werden. Trotz unserer Unterschiede und den Welten, die zwischen uns liegen."
Sie legte ihren Kopf auf meine Schulter, wir schauten über die Stadt. Es war ein inniges Gefühl, das ich lange entbehrt hatte. Ich legte meinen Arm um ihre Schulter. Da wandte sie sich mir zu, und unsere Körper drängten zueinander. Wir küssten uns.

Ich flog zurück nach Bombay und nahm von dort den Zug nach Madras. Während die Landschaften vorbeizogen und der Zug in überfüllten Bahnhöfen hielt, waren meine Gedanken die ganze Zeit einzig und allein bei Nell, Druv und Stanley.
Zu Hause hielt ich mich Amma gegenüber noch bedeckt. Ich wollte den richtigen Zeitpunkt abwarten, um ihr von den Zwillingen zu erzählen. So suchte ich am nächsten Tag erst einmal den Wahrsager in unserer Gegend auf. Der war aber von vielen Menschen umringt und sagte nur: „Alles gut, alles verbindet sich, sorge dich nicht!"
Auch Tara wollte ich wiedersehen. Ich besuchte sie in ihrem kleinen ayurvedischen Krankenhaus, das sie aufgebaut hatte. Es lag in einem der neuen Wohngebiete in Adyar.
„Gooowind! Welch seltener Anblick!", sagte sie mit einem etwas sarkastischen Unterton. Sie führte mich in den Behandlungsraum. „Nach und nach kommen Patienten. Aber oft sitzen wir auch noch allein hier und warten geduldig." Tara zeigte auf einen Mann, der vor einem niederen Bodentisch saß. „Das ist Nara, auch ein Arzt!" Aus der Art, wie sie ihn anschaute, war mir klar, dass sie ein Paar waren.
Nara war ein gutaussehender, nicht allzu großer Mann mit lebendigen, klugen wie sinnlichen Augen. „Neulich waren wir bei einem Vortrag deines Heilers", sagte er mit freundlichem Ton. Seine Stimme klang leise, fast intim. Daraus schloss ich, dass Tara über mich erzählt hatte.
„Er redete zusammenhangslos mit nicht nachvollziehbaren Schlussfolgerungen", meinte Tara. „Seine Anhänger, die vielen Ausländer, die dort saßen, merkten das aber nicht."
„Oh je! Geht es ihm nicht gut?", fragte ich.
Nara nickte und fuhr fort: „Makaber ist die Gemeinde aus verklärten Suchenden aus dem Westen um ihn herum. Sie wollen alle von ihm profitieren. Sich gut darstellen zuhause mit einem indischen Guru als Aushängeschild. Alle sind von seinem berühmten Namen geblendet, bewundern zweifellos auch, dass er sie durchschaut und ihnen Zuversicht einflößt, aber bemerken dabei nicht, wie verwirrt er inzwischen ist. Sicher meinen sie, er sei sanfter und gütiger geworden."
„Dein bekannter Heiler ist gestört, zu viel Wind ist in seinem Kopf und

seinem Leib aufgestaut, eine gefährliche Vayu-Krankheit“, sagte Tara nachdenklich.
Diese Nachricht beunruhigte mich. Der Heiler war mein Halt, auch wenn ich nicht mehr bei ihm lernte oder mich von ihm betreuen ließ. Meine Gesundheit verdanke ich seinem einfühlenden Verständnis für meine Belange. Ich saß in der Mittagshitze allein im Chai-Shop und vermisste Sai fürchterlich. Ich beschloss beim zweiten Chai zum Wohnhaus des Heilers zu fahren. Vielleicht schlief er, vielleicht auch nicht.
Ich läutete die Glocke an der Hauswand. Eine junge Frau öffnete die Tür. Sie war eine Angestellte, die ich zuvor noch nie gesehen hatte. Sie bat mich herein. Der Heiler hatte keine Familie und lebte allein.
Gleich rechts war sein Zimmer, wo ich im Türrahmen stehen blieb. Er saß auf seinem Bett und blickte mich mit großen, weit aufgerissenen Augen an. Langsam stand er auf und kam leicht schwankend auf mich zu. An seinem Blick spürte ich, dass er mich nicht erkannte oder erkennen wollte, dabei beflissen die Bananen von dem Bastkorb, die ich ihm mitgebracht hatte, wegnahm und aß. Mit hin und her schweifenden Augen suchte er nach etwas, wobei sein Nacken unbeweglich blieb. Ich nannte meinen Namen. Er sagte: „Sai“ – also verband er mich mit meinem Freund und war präsent, aber nicht so präsent, wie der Moment es forderte –, doch er nickte automatisch, fast kenntnisreich. Der sonst immer wache Kampfkünstler, der jede Situation gelassen beherrschte, war in sich selbst zurückgezogen, als läge in ihm ein schwerer Fels. Er erzählte einen Satz aus dem Ramayana. Immerhin verband er mich mit dem Text. Trotzdem klangen seine Zitate wirr. Bis vor kurzem hatte das große, ausländische Imperium seiner Schüler noch gefordert, weiterhin von ihm unterhalten und inspiriert zu werden. Er war schließlich der Vertreter einer Bewegung, die auch eine Geschäftsidee war. Doch was war das hier? Niemand außer dieser einen Angestellten schien im Haus zu sein. Ich fühlte mich erdrückt von seinem Zustand, und stand ihm weiter gegenüber, während er noch eine Banane hinunterdrückte.
Sind wir letztlich alle Tiere und ist der Urguru Einbildung? Der Heiler hatte immer er selbst sein wollen, ohne Auflagen von Gestern, ohne den

Würgegriff des Traditionellen. Ich fragte mich, ob er sich sehenden Auges den schwarzen Mächten ausgeliefert hatte oder gar mit den lichten und den dunklen Mächten zugleich jonglierte. Er wusste stets, was im anderen vorging, und womöglich hatte genau das ihn verführt, sie zu manipulieren, ohne dass er das wollte. Hatte das bei ihm Entsetzen ausgelöst und ihm Angst gemacht? Ist er gar am inneren Protest gescheitert? Wenn der Terror des ‚Dagegen zu sein' gefangen nimmt, und man nicht merkt: Ich verschreibe mich der dunklen Gewalt, und wenn auch noch Auflehnung gegen das Lichte zum Leitgedanken wird, kommt Irrsinn. Will der Heiler sich rächen? An der Ohnmacht der Kranken, die ihn mit ihrer Suche nach Hilfe ständig belästigt haben? Wird ein Wissender, ja ein Heiler, von solcher Destruktivität erfasst, und wird zum Kranken? Liegt da nicht seine bewusste Selbstzerstörung nahe? Erklärt er gar Selbstzerstörung zur großen Sache?
Ich führte ihn zu seinem Metallbett, und er setzte sich gehorsam. Das Bastgeflecht mit den restlichen Bananen stellte ich auf einen Tisch außer Sichtweite. Schweigend saßen wir einander gegenüber, er auf seinem Bett, ich auf einem Stahlstuhl. Seine Einsamkeit berührte mich. Er drehte sich und zeigte mit gewaltigem Verlangen auf die Bananen. Ich musste sie ihm reichen, und er würgte die restlichen in sich hinein. Die Schale ließ er fallen. Der einst so Kontrollierte genoss das Unbeherrschte, als wollte er damit sagen:
„Seht, wie ich der Evolution zum Trotz zum Tier werde. Das Wissen der verstorbenen Gurus, und jedes Streben zu höherem Menschsein ist nichts wert. Alte Schriften, die uns zeigen wollen, dass wir unter unserem Potenzial leben, bedeuten nichts. Alles, was Vollkommenheit ins Bewusstsein rücken will, wie die alten indischen Wissenschaften und Weisheitsbücher oder die Epen, richtet mich zugrunde. Hiermit breche ich mit allen Autoritäten. Ich will zeigen, dass übertriebene Verehrung und all die Rituale Unsinn sind, und gebe mich dem Verfall hin, werfe mich den Geiern zum Fraß vor! Das ist das wahre egolose Sein, ihr verdammten Beter und Kriecher nach höheren Mächten!"
Ein gefallener Engel muss ihm noch dazu ins Ohr geflüstert haben: „Liefere dich widerstandslos aus! Es gibt keine Hoffnung!" Hilflos war

ich meinen Gedanken beim Anblick des Heilers ausgeliefert: Wenn die Meister erkranken, erkrankt auch die Welt. Das lehrt uns das Fürchten. Ich benetzte meine ausgetrockneten Lippen und sagte laut, in der Hoffnung, dass der Sinn meiner Worte zu ihm durchdrang: „Sir, ich bin ein Waldmensch geworden. Jeder Baum, den ich pflanze, gibt mir die Berechtigung zum Sein.“ Ich schaute auf meinen ehemaligen Meister und bildete mir ein, ein Lächeln aus seinem Inneren aufsteigen zu sehen. Ich dachte an sein einfühlsames, fürsorgliches „Setz dich!“, das er nach jeder intensiven Übungsstunde zu mir gesagt hatte, damit sich mein Atmen wieder normalisiert. Es schmerzte mich zu sehen, wie er offensichtlich die Erinnerung daran verloren hatte. Wie stark in diesem „Setz dich“ die Botschaft verborgen ist, die jede spirituelle Suche voranbringt, „Setz dich“ heißt: Sei du selbst und mach nichts. Sei ohne Willen, sei du! Sei! Dann, während ich so gesessen hatte, hatte der Heiler einst am Tisch mein Übungsblatt skizziert. Er schenkte mir Zeit, um wirklich nichts zu denken, ganz leer zu sein und tiefe Ruhe zu empfinden.

„Wie kommt es, dass jemand, der anderen so viel Zuversicht geben konnte, der mich von meinem Asthma geheilt hat, sich selbst aufgegeben hat?“, fragte ich beim Abendessen traurig meinen Vater.
„Die Macht der Flüche ist groß. Sollte er einen Fluch der Yogis aus vergangenen Zeiten auf sich gezogen haben, dann war es das!“, antwortete Appa nüchtern. Das war die Antwort der Konservativen, die mich nicht befriedigte.
Ich sagte fast zu mir selbst: „Der Spagat Hanumans ist nicht auf unsere Leben übertragbar. Ein Spagat zwischen der Moderne und dem, was unsere kulturelle Tradition fordert, zerreißt. Der Heiler hat versucht, Leben im Osten wie im Westen zu verstehen. Hatte er zu lässig über die Verehrung der Inder, die sie manchen Statuen entgegenbringen, hinweggesehen und sie sogar als unmodernen Aberglauben abgetan?“
„Vielleicht war er zu willensstark gewesen, so dass er jetzt ohne Willen leben will“, meinte Amma. „Und die geistige Umnachtung ist für ihn nun ein warmer Schoß, der den großen Denker weich empfängt. Wahrscheinlich hat nie jemand zu ihm ‚Setz dich!‘ gesagt, sondern ihn nur

gebraucht und mit ‚Steh auf!' konfrontiert."
Ihre Worte klangen einfühlsam und klug. Die Juwelen an ihrem Hals funkelten. Zur Hochzeit ihrer Kinder hat sie jedes Mal ein Schmuckstück geschenkt bekommen. Nur von mir und den Jüngsten noch nicht. Ich habe bei ihr und auch bei Nell noch was nachzuholen, dachte ich.
Ich stand auf. „Amma, lass uns gemeinsam vor dem Altar sitzen", sagte ich leise. „Ich möchte dir etwas sagen."
Vor dem Hausaltar mit Bildern der Göttin Lakshmi, den silbernen kleinen Statuen Ramas, Sitas und Hanumans, die mit Blumen geschmückt waren, und der brennenden Öllampe glättete sie mit einer sanften Geste ihren weinroten Sari und hockte sich neben mich. Sie erschien mir so feingeistig und weise in diesem Moment.
„Amma, ich hatte in Kalifornien eine Freundin und bin Vater von zwölfjährigen Zwillingen in den USA."
„Oh, Rama!", brach es aus meiner Mutter heraus. „Deshalb hat mein Sohn nicht heiraten wollen. Jetzt endlich verstehe ich das!" Sie schüttelte den Kopf und stand auf. Ich rief ihr hinterher: „Du, es war damals eine traurige Trennung, bevor ich nach Boston ging, und ich wusste von gar nichts und habe sie nie wiedergesehen, aber nie wirklich vergessen!" Amma drehte sich um und sah mich mit einem irritierten Blick an. „Sie hat dir das mit den Kindern nie mitgeteilt? Und was geschieht jetzt? Amma kam an ihre Grenzen. Sie hörte der Geschichte unseres Wiedersehens ohne Unterbrechung zu. Aber sie sah dabei sehr streng aus. „Wir werden sie hier willkommen heißen", beschloss sie, ohne zu wissen, was für eine selbstständige Frau Nell war. Sie nahm mich am Arm. „Komm, Gowinda, Paati ist wach, wir sagen es ihr."
Paati war gerade auf Besuch und thronte auf einem Bett in jenem Zimmer, das ich früher mit Srini und Ram geteilt hatte, und schrieb in ein Heft den Namen Rama. Die Seiten waren voll mit dem Wort Rama.
„Er hat uns seine Kinder vorenthalten!", platzte es aus Amma heraus.
Paati hingegen blieb ruhig. „Gowinda, du bist ja ein ganz Schlauer! Hast längst eine eigene Familie, ohne sie mit uns zu teilen? Der Verbund, das Große ist wichtig. Deine Mitarbeit bei der Kampagne um das Silent Valley ist das, was unser *dharma* lehrt: Menschen Unterschlupf

gewähren. Einen großen Clan wirst du betreuen, und du hast ein großes Herz dafür.“ Klar ging aus ihrem Statement hervor, dass ich ihr Lieblingsenkel war und blieb. „Sitaramaa!“ beendete sie das Gespräch und schaukelte wohlwollend lächelnd lange mit dem Kopf.
Appa zeigte keine Regung, als ich ihm von meiner Vaterschaft erzählte. Er fragte nur: „Hast du mit Srini gesprochen? Habt ihr telefoniert, als du in USA warst?“ Er wollte das Thema auf seinen zuverlässigen Sohn abwälzen. Es war ihm zu ungeheuerlich. Ich hatte mit Srini telefoniert und es ihm beichten wollen. Doch als er abfällig sagte: „Ach, du gibst Vorträge vor diesen verrückten Hippies!“, hatte ich das Gespräch beendet. Srini lebte auf einem anderen Planeten. Bei Appa würde ich lange warten müssen, bis er mein Vatersein begreifen würde.
Am nächsten Tag ging ich mit Vinu zu M. Krishnan. Von dem Fotografen erfuhren wir, dass Indira Gandhi, seit sie zurück im Amt ist, den Staudammbau im Silent Valley neu überdenken und neu bewerten lassen wolle. Sie sei eine Machtpolitikerin, meinte er, und würde den wachsenden Widerstand im Land gegen Staudämme spüren. Das waren gute Neuigkeiten. Auf dem Heimweg erzählte ich auch Vinu, dass er Onkel sei und es bitte Radha mitteilen möge. Ich fürchtete ihren Spott. Vinu arbeitete als Volontär beim Hindu. Er bewarb sich gerade bei der Nachrichtenagentur Reuters in London. Er wollte unbedingt nach England. Radha arbeitete derzeit an einem privaten College als Musiklehrerin. Sie hatte ein lukratives Jobangebot im Sultanat Oman abgelehnt, weil sie bei den Eltern bleiben wollte. Sie war das Nesthäkchen, und Amma und Paati hielten nach einem Bräutigam für sie Ausschau.
Ich besuchte auch Carmen und Gabriel. Ich hatte gehört, dass sie in der Theosophischen Gesellschaft wohnten. Sie hatten meine Eltern aufgesucht, um den Kontakt zu mir zu halten, und ihnen das Haus, in dem sie wohnten, beschrieben. Ich fand es versteckt hinter einem hohen Bambuswäldchen. Eine romantische Villa mit Stil. Sie habe die richtige Freundschaft mit einem wichtigen Mitglied begonnen, den sie, gerade in Madras angekommen, in einem Juice Shop kennen gelernt hätte, erzählte Carmen. Sie hätte dem Theosophen Orangensaft mit einem Blatt Minze kredenzt und ihn offensichtlich damit beeindruckt. Seitdem ko-

che sie für ihn und wohne hier. So war Carmen. Eine Lebenskünstlerin. Sie freute sich sehr, als ich ihr mitteilte, dass ich Zwillinge hätte, und fragte nach ihrer Mutter. Ich erzählte ihr gern über Nell. Und sagte sogar: „Sie sieht dir ein wenig ähnlich!"
„Kommen sie nach Indien?" Ich sagte, dass ich dies hoffe.
„Und was ist mit Mohan?"
„Der ist versetzt. Der neue Polizeimensch ist völlig anders."
Carmen las jetzt viele Bücher in der großen Bibliothek. Sie besaß diese konsequent freie Lebenseinstellung, die mich faszinierte. *We all want to be famous. But as long as we want something, we are not free"*, zitierte sie J. K.
„Wo ist Gabriel?", fragte ich.
„Gabriel ist mit seiner Musik in den unteren Räumen. Er macht sie für die Schwingung und nicht dafür, dass andere ihn bewundern."
Carmen hielt mir den Spiegel vor, der mir zeigte: Auch du bist ehrgeizig und willst Ergebnisse, willst andere überzeugen von dem, was du denkst. Pass auf, dass du kein politischer Missionar wirst, mahnte ich mich selbst.

Eine Woche später nahm ich den Nachtzug zurück nach Coimbatore. Von dort fuhr ich mit dem Bus weiter nach Palghat, wo ich Prema und die Nairs besuchte. Die Kleine von Sai lief schon überall herum. Prema sah man nicht an, wie sie sich fühlte.
„Nell, meine Freundin aus Amerika kommt bald hierher", sagte ich und machte eine kleine Pause. „Ich habe übrigens Zwillinge mit ihr."
Prema schaute mich erstaunt an. „Gowinda, was bist du nur für ein Frauenheld!"
„Nein, die Frauen laufen vor mir weg!", seufzte ich.
Prema lachte. „Dann musst du dich mal ein bisschen anstrengen und sie festhalten!" Ich erzählte ihr über mein überraschendes Wiedersehen mit Nell.
„Hilfst du mir, wenn sie kommen, und zeigst ihnen Palghat?"
„Klar", Prema schaukelte mit dem Kopf, „mach ich gerne! Bleibst du zum Essen?"

Ich nutzte die Gelegenheit, mich mit Dr. Nair beim Essen über die neuesten Entwicklungen auszutauschen. Auch er hatte natürlich von Indira Gandhis Umdenken gehört.
Im SSV-Büro zeigten sich alle optimistisch. Es würde sich zu unseren Gunsten entwickeln.
Ich wartete sehnsüchtig auf eine Nachricht von Nell. Erst ein halbes Jahr nach meiner Kalifornien Reise kam ein Brief von ihr. Sie hatte ihn ins Büro des SSV geschickt.

Lieber Gowind,
das Wiedersehen mit dir hat uns aufgewühlt. Stanley fragt jeden Tag, wann wir nach Indien fliegen. Druv prahlt vor seinen Freunden: ‚Mein Vater lebt bei Jaguaren und Elefanten im Urwald.' Gowind, auch ich denke jeden Tag an dich. Ein John Miller plant eine Vortragsreihe für dich, und bei mir plane ich Yogastunden. Wenn du noch Kontakte hast, die Universität Berkeley ist sehr offen für das, was sie ethnische Mathematik nennen. Du könntest sie kontaktieren. August bis Dezember wäre ein guter Zeitraum. Es ist nicht mehr lang bis dahin, gemessen daran, dass wir uns so lange nicht gesehen haben, sogar kurz. Ich hoffe, du kommst!
Liebe Grüße
Nell.

Die vier Monate bis dahin vergingen wie im Flug. Am 30. August 1983 begann meine dritte Reise nach San Francisco. In Frankfurt hatte ich acht Stunden Aufenthalt. Jo hatte mir geschrieben, und ich hatte ihn eingeladen, mich am Flughafen in der Transitlounge zu besuchen. Es klappte, weil er an dem Tag nach London flog. Seine blonde und strahlende Erscheinung machte mich sofort glücklich. Er war mir diesmal so vertraut. Er habe Indien vermisst, meinte er, und oft an Laurie Bakers Arbeit in Kerala gedacht. Aber es sei schwer, diese Art naturnahe Bauweise in Deutschland umzusetzen. Die Baugenehmigungen seien streng, und er träume davon, einmal in Indien zu bauen. Seine Freundin sei ebenfalls Architektin.

Ich erzählte ihm von meinem neuen Leben und lud ihn ins Lion-Tail-Estate ein.
„Ich werde bald bauen müssen, denn ich habe Zwillinge in den USA, und es sieht so aus, dass unser Haus zu einem Schulgebäude wird."
„Das mit dem Bauen in Indien planen wir! Aber das mit den Kindern ist ja herrlich! Wie das denn?"
„Nein, nicht herrlich, es ist sehr kompliziert. Auf alle Fälle wird es mich an den gefürchteten Westen binden. Die Mutter lebt in San Francisco."
„Ach, weißt du, hier bei uns im Westen gibt es so gute Leute!"
„Ach, Jo, das stimmt." Ich seufzte und sagte: „Mein Freund Sai ist tot."
„Waaas? Wie das. War das ein Unfall?" Schweren Herzens berichtete ich ihm über den Tod von Sai.
„Das tut mir schrecklich leid", sagte Jo. Ich sah, wie ihn das traf. Also sagte ich nichts über die Krankheit des Heilers. Ich behielt dieses Leid für mich.
„Ich komme bald nach Indien", winkte er zum Abschied. Ich spürte, Jo würde zu einem Freund werden.

Nell, Stanley und Druv standen fein gekleidet am Flughafen. Wir begrüßten uns ein wenig steif und waren uns anfangs ein wenig fremd. Ich stieg in Nells Auto und schaute zunächst aus dem Fenster.
„Wie lang bleibst du bei uns?", bestürmte mich Druv.
Ich drehte mich zu ihm nach hinten und schaukelte wohlwollend auf indische Weise lächelnd mit dem Kopf.
Nell hielt vor einem grau-blau gestrichenen Holzhaus in einer malerischen Reihenhaussiedlung, die sich an einen Hang schmiegte. Eine bunte Welt gleichgebauter Häuser, jedes anders gestrichen.
„Lass ihr Zuhause mein Zuhause werden", flüsterte ich mir zu.
Nell führte mich in ein geräumiges Zimmer und sagte: „Meine Mutter ist in Mexiko, sie lässt dich grüßen. Es ist ihr Zimmer. Jetzt deins."
Erschöpft von der langen Reise und überwältigt, dass ich plötzlich eine Familie hatte, sank ich aufs Bett und schlief sofort ein.
Nachts um drei wachte ich auf und ging in die Küche, um mir einen

Kaffee zu machen. An der Pinnwand hingen Fotografien der Kinder, als sie klein waren. Ganz oben entdeckte ich eine Fotografie, die Nell und mich zeigte, und vermutlich 1969 aufgenommen war. Wir sahen sorgenfrei und glücklich aus.
Nells Haus war aufgeräumt. Im Wohnzimmer konnte man von einem Erkerfenster aus direkt auf die Straße schauen. Es standen Reste ihrer Madonnensammlung von damals herum. Gegen acht hörte ich, wie Nell die Kinder weckte. Dann machten sie zusammen Frühstück. Ich kam mir wie ein Außerirdischer vor. Hier funktionierte alles, und ich war überflüssig.
„Bye", rief Druv mir zu, als die Zwillinge zur Schule losgingen. Stanley sagte nichts.
Ich wusste nicht, was ich nun tun sollte, und setzte mich auf eine kleine Treppe, die das Wohnzimmer in zwei Hälften trennte.
Noch bevor ich Trübsal blasen konnte, setzte sich Nell vor mich hin. Ihr langes Haar fiel lose über den Rücken. Sie lehnte sich gegen meine Knie. „Ich verstehe jetzt gar nicht mehr, dass ich nicht versucht habe, dich zu finden", sagte sie leise. „Ich war verbittert, und nach der Geburt hatte ich einen Babyblues und litt an einer Depression, war fast autistisch. Meine Mutter hat mich durchgebracht!" Sie machte eine Pause.
„Dann hast du eine großartige Mutter!", sagte ich, erleichtert, dass wenigstens sie damals an ihrer Seite war. „Ich möchte mich bei ihr bedanken!"
„Du lernst sie bestimmt kennen!"
Ich legte meine Hand auf Nells Schulter. Ich ließ sie zum Hals gleiten. Ich öffnete die Knöpfe ihre Bluse und umfasste ihre Brust, besessen von der sanften Festigkeit ihrer sich langsam aufrichtenden Nippel. Ich hatte nur noch ein Ziel: Diese Frau muss ich besitzen! Wir liebten uns auf dem Boden. Dann erholten wir uns und starteten neu. Sie beugte sich vor, bis ihr Kopf mit dem Scheitel zuerst auf einem kleinen Holztisch aufkam. Ich drang von hinten in sie ein. Wir waren in den letzten Jahren beide Experten im Lieben geworden. Es gab keine mentale Barriere und keine körperliche Kompliziertheit. Wir verziehen uns gegenseitig. Es war pornografisch und zärtlich zugleich. Die feinen Linien,

die ihr markantes Gesicht beim Lachen zeigten, betonten ihre energische, entscheidungsfreudige Art, die irdische Kraft, die ihr innewohnte. Sie hatte sich aus dem Dunklen ins Helle hinausgearbeitet. Als sie aufstand, bewunderte ich ihre unvergleichliche Art zu gehen.
Bald forderte mich ihre positive Ausstrahlung jeden Tag aufs Neue heraus. Die Zeit verflog. Ich ging mit Druv zum Baseball und mit Stanley übte ich Tamil. Er wollte eine indische Sprache lernen. Meine Kurse und Vorträge in Nells Yoga-Zentrum waren gut besucht, und ich verdiente erstmals viel Geld. Auch mit der Universität war ich im Gespräch. Selbstverständlich wurde ich Teil des amerikanischen Alltags.
Wir planten ihre Reise im nächsten Jahr nach Indien. Nell wollte unbedingt Bhagwans Ashram in Poona besuchen. Sie kannte jemanden, der dort lebte, und plante von Bombay aus mit dem Zug nach Poona zu fahren, dort drei Tage Station zu machen und dann nach Coimbatore zu fliegen. Es gab nur zwei Mal in der Woche einen Flug von Poona nach Coimbatore. Ich versuchte, ihr den Besuch in diesem dubiosen Ashram auszureden, aber sie war nicht davon abzubringen.
„Bhagwan!“, rief ich missbilligend. „Was für ein Kult um solch einen Mann!“
Aber was im Trend lag, musste Nell mitnehmen. Und in den achtziger Jahren wollte jeder aus dem Westen diesen Ashram in Poona sehen.
„Bist du etwa eifersüchtig auf ihn?“, fragte sie spöttisch.
„Auf den doch nicht“, sagte ich abfällig. „Wie kamst du überhaupt auf ihn?“
„Ich war mit den Zwillingen und Freunden bei ihm in Oregon. Allein die Größe des Gebiets, auf dem der amerikanische Ashram sich befand, war beeindruckend. Das war zwischen 1981 und ‘82, noch bevor Bhagwan in eine Schweigephase eintrat und sich später Osho nannte.“
„Und, gab es da auch Gruppensex?“, fragte ich angefressen, wieso Nell sich von diesem Scharlatan angezogen fühlte.
„Ja klar, außer natürlich Sex mit Bhagwan. Aber er heizte mit seiner Erscheinung die Stimmung immer erotisch auf.“
„Wie war die?“
Nell lächelte mit ihrem überlegenen aufgeweckten Blick zurück: „Die

Stimmung dort glich der bei einem Rockkonzert. Es waren einige Jugendliche und Kinder mit ihren Eltern da. Druv und Stanley zogen mit anderen Kindern umher, und ich musste mir auf dem geschützten Areal keine Sorgen um die vaterlosen Kinder machen und konnte für mich sein."

Ihr Seitenhieb saß. Ich seufzte. Und sie fuhr fort, von diesem Guru zu schwärmen:

„Er war einfach umwerfend. Eine Gestalt mit weißem Bart in herrlichen Roben. Er faltete die Hände und grüßte in alle Richtungen. Anhänger warfen sich zu Boden. Das war schon seltsam, wie sich ehemalige Hippies plötzlich so devot verhielten. Bhagwan schritt langsam über die Bühne und nahm genüsslich, derart angehimmelt zu werden, auf seinem Thron Platz. Jede seiner Bewegungen kam mir einstudiert vor. Jeder Satz saß und bestand aus einer nett platzierten Beschimpfung seiner Anhänger inmitten indischer Weisheiten. Er sagte, dass der freie Mensch keinen Guru brauche. Wie wahr, das war genau das, was ich dachte. Also kommunizierte er mit mir hervorragend über die Köpfe seiner Fangemeinde hinweg. Ich fühlte mich direkt angesprochen. Und mir kam es vor, dass nun ein intimer Dialog zwischen mir und ihm begann, während Tausende nur die Kulisse lieferten. Größenwahnsinn packte mich, als stünde ich mit dem Meister auf einer Stufe. Das war eine rauschhafte Erfahrung. Wie er das mit einem macht, und das Gefühl hatte ja vermutlich nicht nur ich, bleibt mir schleierhaft. ‚Der Meister und ich!', fuhr es mir plötzlich durch den Sinn. Doch bekam ich Zweifel, ob er mich, und all die anderen auch, nicht einfach nur manipulierte."

„Ach, Nell, das kenne ich von Meistern in Indien!" Ich wollte nichts über den erkrankten Heiler in Madras sagen und allgemein bleiben.

„Aber warum bekommen Wissende eine solche Machtposition und spielen mit ihr?", fragte Nell.

„Ich glaube, sie können mit der Erleuchtung nicht umgehen."

„Das kann sein. Jedenfalls erschien mir Bhagvans Motto bald zynisch: ‚Ihr seid von Gesellschaft und Religion geprägt, deshalb seid ihr nicht frei. Deshalb braucht ihr mich. Wenn ihr frei wäret, würdet ihr jetzt aufstehen und gehen! Ihr würdet keine Fragen haben und ohne Schuld leben!', waren seine Worte, und ich folgerte: Stimmt, Meister! Und für mich ist Gehen angesagt. Ein Vertrauen in mich selbst durchflutete mich in diesem Moment. Und ich ging! Das hat der Meister immerhin geschafft! Gowind, ich werde nie eine Motte sein, die um das Licht eines tollen Mannes schwirrt."

Nell sah mich an, und wir lachten befreit. Wir berührten uns an den Händen. Wir streichelten uns an den Armen. Wir erfassten uns gegenseitig. Geistig und körperlich zugleich. Ich wollte Nell am liebsten sofort einen Heiratsantrag machen, hielt mich aber zurück, das auszusprechen, denn sie war immer noch bei ihrem Bhagwan:

„Seine Leute erschienen mir wie in einer masochistischen Liebesbeziehung zu ihm. Wieder und wieder wollen sie gesagt bekommen, wie dumm sie in Wirklichkeit sind, hier bei ihm zu sitzen und ihn dabei reich und berühmt zu machen."

„Ganz schön perfide. Pass auf, um ihrer eigenen Hörigkeit zu entkommen, werden bald manche Anhänger vernichtende Stimmen hören, wie: ‚Verratet ihn!' oder ‚Sucht nach einem Fehler bei ihm!'„

Mir wurde klar, wie sehr sie eine Freiheitssuchende war. Wie sehr wir uns ähnelten, machte mich glücklich. Aber wie würden wir als Paar in Indien bestehen? Ich fürchtete plötzlich, Nell könnte mit meinem Leben und dem meiner Familie in Indien niemals klarkommen.

„Ja, vermutlich hast du Recht, Gowinda. Steht nicht schon in der Bibel: ‚Bevor der Hahn dreimal kräht, wirst du mich verraten haben'. Judas verriet seinen Meister. Später mordeten die Anhänger des gekreuzigten Christi unschuldige Heiden, die nicht ihrer Sekte beitreten wollten. In meiner Heimat Mexiko haben die Missionare auch gewütet. Auch ihnen ging es ums Erlangen der Macht. Sie wollten im Licht sein, aber waren doch nur Motten, die darin verbrannten. Für Insekten bedeutet die Anziehung des Lichts Selbstmord. Sie sind fehlgeleitet von einer Glühbirne, die sie mit dem Tag verwechseln. Wir müssen alle aufpassen."

„Institutionen, die aus dem Glauben der Leute ein Geschäft machen, sind mir suspekt, Nell. Also, ich werde niemals zu so einem Guru gehen, dafür lebe ich viel zu sehr in den Legenden und Versen meiner

Urväter. Meine Paati, die du bald kennen lernen wirst, hat mich zu Bodenständigkeit erzogen. Ich werde dich mit vielen großartigen Menschen, bei denen ich studiert habe, bekannt machen. Und dazu sind die ungewöhnlichsten und mutigsten die einfachsten Menschen geblieben. Ein Meister oder eine Meisterin bleibt einfach. Wie die Schamanin im Lion-Tail-Estate."

„Bin schon sehr gespannt, Gowind. Deshalb komme ich auch zu dir nach Indien, und ich freue mich darauf." Nell schmiegte sich an mich. „Für die Jungen wird es das Beste sein, wenn sie deine Heimat sehen können. Sie kommen in die Pubertät und schauen auf eine Vaterfigur. Ich bin sicher, eines Tages kippt der Ashram. Viele sind derart verliebt in Bhagwan. Männer und Frauen. Und er ist darüber amüsiert. Dazu sein gerissenes Management, es weiß, wie es den Meister noch attraktiver präsentieren und noch bekannter machen kann, alles ist durchorganisiert. Wie er seine Rede selbstgefällig zu Ende führte, wenn er wie der Heiland auf den Kitschbildern die rechte Hand zum Segen hob, das hatte was. Er bot sich selbst als Projektionsfläche. Die Diamanten funkelten an seinem Handgelenk, als würde er funkeln und Strahlen aussenden. Er lächelte mit einem diabolischen Zug um die Lippen. Das macht ihn begehrenswert, Unheil bringend für manche. Seine Themen präsentierte er genial locker mit vielen Anekdoten und Witzen; und niemand bemerkte, dass er damit becircen wollte. Man wird zum Opfer, wenn man bei ihm bleibt und seine Weltanschauung mit der eigenen Liebe bedient."

„Kennst du den alten Beatles Song, den sie für Mahesh Maharishi komponiert haben, Nell? Auch sie müssen ein wenig desillusioniert gewesen sein damals in den sechziger Jahren, als John, Paul und George eine Weile bei diesem Guru in seinem Ashram geweilt haben. Ringo ist ja gleich getürmt. Müssen ähnlich gedacht haben, wie du jetzt."

Sexy Sadie, what have you done, you made a fool of everyone ... Sexy Sadie you broke the rules you laid it down for all to see ... she came along to turn on everyone ... Sexy Sadie the greatest of them all, However big you think you are.

Bevor ich im Dezember zurückflog, stritten wir doch noch einmal über ihren Besuch im Ashram, von dem Nell sich nicht hatte abbringen lassen.
„Warum willst du diesen Ashram in Poona besuchen, wenn du eh die Mechanismen eines solchen patriarchischen Gurus durchschaust?“, schimpfte ich.
„Ich kann lernen, wie so etwas Größeres aufgebaut und organisiert wird. Das fasziniert mich. Gowinda, sei locker, ich plane, die fast dreimonatige Winterzeit für die Jungen freizubekommen, um sie in Indien mit dir zu verbringen, dann darf ich ja wohl die erste Woche machen, was ich will. Die paar Tage ohne mich kannst du dann auch noch verschmerzen.“
Ich konnte sie nicht von ihren Plänen abbringen.

Lion-Tail-Estate, 1984

Als ich wieder im Lion-Tail-Estate angekommen war, renovierten Vel und Munni mit Akkas Vater das Haus und strichen die Wände neu. Ich freute mich dabei auf die Ankunft meiner neuen kleinen Familie. Wie würden Nell und die Kinder diese abgelegenen Wälder aufnehmen? Wie würde meine große Familie reagieren? Diesmal würde Amma sicher Appa bewegen können, zu kommen, um seine Enkel zu sehen. Und Paati war mit sechsundsiebzig immer noch unternehmungslustig und würde sicher mitkommen. Die weißgestrichenen Räume gaben mir Anlass zu träumen, als der Forest Officer mit seinem Jeep in der Einfahrt parkte. Er brachte mir einen Brief von Nila. Er wäre sowieso vorbeigefahren, sagte er freundlich und bestaunte das frischgestrichene Haus. Ich riss den Brief auf: Nila fragte, ob ihr Filmteam für eine paar Tage bei uns drehen könnte. Umgehend fuhr ich mit dem Motorrad zum nächsten Telefon im Dorfladen und rief bei Nilas Sekretärin an. Wir vereinbarten die Termine in ein paar Wochen. Einschließlich bis zum Forest Office waren alle sogleich über die baldige Ankunft des Filmteams informiert.

Nilas Mannschaft rückte in einem großen Bus, den sie unten auf der Landstraße parkten, und mehreren kleinen Jeeps an. Wie gefügig Nila ihrem Filmteam gegenüber war, erstaunte mich. Zwei Tage überließ ich ihnen das gesamte Anwesen. Vel, Munni und Akkas Vater hörten ohne Zögern auf die Befehle des Regisseurs. Ich wohnte bei den Nairs. Prema half mir, antike Holzmöbel zu kaufen. Das Witwenschicksal war leichter als zu Paatis Zeiten. Sie war wie immer sehr schön in weiß gekleidet. Wir kauften ein altes fürstliches Bett, eine Schaukel, Stühle und einen Tisch. Bis dahin hatten wir im Lion-Tail-Estate meistens am Boden gesessen und gegessen. Prema freute sich, dass sie meine Söhne sehen würde, und war sehr neugierig auf Nell.

Am dritten und letzten Drehtag von Nila fuhr ich zurück. Zunächst beobachtete ich Nila, wie sie gefilmt wurde. Ihr Gesicht war voller geworden und die Bewegungen ihre Glieder runder. Sie ging auch beim gefühlten zwanzigsten Mal geduldig am Teichrand hinter dem Haus

entlang, sie bückte sich graziös zum Wasser und spritze es auf ihren Filmpartner. Wieder wurden sie trocken getupft, frisch geschminkt und sie warteten auf die Lichteinstellung; dann noch einmal dasselbe. Wo nahm sie die Ruhe her? Endlich am frühen Nachmittag war der Dreh im Kasten. Das Team packte, und bald wälzte es sich als Kolonne davon. Nur Nila blieb. Sie kam, noch geschminkt, aber in Jeans und rosafarbener Kurta, die Haare aufgelöst auf mich zu und sagte:
„Gowind, ich möchte Akka sehen. Wo ist sie?"
„Sie ist oben in ihrer Höhle und meidet den Rummel!"
„Kommst du mit mir hoch?" fragte sie. Ich nickte und sagte:
„Gut. Jetzt gleich. Komm!"
Wir kletterten hinauf durch die Stille der Bäume. Eine unvorstellbare Lautlosigkeit lag über dem Hüttentempel unter dem Glanz des tiefblauen Spätnachmittag-Himmels. Die Einsamkeit der Schamanin umfing uns. Wo war sie? Wir gingen vorsichtigen Schrittes Richtung Hüttentempel und sahen Akka am Boden ausgestreckt im Eingang liegen. Sie war über und über mit Vibhuti, der heiligen Asche Shivas, bedeckt. Ihr Kopf war in der Hütte, der Leib draußen. Sie war nackt und weiß. Unfähig zur geringsten Geste des Grußes, denn auch ihre nach oben zeigenden Handflächen waren unter der Asche und dazu mit roten Kumkumapunkten betupft. Ihre Augen waren starr. Sie lag da mit der abwesenden Miene einer Verzückten. Auf einen Wink ihrer wie aus dem Nichts auftauchenden Mutter gingen wir zur Wohnhöhle der Familie.
„Sie meditiert", sagte ihre Mutter, „kommt später wieder!" Ich dachte, sie schützt sich vor den Filmleuten und vor dem Kommerz der Welt. Als Nila mich anblickte, wirkte ihre Filmschminke unheimlich.
„Gowind, lass uns noch ein wenig höher hinaufklettern."
„Ja. Dort oben können wir einen wunderbaren Sonnenuntergang überm Tal sehen." Ich zeigte hinauf. Nila lief umgehend los. Ich hechelte ihr hinterher. Sie war äußerst flink.
„Es wird wundervoll sein!", rief sie begeistert.
Ich holte sie ein, und wir setzten uns auf einen Vorsprung.
„Es ist schön! Sie ist sooo schön! Dein Leben hier ist schön!"
„Akka hat sich entschieden. Sie schützt sich in einem Ritual vor Ein-

flüssen."
„Ihre Askese berührt mich", sagte Nila sanft.
„Und du, Nila, hast sehr viel Geduld. Wie machst du das nur mit den endlosen Wiederholungen?"
„Ach, ich habe mich für diesen Beruf entschieden und zweifle nicht. Ich bin dankbar. Mit dem Geld werde ich einiges bewirken können. Ich habe gerade ein Tierheim für streunenden Hunde gegründet." Dann schwiegen wir. Die Sonne verabschiedete sich mit grandiosem Gehabe, und doch einfach und schlicht gesagt, sie ging unter. Bevor sie weg war, platzte ich damit heraus:
„Ich bin Vater von zwei dreizehnjährigen Jungen." Nila sah mich mit aufgerissenen Augen an. Sie sagte:
„Gowind … du warst vergeben! Die ganze Zeit. Ist die Mexikanerin die Mutter?" Ich nickte und erzählte ihr, wie wunderbar das Wiedersehen mit Nell war.
„Dann hol sie hierher. Sie wird diesem Paradies nicht widerstehen können! Und sieh doch, das Leben erzeugt *Karma*, und sieh ein, wie stark *dharma* uns fordert."
„Nennen wir es einfach: Stark ist der Einfluss einer Verbindung zwischen Liebenden. Wir haben es nicht in der Hand. Eine Verbindung möchte gelebt werden. Aber jetzt komm, lass uns zu Akka runter gehen, bevor es dunkel wird. Akka sieht Dinge voraus. Die kennt auch unsere Lebenswege."
Im Grau der Abendstunde fanden wir Akka sitzend vor. Wir blieben mit etwas Abstand stehen und warteten. Sie erhob sich langsam und schritt wie ein Pfau, ein Bein nach dem anderen anziehend und aufsetzend, auf uns zu. Dann stieß sie gellend aus: „Deine Frau wurde gefunden." Sie entschwand in ihre Tempelhütte und kam mit der Kampferflamme heraus. Erst schwenkte sie sie um mich, dann um Nila. Jetzt waren wir frei von dem, was war, aber kannten das, was kommen würde und konnten unser Glück begreifen.
Schnell trippelte Nila den steinigen Weg hinunter, ich hinterher. Bevor die Nacht uns umfing, erreichten wir das Haus. Munni hatte Idlis zubereitet, und es duftete nach Chutney und Sambar.

Endlich war es soweit: Nells Ankunft stand im Mai ‘84 bevor. Ich prüfte mein Aussehen im Spiegel: Ich hatte mir einen Bart wachsen lassen und meine langen Haare zu einem Knoten gebunden. Einst trug Großvater große Diamantohrringe und goldene Reifen um die Handgelenke. Damals, als die Brahmanen ihre Kulte praktizierten und die Männer feiner wirkten. Dafür haben Männer jetzt mehr Möglichkeiten, dachte ich.
Mit meinem gebrauchten Jeep, einem weißen Sechssitzer, den ich gekauft hatte, fuhr ich zum Flughafen. Am Nachmittag würden Nell und die Jungen in Coimbatore landen. Das Auto war urig, rechts ging das Fensterglas nicht hoch, und es zog ein wenig beim Fahren. Die Hintertüren konnte man nur von außen öffnen.
Nell und die Zwillinge waren unter der kleinen Menge der herauskommenden Fluggäste leicht zu erkennen. Die dunkelrote, mit Blumen bestickte indische Kurta über Beinkleidern in einem helleren Rot, die langen dunklen Haare zum Pferdeschwanz gebunden, zeigten, Nell hatte sich bereits in Indien akklimatisiert, nicht nur äußerlich. Sie war angekommen. Auch die Zwillinge waren passend angezogen. Druv trug Jeans und ein schwarzes T-Shirt mit roter Flamme darauf, Stanley kam in einer himmelblauen neuen Kurta. Druv quasselte sofort los, wie primitiv der Flughafen in Poona gewesen sei. Es hätte dort nichts gegeben!
„Dafür sind wir in Indien, wo es noch wilde Elefanten gibt“, meinte Nell.
„Es ist eigentlich nur ein Militärflughafen“, erklärte ich Druv. „Seit viele Menschen zu dem Ashram dort kommen, öffnen sie ihn für ein paar Passagierflugzeuge.“
Druv sprang zum Jeep und fand das Auto cool.
Während Stanley eher skeptisch fragte: „Ist der Wagen aus dem Museum?“
Ich überreichte Nell zur Begrüßung eine Kette aus Jasminblüten. Sie roch daran und sah glücklich und erleichtert aus. „Endlich sind wir hier“, sagte sie. „Es ist ja noch chaotischer als in Mexiko, dafür sind die Leute nett und hilfsbereit.“

„Nell, auch ich bin so froh!“ Wir umarmten uns zaghaft. Umarmen in der Öffentlichkeit ist tabu in Indien. Das hatte sie schon bemerkt. Ich spürte sofort, dass Nell Aufmerksamkeit auf sich zog. Sie hätte aus Nordindien kommen können. Aber an ihrer Art zu gehen, an ihren Gesten und ihrem Habitus konnte man bemerken, dass sie fremd war. Männer starrten sie an, denn sie war charismatisch und fiel auf. Während ich mich nur ein paar Schritte entfernte, um das Parken zu bezahlen, wurde sie von einem Mann grob angemacht. Nell mochte das gar nicht und winkte entnervt. Ich würde sie in Indien beschützen müssen. Zu offen zu sein, steht einer Frau hier nicht zu. Ich sah ab dieser Minute Nell als meinen Besitz an. Ich konnte das Gefühl nicht aus meinen Genen vertreiben, und am liebsten hätte ich sie sofort vor der Öffentlichkeit verborgen. Dabei entsprach das so gar nicht meinen liberalen Ansichten.
„Da ist eine Kuh im Verkehr!“, rief Druv, als wir losfuhren.
„Ja, die können hier machen, was sie wollen, niemand grenzt ihre Freiheit ein“, erklärte ich. „Wir werden übrigens zwei bis drei Stunden bis zum Lion-Tail-Estate brauchen. Und dort gibt’s Idlis, leckere Reiskuchen. Haltet ihr durch bis dann?“
„Nö“, maulten die Zwillinge wie aus einem Mund. „Wir haben jetzt schon Hunger!“
„Dann halten wir irgendwann an“, versprach ich. „In einer halben Stunde sind wir aus der Stadt draußen.“ Der verrückte Verkehr hielt sie zunächst in Bann.
Nell lehnte den Kopf zurück und schaute hinaus, als wir durch das ländliche Indien fuhren. Sie schien müde. Teeplantagen wechselten sich mit Waldgebieten ab. „Das Klima ist wie in Mexiko“, sagte sie. „Und doch ist hier alles so anders!“
„Und wie war es nun in dem Ashram?“, fragte ich neugierig.
„Ich habe meinen Schulfreund Lean dort getroffen“, sagte Druv und lehnte sich vom Rücksitz vor. „Er lernt Tai-Chi. Es gibt Kurse für Kinder und Jugendliche. Leans Mutter ist eine Devotee. Sie läuft voll in Orange rum. Sogar Lean trägt Orange.“
„Das sieht so blöd aus!“ sprudelte es aus Stanley heraus.

„Ja, ziemlich beschränkt, aber es gab Kulfieiscreme, das war lecker“, sagte Druv.
„Und wurden deine Erwartungen bestätigt?“ fragte ich Nell.
Sie begann doch zu erzählen:
„Wir waren in einem noblen Hotel in der Nähe des Ashrams abgestiegen. Ich schämte mich beim Abendessen über die Ausländer. Sie pöbelten herum, trugen alle diese Halsketten, ihre Malas, aus großen Lotussamen mit dem Bildnis Bhagvans daran. Einmal kam eine größere Gruppe ganz in Orange gekleideter ausländischer Bhagwan-Anhänger in das dortige Restaurant. Sie winkten den Kellner mehrmals herablassend herbei und riefen: ‚Nun mach schon!‘ und wedelten dabei mit Geldscheinen. Ich hörte, wie sie unter sich sagten: ‚Diese faulen Ärsche in Indien.‘ Dieses kolonialistische Benehmen ging mir sofort gegen den Strich.“
Ich kannte solche Berichte aus Poona aus der Presse und sagte nichts dazu.
„Am nächsten Tag sahen wir auf dem Weg zum Ashram eine arme Frau am Rand sitzen. Sie rief uns zu: ‚Der Meister lügt!‘ und streckte uns ihre bettelnden Hände entgegen. Jeder Ausländer in Poona wird wohl automatisch als Bhagwan-Anhänger angesehen. Das hat mich irgendwie betrübt. Natürlich konnte die Frau nicht begreifen, warum Leute aus reichen Ländern so viel Geld für einen Gurukult ausgaben, während sie keine Nahrung für ihre Kinder hatte. Stanley wollte gar nicht mehr mit in den Ashram, der hinter einer gut geschützten Absperrung lag. Ich musste ihn jedes Mal überreden. Bettler und auch normale Einwohner Poonas mussten draußen bleiben. Jeder, der eintrat, wurde beschnuppert unter dem Vorwand: ‚Kein Parfüm im Ashram!‘ Ich glaube aber eher, sie suchten nach Waffen bei der Leibesvisitation. Völlig hysterisch!“
Es war heiß im Jeep, der keine Klimaanlage hatte. Die Mittagssonne brannte. Nell streckte ihre Hand durchs offene Fenster. Wir schwiegen eine Weile, glücklich in der Gegenwart des anderen zu sein.
„Seht ihr dort die hohen Berge. Hinter dem Massiv liegt das Silent Valley. Dort gibt es den Bartaffen.“
Nell war im Geist noch bei Bhagwan. „Der Garten dort war wunder-

schön. Er gefiel auch den Jungen. Orchideen hingen in den Bäumen, Papageien zirpten, es gab sogar einen See. Wir sahen berühmte amerikanische Schauspieler, die sich Apartments im Ashram gekauft haben. Manche übten auf einem der Flachdächer Tai-Chi."
„Uh, bei mir ist alles ganz einfach!", stöhnte ich: „Hoffentlich wollt ihr nicht zurück nach Poona."
„Gowinda, hab keine Sorge, ich freu mich drauf. Das war mir alles viel zu aufgeblasen in dem Ashram. Schöne Frauen tanzten leicht bekleidet und feierten sich selbst. Dann diese ewig langen Umarmungen unter den Anhängern, das wirkte total seltsam. Ganze Gruppen umarmen sich, klammern sich aneinander."
Ich drehte mich um und blickte auf den Rücksitz. Druv und Stanley waren eingeschlafen. „Und, wie war es mit dem Gruppensex in Poona? In den Zeitungen steht, das soll gut gegen Eifersucht sein!"
„Oh! Auf alle Fälle wechseln sie die Partner oft. Sie versuchen über der Abhängigkeit, die wahrscheinlich jede Liebe mit sich bringt, zu stehen. Dabei wirkten sie aber irgendwie hilflos auf mich. Kein Knistern, weil alles erlaubt und möglich ist. Und überall das Bild des Meisters. Er brauche nicht präsent zu sein, man spüre seinen Körper sogar in Poona, obwohl er in Oregon weilt." Sie klang jetzt verklärt.
Ich legte meine Hand auf ihren Schenkel.
„If you can't be with the one you love, love the one you are with", summte Nell. Dann kramte sie einen Zettel aus ihrer Handtasche. „Hör dir das an, es stand auf einem Schild über dem Speisesaal im Ashram: *Love people, so that they will love you back. Love people and love is reflected back on you. Love people, so you are showered by love. You will start seeing things you have never seen before. The flowers remain the same but you will see some new mystery is revealed to you. The birds will sing the same way but you will understand their language. Suddenly there is communication, suddenly there is communion.* Ich könnte es bei mir im Yoga-Zentrum aufhängen mit einem Foto von Bhagwan. Würde was hermachen."
Ich fragte in belustigtem Ton: „Du bist jetzt nicht Anhängerin geworden von ihm, oder?"

„Na, ja, du willst ja nicht, dass ich ein Bild von dir aufhänge. Ich brauch so was. Yoga wirkt nur mit einem indischen Guru authentisch in USA“, flachste sie und fügte hinzu: „Nein, nein, Gowinda. Keine Sorge, mir gefällt das echte Indien mehr als das Leben in einem Ashram. Sind eh fast nur Ausländer dort.“

„Indien gibt sich die Ehre zu sein, wie es ist: dreckig, staubig und nah bei der Erdmutter, dann wieder kultisch und bombastisch wie eine Prinzessin in einem himmlisch entrückten Reich.“ Wir schwiegen eine Weile. Dann fuhr Nell mit ihrer Erzählung fort:

„Da waren auch ein paar Inder bei Bhagwan. Sie standen vor einer Halle und betrachteten die jungen, halbnackt Tanzenden beim sogenannten *Shake loose dance.* Wie im Zoo blickten sie auf die wie im Rausch Tanzenden, fasziniert von den wippenden Brüsten ohne BH. Sie fragten sich bestimmt, was das soll. Gewollte Freiheit innerhalb eines Gettos. Absurd. Aber die Boutiquen waren toll! Einfach Weltklasse! Schmuckstücke in neuestem Design, seltene ätherische Öle, teure Naturkosmetik und Bücher, vom Meister selbst oder über ihn geschrieben, mit Gemälden und Fotos. Interessant geschnittene Kleidungsstücke in poppigen Rottönen, wirklich elegant, hingen an exquisiten Kleiderständern. Devotionalien und Malas aus Rosenholz mit dem Bild des Meisters. Und das Essen war wirklich gesund und gut.“

„Verstehe, dass dir das gefallen hat. Anstelle von Tee und Gewürzen, wie einst in der Kolonialzeit, werden jetzt Krimskrams vom Meister übers Meer geschickt. Aber diesmal verdient ein Inder daran. Das gönne ich Bhagwan, der in der Jain-Religion aufgewachsen ist. Gewaltlosigkeit ist deren oberstes Gebot. Leider bringt Geschäftemachen Gewalt mit sich. Hoffentlich ahnt er das, und es schlägt nicht auf ihn zurück.“

„Er kriegt das alles nicht mehr so mit. Ein Management betreibt seine beiden Ashrams wie moderne Klöster. Die Christen haben nicht die richtigen Leute, die das Potenzial der Gläubigen aktivieren können. Bhagwans Management aber kriegt das hin. Das Neue, der Aufbruch, das kann schon begeistern dort!“

„Und der finanzielle Erfolg, sowie die Macht, die davon ausgeht“, fügte ich sarkastisch hinzu.

„In Oregon protestieren die Einwohner gegen ihre neuen orange gekleideten Nachbarn. Da ist mittlerweile richtig Krieg dort, habe ich gelesen, Gowinda. Die Alteingesessenen wollen keine Sektengemeinschaft neben sich. Aber in Poona war es friedlich. Die neuesten Therapien der Welt sah ich auf dem Aushang angeboten. Trendforscher beraten den Ashram. Sie wissen Therapie wird in den kommenden Jahren Umsatz einbringen. Klöster wurden durch Unterdrückung reich, der Ashram in kürzester Zeit durch die ausgestellte Freizügigkeit. Bhagwan muss schon ein Hellseher sein."
„Nell, wir müssen behutsam mit diesen Kräften umgehen. Akka, eine junge Frau bei mir auf dem Land ist äußerst sensibel, sie ist Heilerin für ihren Stamm. Auch wenn sie kein Englisch spricht, hört sie Gedanken hinter den Worten."
Nell nickte müde und schloss die Augen.

Mit dem Licht des frühen Abends erreichten wir das Lion-Tail-Estate. Nell hatte zum Schluss auch gedöst. Erfrischt stieg sie aus, atmete tief ein und staunte: „Du wohnst mitten in der Natur. Das ist ja wirklich weit, weit weg von allem. Unglaublich! Der Garten ist das Wohnzimmer!"
Druv und Stanley trugen mit Vel und Munni das Gepäck hinein.
„Gibts hier auch Schlangen?", fragte Stanley ängstlich.
„Ja, wir treten immer fest auf, dann schleichen sie huschend weg, bevor wir sie sehen. Sie spüren die Schwingung unserer Schritte und mögen das nicht!"
Die Reiskuchen mit Chutney aus Pfefferminzblättern und Kokosnuss waren am Teich auf Bananenblätter geplant. Stanley bewunderte das, Druv jedoch beäugte kritisch. „Essen wir am Boden?", fragte er.
Am nächsten Tag kletterten Druv und Stanley über den Felsen hinter Akkas Haus. Ich erklärte ihnen, was es mit der Lanze und dem Altar aus Speeren unter einem alten Baum neben dem geschlossenen Hüttentempel, in dem Akka ihre Prophezeiungen machte, auf sich hatte:
„Die Lanze ist wie der aufrecht gehende Mensch oder vielmehr dessen Wirbelsäule. Sie ist ein biegsamer Teil im Körper und doch eine feste Leiter. Kreise, die aussehen wie runde Nullen, funktionieren an be-

stimmten Stellen der Wirbelsäule wie kleine Rädchen und wirbeln Energien, die Lebenskraft, das *Prana* hoch. Sie drehen sich am Rückgrat, und wenn es keine Blockaden im Rücken gibt, strömt *Prana*, also Kraft, von unten, wo der erste Wirbel sitzt, bis nach oben in den Schädel und durch den Kopf hinaus in den Kosmos. Der Kopf befreit sich, wenn durch das Kreisen der Räder die Energie wächst und wie eine Speerspitze durch den Kopf nach oben steigt und durch den Kopf hindurch stößt. Das nennen die Yogis Erleuchtung."

„Dad, da brauchst du ganz schön viel Nullen im Körper!", sagte Druv. Ein warmer Strom durchschoss meinen Körper. Er hatte mich erstmals Dad genannt!

„Cool, so ein Durchstoßen des Kopfes!", meinte der wortkarge Stanley, der noch schüchterner geworden war und doch gerade deshalb hier aufgenommen und angenommen wurde. Mit Akka wusste er gleich wortlos zu kommunizieren.

„Ja, indische Gurus wissen die Null zu nutzen. Davon erzähle ich euch später", sagte ich.

Nell war uns nachgefolgt und erreichte die Anhöhe. Akka lächelte sie an, als sie vor ihrer Höhle zum Stillstand kam. Entspannt saß Akka mit ihren Eltern vor der Wohnhöhle. Sie kochten im Freien auf dem Feuer. Ich hatte Nell in Kalifornien viel über Akka erzählt. Unaufdringlich hielt sie sich zurück und schaute in die Natur.

„Die Erde sieht hier aus wie ein angelegter Garten, dabei ist sie unberührt von Menschenhand, fast wie ein Sakrament!", sagte sie und bestaunte den felsigen Berg über uns. Ich war überglücklich, dass es ihr so gut gefiel. „Akka hat es mit ihrer Familie gut unter deinem Schutz", erkannte sie zudem.

Ich trällerte ein paar Strophen aus einem Dylan-Song:

But I don't sense affection
No gratitude or love
Your loyalty is not to me
But to the stars above.

Your sister sees the future
like your mama and yourself
You've never learned to read or write
There's no books upon your shelf
And your pleasure knows no limits
Your voice is like a meadowlark
But your heart is like an ocean
Mysterious and dark.

One more cup of coffee for the road
One more cup of coffee 'fore I go
To the valley below.

Leichten Schrittes kletterte Nell vor mir noch weiter hinauf. Ich kannte den Weg und sah immer wieder verstohlen zu ihr hin. Ihre feingliedrigen Hände stützten ihr Kinn, als wir saßen, und sie blickte souverän über das Lion-Tail-Estate, über mein Zuhause. Sie kann in zwei Kontinenten zuhause sein, dachte ich.

„Es war Liebe auf den ersten Blick für diese Natur, damals!", sagte ich. Der Himmel war wolkenverhangen und gab dem satten Grün der Bäume eine dunkle Note. Ich hoffte auf Regen, der alles noch grüner machen würde.

„Ach, Nell! In USA bekam ich sogar das Angebot der NASA, gleich nach meiner Doktorarbeit, aber ich wollte zurück nach Indien. Ich vermisste etwas, ohne zu wissen, was genau. Dann bekam ich die Dozentenstelle in Madras. Doch damit begann es. Ich fühlte mich fehl am Platz. Mein Vater war völlig entsetzt, als ich einem Asketen folgte und etwas anderes suchte. Auch was unsere politische Meinung betraf, gerieten wir aneinander."

„Du warst ein begeisterter Mathematiker. Wie soll ich deine Ausbildung bei einem Heiler einordnen?"

„Der Heiler durchschaute mich und half mir, mein Asthma zu kurieren, als ich damals wieder hustete. Es waren die Verlassenheitsängste, die mich besetzten. Das hatte auch was mit dir zu tun!" Ich blickte zu ihr

hin. Ein trauriger Ausdruck huschte über ihr Gesicht. Sie zog ihre Knie an. Hockend und mit in sich gekehrtem Ausdruck flüsterte sie:
„Ich habe gelitten und oft an dich gedacht! Irgendwann erzähle ich dir genau meine vergangene Geschichte. Aber nun bin ich ja hier."
Wir schwiegen bedrückt über die Zeit zuvor. Nell pflückte einen Grashalm und streichelte ihre nackten Beine damit.
„Es ist schön hier. Trotzdem frage ich mich, wie du es geschafft hast, hier so allein zu leben, ohne eine Anerkennung als Mathematiker zu bekommen!"
„Die vibrierende Natur folgt Zyklen. Die Erde braucht künftig diese Wälder mehr als mathematische Formeln."
Wir sagten wieder eine Weile nichts, bis ich fortfuhr:
„Niemand in meinem Familien- oder Freundeskreis regte sich mehr auf, als ich mich hier niederließ. Sie hatten begriffen, dass ich anders ticke und die fortschreitende Modernisierung anzweifle. Nell, Ursprünglichkeit wird zerstört. Das Gleichgewicht auf unserem Planeten stürzt um. Mein Vater konnte nicht verstehen, was ich voraussah, als ich in Indien die Universitätslaufbahn beendete. Damit eröffneten sich unglaubliche Dinge, wie dieses Grundstück hier. Vater war längst die Puste ausgegangen, als ich mich der Protestbewegung Silent Valley anschloss."
„Ja, kann ich irgendwie nachvollziehen. Bei einem sturen Kerl wie dir."
„Lassen wir das stehen. Ich wurde Umweltaktivist. Kommst du an einen wichtigen Punkt, der dein Leben verändert, begreifst du die Null anders! Dabei habe ich über die Null in der Evolution in Boston promoviert."
„Klingt nach einem irren Thema, die Null!"
„Ehrlich gesagt herrschte in meinem Kopf eine ziemliche Wirre. Und dann erlöste mich das Nymphchen hier!", ich sah sie forsch an. „Nicht was du denkst, es war die Mutter von Hanuman, die sich in den Blättern hier spiegelte und mir einflüsterte, die Besessenheit nach Geld und der Null abzustreifen! Auch Hanuman, vom Wind beflügelt und der einst das Rund der Sonne mit einem Ball verwechselt hatte, gab das Spiel mit dem wichtigen Planeten auf, um den Erhalt der Erde zu gewahren."
„Wie sahst du eine Nymphe und was machte Hanuman noch?", hörte

ich sie flüstern.
„Hanuman sauste als runder Komet über den Ozean, er kommt überall hin“, sagte ich mit betont tiefer Märchenstimme. Als ich zu erzählen begann und sie sich an mich lehnte, fanden sich Druv und Stanley ein. Auch *Akka* und ihre Eltern waren heraufgeklettert. Sie lauschten meiner Stimme und ergötzten sich an unserem Anblick. Sie verstanden mehr als wir über die Einheit aller Dinge, der Wiederkehr und dem runden Kreislauf. Die Null ist den Naturmenschen, die völlig reduziert leben, vollkommen vertraut.

Später, unten wieder beim Haus angekommen, duftete der Jasminbusch, der an der Hauswand blühte, unterm Sternenhimmel. Die Zwillinge hatten sich oben bei Akka und ihren Eltern ein Zeltlager errichtet. Sie wollten die Stachelschweine, die nachts kamen, sehen. Sie schienen der Natur ein Abenteuer abtrotzen zu wollen.

Nells Beine baumelten im Teich. Sie sank langsam hinein. Ich folgte ihr, und als ihr Körper gegen den meinen glitt, spürte ich die Geborgenheit der schwarzen Nacht als Glanz früherer Sorglosigkeit, die vom Licht der Sterne gesegnet war. Und als sich der Mond auf dem Wasser spiegelte, durchflutete sein gleißendes Rund meinen Geist, umkreiste mich und Nell, und bevor ich im Liebestaumel mich ergoss, hörte ich das Nymphchen Punjikasthala wispern: „Ah, beim Liebesspiel ihr beiden! Wie lustvoll du ihre Brüste packst.“ Ich schielte ins Gebüsch und dachte: Das schlaue Nymphchen hat sich einst Hanuman durchs Gaffen ergattert. Schau nur, du kleines Ding, noch mal wird keine Frau mir ein Kind vorenthalten. Diesmal bin ich auf der Hut. „Ja, ja, ja!“, kicherte es aus dem Gebüsch: „Lieben fördert Unsterblichkeit und bewirkt, dass keine der märchenhaften Geschichten je untergeht!“

Indira Gandhi erklärte das Silent Valley im Oktober 1984 zum Nationalpark. Wir hatten gewonnen. Nila und Sanjay schickten ein Glückwunschtelegramm:
„Ihr habt es geschafft und ein Stück Ursprung gerettet!“ Tara schickte

ein Telegramm:
„Wir haben es geschafft. Silent Valley lebt."
Nell telegrafierte aus USA: „Du hast Hanuman gerettet. Ich liebe dich!"
Viele Freunde vom SSV feierten bei Ayyappan und brachten der Kunti ein Opfer. „Wer Geweihtes entweiht, zieht den Fluch auf sich", sagte Ayyappan feierlich und streute Blumen ins Wasser der heiligen Kunti.

Wenige Tage später, am einunddreißigsten Oktober 1984, wurde Indira Gandhi von ihrem Sikh-Leibwächter erschossen. Sie hatte zuvor den Befehl gegeben, in das geweihte Heiligtum der Sikhs in Amritsar mit der Armee einzudringen, um nach Terroristen zu suchen.

Danksagung

Ich bedanke mich bei der Lektorin
Manuela Runge,
die mir bei der Konzeption dieses Buches geholfen, mir immer wieder Mut gemacht hat, weiterzumachen, und meine schwierigen Sätze oft in eine flüssige Form gebracht hat,
und bei meinem Mann
R. Sriram,
der geduldig das Manuskript wieder und wieder gelesen hat und mit seinem Expertenwissen viel dazu beigetragen hat, seinen Inhalt zu vervollkommnen, und der mich immer wieder auf unstimmige Bilder hingewiesen hat,
sowie bei meinen Freunden Jürgen und Rajele,
die am Schluss Korrektur gelesen haben.

Götterpaare – Die Trinität

1. Brahma/Saraswati – Schöpfergott/Göttin des Lernens
Sie reiten auf Hamsa, dem Schwan

*

2. Vishnu/Lakshmi (Bhu-Devi) – Erhalter/ Göttin des Glücks/der Erde
Vishnu ist oft auf der Schlange schlafend dargestellt. Weiterer Name ist Narayana.
Er nimmt zehn Inkarnationen an:
Fisch, Krabbe, Eber, Halbmensch/Halblöwe, Zwerg, Krieger, Buddha, Rama und Krishna und wird als Kalki noch erscheinen.

Lakshmi steht für die Fülle, Bhu-Devi für die Materie.
Vishnu reitet auf Garuda, dem Adler und Lakshmi auf der Eule.

Hanuman ist der Bote von Rama in Affengestalt, er besitzt die acht Siddhis der Yogis.

*

3. Shiva/Shakti – Zerstörer und Göttin der Kraft
Werden als Linga/Yoni dargestellt.
Ein anderer Name für Shiva ist Nataraja, der Tanzende.
Andere Namen für Parvati sind Shakti, Durga oder Kali.
Ganesha – ihr Sohn in Elefantengestalt, beseitigt Hindernisse.
Muruga – ihr zweiter Sohn, Gott der Schönheit, auch Kampfgott.
Shiva reitet auf Nadi, dem Stier, und Parvati auf dem Löwen.

Vedische Gottheiten – Devas

Indra, Herrscher des Universums

Vayu, Windgott

Agni, Feuergott

Varuna, Wassergott

Rudra, Gott des Äthers

Prakriti (Shakti oder Bhu-Devi), die Erde

Apsaras/Gandharvas, himmlische Tänzerinnen und Musiker

Glossar

Acharya – Gelehrter.

Agraharam – Die Straßen um die Tempel, in denen ausschließlich Brahmanen gewohnt haben.

Ahimsa – Gewaltlosigkeit.

Apsaras – Mischung aus Feen und Nymphen, himmlische Tänzerinnen.

Aryabhatta – Mathematiker aus den 5. Jahrhundert, der die Null einführte.

Ashvameda Yagna – das königliche Pferdeopferritual vedischer Zeiten.

Ayurveda – das Jahrtausend alte indische Medizinsystem.

Bhakti – Hingabe an eine übergeordnete Sache, Gott.

Bhang – Droge aus der Marihuanapflanze.

Bharata – Bruder Ramas.

Brahmacharya – Sanskrit, immer mit Brahma sein, in allem Brahma sehen.

Chai – Teezubereitung mit Milch, Kardamon, Ingwer und Nelke.

Rakshasa – die männlichen Dämonen.

Rakshasi – die weiblichen Dämonen.

Devadasi – einer Gottheit im Tempel geweihte Tänzerin, matriarchisch ausgerichtete Sippe.

Dharma – die Lebensaufgabe, die Verantwortung.

Dhoti – männliches Kleidungsstück, ein gewickeltes weißes Tuch.

Draviden – angeblich die Ureinwohner Südindiens.

Drischti – der Blick, Glaube, dass der Blick anderer mit Neid bestückt ist und ungünstig sei.

Gurukula – das Lernmodell, bei dem Schüler beim Lehrer leben und das Lernen mit dem Alltag verbinden.

Indira Gandhi – Premierministerin von Indien, 1966-77 & 1980-84.

Indra – der König des Himmels.

Iyengar – Brahmanen, die der philosophischen Schule der Dualität folgen und Vishnu als oberste Gottheit verehren.

Iyer – Brahmanen, die der philosophischen Schule der Nicht-Dualität angehören und Shiva als oberste Gottheit verehren.

Kalari-Payattu – die traditionelle Kampfkunst Südindiens, aus Kerala.
Kumbakarna – Bruder von Ravana, schlafender Riese.
Kumkuma – roter Puder, aus gemahlener Gelbwurzel und Kalk, wird auf der Stirnmitte – das dritte Auge symbolisierend – getragen.
Lakshmana – der Bruder von Rama, der ihm in die Verbannung folgt.
Lava und Kusha – Zwillingskinder von Sita und Rama.
Mahatma Gandhi – bedeutendster Aktionist des gewaltlosen Widerstands, Kämpfer für Indiens Befreiung vom Kolonialismus, weltweite Ikone für Pazifismus.
Mandala / Kolam – komplexe geometrische Muster oft aus einer Linie, die mit Reismehl vor dem Haus auf die Erde gemalt werden, um gute Kräfte anzuziehen.
Manitu – der große Geist der Indianer.
Margazhi – der Monat vor der Wintersonnenwende, der der spirituellen Beschäftigung gewidmet sein soll.
Marma-Heillehre – die Lehre über die vielen entscheidenden Körperpunkte, die durch Übungen und Massage angeregt werden, um Gesundheit und Vitalität zu erhalten.
Matsya – Fisch. In seiner ersten Inkarnation als Fisch rettet Vishnu das Wissen.
Mundu – traditionelles Kleidungsstück für Frauen in Kerala, bestehend aus einem Wickeltuch und einem Leibchen.
Nemi – Stammesfürst, auch Dasaratha genannt.
Nityasumangali – immer glücksbringend, Frau mit dem Göttlichen verheiratet, Devadasi, kann nie Witwe werden.
Parampara – der Lehrerstammbaum, die den Lehrer mit dessen Lehrer bis zum Ur-Lehrer verbindet, die Tradition.
Prakriti – Urmaterie, die Natur in seiner Gesamtheit.
Prana – Atem, der Hauch, die treibende Kraft hinter dem Leben.
Pranayama – Atemtechniken, um die Energie des Atems zu lenken und mit dem Geist zu verbinden.
Puja – lobpreisende Rituale mit der Darbringung von Gaben.
Punjikasthala – Nymphe, verwandelt zu Anjana, der Äffin, Mutter Hanumans.

Ramayana – eines der zwei wichtigsten Epen Indiens, etwa 2500 Jahre alt, bestehend aus 24000 Versen, bahnbrechendes Werk für die Sanskrit-Sprache und Literatur (das andere Epos ist das *Mahabharata*).

Ravana – der Dämonenkönig mit unendlich vielen besonderen Gaben ausgestattet, Herrscher über Lanka.

Sadhu – Asketen, die zumeist ohne Besitz frei umherziehen und sich der spirituellen Suche widmen.

Sambrani – Harz gewonnen aus einem Baum, der wie Frankincense zum Räuchern dient und bei Zeremonien verwendet wird.

Shiva-ratri – die Nacht vor dem Neumond im Frühjahr, die der Shiva-Meditation mit Rauschmitteln, Tanz und Puja gewidmet ist.

Surpanaka – die Schwester von Ravana.

Tatsavitur – Mantra, das Licht lobpreisend.

Tiruppuvai – mystische Gesänge der tamilischen Dichterin Andala aus dem 8. Jahrhundert.

Upanishaden – die Sammlung aller philosophischen Texte der Veden.

Valmiki – Dichter des Ramayanas, wird als der erste bedeutende Dichter aller Zeiten bezeichnet und das Ramayana als erstes Epos der Menschheit.

Vishvamitra – im Urwald lebender Guru, Lehrer von Rama und Lakshmana.

Der Iyengar-Clan

Paati Janiki *8.5.1907, Witwe von Srinivasan *1903, +1947, lebt in Tiruvahendrapuram, Tamil Nadu

Töchter:
Lakshmi *12.5.1927, heiratet Narayanan aus Vishnupuram, Andra Pradesch und zieht in die Agraharam Siedlung ins 500 km weit entfernte Vishnupuram,
Saras *1929 heiratet ins umliegende Dorf von Tiruvahendrapuram,
Sunderi *1925 heiratet und bleibt in Tiruvahendrapuram.

Kinder von Lakshmi (Amma) und Narayanan (Appa):
Srinivasan *1945, Ram *1946, Vaishnavi *1947,
Gowinda *24.2. 1949 – der Ich-Erzähler,
Tambi *1952, Tangi *1954, Vinu *1956, Radha *1958.

Charaktere im Buch

Gowindas Frauen:
Nell *13.4.1951 (Eltern Mexiko),
Nila *21.2.1956 (Mutter Irland, Vater Indien),
Tara *1.1.1948 (Eltern Kerala).

Gowindas Freunde:
Dave* 3.11.1949 (Vater Standing Rock American Indian Chieftan),
Sai *1.1.1949 (Eltern Madras).

Gowindas Lehrer (historische Persönlichkeiten):
T. Krishnamacharya *18.11.1888,
J. Krishnamurthi *12.5.1895,
Rukmini Devi *29.2.1904,
M. Krishnan *1912,
Sugathakumari *22.1.1934,
Dr. Sharma *1910.
Fiktive Lehrer:
Heiler *1938,
Dharmraj *1922,
Hellseher *1934.

Des Weiteren:
Carmen aus Spanien *1954,
Gabriel aus Österreich *1946,
Jochen aus Deutschland *1954,
Akka, Adivasi aus Kerala *1965.

Literaturverzeichnis

The Ramayana of Valmiki Translated by Hari Prasad Shastri,
3 Volumes
Shanti Sadan, London, 1992

Rolling Thunder by Doug Boyd
Delta, New York 1974

Ravana and Lanka by R.K. Ramarishnan
Global Vision Publishing House, New Delhi, 2018

Indian Science and Technology in the Eighteenth Century,
Some Contemporary European Accounts by Dharampal
Academy of Gandhian Studies, Hyderabad, 1971

Collected Writings of Dharampal
Other India Book Store, Goa, India, 2016

Late Victorian Holocausts by Mike Davis
Verso Books, London, UK, 2000

The Collected Works of J. Krishnamurti
Kendall Hunt Publishing Company, Iowa, USA, 1991

Health, Healing & Beyond, Yoga & the Living Tradition
of Krishnamacharya by T. K. V. Desikachar with R.H. Cravens
Aperture Foundations, New York, 1998

Rukmini Devi by Leela Samson
Penguin Books India, New Delhi, 2014

Die Autorin

Anjali – Angelika – Sriram, lebt halbjährig im indischen Dschungel und arbeitet an dem ökologischen Projekt Base – der Zusammenfügung von „art nature yoga“ gemeinsam mit ihrem Mann, dem bekannten Yoga-Lehrer R. Sriram, und halbjährig in Berlin sowie im Odenwald.
Sie hat ein Diplom in Schauspiel, war Stipendiatin der Kunststiftung Baden-Württemberg für Indischen Tanz in Madras, ist einer der ersten und bekanntesten indischen Tänzerinnen Deutschlands, Solo-Tourneen in verschiedenen Teilen Indiens und weltweit, und ist Autorin von „Lotosblüten Öffnen Sich – Indischer Tempeltanz“, Kösel Verlag, neu erschienen Schirner Verlag, „Karma Tanz“, Roman, Random House Edition Lotos, „Geliebte Gottes“, Roman, Engelsdorfer Verlag und Co-Autor mit R. Sriram von „Yoga und Gefühle“ sowie „Heilende Klänge des Veda“, Theseus.

www.anjalisriram.de

Photo Indien 2020 von Rajele Jain

Anjali Sriram

Draupadi Verlag. Ein Verlag für Indien.

Das Verlagsprogramm hat zwei **Schwerpunkte.** Zum einen veröffentlichen wir **Romane, Erzählungen und Gedichte** aus Indien und anderen südasiatischen Ländern in deutscher Übersetzung. Bisher sind mehr als 50 literarische Werke mit Direktübersetzungen aus dem Hindi, Bengali, Tamil und anderen südasiatischen Sprachen erschienen. Zum anderen verlegen wir **Sachbücher über Südasien.** Das Themenspektrum ist breit gefächert. Bücher zur aktuellen politischen Situation und Geschichte Südasiens stehen neben Veröffentlichungen über Kultur, Kunst und Religion. Der Draupadi Verlag wurde 2003 von Christian Weiß in Heidelberg gegründet.

Draupadi. Der Name des Verlags nimmt Bezug auf die Heldin des altindischen Epos „Mahabharata". In Indien ist Draupadi als eine Frau bekannt, die sich gegen Ungerechtigkeit und Willkür wehrt. In diesem Sinne greift etwa die indische Schriftstellerin Mahasweta Devi in der 1978 erstmals erschienenen Erzählung „Draupadi" das Thema auf. Draupadi wird hier eine junge Frau genannt, die für eine Gesellschaft kämpft, in der niemand mehr unterdrückt wird.

Besondere Leseempfehlung

Auf der Suche nach Sita

Sita, die Heldin des Ramayana, entfaltete eine enorm prägende Wirkung auf die Mädchen und Frauen Indiens. Sie sollten – wie Sita – die perfekte Ehefrau sein. Diese Anthologie beleuchtet die Rolle Sitas als Leitbild vieler Generationen.

In Indien ist die Mythologie fest in das tägliche Leben integriert. Das Buch hilft zu verstehen, wie Inder, und besonders Inderinnen, denken und fühlen, welche Ideale und Vorbilder sie verinnerlicht haben und wie sie sich aus den Fesseln des Patriarchats herausarbeiten.

Malashri Lal, Namita Gokhale (Hg.)
Auf der Suche nach Sita
Neue Blicke in die indische Mythologie
Aus dem Englischen übersetzt von Reinhold Schein
ISBN 978-3-937603-48-0, 214 Seiten, 19,80 Euro